邁向公民社會？

當代中國「國家－社會」關係分析

- 王信賢、寇健文　主編

郁建興、周　俊、吳　強、王占璽
高晨揚、李宗義、林宗弘、王信實　等著
王佳煌、陳柏奇、洪敬富

編者序

「公民社會」（civil society）的發展向來是比較政治與社會學關注焦點，也是威權轉型研究的重要課題，對中國研究者更是無法迴避的議題。而「中國有無公民社會？」的提問究竟是老生常談還是新生現象？答案可能為「兩者都是」。從1980年代末開始的東歐與蘇聯社會主義國家鉅變，讓「公民社會如何影響政權轉型」的議題重新浮上檯面，而此問題自然投射到同為社會主義國家的中國，因此，對中國研究者與觀察家而言，這種問題是老生常談。

然而，這也是新生現象，隨著市場化改革、社會結構的變遷以及與全球化的影響，我們看到各類非政府的草根組織如雨後春筍般湧出、社會抗爭的層出不窮以及網際網路的蓬勃發展，這使得中國公民社會的發展出現契機。但我們又看到，黨國體制對公民社會的制約無所不在，國家機器一方面透過各種壓制手段，另一方面也採用吸納方式防止社會力量的發展。這從近年來「維穩經費」超越國防預算的傳言不斷，「加強社會管理」與「創新社會治理」政策不斷推陳出新可看出端倪。就此而言，中國公民社會的發展是現在進行式，是一場由下而上的社會力量崛起，以及由上而下國家再管制間的博奕。

因此，在「國家－社會」關係的脈絡下，中國「社會力量」確實正在崛起中，而黨國體制也在進行防範與調適，其間的關係與互動正是本書嘗試回答的問題。針對此，國立政治大學東亞研究所在2012年10月邀請兩岸相關的研究者，舉辦了「中國大陸公民社會發展與評估」學術研討會，會後部分論文發表於《東亞研究》，並邀集了三篇相關的文章集結成本書。因此，我們特別感謝《中國大陸研究》、《台灣政治學刊》、《台灣民主

季刊》以及《東亞研究》等期刊同意本書轉載相關論文。

　　此外，我們感謝「國立政治大學邁向頂尖大學計畫」、中國大陸研究中心以及國際事務學院的經費支持。而本書在行政以及編輯方面，要感謝東亞所張惠梅助教、國際事務學院國家安全與大陸研究專班賴欣儀助教、東亞所博士班林雅鈴、邱韋智與碩士班顏佑樺、黃俊傑等同學的幫忙，他們做了所有遠超乎我們能力之外的瑣碎事務。我們也要感謝五南圖書出版股份有限公司劉靜芬副總編輯的協助，讓本書得以順利出版。當然，來自海峽彼岸與此岸的所有作者絕對是居功厥偉的，每篇文章從問題意識、理論對話到實證分析都是如此嚴謹，大大充實了本書的內涵。

　　就比較的角度而言，台灣從1970年代末開始，社會抗議運動幾乎是「遍地烽火」，由於威權統治的鬆動，也提供社會組織與抗爭議題結盟的機會，後為國家與公民社會良性互動奠定基礎。兩岸具有相近的文化背景，也呈現高度相似的經濟發展路徑，且國共兩黨都在列寧式政黨的基礎下建立起黨國體制，發展進程較早的台灣，發展經驗也經常被視為是評估中國變遷方向的重要參照。兩岸社會發展條件與國家社會關係雖有差異，但「兩岸比較」確實是個重要的議題，值得學界的參與，而這也是我們努力的方向。

王信賢、寇健文

2014年5月20日

於政治大學

目　錄　Contents

第四章　中國社會組織的治理結構與場域分析：
環保與愛滋NGO的比較／王占璽、王信賢　　**77**

第五章　聚合的力量—國際行動者在中國的互動網絡：
以愛滋防治領域爲例／王占璽　　**125**

第一章

導言：探索中國公民社會

王信賢

壹、出版緣起與問題意識

一般而言，「公民社會」（civil society）的存在往往意味著社會部門擁有相對於國家控制之外的自主性力量，並強調國家、市場與社會為三足鼎立的獨立領域，而其中最主要的特徵就是社會中具有大量獨立於國家之外的民間組織，而此亦被稱為「非政府組織」（Non-Governmental Organization, NGO）或「第三部門」（the third sector）。正是在此種背景下，「公民社會」的概念往往也與「民主」進行聯繫，除了結社自由與民主制度間原本就存在著內在邏輯外，社團在公民社會化與政治教育、抗爭與制衡權、利益表達、公共審議與領域以及直接治理等各方面，不論是制度建構或是政治參與，都與民主脫離不了關係。[1]

對於後社會主義國家（post socialist states）轉型的研究者來說，東歐與蘇聯等國家公民社會的發展一直是引人關注的議題。此問題的重要性主要表現在三個層面：首先，市場化的改革造成黨國體制的退化，政府對人民的控制與社會滲透的能力降低，社會獲得相對自主的空間；其次，社會空間的萌芽讓受宰制的社會行動者有機會進行聯繫，這也造成社會組織與社會運動蓬勃發展；第三，社會新興力量的出現讓人民得以透過集體行動影響國家政策，甚至與先進民主國家的 NGO 進行聯繫，針對特定議題向

---

[1] Archon Fung, "Associations and Democracy: Between Theories, Hopes and Realities, " *Annual Review of Sociology*, No. 29 (2003), pp. 515~539.

政府施壓，迫使國家回應社會行動者的訴求，達成政權轉型的目的，這也被視爲是共產國家民主化的前奏。[2]前述植基於西方自由主義傳統與後社會主義國家轉型的經驗，是否會在中國複製則成爲本書所要探究的議題。

就此觀察中國的社會發展，在改革開放前，一般人民的社會生活在集權式的政治控制與統制性計畫經濟下受到擠壓，[3]一方面，共產集權統制使得地方政權與社區生活緊密結合，並成爲國家制度建設的一環，民間社會團體在發展過程中受到嚴格審查，成爲社會控制的重要環節；而統制性經濟體制亦削弱了民間社團的發展，從而將社會問題與需求集中於單位體制內。另一方面，大規模由下而上的社會運動在黨國的約束下根本無從發生，有的僅是由政治精英所動員的「國家運動」（既包括「反右」、「文革」等政治性很強的運動，也包括「愛國衛生運動」、「安全生產大整頓」等生產性運動）[4]。在此情況下，中國共產黨是人民、全社會獨一無二、無可取代的利益代表。

1978 年中共「十一屆三中全會」之後開啓了中國的市場改革，不僅展現出傲人的經濟成就，也帶動經濟與社會變遷，此些巨大的變化亦產生政治效應，其中包括政治價值與意識形態、國家體制與政府職能的調整以及國家和社會關係的變遷等。而經濟改革與全球化以及網際網路的發展，導致中國大陸社會部門急速勃興，不論是私營企業、社會組織，或各種維權運動，甚至是大型災難（如 2008 年 512 汶川大地震）發生後政治社會效應，都一再讓我們省思中國「公民社會」的發展以及「國家—社會」關係（state-society relationship）的變化。

然而，市場化改革、社會結構的變遷以及與全球接軌，雖爲中國公

---

[2] Tsveta Petrova and Sidney Tarrow, "Transactional and Participatory Activism in the Emerging European Polity: The Puzzle of East-Central Europe," *Comparative Political Studies*, Vol. 40, No. 1(Jan. 2007), pp.74~94.

[3] Andrew Walder, *The Waning of the Communist State: Economic Origins of Political Decline in China and Hungary* (Berkeley: University of California Press, 1995), p. 1.

[4] 馮仕政，「中國國家運動的形成與變異：基於政體的整體性解釋」，開放時代，2011 年第 1 期，頁 73~97。

民社會的發展帶來契機，但事實上我們又看到，黨國體制對公民社會的制約無所不在，國家機器一方面透過一連串的壓制手段，另一方面也採用吸納的手段防止社會力量在體制外進一步發展。近年來各種關於「維穩經費」超越國防預算的傳言不斷，「加強與創新社會管理」與「創新社會治理」等政策不斷推陳出新，而「愼防西方公民社會陷阱」[5]以及「七不講」[6]也成爲中共黨內政法與宣傳系統面對「公民社會」的制式反應。換言之，放在「國家—社會」關係的脈絡下，我們看到中國「社會力量」（social forces）確實正在崛起中，而黨國體制也在進行防範與調適。

貳、中國公民社會的觀察面向

隨著社會發展的多元化，當前中國公民社會的發展與國家再管制間形成一種動態關係，我們有必要從多方面予以解析。本書將從社會組織（含家庭教會與國際 NGO）、社會抗爭與網際網路等三方面，探討當前中國公民社會的發展。

（一）社會組織

根據中華人民共和國民政部的資料顯示，截至 2013 年底爲止，中國社會組織數量超過 50 萬個，但此些組織多爲與政府關係密切的 GONGO（Government Organized NGO）；事實上，中國草根組織的數量遠超過此，且部分組織（如環保、扶貧與愛滋 NGO 等）極爲活躍，與國際 NGO 的聯繫也非常密切。因此，草根組織、國家與國際因素三角關係成爲海內外學術界感興趣的議題。此外，在探究當前中國公民社會發展時，具有群眾性、長期性、複雜性的宗教問題當然是極爲重要的一環，特別是基督信仰

---

[5] 「周本順：走中國特色社會管理創新之路」，**中國共產黨新聞網**，2011 年 5 月 17 日，http://theory.people.com.cn/GB/14660754.html。

[6] 包括不講普世價值、新聞自由、公民社會、公民權利、黨的歷史錯誤、權貴資產階級、司法獨立等。

一直被視作外來宗教、歐美國家滲透中國的力量，其積極入世的教義與嚴謹的組織方式，相對於佛、道教，對中共更是一種潛在威脅和挑戰。

目前中國社會組織所存在的制度環境，主要是由 1998 年 10 月中國大陸國務院修改《社會團體登記管理條例》、同時頒布的《民辦非企業單位登記暫行條例》，以及 2004 年 3 月頒布的《基金會管理條例》所規範，其可歸納出國家對社團管制的四項原則：雙重管理體制、分級管理制度、非競爭原則以及層級秩序等，就制度而言，基本符合國家統合主義（state corporatism）。[7] 然而，在實際運作中，由於國家無法「一視同仁」對所有組織進行監控與管理，因此，分類控制成為一種管理策略，[8] 再加上政府部門間管理的不同步，以及組織負責人與政府部門間的網絡關係，使得當前中國國家與社會組織間呈現出不同的樣態。[9] 由於社會組織種類眾多，國家應對的策略也不同，也使得研究者據此評析中國公民社會時出現「瞎子摸象」的困境。故本書的目的之一，即是要釐清其中複雜的現象，以便建構當前中國社會組織發展的圖像。

（二）社會抗爭

就許多國家的發展經驗看來，社會抗議往往是自由化與民主轉型的前奏。就此觀察中國，目前其社會抗爭也層出不窮，1990 年代以來中國大陸社會運動的頻率與規模均不斷擴增，根據中國大陸官方統計，從 1993 年至 2003 年這十年間，群體性事件數量急劇上升，由 1994 年的 1 萬件增加到 2003 年的 6 萬件，成長 6 倍，年均成長 17%，此外，參與群體性事件的人數年均成長 12%，由 73 萬多人增加到 307 萬多人。而 2006 年，此數字已超過九萬六千件，超過八百二十萬人次參加，平均一天發生高達

---

[7]　Phillippe Schmitter, "Still the Century of Corporatism?" *Review of Politics,* Vol. 36, No. 1(1974), pp. 35~131.

[8]　康曉光、韓恒，「分類控制：當前中國大陸國家與社會關係研究」，**社會學研究**，2005 年第 6 期，頁 73~89。

[9]　王信賢，爭辯中的中國社會組織研究：「國家－社會」關係的視角（台北：韋伯文化出版社，2006 年）。

263 件集體抗爭事件。但耐人尋味的是，近年來未見中共當局公布相關數字。而按照北京清華大學社會系孫立平教授估計，2010 年中國共發生 18 萬起社會抗議事件。[10] 因而在各地形成了官方「維穩」與民眾「維權」間相互較量的博奕，而此幾乎成為國際學界中政治社會學領域最重要的議題之一。

　　從目前所發生的社會抗爭事件看來，不論是議題或規模都極為驚人，包括工人抗爭、農民工維權、農民運動、校園抗議、城市「業主」維權運動、退伍軍人抗爭、環保抗爭以及近來國際社會頗為關注的西藏「三一四事件」與新疆「七五事件」所代表的種族抗爭等，甚至是一般的突發事件皆能引起集體抗議與衝突。當前中國社會抗爭有以下特徵：抗爭主體多是社會弱勢、抗爭因素多屬生存權、多採非暴力抗爭、抗爭對象多針對政府與缺少組織性反對等，若將國家與國際因素加入，則可發現國家權力依舊強大，且外國勢力難以介入大陸內部的社會抗爭等。[11] 此外，在大多數的抗爭中，基本上是不跨區域與議題，這也是為何中國有如此高頻率的社會抗爭，而僅僅只是屬於小區域的騷動，而不致影響社會穩定的緣故。但近來我們也發現，在部分抗爭事件中，抗爭議題透過網路逐漸形成跨區域與跨階級運動，且透過資訊的傳遞出現學習效應，使得群眾抗爭技巧有所提升。因此，本書不僅要描繪中國社會抗爭的狀況，也將探討通訊科技發展對社會抗爭的影響。

（三）網際網路

　　隨著近年網際網路興起，新興公共領域於焉產生，網路成為輿論反映的重要平台。根據中國互聯網絡信息中心最新統計數據顯示，截至 2013 年底，中國網民規模超過 6 億，手機網民規模也超過 4.5 億。網民劇增和微網誌（微博）興起，促使網民透過網路表達對社會時政的針砭意見，改

---

[10] 「中國學者：2010 年 18 萬起抗議事件，中國社會動盪加劇」，**多維新聞網**，2011 年 9 月 26 日。http://china.dwnews.com/big5/news/2011-09-26/58160315.html。

[11] 詳見本書第八章。

變過往公民意見的表達方式。除了網路議論的輿論空間，網民亦具體身體力行實際行動。當前中國網路輿情環境特徵包括：「微博影響力呈爆發式增長」、「網路意見領袖的出現」以及「手機上網用戶大增」等，使得網路成為輿論反映的重要平台，呈現了網路民意對社會現實的強大影響力。

而在 2003 年 3 月「孫志剛事件」、2009 年 2 月「央視大火」以及 2011 年 7 月 23 日「溫州動車事件」等不勝枚舉，我們都可看到網路傳播的力量。對此，官方採取軟硬兼施手段，一方面正視網路輿論影響，促使各級政府官員，建立網站與民溝通，形成「網路問政」；另一方面則是加強對網路的管制，包括增強「防火長城」，利用技術過濾危險關鍵字，抑或透過網路警察、五毛黨、斷網等手段。據聞，許多地方政府曾建議中央取締、關閉「微博」，但為黨中央反對，因為中共目前也無法逆此一潮流，此外，因政務微博具有即時、便捷、開放、貼近群眾的特點，故在「微博」上開一口子讓民眾宣洩也有助於減輕民怨，且網民亦可成為中央獲知地方「民情」的重要管道。本書也將從資訊科技的發展與應用，觀察當前中國公民社會的發展以及國家的回應。

參、本書章節安排與簡介

延續前述，本書將圍繞在四個主要的議題來觀察中國公民社會的發展以及國家社會關係，分別是「公民社會研究」、「社會組織發展與比較」、「家庭教會與災難社會學」、「社會抗爭與資訊科技發展」，以下簡要說明。

一、公民社會研究

在第一篇「公民社會研究」中收錄了郁建興、周俊的「2006 年以來的中國公民社會研究」，兩位作者認為由於 1980 年代西方學者開始對中國公民社會進行研究，再加上東歐國家與蘇聯等社會主義政權相繼垮台，引發了學界對於中國公民社會發展的關注，學術界也開始辯論「公民社

會」這一源自西方的社會模式能否在中國作為社會實體而加以建構。本文系統地檢閱了 2006 年後中國的相關研究後提出「國家與公民社會的關係：『制度引導』抑或『未意圖擴展』？」、「中國公民社會能夠在參與公共治理中發展嗎？」、「『參與式治理』見證了中國公民社會的成長？」以及「中國有『網路公民社會』嗎？」等四方面的討論。文章最後反思，中國公民社會研究一直多屬對西方理論的「反思性研究」，正因努力逃脫西方理論的影響，相關研究往往過於強調中國特色，反而疏於對西方理論本身的理解和理論應用於本土經驗是否合適的分析。

二、社會組織發展與比較

此部分共收錄三篇文章，分別是吳強的「中國 NGO 與地方合作主義：對重慶巫溪『樂和模式』中非政府組織的考察」，王占璽與王信賢的「中國社會組織的治理結構與場域分析：環保與愛滋 NGO 的比較」，以及王占璽的「聚合的力量—國際行動者在中國的互動網絡：以愛滋防治領域為例」等。吳強以重慶巫溪樂和模式為研究對象，並觀察大陸知名環保組織北京地球村過去 15 年的合作主義（corporatism，台灣多譯為「統合主義」）路徑變遷，試圖發現中國地方合作主義的社會條件。巫溪縣樂和模式在縣鄉層級同時取得村社和諧共治、「息訪穩定」雙重的良性社會效果，被政法部門引為「社會管理創新」的樣板。作者將地球村從過去仲介中國政府和國際 NGO 的捐客式環保合作的國家合作主義到現在的地方合作主義稱為合作主義「下沉」，如此合作路徑的下沉，並非地方分權化的結果，而是 NGO 所依賴資源的變化，甚至抗拒公民社會植入的國家合作主義主導的地方性安排。

王占璽與王信賢的文章認為，當前中國 NGO 的研究往往將國家的意志與能力被視為關鍵的解釋變項，因而忽略了對社會力量如何組織以及如何動員的關注，也無法針對不同議題性質與社會部門行動者屬性異同的比較。因此，文章在理論上以組織「治理結構」研究中「組織場域」為基礎，並針對當前中國最為活躍的兩個草根組織——環保與愛滋病組織為研究對

象，其發現在這兩個領域中，雖出現部分類似特徵，但其在行動策略、動員模式，以及與國家互動的關係上，卻呈現出截然不同的圖像。從場域層次觀察中國草根 NGO 主要有兩方面發現，一是呈現出國家部門、國際部門與社會部門都不是「鐵板一塊」，而會隨著議題性質的差異而展現出不同的利益偏好與行動取向；另一則是中國 NGO 的發展並不只是決定於國家的控制策略或社會的參與程度，而是涉及不同行動者在交往過程中發展出的互動秩序與權力格局。

　　王占璽的文章旨在探討愛滋防治領域中的國際組織與國際 NGO 在中國的行動，其突出在中國研究領域中兩個較為不足之處，一是關於研究對象，即國際行動者在中國的運作以及彼此的組織連結，另一則是組織網絡理論在 NGO 間關係的運用。本文認為在中國愛滋領域中國際行動者的互動網絡已經發展出綿密的溝通管道與合作關係，同時網絡結構的分化也反映出意見領袖的存在，此一互動網絡的發展動力來自組織對於環境不確定性的適應以及強化行動能力的需求。對於國際行動者而言，組織網絡的發展不僅提昇其個別的行動能力，也促成了組織集體行動的出現。因此，在中國愛滋病議題上，國際 NGO 並非僅是各自開展工作，同時也能夠藉由組織資源及行動能力的整合，在關注的議題領域中展現聚合的力量。

三、家庭教會與災難社會學

　　此部分共收錄高晨揚的「轉型中的基督教家庭教會與中國公民社會的建構」以及李宗義與林宗弘「社會韌性與災後重建：汶川地震中的國家與地方社會」兩篇文章。高晨揚的文章旨在探討中國基督新教「家庭教會」的發展對中國公民社會的建構的意義，其強調應評估在中國政府所認可的「基督教三自愛國運動委員會」與「基督教協會」（合稱為「兩會」）之外的基督新教群體——「家庭教會」，對於中國公民社會建構之貢獻的一個重要面向。作者透過三個田野案例——福州市某家庭教會、成都市 M 教會與成都市「秋雨之福」歸正教會，說明 1990 年代興起之以知識份子為主的都市形態家庭教會，不同於傳統家庭教會，具有都市人與知識分子

更爲寬闊的視野，並逐漸建立起跨越群體、城鄉，與地區之間的聯繫和合作，進而投身於社會參與，也更爲關心社會公眾福祉、參與慈善工作，部分教會更有機會能擺脫家長制而走向民主式的自治管理。因此，中國的家庭教會的轉型可能帶出有助於建構公民社會的社會資本。

李宗義與林宗弘的文章則是將焦點擺在「災難社會學」，其強調災難往往是活化公民社會最強大的力量之一，也是觀察國家與社會互動的最佳視角。而2008年中國四川大地震後諸多NGO與志工前往災區救援並協助重建，提供了絕佳機會讓我們得以觀察中國國家社會關係的變與不變。作者檢視了多個汶川地震災後重建的案例後，以國家介入程度與社區參與程度的強弱建立四種災後重建的類型，認爲災難不僅提供公民社會發展的契機，也賦予國家進行權力滲透的正當理由，龐大的政府資源加上對民間社會的有效控制，中共成功展現國家專制能力強大的一面，並以愛國主義凝聚民眾對國家的認同，避免災難引發更大的政治危機。而國家單方面強行介入的重建方式，短期顯得很有效率，但在共度國難的大旗下，大部分災民只能服從國家規劃，沒有太多議價空間。這讓國家權力輕易滲透地方社會改變原有的社會結構，或者是在政策強力實施過程中，造成居民的利益分化與凝聚力潰散，從這個角度來看，災後重建也可能破壞地方社會。

四、社會抗爭與資訊科技發展

本書第四篇共收錄王信賢與王信實的「中國經濟不均衡發展與社會抗爭」、王佳煌的「資訊通信科技、群體性事件與中國後極權主義之影響」以及陳柏奇與洪敬富的「茉莉花革命浪潮下對當前中國國家─社會關係的再檢視：網路政治中的公民維權與黨國維權雙重分析視角」等三篇文章。王信賢與王信實的文章認爲，近來關於中國各種社會抗議事件的相關研究成果雖豐，但存在兩個缺失，一是對當前中國大陸社會抗爭的整體發展缺乏有系統的特徵說明，二是對於總體經濟發展與社會抗爭間的聯繫過於直觀，欠缺進一步的證據。針對此，兩位作者透過大量的抗爭資料蒐集與分析，描繪出當前中國大陸社會抗爭的「國家社會關係」圖像，並藉此可以

回答為何各地騷動不斷，但卻無法出現更大的政治效應。而在總體經濟變數分析方面，文章也指出勞動所得水準越低，失業人口越多及房價越高，增加了社會抗爭的可能性。肇因於城鄉不均衡的發展，城鎮化率與城鎮對農村人均消費支出比，對抗爭次數皆造成正面的影響。同時，中國經濟長期東西部地區的不均衡發展，在西部地區引起更多的社會抗爭。

王佳煌的文章主要是將當前中國兩種代表社會力量崛起的現象加以結合，一是資訊通信科技，另一是群體性事件，亦即群體性事件的參與者如何運用資通科技，與黨國體系在賽博空間與實體空間中鬥爭對抗，並說明此對中國政治轉型的意涵。中國群體性事件大幅增加，網民與群體性事件的參與者也能運用資通科技，在賽博空間中傳遞訊息、建構議程、協調集結，並在實體空間中動員參與社會抗議，提出特定訴求，甚至在某些個案中還能達到其目的，似乎對中共的後極權主義統治構成某種壓力與挑戰。儘管如此，作者認為其並不代表社會能夠完全脫離黨國機器的控制，中共也不斷學習控制、馴化賽博空間，因應賽博空間與實體空間交叉互動對一黨專政與黨國體系的挑戰。黨國體系與社會成員或網民都在互相學習與適應變遷。由此觀之，中共的後極權主義統治仍有相當的力量，直線式的民主化推論與「蘇東波」式急遽崩潰的想像（或期望），似乎過於簡化。

陳柏奇與洪敬富的文章則是從 2010 年底開始發生於北非、中東的一系列「茉莉花革命」，所引起學術界新一波關於網路通訊科技發展與威權轉型議題的爭辯出發，探討當前中國新媒體「如何」且在「多大程度」（to what extent）上衝擊並影響當代中國威權政治的發展，並據以檢視當前黨國政體下的中國國家社會關係。本章認為，新媒體的中介平台角色，使得舊有國家社會間的「強國家，弱社會」關係模式正快速地受到衝擊。在網路媒體時代，公民在虛擬和實際生活中的話語權將更為提升，其「議題設定」能力也將更趨強化，中國威權「統治」的型態將逐步往「良治」的目標前進。這是一種從線上到線下、網民到公民的發展進程。它重塑了「新」媒體時代下的中國國家社會關係，亦為中國公民社會健康發展和推進民主轉型提供了根本而重大的基礎。

　　本書最後則是由兩位編者從宏觀的角度探討中共政權特質，我們認為在改革開放三十餘年的今天，中國黨國體制確實已遠離極權主義，但不論是後極權主義或是威權主義縱有爭論，都指向一個事實，即此一政權積極自我調適以及回應社會，近年來中共對於「社會建設」的重視不斷攀升，以及不斷強調「社會管理」或「社會治理」創新，正可說明中共政權對於社會議題的回應。因此，本書將以社會力量崛起與黨國回應，以及公民社會與政權轉型作為全書的總結。

參考文獻

「中國學者：2010 年 18 萬起抗議事件，中國社會動盪加劇」，多維新聞網，2011 年 9 月 26 日。http://china.dwnews.com/big5/news/2011-09-26/58160315.html。

「周本順：走中國特色社會管理創新之路」，中國共產黨新聞網，2011 年 5 月 17 日，http://theory.people.com.cn/GB/14660754.html。

Fung, Archon, "Associations and Democracy: Between Theories, Hopes and Realities, " *Annual Review of Sociology*, No. 29 (2003), pp. 515~539.

Petrova, Tsveta and Sidney Tarrow, "Transactional and Participatory Activism in the Emerging European Polity: The Puzzle of East-Central Europe," *Comparative Political Studies*, Vol. 40, No. 1 (Jan., 2007), pp.74~94.

Schmitter, Phillippe, "Still the Century of Corporatism? " *Review of Politics*, Vol. 36, No. 1 (1974), pp. 35~131.

Walder, Andrew, *The Waning of the Communist State: Economic Origins of Political Decline in China and Hungary* (Berkeley: University of California Press, 1995).

王信賢，爭辯中的中國社會組織研究：「國家—社會」關係的視角（台北：韋伯文化出版社，2006 年）。

康曉光、韓恒，「分類控制：當前中國大陸國家與社會關係研究」，社會學研究，2005 年第 6 期，頁 73~89。

馮仕政，「中國國家運動的形成與變異：基於政體的整體性解釋」，開放時代，2011 年第 1 期，頁 73~97。

第一篇

公民社會研究

第二章

近年來的中國公民社會研究[*]

郁建興、周俊

壹、前言

2011 年 5 月一位中國官員發表的文章引發了關於「公民社會陷阱論」的討論，[1]它與近年來多場論辯一樣，暴露了中國公民社會研究的困境，需要我們認真對待。

中國公民社會研究開始於 1980 年代的西方中國學研究。1991 年，王紹光撰文討論 civil society 的中文譯名，[2]引起大陸學界的廣泛關注。翌年，大陸拉開了公民社會研究的序幕。公民社會作為一種區分於國家、表徵公民權利的概念，很快賦予了由「體制外」推進中國政治發展的意義，相應的研究也逐漸成為一種理論熱潮。[3]二十年來，中國公民社會研究取得了豐富成果，尤其是近幾年來，隨著中央政府倡導建立和諧社會、推進社會管理體制改革，新社會現象不斷湧現，中國公民社會研究的進展尤其顯著，但也暴露出一些問題。對這些研究進行批判性綜述具有重要的理論和現實意義。

[*] 本文原載於 2013 年東亞研究第 44 卷第 1 期（頁 1~33），經該刊同意後轉載，特此致謝。

[1] 2011 年 5 月，有中國官員提出「防止誤信、誤傳甚至落入某些西方國家為我們設計的所謂『公民社會』的陷阱」，一些學者和媒體對此有所回應。

[2] 王紹光，「關於『市民社會』的幾點思考」，二十一世紀雙月刊（香港），1991 年第 8 期，頁 102~114。

[3] 鄧正來，「中國發展研究的檢視：兼論中國市民社會研究問題的設定」，中國社會科學季刊（香港），1994 年第 8 期，頁 50~60。

　　文章包括三個部分。第一部分介紹 2006 年之前中國公民社會研究的理論視野，以作爲討論的基礎。第二部分從四個方面評述 2006 年以來的中國公民社會研究。最後爲結論和討論。

貳、中國公民社會研究的理論視野

　　在公民社會理論於西方復興的潮流中，一些西方的中國學研究者用它來分析中國近代史，以探尋中國資本主義萌芽和失敗的內生因素，另一些則用它來解讀當代中國的社會變革。兩類研究都充滿了爭議，一種觀點來自 William T. Rowe、Mayfair Mei-Hui Yang 與 Mary Backus Rankin 等人，他們認爲中國清末民初存在過公民社會， 1980 年代的經濟改革催生了公民社會，1989 年的政治風波見證了公民社會；[4]Frederic Wakeman、Philip C. C. Huang 與 Andrew Walder 等人則認爲，當代中國的發展完全不同於西方，用西方的理論來分析中國是不恰當的。[5]

　　西方學者的研究開啓了全新的解讀中國的視角，其設定的研究領域和議題對中國公民社會研究產生了深遠影響。非常明顯的是，中國公民社會研究從 1990 年代初開始即是在西方學者開闢的兩個題域中展開論爭

---

[4]　William T. Rowe, *Hankow: Commerce and Society in a Chinese City, 1796-1889* (Stanford: Stanford University Press, 1984); William T. Rowe, *Hankow: Conflict and Community in a Chinese City, 1796-1985* (Stanford: Stanford University Press, 1989); Mayfair Mei-Hui Yang, "Between State and Society: The Construction of Corporations in a Chinese Socialist Factory," *The Australian Journal of Chinese Affairs*, No. 22 (Jul., 1989), pp. 31~60; Mary B. Rankin, *Elite Activism and Political Transformation in China: Zhejiang Province 1865-1911* (Stanford: Stanford University Press, 1986).

[5]　Frederic Wakeman Jr., "The Civil Society and Public Sphere Debate: Western Reflections on Chinese Political Culture," *Modern China*, Vol. 19, No. 2 (Apr., 1993), pp. 108~138; Philip C. C. Huang, "The Paradigmatic Crisis in Chinese Studies," *Modern China*, Vol. 17, No. 3 (Jul., 1991), pp. 299~341; Philip C. C. Huang, "'Public Sphere'/'Civil Society' in China?" *Modern China*, Vol. 19, No. 2 (Apr., 1993), pp. 216~240; Andrew G. Walder, "The Political Sociology of the Beijing Upheaval of 1989," *Problems of Communism*, Vol. 38, No. 5 (Sep.-Oct. 1989), pp. 30~40.

的：一是公民社會這一源自西方的社會模式能否在中國作爲社會實體而加以建構，二是能否超越公民社會作爲一種解釋模式所反映出來的「現代與傳統」的思維架構及其理論預設。[6]以邏輯論證的方式來回答這些問題的學者，以鄧正來、蕭功秦等爲代表，後來被稱爲「文化派」或「思辨派」[7]。文化派的共同特徵是試圖通過邏輯論證來回答能否在中國建設公民社會和如何建設公民社會等問題。「文化派」間的爭辯在 1990 年代中前期影響突出，但此後，大量經驗研究出現，以馬敏、朱英等爲代表的「實證派」（以「商會派」爲主體）逐漸形成並占居了主導地位。經驗派的共同特徵是通過案例研究探尋中國是否存在過公民社會，以及當前如何建設公民社會等問題。儘管兩種學派的理論視角和研究方法不同，但它們要回答的核心問題具有一致性，並且與西方的中國公民社會研究主題相似。

　　但另一方面，中國公民社會研究一開始就希望能既借鑒又超越西方理論，這在兩類研究都中有鮮明體現。在「文化派」的論爭中，蕭功秦和夏維中等提出應特別重視中國傳統文化對發展公民社會的影響。蕭功秦指出，中國公民社會的發展先後面臨了傳統專制主義、社會自主領域的畸形化和國家政權的「軟化」三重阻力；[8]夏維中認爲，中國歷史上從來不存在嚴格意義上的市民階級，以中央高度集權爲基礎的大一統是構建公民社會的強大障礙。[9]這些研究指明了中國傳統文化和現實國情的特殊性，對西方公民社會在中國的適用性提出了置疑。作爲對這些置疑的回應，鄧正來和景躍進提出了區別於西方的中國國家—公民社會關係的「良性互動論」

6　鄧正來，「國家與社會：中國市民社會研究的研究」，收錄於鄧正來、J. C. Alexander 主編，國家與市民社會：一種社會理論的研究路徑（增訂版）（上海：上海人民出版社，2006 年），頁 474~507。

7　「文化派」、「思辨派」和「實證派」、「商會派」的提出，請參見張志東，「中國學者關於近代中國市民社會問題的研究：現狀與思考」，近代史研究（北京），1998 年第 2 期，頁 298~307。

8　蕭功秦，「市民社會與中國現代化的三重障礙」，中國社會科學季刊（香港），1993 年第 5 期，頁 183~188。

9　夏維中，「市民社會：中國近期難圓的夢」，中國社會科學季刊（香港），1993 年第 5 期，頁 176~182。

和中國公民社會發展的「兩階段論」，[10] 試圖建立本土化的分析框架。「良性互動論」認為，中國的公民社會不應像西方公民社會那樣與國家相抗衡，而應與國家合作互動，國家在一定程度上可以干預公民社會。兩階段論認為，中國公民社會發展需經歷兩個階段，在第一階段，公民社會獲得相對於國家的獨立性，自身成長壯大；在第二階段，公民社會進一步發展，通過各種方式參與公共事務，影響公共政策。鄧和景更傾向於為公民社會在中國發展尋找策略，將公民社會與國家的關係定位為「良性互動」，「二階段論」將第一階段的公民社會定位為無涉政治，這些都降低了公民社會的政治敏感性。但遺憾的是，鄧和景並沒有設計公民社會與國家互動的具體機制，也沒有就公民社會如何實現兩個階段的發展做討論，而且他們似乎還是希望中國的公民社會將來也能像西方那樣發揮影響政策、制衡國家的作用，從這個方面講，鄧和景對西方理論的超越仍然是有限的。

文化派關注到了在中國發展公民社會的關鍵性理論問題，如果它持續發展下去，中國公民社會研究可能會有更為豐富的成果。但是，這種論爭很快在對「良性互動論」的推崇中沉寂下去了，越來越多的研究傾向於論證「良性互動」的必要性或為它尋找理論依據，比如「社會主義市民社會」、「中國特色的市民社會」，「強國家─強社會」等理論，創造性的理論建構無處可尋。雖然力圖超越西方，但卻缺乏對西方理論的深刻反思和對本土理論的多元化建構，這逐漸成為中國公民社會研究的一大特徵。

「實證派」又可分為歷史實證派和現實實證派。前者始於馬敏、朱英對近代商會的研究，興盛於 1990 年代中期，以一系列論著的出版為標誌。[11] 歷史實證派充分肯定 William T. Rowe 等西方學者的研究思路，但批

---

[10] 「良性互動」論認為，國家有干預公民社會的必要，但要保持合理限度。「兩階段論」認為，中國公民社會建構的第一階段的主要目標是初步建構起公民社會，形成國家與公民社會的二元結構；第二階段的主要目標是進一步完善公民社會，通過各種各樣的渠道實現對國家決策進行正面意義上的影響，在相對於國家的獨立身分以外爭得參與身分。參見鄧正來、景躍進，「建構中國的市民社會」，鄧正來主編，**市民社會理論的研究**（北京：中國政法大學出版社，2002 年），頁 14~16、20~23。

[11] 馬敏、朱英，**傳統與近代的二重變奏：晚清蘇州商會個案研究**（重慶：巴蜀書社，1993 年）；馬敏，**官商之間：社會劇變中的近代紳商**（天津：天津人民出版社，

評他們不恰當地選擇了分析對象，轉而將研究焦點聚集在二十世紀頭十年的中國社會。此外，歷史實證派認為，近代中國的公民社會和公共領域不是作為國家的對立面存在的，而是與國家形成複雜的但又是以依賴為主的互動，這顯然不同於西方。[12] 這種研究取向表明，歷史實證派努力不將公民社會視作一種意識形態工具，而是將其限定為一種歷史性的描述，用以體察中國國家—社會關係的獨特性。當代的實證研究有意識地開始於鄧正來對三家民營書店的分析。這一研究提出，「個體書攤和民營書店代表著某種形式的市民社會組織的生長過程」，「體現了國家與市民社會組織在知識生產和傳播領域中的複雜互動」。[13] 此後的研究大多遵循同樣的路徑，體現在農村村民自治、城市社區自治、公共領域以及非政府組織等各個具體領域。總之，「實證派」無不希望在歷史變革中發現中國國家—社會「良性互動」的存在以及可能引致這種存在的因素，這構成了該研究領域的主要特徵。

　　文化派和經驗派都提出了富有啟發的觀點，但他們的研究對中國公民社會發展的現實意義究竟在哪裡？對這一問題的回答開啓了中國公民社會研究中的「反思性研究」。1994 年鄧正來指出，中國公民社會論者選擇的道路依然是一條道地的西方版道路，選擇依據不是來自本土經驗和知識。他呼籲中國公民社會研究轉換題域路徑，由此開啓了「反思性研究」的視野。[14] 其後，鄧正來又多次對中國公民社會研究進行反思與批判，[15] 產生了較為廣泛的影響。但是，鄧正來的「反思」也面臨著「反思」。批評者認為，鄧正來只對中國公民社會研究進行了「一重反思」（對分析框架的反思），

1995 年）；朱英，**轉型時期的社會與國家：以近代中國商會為主體的歷史透視**（武漢：華中師範大學出版社，1997 年）。

[12] 馬敏，**官商之間：社會劇變中的近代紳商**，頁 281~292。

[13] 鄧正來，「市民社會與國家知識治理制度的重構：民間傳播機制的生長及其作用」，**開放時代**（廣州），2000 年第 3 期，頁 5~17。

[14] 鄧正來，「中國發展研究的檢視：兼論中國市民社會研究問題的設定」，頁 50~60。

[15] 鄧正來，「國家與社會：中國市民社會研究的研究」；鄧正來，「關於『國家與市民社會』框架的反思與批判」，**吉林大學社會科學學報**（吉林），2006 年第 3 期，頁 5~9。

而缺乏「二重反思」（對建構本土經驗的西方理論的反思）。此外，批評者還指出，鄧正來在反思中不自覺地從「國家與公民社會」退卻到了「國家與社會」的分析框架，在「國家與社會」的分析框架中，社會僅作爲與國家的對應物而存在，並不具備「市民社會」所應有的權利意義。[16] 新世紀前後，越來越多的學者如方朝暉和朱英加入到「反思性研究」陣營中，大量的評述性文章出現，「反思性研究」逐漸成爲中國公民社會研究的重要內容，遺憾的是，新的研究並未突破鄧和強的貢獻。[17] 這構成了中國公民社會研究中的又一特徵。

參、2006年以來的中國公民社會研究

2006 年以來，中國的國家—社會關係經歷著新變革，這爲中國公民社會研究醞釀了土壤，大量新論著出現。下文圍繞中國公民社會研究的主要視野，選取四個方面進行述評。

一、國家與公民社會的關係：「制度引導」抑或「未意圖擴展」？

國家與公民社會的結構性關係是公民社會理論的核心題域。對這種關

---

[16] 強世功，「市民社會及其問題：評《國家與社會》」，法律圖書館，2011 年 8 月 2 日，http://www.law-lib.com/flsp/sp_view.asp?id=7。這種分析框架上的退卻是普遍的，2006 年，朱英撰文指出，「社會與國家」優於市民社會這一理論框架，因爲一方面在某種程度上可以避免照搬西方市民社會或公共領域理論的嫌疑，另一方面其所涵蓋的內容和範圍都更爲寬泛，無論是「市民社會」還是「公共領域」都可以納入其中。朱英還指出自己自 90 年代初開始的商會研究所採用的就是「社會與國家」的理論框架。參見朱英，「近代中國的『社會與國家』：研究回顧與思考」，江蘇社會科學報（江蘇），2006 年第 4 期，頁 176~185。

[17] 比如方朝暉，「對 90 年代市民社會研究的一個反思」，天津社會科學（天津），1999 年第 5 期，頁 19~24；朱英，「近代中國的『社會與國家』：研究回顧與思考」，頁 176~185。

係的理解又可分規範性和解釋性兩個層面。規範性層面即學者所構設的中國國家與公民社會關係的理想狀態；解釋性層面則爲學者所描述的兩者關係的現實狀態及相應的解讀。在規範性層面，鄧正來等學者曾提出的「良性互動論」近年來仍占主導地位，缺乏新的理論發展。但在解釋性層面上，研究者們表現出極大興趣，著述頗豐，新觀點時有出現。

　　制度環境研究是 2006 年以來中國公民社會研究中一個廣受關注的方面。俞可平教授試圖以制度環境爲中間變量，理解國家與社會的現實關係。他提出，中國公民社會的制度環境特徵體現在六個方面：1. 宏觀鼓勵與微觀約束並存；2. 分級登記與雙重管理；3. 多頭管理；4. 政府法規與黨的政策相輔相成；5. 制度剩餘與制度匱乏並存；6. 制度空間要遠遠小於現實空間。[18] 何增科的研究則進一步指出，現有的制度環境在激勵機制上的缺陷、機會結構上的扭曲，以及它的強烈的限制和控制取向制約著民間組織的健康發展。[19] 這些研究將改善國家—社會關係的希望寄託在制度變革上，直視而非回避中國公民社會發展中的制度問題，產生了較大影響。制度環境研究深化了我們對制度這個重要維度的理解，但是，這一研究以「一個相對獨立的公民社會正在中國迅速崛起」爲預設，引起了較爲普遍的質疑。同樣基於社會組織的發展，以制度環境爲分析維度，康曉光等論者得出了不同的結論。

　　康曉光等論者對改革開放以來中國第三部門[20] 進行全方位考察，他們認爲，在第三部門獲得大發展，發揮重要功能的同時，政府採取了新的管理策略，這包括控制策略和發展策略兩個方面。從控制方面看，政府爲避免社會組織對政府權威的挑戰，建立了「分類控制體系」。在這一體系中，

---

[18] 俞可平，「中國公民社會：概念、分類與制度環境」，中國社會科學（北京），2006 年第 1 期，頁 109~122。

[19] 何增科，「中國公民社會發展的制度環境影響評估」，江蘇行政學院學報（江蘇），2006 年第 4 期，頁 80~86。

[20] 康曉光等人將第三部門界定爲政府和企業之外的社會組織，具有非政府、非營利、非反社會三重特性。參見康曉光、盧憲英、韓恒，「改革時代的國家與社會關係：行政吸納社會」，王名主編，中國民間組織 30 年：走向公民社會（北京：社會科學文獻出版社，2008 年），頁 287~337。

政府根據社會組織的挑戰能力和提供公共物品的能力，對不同社會組織採取從鬆到緊的控制策略。從發展方面看，政府為利用社會組織滿足社會需求，實施了功能替代的發展策略，這表現為：1. 一些重要的結社需求都是由政府主動回應的；2. 政府主導的社會組織提供的社會服務占絕對優勢；3. 政府對民間自發的社會組織採取不同程度的支持。康曉光等論者認為，新的管理策略能夠達到消除挑戰勢力和滿足社會需求的雙重目的，在這種策略下不可能形成公民社會。[21]

　　這一理論提供了政府與第三部門關係的全景圖，有力地解釋了政府區別性地對待社會組織的現象，以及在中國發展公民社會的困難。相較於俞和何的研究，該研究顯然更具洞察力，但在中國發展公民社會的問題上卻透露出明顯的悲觀情緒。康等人的理論受到了普遍認同，但也面臨一些批評。但是，也有學者提出批評。鄧正來指出，康曉光等論者所提出「分類控制」和「行政吸納社會」模式不僅忽視了中國國家和社會兩維分別面臨的複雜情勢，以及這種情勢帶來的公民社會模式相對於當下中國的局限性，而且還具有如下幾個方面的缺陷：1. 無法站在中國公民社會和民主政治建設的高度上去建構未來；2. 過於看重行政管理層面正式法規對公民社會組織發展的影響，對政府當局的實際政治立場缺乏足夠的關注；3. 看不到公民社會與國家之間的互動所達致的「未意圖的擴展」[22] 過程，及其對中國公民社會建構的可能意義。[23]

---

[21] 康曉光、韓恒，「分類控制：當前中國大陸國家與社會關係研究」，**社會學研究**（北京），2005 年第 6 期，頁 73~89；Xiaoguang Kang and Heng Han, Graduated Controls: The State-Society Relationship in Contemporary China," *Modern China*, Vol. 34, No. 1 (Jan., 2008), pp. 36~55; Xiaoguang Kang and Heng Han, "Government Absorbing Society: A Further Probe into the State-Society Relationship in Chinese Mainland," *Social Sciences in China*, Vol. 28, No. 2 (Summer, 2007), pp. 116~128.

[22] 「未意圖的擴展」，是指整個事態的發展過程及其結果是介入這一過程的各方抱持自己的意圖參與這一過程，卻在每一階段上及其最後得到了此前未曾預料和計劃的結果。參見鄧正來，「市民社會與國家知識治理制度的重構：民間傳播機制的生長及其作用」，頁 5~17。

[23] 鄧正來，「生存性智慧：對中國市民社會研究既有理論模式的檢視」，吉林大學社**會科學學報**（吉林），2011 年第 2 期，頁 5~10。

　　這三方面的批評，第一和第三方面並不十分中肯。首先，康曉光等論者是用社會學的研究路徑考察中國國家—社會關係，而建構未來的任務更多應由政治學承擔；其次，他們意在提出解釋中國國家—社會關係的、區別於公民社會和法團主義的第三種理想模式，並不在於建構公民社會理論，因而，沒有在中國公民社會研究的思路下去闡發「未意圖的擴展」及其意義是正常的。但是，鄧正來提出的第二方面的批評卻道出了康曉光等人研究中的不足。正式制度與現實政治之間的差距在中國是非常明顯的，僅關注正式制度而忽視對現實政治的解讀，勢必會影響理論判斷的正確性。

　　2010 年，德國著名的中國問題研究專家海貝勒發表中文文章「自上而下建立公民社會結構？」。該文充分揭示了政府行為所帶來的未預設的社會變化，與前述學者對制度的關注形成了對照。文章指出，中國正在出現一些新社會現象，主要包括：1. 企業文化迅速演進；2. 公民參與公共領域的程度日益提高；3. 社會和政治議題的學術爭論在互聯網上正呈燎原之勢；4. 一種既關心個人也關心國家的開化行為方式流行開來。文章認為，儘管這些活動一開始並不是完全自主的，而且在社會發展中，一直是黨和國家扮演著決定的角色，但這些活動最終也許會成為超出國家控制的自主社會場域之核心要素因為被國家所激發和動員起來的公民自組織化和熱忱參與，創造出相對於國家更大的獨立性，而這正是先進公民社會結構的核心要素。[24]

　　「未意圖的擴展」及其之於中國公民社會建構的意義在海貝勒的研究中有鮮明體現，這正是前述研究所缺乏的。但是，海貝勒的研究只是在現象描述後提出了一種可能性，卻沒有對這種可能性的可能運行機理展開論證。儘管如此，該研究表明，中國政府對公民社會的主觀態度與中國社會的客觀變化並不完全一致，研究者對後者應有更多關注。

　　值得指出的是，近來有學者提出，無論從哪個視角，僅用公民社會理論來解釋中國的國家與社會關係還不充分。以社會組織為例，它們本身並

---

[24] 托馬斯・海貝勒，「自上而下建立公民社會結構？」，**經濟社會體制比較**（北京），2010 年第 6 期，頁 117~126。

非同質，不同領域、不同類型、不同規模的社會組織，其與政府之關係很可能是不同的。范明林透過對四個不同類型的非政府組織進行比較，得出了非政府組織與政府互動關係的初步類型學（見表 2.1），最後提出，在對中國國家─社會關係進行分析時，需以法團主義和公民社會理論相互補充。[25]

遺憾的是，范明林沒有闡明其所提取的四種關係類型之因果邏輯，但與前述研究者相較，他關注到社會組織的微觀生存環境對政社關係之影響，揭示政社關係的穩定性以及理論建構的複雜性。對後續研究而言，這意味著應將對制度和社會變革等大問題的探討建立在對具體問題的洞察之上，從而尋找中國公民社會發展的可能性和突破點。

上述研究從不同的面向加深了我們對中國國家與公民社會結構性關係的理解。在這些研究中，可以看到學者們洞察中國變革、建構本土理論的努力，但不可否認的是，這些研究更明顯的是在國家與社會而非國家與公民社會關係的分析框架中進行，公民社會理論常常只作為對照性理論或研究的副產品出現。是故，研究事實上迴避了公民社會與政治權力的關係等核心問題。也因此，研究始終在解釋性的框架中進行，而無力推動規範性理論的發展。

表2.1　范明林提出的非政府組織與政府互動關係的初步類型學

	Y機構	S慈善基金會	R機構	Q社團
法團主義視角	強控性	依附性	梯次性	策略性
公民社會視角	無公民社會特徵	有限度的自主性和自治性	被牽制的公民社會特徵	顯著的公民社會特徵

---

[25] 范明林，「非政府組織與政府的互動關係：基於法團主義和市民社會視角的比較個案研究」，社會學研究（北京），2010 年第 3 期，頁 159~176。

二、中國公民社會能夠在參與公共治理中發展嗎？

儘管對中國公民社會的理想狀態至今仍缺乏嚴肅的理論討論，但受鄧正來早期「兩階段論」影響，對中國公民社會發展路徑的討論一直是重要話題。2006 年後，有學者提出了發展中國公民社會的新思路，引起學界關注。

2008 年，郁建興和周俊在香港中文大學二十一世紀上發表「公共事務治理中的公民社會」一文，對長期支配學術界的「兩階段論」及其影響下的其他發展理論進行了批判和反思。文章指出，「兩階段論」是一種公民社會發展的西方思路，以公民社會與國家的二元分化為前提，而其後出現的各種公民社會發展理論都沒有逃脫這種思路。但是，中國的社會從來沒有獨立自主的傳統，現時期的社會也無意脫離國家；相反地，各種社會力量努力尋求接近政府的機會，以有利於自身發展。因此，在中國追求國家與社會的二元分化並不切實際。文章通過案例分析發現，溫州商會和星光敬老協會都不是真正獨立的社會組織，它們的職能獲得和履行仍然極大地依附於政府，但卻實際地參與地方公共事務的治理，發揮重要作用。在參與中，這些組織也增強了與政府談判的能力，自主性不斷提升，而政府也因依賴社會組織的服務功能而不能忽視其意見。隨著社會組織越來越多地進入社會管理和公共服務領域，政府勢必會建構和完善與社會組織的共處機制，循此，社會組織獲得更大獨立性和更大話語權，並不是沒有可能。由此，作者提出了中國公民社會有可能在參與中成長的結論。[26]

2008 年底，郁建興、江華和周俊出版專著《在參與中成長的中國公民社會：基於溫州商會的研究》，該書通過大量溫州商會的案例進一步驗證了上述結論。[27] 該書的出版迅速引起了研究同仁的關注。中國公民社會

---

[26] 郁建興、周俊，「公共事務治理中的公民社會」，二十一世紀雙月刊（香港），2008 年 4 月，頁 100~107；周俊、郁建興，「中國公民社會發展的溫州模式」，浙江社會科學（杭州），2008 年第 6 期，頁 40~47。

[27] 郁建興、江華、周俊，在參與中成長的中國公民社會：基於浙江溫州商會的研究（杭州：浙江大學出版社，2008 年）。

研究的先驅者景躍進教授撰寫書評，充分肯定了郁建興等人超越西方社會科學的研究範式與建立本土化分析框架的努力。但同時也指出，雖然作者根據溫州商會的經驗，對西方公民社會的獨立性話語進行了反省，但並沒有持一種全然否定的立場，這體現在：1.「溫州模式」並沒有在價值層面否定公民社會的獨立性；2. 社團獨立性依然是公民社會概念的內在特徵及普遍性要素；3. 在參與中成長的中國公民社會能夠實現其獨立性的目標。因此，「溫州模式」對西方公民社會獨立性話語的挑戰意義，需要進行適當的限定。[28]

　　中國行政管理學會沈榮華教授也參與了這場討論。他指出，「在參與中成長」這一理論輕視了可能遇到的理論和現實障礙。從理論上看，沒有自主性的社會組織極有可能屈從於政府，然並非真正的「參與」。從現實來看，既然政府無意讓社會獨立自主地發展，那麼它也會缺乏向社會組織轉移職能與吸納社會組織參與的動力，而且本身弱小的社會組織很難識別參與機會並實施有效參與。沈榮華還指出，郁建興等人雖然沒有明確指出，但其研究暗含了在中國建成一個獨立自主的公民社會的期望，這種終極目標還是西方式的。[29]

　　一項新研究所提出的問題往往比它所解決的問題多。景躍進和沈榮華都恰當地指出了郁建興等人研究中的不足，但他們也提出了耐人尋味的問題：如果社會科學中並不存在普世性的東西，那麼移植或借用外來理論的意義何在？這也表明，對中國公民社會發展路徑之研究不可能獨立於對公民社會理想模式的研究而存在和成熟。此外，值得指出的是，「在參與中成長」的分析框架忽視了一個重要問題，即應該由誰或誰能充當「參與」的發動機？對這個問題的不同回答，顯然會影響到對「參與」意義的認識。

---

[28] 景躍進，「在西方範式與本土經驗之間——郁建興等的溫州商會研究經歷的方法論啓示」，**中國社會科學輯刊**（上海），2009 年第 3 期（總第 28 期秋季號），頁169~177。

[29] 沈榮華，「在參與中成長：一種新的公民社會理論框架——《在參與中成長的中國公民社會》述評」，**中國行政管理**（北京），2009 年第 6 期，頁 43~46。

　　海貝勒的新研究似乎正是針對這一問題的回答。在他看來，中國社會的各種新變化，都是國家主導的結果：在 1980 年代和 1990 年代，黨和國家承擔了創造制度框架、經濟發展和國家現代化的任務，創造了企業文化；1990 年代，黨和國家在農村村委會和城市居委會建立了基層選舉制度，啓動了公民文化建設；同時，黨和國家還建立了社會團體和 GON-GOs，以及學術思想庫，從而造就了話語文化；從 2000 年開始，黨和國家在城市社區建立志願團體，動員人們參加社會活動，開始創建日常文化。一直以來，黨和國家都在扮演著教師的角色：幫助人們學會參與的技能，教育他們獲得參與社會事務的能力和內部效率。因此，「參與」並非社會所能主動獲得的參與，而是國家動員和引導下的參與。故此，海貝勒指出，在中國是國家在「自上而下」地建構社會結構，而這種建構最易於創造出非自由的、受控制的和威權式社群主義的公民社會。[30]

　　海貝勒一向主張將西方公民社會的內核而非實體模式，應用於不同的政治制度。[31] 他所提出的「威權式社群主義的公民社會」概念（儘管還缺乏理論論證）是將西方理論與中國經驗相結合的嘗試，與「自上而下」地建構中國公民社會結構的觀點相應，構成了對「在參與中成長」理論的重要補充。同樣強調「參與」所蘊含的公民社會成長的意義，海貝勒則基於中國社會的「支配式發展」和「支配式參與」現狀，深入討論「參與」的動力機制，重新回歸對國家權力的重視。相較於大量空泛地呼籲要建立「自上而下」和「自下而上」相結合的「雙向互動」機制研究，這一研究無疑更具有啓發性。

三、「參與式治理」見證了中國公民社會的成長？

　　2006 年以來，政府越來越主動地與社會合作以提供公共物品、解決社會問題，「多中心治理」格局在中國局部形成。中國公民社會研究者對

---

[30] 托馬斯・海貝勒，「自上而下建立公民社會結構？」，頁 117~126。
[31] 托馬斯・海貝勒、諾拉・紹斯米卡特，「西方公民社會觀適用於中國嗎？」，南開學報（哲學社會科學版）（天津），2005 年第 2 期，頁 64~71。

此給予了充分關注，尤其從「參與式治理」的角度闡釋了政治和社會參與對公民社會成長的意義。與「在參與中成長」理論不同的是，「參與式治理」理論旨在通過對公民和社會組織的各種參與行為進行案例式解讀，以證明公民社會在中國已經發育或已經存在。

「參與式治理」是一種複合的理論形態，以「治理」理論為基石，吸收了參與式民主、協商民主、新公共管理和新公共服務等理論資源，強調社會力量在治理中的「參與」，以及「參與」過程中的賦權、合作和網路。「參與式治理」研究中，公民社會是一種主要的研究途徑。[32] 近年來，在公民社會視角下開展的「參與式治理」研究，從個案到理論，比較豐富。重要的研究成果，除前述郁建興等人對溫州商會參與行業治理的研究外，還有王敬堯對中國社區治理的研究，趙光勇對杭州參與式治理實踐的研究，王詩宗對治理理論中國適用性的研究，以及一些學者對災難救助中社會組織參與的研究等。

王敬堯最早用「參與式治理」的概念研究中國社區。他對武漢、瀋陽、上海、南京、北京等地社區建設做了類型學的考察，從政治、社會和政策三個層面分析了中國社區參與的情況。他提出，在政治層面，各地普遍實行社區選舉和「民評官」，但主要是通過地方政府來組織；社會層面上的參與主要基於公民自身利益之需要，常表現為自發的形式，比如社區精英感召下的特色樓群建設、公益事業籌辦等；在政策過程中，居民通過聽證會、居民論壇等形式形成了與地方政府的互動。王敬堯認為，社區建設過程中政府與民眾、國家與社會的合作互動表明，隨著中國公民社會的形象日益清晰化，政府不再被認為是合法權力的唯一源泉，公民社會同樣也是合法權力的來源。[33]

王敬堯的研究揭示社區參與的微觀面向，展示活躍的社會參與圖景，

---

[32] 趙光勇，「治理轉型、政府創新與參與式治理：基於杭州個案的研究」，**浙江大學公共管理學院博士論文**（2010 年）。

[33] 王敬堯，**參與式治理：中國社區建設實證研究**（北京：中國社會科學出版社，2006 年）。

吸引許多研究者的注意。項繼權評論道，「參與式治理」的興起意味著傳統「臣民政治」的終結，[34] 具有重大的政治社會意義。但是，在肯定王敬堯對社區治理制度變遷的合理解釋之外，更多的思考指向了他所提出「互動合作」模式之局限性。陳金英指出，互動合作式治理模式的形成遠非一件容易的事，因為傳統行政管理模式仍然有根深蒂固的影響，而且公民和社會組織對政府有很大的依賴性，參與意識和能力都還比較弱。[35] 張鳴指出，王敬堯提出社會層面的「自組織參與」與政治和政策層面的「他組織參與」實際上是難分彼此的，在居民自己組織活動中有政府的影子，而在政府開展的活動中居民組織扮演著關鍵角色。張鳴認為，向國家社會均衡態勢的轉化中，不僅涉及政府職能的轉換，還涉及國家與社會間的權限分割，只有政府在退卻時參與社區自組織的過程，將居民自己的組織培育起來，公民社會才有可能成長。[36] 王漢生、吳瑩的研究同樣指出，社區民主自治的發育一直是在政府的「參與」和「在場」下實現。[37]

這些評論和研究提出了挖掘社區治理轉型的動力機制、社區治理轉型內在運作機理，以及更為充分地理解「參與式治理」與中國公民社會關係的必要性。趙光勇對杭州參與式治理實踐的研究在某種程度上體現了這兩方面的努力。[38]

趙光勇提出，「參與式治理」正在杭州以「以民主促民生」的模式加以推行。「以民主促民生」包括公民參與決策和協作治理兩個方面，具體體現為「開放式決策」、「市民投票」和「重大工程」建設中的民主參與、

---

[34] 項繼權，「參與式治理：臣民政治的終結——《參與式治理：中國社區建設的實踐研究》誕生背景」，社區（北京），2007 年第 9 期，頁 64。

[35] 陳金英，「城市社區建設離『參與式治理』有多遠——評《參與式治理：中國社區建設實證研究》」，社會主義研究（北京），2006 年第 6 期，頁 127~128。

[36] 張鳴，「社區的視野——散議《參與式治理：中國社區建設實證研究》」，武漢大學學報（武漢），2006 年第 6 期，頁 828~829。

[37] 王漢生、吳瑩，「基層社會中『看得見』與『看不見』的國家：發生在一個商品房小區中的幾個『故事』」，社會學研究（北京），2011 年第 1 期，頁 63~95。

[38] 趙光勇，「治理轉型、政府創新與參與式治理：基於杭州個案的研究」，浙江大學公共管理學院博士論文（2010 年）。

社區自治等四種形式。通過對杭州做法的分析，趙光勇指出，杭州模式的
特點突出表現在：1. 黨委和政府主導，在黨委、政府主導作用之背後是主
要領導者的高度重視和自上而下的強勢推動；2. 公民社會發育不足，公民
公共精神缺乏，參與意識淡漠，參與動力不足。因此，他認爲，爲促進「參
與式治理」的發展，應該改造政府和塑造公民。他尤其強調，要將「參與
式治理」看作「民主的大學校」，在其中培養眞正的公民。

　　趙光勇的研究使我們看到，一方面，政府在主導各領域的「參與」；
另一方面，公民社會被視作「參與式治理」的重要基礎，同時，「參與式
治理」又被視作發展公民社會的重要場域。由是觀之，「參與式治理」應
該「由公民社會與政府共同勾勒」，卻又是一個「培養公民社會」的過程。
顯而易見，作者雖然極力論證「參與式治理」與公民社會、「參與式治理」
中政府與社會的關係，卻沒有就公民社會在政府主導的參與中有無發展空
間等問題進行討論，反而陷入了對「參與式治理」與公民社會互爲條件的
循環論證。

　　王詩宗不滿足於學術界較爲普遍存在的「循環論證」，試圖對中國式
治理進行更具洞察力的分析。在《治理理論及其中國適用性》一書，他通
過對三個個案（溫州商會的自主性、寧波海曙區政府購買居家養老服務、
溫嶺民主懇談會）的研究，提出了治理理論適用於中國的幾個關鍵證據：
1. 中國至少在地方和局部公共事務治理中擁有了政府和市場主體之外的
另一類主體；2. 地方政府在培育社會力量、造就合作者方面具有主動性，
因爲它們要克服「不可治理性」；3. 非政府組織的自主性在參與公共事務
治理過程中可能逐漸增強；4. 地方政府許可或主導的公民參與行爲撼動政
治制度和權力構架、推進「政治進步」的功能極其有限，但對於地方行政
改革具有積極意義。雖然對於公民社會的發展而言，這些結論並不完全樂
觀，但是如果同意作者在本章中一開始的觀點：治理理論體現了「民主理
論與公共行政的『擁抱』」，那麼，中國行政領域的變革所蘊含的公民社
會希望則是無比明顯的。[39]

---

[39] 王詩宗，**治理理論及其中國適用性**（杭州：浙江大學出版社，2009 年）。

　　然而，大多中國學者還是過於迫切地要到「參與式治理」中去尋找公民社會的蹤跡，並由此產生了較大爭議。以「5.12 汶川地震」後對社會組織的研究爲例，一些學者認爲，地方政府在賑災中認識到了社會組織的作用，開始與中央一樣採取利用和賦權社會組織的態度，中國已經進入到「公民社會元年」。[40] 相反的意見認爲，政府對地震中社會組織的「容忍」並沒有促成雙方建立夥伴關係，嚴格的登記制度未發生改變，政府繼續保持對社會組織領導和員工的低度控制，災後重建中社會組織仍處於邊緣地位。[41]

　　但是，隨之而來的政府收緊社會組織的參與範圍、對「公民社會」的否定態度都使這場爭議中的樂觀派處於極爲尷尬的地位，這也證實了從「參與式治理」到公民社會遠非一步之遙，同時提醒我們，鑒於公民社會概念的政治敏感性，基於社會廣泛參與的現實，研究者們有必要深入分析各種參與的機理，在參與和公民社會之間設立中間變量，爲「參與」奠定縱深發展的基礎。

四、中國有「網路公民社會」嗎？

　　近年來，中國網民數量激增。2012 年 6 月，中國網民數量達 5.38 億，微博用戶數量達 3 億。網路發展對中國國家社會關係的影響日益凸顯。許多學者關注這一現象，展開了「網路公民社會」研究，形成了中國公民社會研究的新領域。

　　區別於傳統媒體，網路提供了一個無身分限制、無內容邊界的討論平臺，凡具備上網條件和話語能力的人都能參與其中。網路的這種特徵首先吸引了學者對「網路公共領域」的討論。2006 年開啓的兩會博客提供了一種新的政治參與渠道，高層政治人物正式表現出對網路效用的認可，並

---

40 蕭延中、談火生、唐海華，多難興邦：汶川地震見證中國公民社會的成長（北京：北京大學出版社，2009 年）。

41 王名主編，汶川地震公民行動報告：緊急救援中的 NGO（北京：社會科學文獻出版社，2011 年）。

且開始與網民的互動，有學者認為，這是中國網路政治的開端，標誌著網路公共輿論的興起。[42] 其後，在「華南虎」、「宜黃拆遷自焚」等公眾關注的事件中，網路對公共輿論和政策形成產生了明顯影響，有學者認為，這表明「網路公共領域」已經形成。[43]

　　但是，胡泳提出，一個理想的公共領域，不可能從互聯網上憑空而降，它需要基於一定的原則，這些原則包括營造社區歸屬感、靈活決定匿名政策、保持平等、鼓勵慎議、培育良好的公共話語，而我們正在創造這些原則的過程中。[44] 羅坤瑾認為網路公共領域遠未形成，因為：1. 具有批判意識和理性思辨的網絡輿論並不多見；2. 網絡輿論中充斥著大量精英話語和「意見領袖」的觀點，掩蓋了普通民眾的訴求，影響公共言論的公共性和公正性；3. 經濟強權勢力利用輿論，遮蔽了民眾的真實願望（「網絡推手」、「五毛黨」等通過出賣話語權謀生的群體活躍於網路）；4. 政治意識形態對網絡輿論的管控束縛著民眾的思辨精神，消解了民眾參政議政的熱情。[45] 魏旭認為，目前的網路媒介由於受到政治力量和商業資本的入侵以及公眾理性的缺失等限制，呈現出一種「非完全式公共領域」的現實形態。[46] 何顯明則建設性地提出，形成網路輿情開放式監管與網路問政理性化表達的互動機制，是網路公共領域能否走上可持續發展軌道的關鍵所

---

[42] 宋迎法、李翔，「中國網絡政治研究綜述」，**重慶工學院學報**（重慶），2009 年第 12 期，頁 83~86。

[43] 黃麗娜，「論正在形成的網絡公共領域：以『華南虎』事件為研究個案」，**西南交通大學學報**（四川），2008 年第 5 期，頁 65~68；李丹，「公民社會視角下中國微博輿情的發展與走向」，**東南傳播**（福建），2011 年第 5 期，頁 6~8；劉波亞、郭燕來，「提升與強化：網絡公共領域與中國當代公民社會」，**理論月刊**（湖北），2012 年第 8 期，頁 149~152。

[44] 胡泳，「在互聯網上營造公共領域」，**現代傳播**（北京），2010 年第 1 期，頁 120~124；胡泳，**眾聲喧嘩：網絡時代的個人表達與公共討論**（桂林：廣西師範大學出版社，2008 年）。

[45] 羅坤瑾，「網絡輿論與中國公共領域的建構」，**學術論壇**（廣西），2010 年第 5 期，頁 175~180。

[46] 魏旭，「網絡公共領域的當下形態及其合理建構」，**社會科學論壇**（河北），2012 年第 5 期，頁 220~225。

在。[47]

　　基於對不同維度的分析，對網路輿論與「網路公共領域」的討論形成了一定的爭鋒，加深了我們對網路的認識。但這種情況卻並未出現在對「網路公民社會」的討論中。關注「網路公民社會」的學者普遍樂觀地認為網路輿論的發展對中國公民社會建構有直接的促進作用，或者它本身就體現了公民社會的形成。

　　楊國斌認為，網路產生了新的政治行動方式：網上批評性的討論、表達社會問題，以及監督政府，這使人們更加關注政治和社會事務；網路使社會組織的發展具有了更大空間，虛擬社區得以形成，組織社會運動也更為便利；網路還是新形式反抗的平臺。他寫道：「一個基於互聯網的公民社會－網路公民社會，在中國已現雛形。」[48] 劉學民認為，「與公民社會的兩層內涵相對應，網路公民社會也有兩種表現形式：網路群體和網路輿論。網路群體是社團層面的公民社會在網路社會中的具體體現，網路輿論是文化層面的公民社會在網路社會中的具體體現。從公民社會的兩個層面來看，我國的網路公民社會已經崛起。」[49] 更有學者在設定「網路公民社會」既存的前提下，開展了對中國「網路公民社會」的定位、測評等諸多問題的研究。[50]

　　較為保守的意見也認為，網路輿論之興起為中國公民社會的成長創造了新基礎。師曾志和楊伯漵提出，中國網路媒介事件中體現了平等、正義、

[47] 何顯明，「中國網絡公共領域的成長：功能與前景」，**江蘇行政學院學報**（江蘇），2012 年第 1 期，頁 98~104。

[48] 楊國斌，「互聯網與中國公民社會」，二十一世紀雙月刊（香港），第 114 期（2009 年 8 月），頁 14~25。

[49] 劉學民，「網絡公民社會的崛起：中國公民社會發展的新生力量」，**政治學研究**（北京），2010 年第 4 期，頁 83~90。

[50] 陶文昭，「推進民主政治：網絡公民社會的定位」，**探索與爭鳴**（上海），2010 年第 6 期，頁 31~35；杜駿飛，「汶川地震周年祭：中國網絡公民社會的有效測評」，**當代傳播**（新疆），2009 年第 3 期，卷首語；趙子豐，「網絡公民社會的成長及其對社會政治穩定的影響」，北京青年政治學院學報（北京），2012 年第 1 期，頁 75~86。

參與、信任、理解等公民性，成爲公民社會實現的重要基礎，[51] 近年來一系列的網路媒體事件，使得中國公民性的建構成爲可能。[52] 李丹對微博輿情的研究表明，微博上公眾關心的主要議題涉及公民權利保護、公共權力監督、公共秩序維護、公共道德伸張等一系列重大社會問題，這體現了中國網民積極的社會參與意識。而在微博時代，普通民眾形成的意見會迅速向媒體和政府蔓延，從而影響政府決策。這種話語渠道使官民對話更加靈活，主流意見的流動和被接納有利於共同體的建構，這是公民社會發展的重要因素。[53]

　　這些圍繞著網路和公民社會的討論，捕捉到技術變革對中國社會的重大影響，開啓了新的理論視野，豐富了中國公民社會研究。新近出現的關於網路的公共性與私人性、[54] 網路群體極化現象[55] 等研究，體現了研究的深入發展。但是，目前研究中的不足也引起了一些學者的關注。郁建興和劉大志指出，網路公民社會研究明顯存在以下三方面問題：1. 理論資源狹窄，言必稱哈貝馬斯；2. 對網路群體極化現象的研究不夠；3. 網路言論中的理性問題沒有受到充分關注。[56] 他們提出，網路公民社會研究需從三方面加強：1. 研究的理論基礎需要多元化；2. 研究的視角應更加豐富；3. 研究應努力實現方法論上的創新。[57] 除此之外，研究還需對網民的線下活動

---

[51] 師曾志、楊伯漵，「近年來我國網絡媒介事件中公民性的體現與意義」，高丙中、袁瑞軍主編，**中國公民社會發展藍皮書**（北京：北京大學出版社，2008 年），頁 360~372。

[52] 師曾志、楊伯漵，「網絡媒介事件與中國公民性的建構」，程曼麗編，北大**新聞與傳播評論**（第三輯）（北京：北京大學出版社，2007 年），頁 235~255。

[53] 李丹，「公民社會視角下中國微博輿情的發展與走向」，頁 6~8。

[54] 胡泳，「博客的私人性與公共性」，二十一世紀雙月刊（香港），2009 年第 112 期，頁 35~45。

[55] 群體極化是指群體成員中原已存在的傾向性得到加強，使一種觀點或態度從原來的群體平均水平，加強到具有支配性地位的現象。參見李永剛，「中國互聯網上的民意表達」，二十一世紀雙月刊（香港），2009 年第 112 期，頁 13~21。

[56] 劉大志和郁建興開展的一項案例研究初步探討了網絡理性得以自發生成的條件和機制，參見劉大志、郁建興，「網絡理性何以可能？——『超大』論壇的案例研究」，**浙江社會科學**（杭州），2011 年第 4 期，頁 34~40。

[57] 郁建興、劉大志，「互聯網與中國公民社會研究：反思與展望」，**哲學研究**（北京），2011 年第 5 期，頁 108~115。

尤其是線下聯合、網民通過線上和線下兩種途徑共同影響政府決策的具體機制等問題做出探討，同樣重要的是，研究應能提出建設性思路，以促使網路對政策的零散化影響轉化爲制度性影響。

肆、結論與討論

近五年的中國公民社會研究取得了顯著進展。學者們從不同角度揭示中國國家社會關係的新變化，在公民社會的理論視野中對其進行了多元化的理論闡釋；新的中國公民社會發展路徑被提出，並激發了關於這一題域的熱烈討論；對政治和社會參與所蘊含的公民社會意義之解讀，開創了對本土經驗的新解說模式；對新興的網路輿論進行公民社會視角的研究，表明了中國學者對公民社會爲技術發展所推進的殷切希望。這些研究，爲我們理解中國國家社會關係變革和公民社會的成長開闢了新視野，發展新的理論資源。尤其重要的是，這些研究體現了中國公民社會研究超越西方理論束縛、建構本土分析模式的努力。但是，受前期中國公民社會研究的影響，這些研究也存在明顯的局限性。

首先，中國公民社會研究一直在理論建構與理論反思的交織中發展。理論建構的目的是要超越西方研究範式，理論反思的目的則是檢視理論建構有無實現既定目標。受此影響，近年來的研究也力圖避免落入西方理論的窠臼。但是，無論是「行政吸納社會」理論、「在參與中成長」理論，還是「參與式治理」和「網路公民社會」研究，都未能擺脫西方理論的深刻影響；相反地，因爲努力逃脫西方理論的影響，這些研究往往過於強調中國特色，而疏於對西方理論本身的理解和理論應用於本土經驗是否合適的分析。比如「參與式治理」在西方是一個基於成熟的公民社會的概念，但部分中國學者直接借用這一概念解釋中國的局部和零散現象，並由此得出中國已經有公民社會的結論。這導致中國的研究難以與西方形成對話，對現實的解釋力也不足。

其次，中國公民社會研究深受早期西方研究的影響，一直試圖回答中

國是否存在（過）公民社會的問題，這一研究旨趣在近期依然占主導地位，雖然此類研究有助於加深我們對經驗事實的理解，但卻造成兩大問題：一是對理論研究的忽視，諸如什麼是中國公民社會的理想模式、何為真正的「參與式治理」、網路公民社會的概念能否成立等重要問題，都缺乏理論性討論；二是對微觀研究的忽視，由於實證研究的最終目的是要回答宏觀的大問題，研究往往不重視對案例的生成機理進行細節性討論，因而難以發展出宏觀理論所必需的微觀基礎，不利於整體理論發展。

　　再次，中國公民社會研究雖然開始於對中國現代化問題的現實關懷，但一直以來對政治發展的理論貢獻非常有限。近年來的研究雖然也十分豐富，但是理論研究與現實發展的脫節依然嚴重。2010 年底，深圳市提出要「率先建立現代公民社會」，對此，中國公民社會研究未能做出回應。2011 年初，公民社會概念被政府有關部門要求慎用甚至被某些官員聲討，學術界也無力反駁。這些都表明，中國公民社會研究既沒有確立自己的理論話語權，又沒有形成政治影響力，研究正經受前所未有的考驗。

　　最後，中國公民社會研究始於爭論，在爭論中發展，但向來缺乏爭論所必需的理論平臺。這一問題在近五年的研究中體現尤為明顯。北大的高丙中教授基於「公民性」的評價，認為公民社會的逐漸形成是改革開放三十年的一項偉大成就，清華的王名教授則基於社會組織大發展而又受束縛的現狀，認為我們只是在邁向公民社會。雙方明顯不在同一緯度討論問題，但卻在 2009 年初開始了一場爭論。[58] 又如，雖然經歷了近二十年的發展，在對 civil society 概念的使用上，有的學者堅持用「市民社會」，有的學者則多處倡導用「公民社會」。雖然理論必定是多元化的，但同一理論範疇內也必定存在一些基本的共識，缺乏這些共識，理論的發展必然面臨

---

[58] 高丙中，「中國公民社會的發展狀態：基於『公民性』的評價」，**探索與爭鳴**（上海），2008 年第 2 期，頁 8~14；高丙中、袁瑞軍，「導論：邁進公民社會」，高丙中、袁瑞軍主編，**中國公民社會發展藍皮書**（北京：北京大學出版社，2008 年），頁 1；高丙中，「『公民社會』概念與中國現實」，**思想戰線**（雲南），2012 年第 1 期，頁 30~38；王名，「民間組織的發展及通向公民社會的道路」，王名主編，**中國民間組織 30 年：走向公民社會**，頁 52。

困境，這正是中國公民社會研究正面臨的現實。

　　綜上所述，「公民社會作爲一種觀念和理念，還只是以零散的或碎片的形式存在於社會理論或社會運行的某些側面」，[59]相對於中國發展對公民社會理論的迫切需求而言，中國公民社會研究還處於落後的狀況。中國公民社會研究面臨的困境，與在中國發展公民社會面臨的困境緊密相聯。值得慶幸的是，在整體制度環境未變的情況下，北京、廣東等地近期開始對社會組織的登記管理體制進行改革。2011 年，北京市規定工商經濟類、公益慈善類、社會福利類和社會服務類社會組織直接向民政部門申請登記，由民政部門兼任業務主管部門或幫助尋找合適的業務主管部門，並設立殘聯、婦聯等樞紐型社會組織，由它們擔任領域內民間組織的業務主管。2012 年 7 月 1 日開始，廣東省社會組織可直接向民政部門申請成立，無須業務主管單位前置審批。這些變革放鬆了社會組織的登記管理、必將有利於社會組織發展，對公民社會而言也似乎預示著新希望。理論的發展從來依繫於現實變化，中國公民社會研究的新希望或許始於對這些新變革的理論解讀。

---

[59] 汪業周，「公民社會的意蘊、維度及當代中國語境」，**廣西社會科學**（南寧），2007年第 2 期，頁 27~30。

參考文獻

一、中文部分

方朝暉，「對 90 年代市民社會研究的一個反思」，天津社會科學（天津），1999 年第 5 期，頁 19~24。

王名主編，中國民間組織 30 年：走向公民社會（北京：社會科學文獻出版社，2008 年）。

＿＿＿，汶川地震公民行動報告：緊急救援中的 NGO（北京：社會科學文獻出版社，2011 年）。

王紹光，「關於『市民社會』的幾點思考」，二十一世紀雙月刊（香港），1991 年第 8 期，頁 102~114。

王敬堯，參與式治理：中國社區建設實證研究（北京：中國社會科學出版社，2006 年）。

王詩宗，治理理論及其中國適用性（杭州：浙江大學出版社，2009 年）。

王漢生、吳瑩，「基層社會中『看得見』與『看不見』的國家：發生在一個商品房小區中的幾個『故事』」，社會學研究（北京），2011 年第 1 期，頁 63~95。

托馬斯·海貝勒，「自上而下建立公民社會結構？」，經濟社會體制比較（北京），2010 年第 6 期，頁 117~126。

托馬斯·海貝勒、諾拉·紹斯米卡特，「西方公民社會觀適用於中國嗎？」，南開學報（哲學社會科學版）（天津），2005 年第 2 期，頁 64~71。

朱英，轉型時期的社會與國家：以近代中國商會為主體的歷史透視（武漢：華中師範大學出版社，1997 年）。

＿＿＿，「近代中國的『社會與國家』：研究回顧與思考」，江蘇社會科學報（江蘇），2006 年第 4 期，頁 176~185。

何增科，「中國公民社會發展的制度環境影響評估」，江蘇行政學院學報（江蘇），2006 年第 4 期，頁 80~86。

何顯明，「中國網絡公共領域的成長：功能與前景」，江蘇行政學院學報（江蘇），2012 年第 1 期，頁 98~104。

宋迎法、李翔，「中國網絡政治研究綜述」，重慶工學院學報（重慶），
　　2009 年第 12 期，頁 83~86。

李丹，「公民社會視角下中國微博輿情的發展與走向」，東南傳播（福建），
　　2011 年第 5 期，頁 6~8。

李永剛，「中國互聯網上的民意表達」，二十一世紀雙月刊（香港），2009
　　年第 112 期，頁 13~21。

杜駿飛，「汶川地震周年祭：中國網絡公民社會的有效測評」，當代傳播（新
　　疆），2009 年第 3 期，頁 1。

汪業周，「公民社會的意蘊、維度及當代中國語境」，廣西社會科學（南
　　寧），2007 年第 2 期，頁 27~30。

沈榮華，「在參與中成長：一種新的公民社會理論框架——《在參與中成
　　長的中國公民社會》述評」，中國行政管理（北京），2009 年第 6 期，
　　頁 43~46。

周俊、郁建興，「中國公民社會發展的溫州模式」，浙江社會科學（杭州），
　　2008 年第 6 期，頁 40~47。

俞可平，「中國公民社會：概念、分類與制度環境」，中國社會科學（北
　　京），2006 年第 1 期，頁 109~122。

胡泳，眾聲喧嘩：網絡時代的個人表達與公共討論（桂林：廣西師範大學
　　出版社，2008 年）。

＿＿，「博客的私人性與公共性」，二十一世紀雙月刊（香港），2009 年第
　　112 期，頁 35~45。

＿＿，「在互聯網上營造公共領域」，現代傳播（北京），2010 年第 1 期，
　　頁 120~124。

范明林，「非政府組織與政府的互動關係：基於法團主義和市民社會視角
　　的比較個案研究」，社會學研究（北京），2010 年第 3 期，頁 159~176。

郁建興、周俊，「公共事務治理中的公民社會」，二十一世紀雙月刊（香
　　港），2008 年第 106 期，頁 100~107。

郁建興、江華、周俊，在參與中成長的中國公民社會：基於浙江溫州商會
　　的研究（杭州：浙江大學出版社，2009 年）。

郁建興、劉大志，「互聯網與中國公民社會研究：反思與展望」，哲學研

究（北京），2011 年第 5 期，頁 108~115。

夏維中，「市民社會：中國近期難圓的夢」，**中國社會科學季刊**（香港），
　　1993 年第 5 期，頁 176~182。

師曾志、楊伯漵，「近年來我國網絡媒介事件中公民性的體現與意義」，
　　高丙中、袁瑞軍主編，**中國公民社會發展藍皮書**（北京：北京大學出版
　　社，2008 年），頁 360~372。

＿＿，「網絡媒介事件與中國公民性的建構」，程曼麗編，**北大新聞與傳**
　　播評論（第三輯）（北京：北京大學出版社，2007 年），頁 235~255。

馬敏，**官商之間：社會劇變中的近代紳商**（天津：天津人民出版社，1995
　　年）。

馬敏、朱英，**傳統與近代的二重變奏：晚清蘇州商會個案研究**（重慶：巴
　　蜀書社，1993 年）。

高丙中，「中國公民社會的發展狀態：基於『公民性』的評價」，**探索與**
　　爭鳴（上海），2008 年第 2 期，頁 8~14。

高丙中、袁瑞軍主編，**中國公民社會發展藍皮書**（北京：北京大學出版社，
　　2008 年）。

康曉光、韓恒，「分類控制：當前中國大陸國家與社會關係研究」，**社會**
　　學研究（北京），2005 年第 6 期，頁 73~89。

康曉光、盧憲英、韓恒，「改革時代的國家與社會關係：行政吸納社會」，
　　王名主編，**中國民間組織 30 年：走向公民社會**（北京：社會科學文獻
　　出版社，2008 年），頁 287~337。

張志東，「中國學者關於近代中國市民社會問題的研究：現狀與思考」，
　　近代史研究（北京），1998 年第 2 期，頁 298~307。

張鳴，「社區的視野——散議《參與式治理：中國社區建設實證研究》」，
　　武漢大學學報（武漢），2006 年第 6 期，頁 828~829。

陳金英，「城市社區建設離『參與式治理』有多遠——評《參與式治理：
　　中國社區建設實證研究》，**社會主義研究**（北京），2006 年第 6 期，頁
　　127~128。

陶文昭，「推進民主政治：網絡公民社會的定位」，**探索與爭鳴**（上海），
　　2010 年第 6 期，頁 31~35。

強世功，「市民社會及其問題：評《國家與社會》」，**法律圖書館**，2011年8月2日，http://www.law-lib.com/flsp/sp_view.asp?id=7。

景躍進，「在西方範式與本土經驗之間──郁建興等的溫州商會研究經歷的方法論啓示」，**中國社會科學輯刊**（上海），2009年第3期（總第28期秋季號），頁169~177。

項繼權，「參與式治理：臣民政治的終結──《參與式治理：中國社區建設的實踐研究》誕生背景」，社區（北京），2007年第9期，頁64。

黃麗娜，「論正在形成的網絡公共領域：以『華南虎』事件爲研究個案」，**西南交通大學學報**（四川），2008年第5期，頁65~68。

楊國斌，「互聯網與中國公民社會」，二十一世紀雙月刊（香港），2009年第114期，頁14~25。

趙子豐，「網絡公民社會的成長及其對社會政治穩定的影響」，北京青年政治學院學報（北京），2012年第1期，頁75~86。

趙光勇，「治理轉型、政府創新與參與式治理：基於杭州個案的研究」，浙江大學公共管理學院博士論文（2010年）。

劉大志、郁建興，「網路理性何以可能？──對『超大』論壇的案例研究」，浙江社會科學，2011年第4期，頁34~40。

劉波亞、郭燕來，「提升與強化：網路公共領域與中國當代公民社會」，理論月刊（湖北），2012年第8期，頁149~152。

劉學民，「網絡公民社會的崛起：中國公民社會發展的新生力量」，政治學研究（北京），2010年第4期，頁83~90。

鄧正來，「中國發展研究的檢視：兼論中國市民社會研究問題的設定」，**中國社會科學季刊**（香港），1994年第8期，頁50~60。

＿＿＿＿，「國家與社會：中國市民社會研究的研究」，收錄於鄧正來、J. C. Alexander主編，**國家與市民社會：一種社會理論的研究路徑**（增訂版）（上海：上海人民出版社，2006年），頁474~507。

＿＿＿＿，「市民社會與國家知識治理制度的重構：民間傳播機制的生長及其作用」，**開放時代**（廣州），2000年第3期，頁5~17。

＿＿＿＿，「關於『國家與市民社會』框架的反思與批判」，吉林大學社會科學學報（吉林），2006年第3期，頁5~9。

_____，「生存性智慧：對中國市民社會研究既有理論模式的檢視」，吉林大學社會科學學報（吉林），2011 年第 2 期，頁 5~10。

鄧正來主編，市民社會理論的研究（北京：中國政法大學出版社，2002年）。

蕭功秦，「市民社會與中國現代化的三重障礙」，中國社會科學季刊（香港），1993 年第 5 期，頁 183~188。

蕭延中、談火生、唐海華，多難興邦：汶川地震見證中國公民社會的成長（北京：北京大學出版社，2009 年）。

魏旭，「網路公共領域的當下形態及其合理建構」，社會科學論壇（河北），2012 年第 5 期，頁 220~225。

羅坤瑾，「網路輿論與中國公共領的建構」，學術論壇（廣西），2010 年第 5 期，頁 175~180。

二、英文部分

Huang, Philip C. C., "The Paradigmatic Crisis in Chinese Studies," *Modern China*, Vol. 17, No. 3 (Jul. 1991), pp. 299~341.

_____, "'Public Sphere'/'Civil Society' in China?" *Modern China*, Vol. 19, No. 2 (Apr. 1993), pp. 216~240.

Kang, Xiaoguang and Heng Han, "Government Absorbing Society: A Further Probe into the State-Society Relationship in Chinese Mainland," *Social Sciences in China*, Vol. 28, No. 2 (Summer, 2007), pp.116~128.

_____, "Graduated Controls: The State-Society Relationship in Contemporary China," *Modern China*, Vol. 34, No. 1 (Jan., 2008), pp. 36~55.

Rankin, Mary B., *Elite Activism and Political Transformation in China: Zhejiang Province 1865-1911* (Stanford: Stanford University Press, 1986).

Rowe, William T., *Hankow: Commerce and Society in a Chinese City, 1796-1889* (Stanford: Stanford University Press, 1984).

_____, *Hankow: Conflict and Community in a Chinese City, 1796-1985* (Stanford: Stanford University Press, 1989).

Wakeman, Frederic Jr., "The Civil Society and Public Sphere Debate: Western Reflections on Chinese Political Culture," *Modern China*, Vol. 19, No. 2 (Apr., 1993), pp. 108~138.

Walder, Andrew G., "The Political Sociology of the Beijing Upheaval of 1989," *Problems of Communism*, Vol. 38, No. 5 (Sep.-Oct., 1989), pp. 30~40.

Yang, Mayfair Mei-Hui, "Between State and Society: The Construction of Corporations in a Chinese Socialist Factory," *The Australian Journal of Chinese Affairs*, No. 22 (Jul., 1989), pp. 31~60.

第二篇

社會組織發展與比較

第三章

中國的NGO與地方合作主義：對重慶巫溪「樂和模式」中非政府組織的考察[*]

吳強

壹、前言

從 1993 到 2011 年，自第一家獨立非政府組織（NGO）「自然之友」建立至今，中國的 NGO 在相當困難的環境下逐漸成長壯大，已經成為中國當下正在形成中的公民社會的重要支柱。但是，在威權主義的法律困境、政治壓力、和有限空間等環境制約下，經歷了近廿年發展的中國 NGO 的生存是否可能、發展方向如何，都處在一個十字路口。此種背景下，北京地球村，一個建立於 1996 年的中國著名 NGO，其路徑選擇顯然具有重要的指標意義，不僅有助於外界認識中國 NGO 的處境與應對，也有助於認識中國的國家與社會關係的最新變化及其背後的驅動因素。比如說，在一個以「唱紅、打黑」為號召的「重慶模式」範圍內，北京地球村介入其中一個縣域的社會管理改革，即「樂和模式」，是否或者多大程度上具有怎樣的制度創新或者理論涵義，正在引發學界和政策制定部門多方面的質疑和思考。本章擬結合筆者對地球村的長期跟蹤，和對地球村推行之「樂和模式」的田野調查，試做一理論性探討。

貳、地方合作主義的發展：文獻回顧

雖然自由主義的話語和自由民主模式在戰後相當長時間內占據著國際社會的主流，但是自 Schmitter 的劃時代文章救活了「合作主義」這個幾乎過時的概念，國際學術界對兩次大戰期間或者更早的合作主義（Corporatism，或法團主義）傳統重新燃起了興趣。其中，既有對歐洲和拉美的合作主義體制和實踐進行多角度的重新認識，[1] 也有對東歐轉型國家轉型過程中合作主義的植入與發展的分析。[2]

中國學術界近年來對這個一度過時卻又被熱捧地概念抱以相當興趣，[3] 包括如何將之應用於相關政策引入和改革分析，如鄭秉文嘗試以合作主義重構中國福利制度等。[4] 此一主流性的理論進路也是被 Schmitter 定義的國家合作主義，雖然在 Schmitter 本人看來並不適用中國，認為中國目前尚缺合作主義的社會條件，人們很難從中國政治中發現真正有關階級合

---

* 本文原載於 2013 年東亞研究第 44 卷第 1 期（頁 85~116），經該刊同意後轉載，特此致謝。

[1] Philippe C. Schmitter and Gerhard Lehmbruch eds., *Trends Toward Corporatist Intermediation* (Beverley Hills and London: Sage, 1979); Gerhard Lehmbruch and Philippe C. Schmitter eds., *Patterns of Corporatist Policy-Making* (Beverly Hills: Sage, 1982); Alan Cawson ed., *Organized Interests and the State: Studies in Meso-Corporatism* (London: Sage, 1985); Wolfgang Streeck and Lane Kenworthy, "Theories and Practices of Neocorpratism," in Thomas Janoski, Robert R. Alford, Alexander M. Hicks and Mildred A. Schwartz eds., *The Handbook of Political Sociology* (Cambridge: Cambridge University Press, 2005), pp. 441~460.

[2] Elena A. Iankova, *Eastern European Capitalismin the Making* (United Kingdom: Cambridge University Press, 2002); Aurelian Muntean, "A New Century of Corporatism. Neocorporatist Arrangements in Post-Communist Romania," presented at *Annual Meeting of the American Political Science Association* (Washington, D.C.: APSA, Sep. 2~5, 2010).

[3] 張靜，法團主義（北京：中國社會科學出版社，1998 年）；顧昕、王旭，「從國家主義到法團主義 — 中國市場轉型過程國家與專業團體關係的演變」，社會學研究（北京），2005 年第 2 期，頁 155~175。

[4] 鄭秉文，「合作主義：中國福利制度框架的重構」，經濟研究（北京），2002 年第 2 期，頁 71。

作的制度設計或制度安排。[5] 因為，如 Schmitter 定義的，合作主義可以看作「利益或態度的代表體制，某種聯合有組織的公民社會利益和國家決策結構的理想類型性質的制度安排」。[6] 而且，如德國最有影響的社會學家之一 Claus Offe 很早就已經強調的，雖然長期以來合作主義被看作自由多元主義的反面，或者說多元主義代表著民主理想，而合作主義則反映了民主實際，但是民主仍然是合作主義不可缺少的社會條件之一。[7]

只是，相對於 1980 年代理想主義的自由民主導向的改革理論資源，合作主義似乎能夠在理論資源層面上給予中國學者另一個現成的經驗性理論框架，最大限度地包容現有國家主義的威權體制和新興社會力量：在維持現行國家主義和威權制度不變的同時，承認各種利益集團的上升，通過模糊國家與社會兩域的劃分來協調現行體制與利益集團之間的關係，並吸納新興的公民社會和來自民間的民主訴求，包裝其有限的政治改革。理論研究中，這些冠之以「新合作主義」趨勢的發現和實踐，比如非制度化的、意識形態化的「和諧社會」口號，也往往被貼上「協商民主」的標籤。[8] 其中，顯然，國家或者國家威權被當作中國的合作主義的社會條件。

例如，在關於非政府組織的研究領域，國家合作主義的國家／社會關

---

[5]　Philippe C. Schmitter 教授於 2010 年 11 月 15 日訪問北京時，筆者曾當面求教中國的合作主義是否可能，Schmitter 給予了否定回答。

[6]　Philippe C. Schmitter, "Still the Center of Corporatism," *The Review of Politics*, Vol. 36, No. 1 (Jan. 1974), pp.85~131

[7]　Claus Offe, "Societal Preconditions of Corpotatism and Some Current of Democracy Theory," presented for *Issues on Democracy and Democratization: North and South* (Helen Kellogg Institute for International Studies, University of Notre Dame, Mar. 14, 1984).

[8]　參見 Wei Pan, "Toward a Consultative Rule of Law Regime in China," *Journal of Contemporary China*, Vol. 12, No. 34 (Jan. 2005), pp. 3~43; Wei Pan, "Refiections on Consultative Rule of Law Regime: A Response to My Critics," in Suisheng Zhao ed., *Debating Political Reform in China: Rule of Law vs. Democratization* (NY: ME Sharpe, 2006); Qiusha Ma, "The Governance of NGOs in China since 1978: How Much Autonomy," *Nonprofit and Voluntary Sector Quarterly*, Vol. 31, No. 3 (Sep. 2002), pp. 305~328.

係解釋同樣佔據著主流地位，基本反映了 1990 年代初以來逐漸發展的中國 NGO 和主流「社會組織」的發展取向，即國家主導的國家／社會關係，表現為在 1992 年開始的「鼓勵社會仲介組織發展」政策之下，國家政府機構和事業單位為主在短時間內創辦了大量社會團體，包括行業協會、專業協會、基金會等，形成中國「社會組織」的主體，以「政府 NGO（GONGO）」的身分代行部分國家職能或者反向「購買政府服務」，行使對社會資源的控制和壟斷，卻呈現表面上的「國家合作主義」色彩。[9]此種背景下，自發成立的獨立 NGO[10] 在艱難模糊的法律環境下，從 1990 年代初至今，無論總體上或個案而論，大體保持著「去政治化」傾向，實踐中則採取與政府合作的模式，從而逐漸獲得一定的空間和社會的承認。比如北京地球村，在其發展初期也主要與國家環保部（局）進行合作，從境外募得資源，與政府機構共同展開環境教育專案。

另一方面，從中國傳統鄉村的倫理資源入手，如柯丹青（Daniel Kelliher）對中國農村幹部兼具宗族領袖和國家幹部的雙重身分而發現農村組織的合作色彩，[11] 國內學者王穎對廣東農村「新集體主義」的研究，從 1990 年代中期開始，中國的某些地方改革被貼上了「地方合作主義」的標籤。如林南將鄉鎮企業的成功歸為「地方法團主義」式的「地方性市場社會主義」；[12] 戴慕珍（Jean Oi）也持相同觀點，認為地方政府、地方社

---

[9] 顧昕、王旭，「從國家主義到法團主義 ─ 中國市場轉型過程國家與專業團體關係的演變」，**社會學研究**，頁 155~175；張鐘汝、范明林、王拓涵，「國家法團主義視域下政府與非政府組織的互動關係研究」，**社會**（上海），2009 年第 4 期，頁 167~194。

[10] 所謂獨立 NGO，指的是中國境內基本符合 NGO 標準，即獨立的、公益的、志願的、私人的或民間的、和非利潤分配的社會組織，儘管他們當中的大部分並非以法定社團登記、非社團法人，少部分以所謂事業單位法人或次級法人存在，但卻表現出足夠的獨立性、公益性、志願性和非營利性等，得到國際 NGO 的承認，被視為不同於官辦 NGO（GONGO，如各種官辦協會與社會團體、基金會等）之外的獨立 NGO。

[11] Daniel Kelliher, *Peasant Power In China: The Era Of Rural Reform, 1979-1989* (NH: Yale University Press, 1992).

[12] 林南，「地方性市場社會主義：中國農村地方法團主義之實際運行」，**國外社會科學**（北京），1996 年第 5~6 期，頁 68~86。

區和企業組成了一個利益共同體，類似法團（合作主義）組織；[13]Jiang 和 Hall 對農村鄉鎮企業的廣泛研究得出結論：地方合作主義是農村企業成功的關鍵，而且模糊了所謂集體企業與私人企業的界限；[14] 白蘇珊對中國鄉村政治經濟的制度變遷研究再度肯定了中國農村的地方合作主義。[15]

只是，這些強調中國農村「新集體主義」的「地方合作主義」研究似乎並未影響政治學和社會學界主流對城市社區和 NGO 發展的「國家合作主義」傾向，Offe 所強調的「社會條件」在中國鄉村和城市的原初差別似乎形成一條鴻溝，代表著國家和集體主義兩者在城市與鄉村的強弱差別，從而產生分權或者社會的強弱，以及合作主義的強弱程度。比如，近年來圍繞城市社區特別是居委會的研究，[16] 以及對新近幾年成長尤為引人注目的「業主委員會」的研究（如沈原）[17]，它們分別從不同角度窺見公民社會組織在城市社區的形成和國家在社區層級的軟弱，似乎都在某種程度上支持了在國家弱化的情形下「國家合作主義」作為一種可行的國家／社會關係之實踐模式，即使薄弱的 NGO 在中國城市社區的發展表面上好像也能夠在「國家合作主義」的框架下獲得某種政治空間。

那麼，由此便引出一個問題：中國城市空間的地區合作主義是否可能？或者反之，如果農村地區的所謂地區合作主義可能存在，那麼 NGO 的角色如何？其中，既涉及對城、鄉政府的分權化差異，也與 NGO 或公民社會組織的資源動員能力和談判力量有關，當然更有賴於合作主義的制

---

[13] Jean Oi, *Rural China Takes Off: Institutional Foundations of Economic Reform* (Berkeley, LA: University of California Press, 1999).

[14] Shanhe Jiang and Richard H. Hall, "Local Corporatism and Rural Enterprises in China's Reform," *Organization Studies*, Vol. 17, No. 6 (Nov. 1996), pp. 929~952.

[15] 白蘇珊著，郎友興、方小平譯，**鄉村中國的權力與財富：制度變遷的政治經濟學**（杭州：浙江人民出版社，2009 年），頁 3。

[16] 林尚立，**社區組織與居委會建設**（上海：上海大學出版社，2001 年）；楊敏，「作為國家治理單元的社區 — 對城市社區建設運動過程中居民社區參與和社區認知的個案研究」，**社會學研究**，2007 年第 4 期，頁 137~164；海貝勒等著，張文紅譯，**從群眾到公民：中國的政治參與**（北京：中央編譯出版社，2009 年），頁 25。

[17] 沈原，**市場、階級與社會 — 轉型社會學的關鍵議題**（北京：社會科學文獻出版社，2007 年），頁 33。

度安排是否存在。因此，適當回顧地方合作主義與國家合作主義的理論嬗變和經驗就顯得極其必要。

　　首先，如 Schmitter 所劃分的，在傳統的國家合作主義之外，歐洲在戰後的多元主義時代卻發展出一種「新合作主義」，以新的政治參與繼續著合作主義的頑強傳統。所謂新合作主義，或稱「自由合作主義」，指戰後歐洲民主體制下，代表議會民主的地方統治者，與基於志願組織的社會團體通過集體參與和自我管理的方式，共用公共空間。[18] 與傳統的基於階級、集中代表、垂直組織的國家合作主義不同，這種新合作主義的參與更微妙，有不同的社會部門參與，並且發生在中觀層次，如 Cawson 對合作的「宏觀」與「中觀」所做的區分，當然也可能發生在地方層次，在這些地方層級的合作主義的治理安排與實踐無需得到國家層面的支持，即地方合作主義。[19]

　　比如，歐洲福利國家制度本身不僅早被當作一個（經典）合作主義的產物，[20] 而且其自 1970 年代之後的發展卻有許多地方合作主義的創新。挪威學者 Søren Villadsen 曾經發現從市場和競爭的角度，地方政客更傾向於採取地區或社區的專門行動或聯盟來改變（統一）市場條件，並被視為「地方性的制度創新」。[21]Evers 等人對英格蘭和德國的兒童福利制度研究也表明，在聯邦制的分權體制內，儘管地方政府機構已經代表著傳統的地方合作主義，比如兒童福利委員會所包容的政府機構、社區機構和家長協會等在合作促進兒童福利事業，但在地方治理層面上，存在廣泛的又有差

---

[18] Wolfgang Streeck and Lane Kenworthy, "Theories and Practices of Neocorpratism," in Thomas Janoski, Robert R. Alford, Alexander M. Hicks and Mildred A. Schwartz eds., *The Handbook of Political Sociology* (Cambridge: Cambridge University Press, 2005), p. 441.

[19] Alan Cawson, "Corporatism and Local Politics," in Wyn Grant ed., *The Political Economy of Corporatism* (Basingstoke: Macmillan, 1985).

[20] John Keane, *Public Life and Late Capitalism Toward a Socialist Theory of Democracy* (Cambridge: Cambridge University Press, 1984).

[21] Søren Villadsen, *Urban Political Theory and the Management of Fiscal Stress* (Michigan: University of Michigan Press, 1986).

異的創新，過去十年來出現了各種新的合作方式比如某種公／私間的夥伴關係，而不僅僅是傳統意義上的勞資夥伴關係，超越制度化的兒童福利委員會，並尋求各種非正式網路和論壇的方式，繼續改善兒童福利。[22]

顯然，即使與傳統的國家合作主義模式相比，新合作主義、地方合作主義本身也在發展，不僅意味著更多的利益代表組織而不是少數組織代表、更寬泛的領域基礎而不是專門化領域，[23]而且很大程度上也反映了歐洲審議民主或協商民主的發展和福利國家的轉變，因為地方合作主義在地方層級進一步模糊了制度與非制度、組織與網路的界限，更多地利用或者培植各種新的非正式網路即社會資本結構來進行更為廣泛的集體參與和協商，合作議題也跳脫出工資／收入等傳統勞資合作議題，而更多地集中在福利問題、社區公共品供給等，超越了國家中心的福利制度安排。也因此，對合作主義的測量不應拘於 Schmitter、Lehmbruch、Cameron、Bruno and Sachs 與 Soskice 等自1980年代中期發展起來的合作主義定量化量度，[24]即1. 利益集團組織；2. 工資安排；3. 利益集團介入政策制定以及 4. 政治經濟共識等四個傳統方面。[25]反而更多的應從地方合作主義所涉及的地方協商、分散組織和網路、自我管理、社區公共品提供等方面進行觀察，圍繞這些相對非制度化的新合作主義（社會合作主義）維度，對單個或整體性

[22] Adalbert Evers and Benjamin Ewert, *Theory and Practice of Navigation* (Springfield, Illinois: Williamson press, 2008).

[23] Philippe C. Schmitter, "Still the Center of Corporatism?" *The Review of Politics*, Vol. 36, No. 1 (Jan. 1974), pp.85~131.

[24] Philippe C. Schmitter, "Interest Intermediation and Regime Governability in Contemporary Western Europe and North America," in Suzanne Berger ed., *Organizing Interest in Western Europe* (NY: Cambridge University Press, 1981), pp. 287~330; Gerhard Lehmbruch, "Concertation and the Structure of Corporatist," in John Goldthorpe ed., *Order and Conflict in Contemporary Capitalism* (Oxford: Clarendon University Press, 1984), pp. 60~80; Michael Bruno and Jeffrey Sachs, *Economics of worldwide stagflation* (Cambridge, MA: Harvard University Press, 1985); David Soskice, "Wage Determination: The Changing Role of Institutions in Advanced Industrialised Countries," *Oxford Review of Economic Policy*, NO. 6 (1990), pp. 36~61.

[25] Lane Kenworthy, "Quantitative Indicators of Corporatism," *International Journal of Sociology*, Vol. 33, No. 3 (Fall, 2003), pp. 10~44.

的 NGO 進行合作主義程度和性質的定性化觀察便成為可能。

參、合作主義下沉：北京地球村的路徑變遷

　　北京地球村，作為一家獨立環境 NGO（ENGO），在創始人廖曉義領導下，從一開始就選擇了與政府機構合作的工作方式。追蹤並分析地球村這個樣本自 1996 年建立以來的合作軌跡，可為我們觀察中國的合作主義提供一個切入及比較的視角。本章試圖歸納地球村十五年的發展軌跡，從前述合作主義理論所關照的不同形態，整理出地球村的路徑變化，並從合作主義相關理論框架出發提出假說、進行解讀，由此可對地球村捲入最新、最深的「樂和模式」做出可靠判斷。

　　自 1996 年至 2011 年的十五年間，根據對地球村創始人、現任負責人廖曉義女士的訪談，[26] 合併搜集的媒體資料，匯總其公益活動和項目如下：

　　1. 自 1998 年，與國家環保總局聯合出版「公民環保行為規範」、「兒童環保行為規範」以來，成為國家環保部門的親密夥伴，其後開展了一系列環境教育活動；

　　2. 包括 2004 年地球村聯合其他幾家民間 NGO 提出 26 度空調節能的概念，推動 26 度空調節能行動，最終促成北京政府在 2007 年 6 月 30 日出臺《國務院辦公廳關於嚴格執行公共建築空調溫度控制標準的通知》；

　　3. 還包括 2004 年地球村聯合其他幾家民間組織發出「無車日」倡議行動，促成 2006 年北京市政府宣布每年 9 月 22 日為「無車日」；

　　4. 2003 年起，在美國能源基金會的支持下，主辦了「可持續能源記者論壇」；

　　5. 2007 至 2008 年，地球村與世界自然基金會（WWF）合作，在北

---

[26] 參見對地球村創始人、現任負責人廖曉義的訪談，2011 年 5 月 9 日和 5 月 27 日。

京和上海兩個城市的 40 個社區 2000 多戶居民當中舉辦家庭節能競賽；

6. 2008 年起，接受萬通基金會資助，參與北京奧運志願工作，在北京東四城區做社區建設；

7. 2008 年，接受紅十字會資助，在四川彭州開展災後生態村建設，即「樂和家園」，後於 2011 年 3 月起在重慶巫溪縣推廣至今。

8. 2011 年 5 月起，接受北京市密雲縣北莊鎮政府委託，進行當地的「生態管護」。

上述八個項目基本概括了地球村過去十五年的主要工作，圍繞「國家社會（NGO）」的關係可大致發現：「合作」而非「對抗」顯而易見地貫穿其中每一個專案，但是伴隨著國際非政府組織（INGO）的資源消減，和官辦 NGO（GONGO）的資源增加，地球村的合作層面從中央政府的政策參與下降到縣域農村層級的合作建設，其早期常常熱衷的基於國際環保理念的全國性環境行動也下沉爲基於傳統鄉村倫理的「樂和」模式。亦即，此合作路徑的下沉，可能並非地方分權化的結果，而是獨立 NGO 所依賴資源的變化，或者說地方合作主義的出現作爲替換甚至抗拒公民社會植入的國家合作主義主導的地方性安排。

具體來說，透視地球村的合作路徑，其協商空間、合作夥伴、及合作主義／安排，這三個在 Schmitter 關於合作主義定義中的基本要素，在過去十五年間尤其是以 2008 年爲轉捩點發生了深刻變化。

首先，按時間順序，地球村所著力的環境教育在過去十五年先後發生的重點轉移大致可分爲三個階段：從政策遊說和宣導行動，到城市社區的環保教育，發展到介入縣域村莊的生態建設和「社會管理創新」。換言之，地球村宣導的生態主義行動在漸次下沉：從前十年主要基於首都地區，進行全國性環境政策參與，影響全國性媒體和公眾，從 2007 年與 2008 年後逐漸下沉爲城市社區的環保教育和縣域鄉村的生態建設。地球村的協商空間因此呈現從最初所致力的中央政府的政策空間、全國性的媒體影響空間，轉移到基層社區的建設空間。其中關鍵有二，如廖曉義自承：其一，

2004 年以來推動的「夏季 26 度空調」節能行動儘管聲勢可觀，並且成功促成環保部與國務院的法規背書，標誌著地球村建立以來的政策遊說達到一個頂峰，卻最終無聲無息，實質效應（節能效果與習慣）相當有限，其社會效應和繼續行動意義被地球村自我否定；其二，北京東四社區和京郊北莊鎮的合作式環保教育效果均相當有限，地球村目前也只是勉力維持，而且，512 地震固然為中國的各色 NGO 總體上創造了一個巨大的介入空間，地球村也得以通過「偶然」機緣參與到彭州大坪村的生態主義重建，但是，旋即為當地礦產資源開發矛盾、村委會的消極態度所阻而難以繼續。[27]

　　第二，伴隨地球村的協商／行動空間從垂直性的國家中央機構轉移到地方政府、從城市轉移到鄉村（縣鄉），地球村的合作夥伴也發生相應的主體變更：以中央政府的環保局（部）和國際環境 NGO 為主要合作方，轉變為地方政府和國內 GONGO。在地球村的早期，國際慈善組織和 INGO 是地球村最主要的資助者和利益相關者，如能源基金會和世界野生動物基金會等先後資助地球村的主要項目，廖曉義本人則於 2000 年和 2008 年分別獲得菲律賓國際環境「蘇菲」獎和克林頓基金會「全球公民獎」，地球村在他們眼中顯然代表著中國本土 NGO 的優秀代表，擔當著中國 NGO 與國際 NGO 之間的大使或橋樑。2002 年中國本土 NGO，大部分是獨立 NGO，第一次組團赴南非參加世界 NGO 大會，地球村即是組織者。在此基礎上，豐富充沛的國際資源似乎保證著地球村在中國本土 NGO 當中的領袖地位，以及最主要的，與政府機構環保局（部）進行合作和政策參與的談判籌碼。[28] 而 2008 年之後，INGO 在地球村的項目資助中已經微不足道，主要資助者變為中國紅十字總會（彭州大坪村專案）、萬通基金會、友成企業家扶貧基金會。紅十字會與友成均為有著強大資源的官方背景的 GONGO，萬通基金會由民營的萬通地產創立，主管機構為

---

[27] 參見對地球村創始人、現任負責人廖曉義的訪談，2011 年 5 月 9 日和 5 月 27 日。

[28] 在 2011 年 5 月 12 至 16 日重慶市巫溪調查期間，多次閒談中，廖曉義流露出自負心態，「一直在國際慈善圈中混的」，暗示其與國際政客、國際慈善組織和 INGO 等相當諳熟，國際資源豐富。

北京市科委，理事會成員多爲高級政府官員，同樣可視爲合作主義的產物GONGO。正是這些掌握雄厚財政、政治資源的 GONGO 分別給予地球村在不同的三個地方項目予以支持，其意義待後文繼續討論。當然，更有意義的，重慶市巫溪縣委和縣政府直接主導並參與鄉村和城市社區的「樂和模式」建設，對地球村角色與功能的變化影響至爲關鍵。

第三，在地球村的協商空間下沉、合作夥伴變化的同時，我們也發現其合作主義本身發生著微妙卻重大的變化：以巫溪「樂和模式」爲標誌，地球村過去十五年始終追求的合作主義從與中央政府部門的非正式合作轉變爲與地方政府的制度性合作。儘管得到環保局（部）的支持，地球村得以編寫公民環保行爲規範手冊、發起「可持續發展記者論壇」、發動「26度行動」、在全國二十多個城市開展環境教育等。但是，所有這些合作都屬非制度性合作，從中也很難發現涉及到任何福利的改善或者與其他利益集團的衝突，加上地球村始終強調「獨立於其他環境組織」，不知社會運動爲何物，基本上很難將有影響的地球村歸爲整個環境組織或中國本土NGO 的代言人，因而甚至難以將其 1996 至 2008 年期間的合作方式歸爲「國家合作主義」。[29] 然而，有趣的變化出現在巫溪模式中，相比此前不成熟的、事實上夭折的彭州「樂和鄉村」，巫溪縣的樂和模式出現了三個層級的合作主義制度性安排：

1. 巫溪縣政府聘廖曉義爲顧問，並設立「樂和辦公室」，在實際活動中，廖曉義和地球村主要通過樂和辦公室介入到「樂和模式」的推廣；

2. 巫溪縣委在重慶市範圍內率先創立「群眾工作部」，統一協調與解決「樂和協會」相關的維穩問題；

3. 創建村級「四方協調會」機制，納入樂和協會、村支兩委、外部NGO 與網格單位，在村一級實現「四方共治」。

其中，後兩級合作存在不同程度的制度創新。在群工層級，雖然設

---

[29] 參見對地球村創始人、現任負責人廖曉義的訪談，2011 年 5 月 9 日和 27 日。

立群眾工作部在全國市縣已有先例，但是巫溪縣的群眾工作部實行統合信訪、社團和輿情的「大群工」模式，屬中共基層治理體制調整黨與基層社團關係的首例，具體包括：建立服務中心，即移入縣委信訪辦，縣級各機構信訪辦均在群工部內設辦公室，並成立輿情調研中心和聯絡中心，後者直接在社團登記和日常工作兩方面「主管」各村的樂和協會、聯絡派駐基層的「網格單位」。在村一級，「四方協調會」所確立的四方共治模式，以治理而非自治為導向，即針對上訪多、糾紛多、幹群關係緊張等「影響維穩」的治理問題，將現有村支兩委的法律形式上的自治組織和黨支部、外部 NGO、地方政府網格管理部門，和動員後自發組織的村級樂和協會納入一個常設性協商制度。該機制經巫溪縣委 2011 年正式文件確認頒布，由每月兩次、村委會召集的四方協調會議付諸例行性運行，逐漸鞏固，也獲得驚人效果，總體上可觀察到明顯的地方合作主義的制度安排和福利改善。從 2011 年 3 月正式生效運轉以來，短短時間內確實實現了出人意料的改變效果：鄉村衛生狀況大大改善，村級社會糾紛大大下降，幹群關係緊張大大緩解，村民滿意度大大提高。2011 年 5 月 12 至 16 日期間，筆者在巫溪縣羊橋村、三寶村、大坪村等樂和模式試點村和推進村進行調查，觀察到如此改善，相比鄰近村莊有著顯著區別。

而地球村在其中扮演的角色與功能相當有趣，雖未直接參與巫溪縣的制度創新，卻起到激發社會活力的作用，在地方合作主義的樂和模式構成中起到微妙的「建構性」作用。具體來說，早從 2007 年和 2010 年起，巫溪縣委即已先後創立網格體系和縣委群工部。[30] 前者將全縣劃分為 109 個網格，跳過現有官僚層級體系，分配各縣屬行政單位依託網格，以主要黨幹利用週末時間志願勞動的方式，進行基層輔導、實現資源下沉，建立分散的政府組織與鄉村、社區組織間的指導性合作。以城南社區為例，其對口網格單位為縣委紀檢委，其主要幹部竟然堅持了長達一年半義務街頭清掃，直至地球村 2010 年底介入，鼓勵和發動社區居民自發組織了大規

30　參見 2011 年 5 月 14 日巫溪縣委群工部與清華大學政治學系調研團的座談會上鄭向東書記的談話紀要，另見巫溪縣委相關文件。

模垃圾清除行動，爾後紀檢委籌資百萬餘元將原來的衛生死角改建爲公共廣場、衛生、精神面貌煥然一新。而縣委群工部早從2009年謀劃建立，2010年6月正式獲准掛牌運作，但其聯絡工作最初只限於網格單位，更限於中國現實政治中對結社的嚴格限制，試圖探索新群工模式中卻無如何聯絡基層社團的構想，也是廖曉義介入發動成立樂和協會後，群工部才正式在「信訪對個人」、「輿情對總體」之外建立起「聯絡對社團」的新型「黨與社團」的關係。

地球村在其中，依據筆者實地考察，並無招募志願者或建立地方分支機構，也無直接提供社會服務產品，是廖曉義個人攜地球村過去十五年之生態主義光環，從2010年9月開始，以一套在2008年彭州大坪村災後重建過程中形成的理念體系，主要包含「弟子規」鄉村倫理的儒家教化範本和以樂和協會爲中心的「樂和五業」的鄉村秩序兩方面，深受巫溪縣委書記鄭向東賞識，發現可彌補由他個人主導的、始於2007年縣域社會管理體制改革（以網格體系創立爲標誌）所欠缺的倫理資源，而從縣一級設立「樂和辦」及其宣化機構「樂和講堂」開始，漸次改造鄉村網格體系和群工聯絡模式，以樂和理念培訓另一個更早介入當地社會管理體制改革的GONGO友成基金會在當地的志願者，逐村發動村民認識社群公益、組織協會，最終在2011年3月建立了鄉村樂和協會爲中心的「四方共治」的合作治理模式和「大群工」模式，形成了所謂「樂和模式」的社會管理模式。

而村民，經廖曉義與友成基金會的志願者進行面對面宣教和動員後，從2011年3月起幾乎在一個月內就發生轉變，表現出相當高的村社參與熱情和行止上的禮訓，並通過樂和協會能夠與村支兩委甚至更高級的政府機構進行集體協商，傳統的鄰里調解也能在樂和模式的架構下通過被承認的「樂和堂」進行一般性糾紛的調解（如石龍村）。樂和協會本身，活動聲勢和參與熱情都頗引人側目，但自治功能仍然有限，多限於組織文娛活動、衛生監督、幫助留守兒童、調解一般糾紛等，在實際工作中更多地作爲集體協商代表和機制，充當村支兩委的助手介入到治理工作中，比如遴選社保名單、協商鄉村規劃、彙集村民意見、參與四方協商等等。事實上，如巫溪縣多個村莊受訪村民不約而同提到的，他們最看重的就是，村民現

在通過樂和協會、在「四方協調會議」的機制下有可能反映村民的意見，對村支兩委進行監督。其實際效果，可觀察到兩方面：

1. 每個村的樂和協會都通過「四方協調」機制，從對口網格單位爭取到專項援助，用於公共場地建設，或者由富有村民提供類似場地（如三寶村），改變了巫溪地區鄉村普遍缺乏公共活動場地的狀況，村民在公共場地組織「壩壩舞」、球賽等活動，鄉村衛生狀況也經相互動員有了明顯改善，鄉村社會活力確有相當激發；

2. 其次，樂和模式的「息訪」效果顯著，這是重慶市政法委對巫溪模式最為看重的一點。息訪的同時，樂和協會吸納了大部原先鄉村內不滿現有村支兩委管理、不滿現有政策（福利、土地、經濟等）的「調皮搗蛋」或長期上訪者，使之以前所未有熱情關注並參與到鄉村公益、改善村級治理、甚至兩委選舉等體制性問題。[31]

回到「地球村」的合作路徑，可以發現：不同於傳統國家合作主義意義上有著垂直組織的工會與國家間的階級合作，地球村 1996 至 2008 年間與政府部門間的合作模式，固然基於生態和環保的共同基礎，但與其擁有國際組織資源密不可分。很大程度上，雖然地球村採取了「去政治化」、去對抗和去社會運動的道路，但地球村這種中間中國政府和國際 NGO 的掮客式環保合作「國家合作主義」道路只是幻覺。一旦中國政府在環境問題上開始建立足夠自信的立場，可以猜想比如伴隨「中國模式」上升以及在國際氣候談判中採取主動立場，地球村所宣導的中立化的生態主義和政府合作空間便告急劇萎縮。

地球村的道路卻展現了另一面，更為真實的樂和模式所代表的地方合作主義，其背後，卻是紅十字會、友成基金會、萬通基金會等大型 GONGO 取代了國際 NGO，向地球村提供資源以及合作的地方政府創新

31　參見地球村拍攝「樂和的力量——巫溪縣樂和家園建設掠影紀錄片」。其中，李明銀（上磺鎮羊橋村村民）自述為「調皮村民、李俊（現白鹿鎮大坪村樂和協會秘書長）曾長期上訪，都在樂和協會動員下轉化為積極參與鄉村公益活動者」。此次調查期間，筆者與之均做過交談，觀察結果證實地球村的報告。

導向。而且，此導向並非導向生態主義的，而是導向鄉村和社區的穩定與和諧的秩序重建，在社會管理體制創新框架下探索如何通過地方合作主義重建新型農村社群關係、激發社會活力、維護社會穩定。地球村在其中扮演著不可缺少的外來「建構性」資源提供者和中間說服人的角色，相比學者介入溫嶺懇談民主，[32] 介入更早，其地方合作主義模式更體系化。畢竟，比較中國其他地區地方維穩與私營機構合作的方式，如私人截訪公司（如安元鼎），[33] 地球村具更高社會信任度，其「樂和理念」包含的新社群主義也具意識形態的可討論空間、現實中的可操作性，和服務於「維穩」的良好效果。

肆、討論：威權主義下地方合作主義的社會條件

總結地球村的合作主義路徑，觀察其從高調宣導國際公民社會和環保主義的引入並與中央政府（環保機構）合作、參與全國性環境政策制定和宣導行動下沉到巫溪縣農村，參與地方政府的社會管理改革，組織以「弟子規為核心、頗富儒家色彩的樂和農民協會」。這一轉變本身意味深長，細加解讀，或可揭示出獨立 NGO 在中國真正的合作主義空間以及地方合作主義在中國的前景。

從地球村經歷的合作夥伴變化，可區分為中央政府地方政府和 INGO-GONGO- 鄉村協會兩個維度，就能得出 NGO 與不同合作夥伴之間的組合矩陣。其中，不僅能確定地球村的階段性合作，也能發現中國社會組織的合作模式。如表 3.1 所示，地球村 2008 年前主要採取與中央政府部門和 INGO 同時合作的方式，形成國家合作主義的假象，而從 2008 年「512」

---

[32] 浙江大學政治學教授余遜達自述，作為最早發現和介入溫嶺民主懇談的政治學者之一，是在民主懇談模式開始之後才從媒體獲知並介入，其後至今十餘年他與其他中國學者的介入方式主要是「建構性的，即解讀、詮釋、提煉溫嶺民主懇談的民主意義和地方政府創新的意義」，2011 年 6 月 4 日，杭州。

[33] 參見財新新週刊，2010 年 12 月。

表3.1　中國NGO的合作夥伴和合作模式

NGO合作夥伴	中央政府	地方政府（縣域）
INGO	地球村早期	草根 NGO
GONGO	N/A	彭州大坪村樂和模式
鄉村 / 居民協會	卡特基金會	巫溪縣羊角村樂和模式

地震後與地方政府和 GONGO 同時合作的方式，展開地方合作主義的不成功的試驗。「512」地震爲中國 NGO（也包括 GONGO）提供了一個難得的介入地方公益事業的視窗，超過160家各種NGO在震後參加救助，[34] 也形成了一個「512 救災 NGO 聯盟」，地球村躋身其中卻拒絕加入此聯盟。從 2010 年底至今，在加入村民（樂和）協會後，地球村始於彭州的「樂和模式」，即與 GONGO 和地方政府合作的地方合作主義終獲成效。

　　對照其他 NGO 合作模式，與中央政府合作的例子並不多見，同時與中央政府和 GONGO 合作的例子更爲罕見，同時和基層協會（特別是村委會、居委會）合作的也僅見 1990 年代支持村級選舉的卡特基金會。另一方面，大部分 NGO 發展之初即選擇了與在地政府各種形式的合作，提供地方性公共產品，近年來地方政府主動購買 NGO 的服務、吸納其參與地方治理的趨勢明顯上升；大多數國際 NGO 都將與地方政府合作作爲進入中國的戰略，同時向草根 NGO 提供資助，介入到地方環保、公益事業中，其中亦有相當部分專案是同時與中國的 GONGO 合作。例如，綠色和平（Green Peace）1997 年進入中國後主要在吉林和雲南等地開展生態農業項目，當然也從事城市的反電子垃圾活動，世界自然基金會（WWF）從 2004 年始與新疆自治區政府合作向草根組織新疆自然保育基金會提供資助進行雪豹保護。顯然，地方政府至少在治理層面，願意與

---

[34]　參見岳德明，「汶川地震中的非政府組織：現狀與評估」，青年文化評論，http://m.ycreview.com/node/314。

INGO、GONGO 和獨立 NGO 進行合作，共同提供各類地方公共品。[35] 效法 INGO、選擇地方合作也可能因此成爲獨立 NGO 的戰略選擇。

反觀地球村的合作路徑變遷，從國家合作向地方合作的轉變，有趣的並非合作夥伴之一中央政府向地方政府的變換，因爲綠色和平及其他 NGO 一開始也就採取了與地方政府合作的方式，而在於第二合作夥伴 INGO 向 GONGO 的轉變，後者意味著中國本土獨立 NGO 資金來源的變化、和 GONGO 的上升及其在地方與中央間關係的微妙變化。首先，筆者對 1990 年代至 21 世紀初中國 NGO 的研究發現，此一階段中國 NGO 總體發展嚴重依賴海外資源，若干 INGO 通過資源配置占據著中國 NGO 的網路中心。

2004 年烏克蘭「橘色革命」帶來的顏色革命恐慌在 2008 年北京奧運前後，終於發酵爲對獨立 NGO 的嚴格防範，有著海外資金背景的一批獨立 NGO 先後受到調查，如從事愛滋病救助的愛知行和愛源匯、從事法律援助的公盟、從事民主教育的傳知行、從事肝炎患者權益維護的益仁平等，這些組織或者受到財務、稅收調查，負責人也分別身陷囹圄、逃亡海外或被看管，如胡佳、萬延海、許志永、張大軍等。這種背景下，從 1996 創立之初一直選擇「去政治化」、遠離包括維權運動在內的社會運動的地球村，也放棄了海外金主，而選擇有著官方背景的萬通、紅十字會等合作。也許正是基於如此明顯的資源和政治空間的氣候變化，作爲公認中國新興公民社會組織的代表，廖曉義開始有意拉開地球村與西方的距離並否認公民社會在中國的意義。[36] 而巫溪縣的樂和模式，也拋棄了任何與公民社會有關的概念和話語，代之以迎合官方意識形態傳統化趨勢的「弟子規」爲代表的傳統鄉村倫理，在開始廣建孔子學院、在國家博物館前樹立孔子像、鼓吹回歸儒家傳統的中央政府，和尋求鄉村社會管理創新的地方

---

[35] Qiusha Ma, "The Governance of NGOs in China since 1978: How Much Autonomy," *Nonprofit and Voluntary Sector Quarterly*, Vol. 31, No. 3 (Sep. 2002), pp. 305~328.

[36] 參見對地球村創始人、現任負責人廖曉義的訪談，2011 年 5 月 9 日和 27 日。

政府，和鄉村村民之間建立了一個合作主義所不可少的共同知識背景。[37]
基於此，可以說，地球村完全放棄了生態主義及其相關公民社會的理念，
卻繼續其擅長的宣導手法，而換用融合了傳統儒家價值、鼓吹「共治」而
非自治的「樂和」理念。

　　另一方面，這些 GONGO，一改此前向獨立 NGO 運營模式靠攏、躋
身 NGO 圈子的趨勢，趁著 2008 年「512」地震救災中國公民和企業大量
捐款的契機，迅速成長為財政資源雄厚、積極介入社會發展、對 NGO 發
揮重要影響的黨國代理人。[38]比如，地球村 2008 年以來的合作夥伴有紅十
字會，也有當年成立的新 GONGO，分別是萬通基金會和友成基金會，在
地球村的樂和模式形成過程中，三個 GONGO 紅十字會、萬通基金會和
友成基金會在不同階段都有所參與。在彭州大坪生態村項目中，紅十字基
金會贊助 365 萬元，包括地球村得到的 24 萬元；[39]萬通基金會資助地球村
在北京東城區進行城市社區的試點；而友成基金會則早在地球村之前，已
先行介入巫溪縣的社會管理創新，並在當地招募了志願者，當「樂和模式」
初見成效，友成還邀請清華大學政治學系前往巫溪實地調查，試圖就國家
／社會關係的創新以及社會管理創新尋求理論建構。如果再考慮到巫溪縣
委早從 2007 年起進行網格單位的改革，顯然，地方社區的管理模式創新
主導者是地方政府和 GONGO，即在地方政府和以北京為基地的 GONGO
的合作為第一級合作，地球村的參與以及嗣後村一級「四方協調會」機
制等在時序上和主導方面可看作次級合作。也就是說，地方政府創新與
GONGO 的下沉式介入兩者間存在著共同事業基礎（common cause），如

---

[37] 德國著名社會學家、比勒菲爾德大學教授 Claus Offe 在其「合作主義的社會條件」
（Societal Preconditions of Corpotatism and Some Current Dilemmas of Democracy
Theory, 1984）一文中強調了合作主義各方共同知識的重要性。

[38] 據不完全統計，紅十字會在 512 地震後接受捐款達 164 億元，其中物資 26 億元（另
有說法 191 億元總額）；包括中國扶貧基金會在內的民政部登記的 18 家公益機構
接受捐款總額為 10.64 億元，另有物資 2.42 億元。參見公益時報網站，http://www.
gongyishibao.com/zhuan/csdh/juanzeng/news6.html。

[39] 另見瞭望雜誌 2011 年 5 月採訪廖曉義的文章，見：http://www.lwgcw.com/
NewsShow.aspx?newsId=21013。

果將此共謀看作某種垂直性利益安排的話，巫溪樂和模式所反映的地方合作主義，無論最終服務於社會管理改善還是反映了某種程度上國家／社會關係的調整，都充斥著強烈的國家合作主義色彩，或為國家合作主義的地方試驗。

如何解釋這種在中央政府背景的 GONGO 與地方政府、獨立 NGO 和鄉村社區之間實行協商合作的社會管治模式？根據 Esping-Andersen 對福利國家去商品化的比較研究，[40]Salamon and Anheier 就合作主義的社會起源，對國家社會福利投入和非營利部門規模兩個維度做了四種形態劃分，其中法、德兩國的合作主義模式產生了較大的國家社會福利投入和較大規模的非營利部門，與這些國家早期引入或者被迫認識到有必要與非營利部門發展共同事業（common cause）。[41]這一假說適合傳統的國家合作主義，當然，也是以「問題解決」（problem-solving）為導向的，國家很容易與傳統組織如教會形成合作關係，共同解決社會福利問題等。不過，同樣以問題解決為導向，Claus Offe 還提出另一種假說，有關地方合作主義，也同樣在一個兩行兩列的矩陣中，有關團結的集體公共品可能填補微觀理性和宏觀非理性之間的鴻溝，即基於共同體的合作主義；進而，社會力量和政治控制與制度作為保護和制度作為資源共同組成一個新的矩陣，可以劃分福利國家體制、政治民主、自由及和平（平息衝突）等四種民主形態，如表 3.2 所示，正是表 3.1 所據原型。

---

[40] Gøsta Esping-Andersen, *The Three Worlds of Welfare Capitalism* (NJ: Princeton University Press, 1990).

[41] Lester Salamon and Helmut Anheier, *Global Civil Society: Dimensions of the Nonprofit Sector* (Manchester, UK: Manchester University Press, 1998).

表3.2　Claus Offe的合作主義矩陣（Offe 1984）[42]

	制度作爲保護	制度作爲資源
社會力量	和平	福利國家
政治控制	自由	政治民主

　　如果將中央政府和地方政府視爲兩個獨立行動者，而且假設他們分別爲制度作爲保護者和制度作爲資源的代理人，即假設中央政府的主要職能是提供制度保護，同時，地方政府的主要職能是將制度資源最大化。另一維度，Offe 所說的政治控制在中國的情境下，可由由上至下的、中央政府和地方政府共同貫徹的威權主義「維穩」政策所代表，但對兩者來說又存在細微差別：中央政府代表著全域性的制度保護，包括和諧社會、法治、正義等政治宣示，而地方政府則代表著政治控制得以實現以及社會力量所能依賴的制度資源。而 Offe 意義上的社會力量在合作主義結構中可分解爲 NGO 和草根協會（鄉村協會），便於我們辨析經典的合作主義和地方合作主義的角色異同。結果，地球村的合作路徑所反映的合作主義道路可組成一個矩陣，爲三行兩列（如表 3.3 所示）。

表3.3　威權主義與合作主義

	中央政府		地方政權	
政治控制	和諧社會	維穩	維穩	地方創新
NGO	國家合作主義		地方合作主義	
鄉村社區協會	民粹主義	地方對峙	農村合作社	地方自治

[42] 在 Offe 最初提供的四象限中（如表 3.2 所示），所謂「和平並非指社會力量代替個人主義或多元主義的衝突解決模式」後，帶來「和平的淨增加，而是有更經常的小型衝突取代大規模的對峙」，而所謂大規模對峙雖然趨少，但可能發生在集體社會群體之間，或者有組織的社會集群與非組織化的社會成員之間。

　　對地方政權而言，作爲制度資源的實際控制者，當政治控制等同於「維穩」政策時，存在兩種傾向：一是最大化維穩資源，由下而上盡量爭取可能多的行政資源配置；二是當制度資源不敷現實挑戰時，可能謀求地方創新。以中國內部每年發生的群體性事件（民眾集結抗爭）爲例，從1994年的不足一萬起逐年上升到2004年的7.4萬起、2006年超過9萬起，且2010年的「維穩」財政支出達6244.21億元人民幣，超過當年國防經費支出，而且，這些維穩支出以地方政府支出爲主、造成群體性事件激增的原因也被歸於地方政府「治理不力」。[43] 對中央政府來說，從江朱政府到胡溫政府，尤其自2004年「顏色革命」到2011年「茉莉花革命」所發生的國際環境變化，誘使過去二十年間政治控制逐漸集中於將行政性「維穩」作爲主要手段。

　　另一方面，我們注意到，中央政府自1990年代末開始推行的有限政治妥協，特別是吸收新興民營資本加入體制、吸收青年入黨的「三個代表」政策，以及對「和諧社會」、「協商民主」、「公平與正義」等等的社會進步的宣導，做出了制度作爲保護的政治宣示，但在促進司法獨立、財產權保護、公民權利等方面進展甚微。也就是說，中央政府爲維護中央政權合法性、致力於經濟增長，而在牽制地方政府和法制保障方面踟躕不前的狀況，有意避開制度性的問題解決即全面政治改革，反而加劇地方鄉村與政府的對峙，如第2列、第4行所示，反映了意在強化和壟斷其制度作爲保護的地位的一種「和平」策略，即Offe意義上「避免或者消減了大規模的有組織人群之間的衝突」，而代之以地方的「有組織社會集團與無組織的社會團體成員之間的小規模衝突」。

　　過去十年的中國社會衝突樣式在一定程度上驗證了這一假說。童燕齊和雷少華最近對2003到2009年之間官方公布的大規模群體性事件所

43　參見：中國社科院，2010年法治藍皮書（北京：社會科學文獻出版社，2010年）；徐凱、陳曉舒、李微敖，「公共安全帳單」，財經（北京），2011年第11期，頁125~130。

做的分析，印證了這種中央政府與地方政府在地方衝突上的因果關係。[44]
其中最具直接說服力的是大規模衝突（單次 500 人參與規模以上的）的件
數無論其絕對數量還是相對比例，與集體性事件總體上持續大比例增加相
比，仍然十分有限，印證了小規模衝突的「和平」主流。如 2003 年，大
規模衝突為 9 件，而當年全部集體性事件為 58,000 起；2004 年，20 件與
74,000 件起；2008 年，76 件對 9 萬起；2009 年大規模事件下降到 46 起，
但總數仍增加並超過 10 萬。[45] 雖然大規模對峙的數量增加大體上可以對應
衝突總規模的增加，但是兩者相關性並不明顯，2009 年的大規模對峙大
幅下降，更與當年繼續增長的地方衝突相悖。可見總體上，中央政府的和
平策略是成功的，地方政府承受著越來越大的小規模衝突，也就是維穩的
衝擊和責任。

在當下其他鄉村地區，這樣的大規模對峙發生通常伴隨兩種社會條
件：一是于建嶸發現的地方精英如退伍軍人的介入和自我組織，[46] 二是近
年來石首、甕安等地大規模騷亂中的無組織街頭「暴民」聚集。受「網
格單位」、村支兩委和外部 NGO 控制的村民協會，對於地方最經常發生
的「無組織的社會團體成員」顯然起到了面對面的社區組織和衝突消解功
能，在三個方面具體發揮作用：消解個人的過度上訪、預防大規模無組織
聚集、吸納或排擠可能的其他自組織。觀察證實，在目前若干受訪村莊中，
這些村民協會很大程度上能夠化解一般性的小型衝突，消解其升級通道。

但是，地方政權與鄉村社區協會的完全合作，如農業合作社或地方自
治導向的，都屬當前中國政治的禁忌，並不敢取。[47] 因此，該矩陣同時提

---

[44] Yanqi Tong and Shaohua Lei, "Large-Scale Mass Incidents and Government Responses in China," *International Journal of China Studies*, Vol. 1, No. 2 (Oct. 2010), pp. 487~508.

[45] 大規模集體性事件的數字參看 Yanqi Tong and Shaohua Lei, "Large-Scale Mass Incidents and Government Responses in China," pp. 487~508；群體性事件總數參看中國社科院，社會藍皮書（北京：社會科學文獻出版社，2010 年）。

[46] 于建嶸，當代中國農民的維權抗爭（北京：中國文化出版社，2007 年）。

[47] 巫溪縣委書記鄭向東在調研中承認，他很擔心「樂和模式」被外界看作農村合作社，後者的政治風險顯而易見，並非地方創新的原意。

供了地方對峙的約束和地方政府創新的激勵，使得在淡化鄉村協會或者說往其中「摻沙子」進外部獨立NGO後的地方合作主義成為可能，其組合結果能夠同時滿足化解地方對峙、維持社會穩定的雙重約束，實現地方創新和民粹主義訴求的雙重目標。

在威權主義之下，也可能出現中央政府與NGO的合作，但是NGO並非垂直組織，其合作更多只是諮議性、象徵性的，缺乏改善福利的實質性意義；在缺乏制度性安排的條件下，NGO與中央政府層級的「協商」時的討價還價能力不對等，難以形成傳統合作主義模式下利益集團的談判能力、合作的實質效力，倒是作為享有相當社會聲望的獨立NGO，可能享有堪與地方政權合作所需的均等談判力量。[48]

另一方面，GONGO，特別是那些由某個中央政府部門或派系力量支持或贊助的官辦非政府組織，可能偽裝成國家合作主義的合作夥伴，卻行使中央政府某種政治力量的代理人，即制度作為保護資源的代理人，可能無力或不願在中央層級推動國家／社會關係的調整，只能主動下沉資源，進行地方合作的試驗，力圖解決「和平」策略所帶來的地方小規模衝突問題。從這意義說，獨立NGO確實值得資助，他們所積累的社會聲望和社區技巧對於解決基層小規模衝突都有著顯見的助益。進而，如果在地方治理層次上能夠緩解此類衝突，更證明端無推行全面政治體制改革的急迫性。即中央政府作為制度作為保護資源代理人的意義，在有關基層社會衝突和穩定的問題上，其實已經轉為制度的保護人角色。反之，如果缺失地方政府和GONGO的認可與奧援，獨立NGO的介入也無力解決各種地方性經濟利益衝突和制度性矛盾，難以持續，如彭州的初期樂和模式。[49]不過，在國家合作與地方合作之間，GONGO作為中央政府部門或派系代理人與獨立NGO和地方政府有可能進行三方合作，如巫溪「樂和模式」，

---

[48] 調研中多方面觀察，樂和模式為巫溪縣委書記鄭向東強力推動，個人色彩強烈，其縣域創新也符合當前縣域管理「一元首長制」的統治模式。

[49] 在2011年5月31日清華大學社會學系和政治學系舉辦的「友城社會創新 — 樂和模式」研討會上，面對為何不堅持彭州大坪村的樂和模式的提問，廖曉義採取了回避態度。

某種程度上模糊了地方合作主義和國家合作主義的界限。

　　結果，如表 3.3 矩陣地方合作主義表示，在縣域鄉村層級，透過地方政權與 NGO 的合作，而非執政黨與全國性利益集團或垂直性組織之間的合作，地方政府與 NGO、與 GONGO、與鄉村協會等四方之間形成某種合作主義的安排是可能的，因爲他們都具有一個合作的共同基礎（common cause）：維持社會穩定。這種理論上的四方合作或許才是現實制度安排中的基層「四方協調會」的政治含義，也是威權主義下地方合作主義的社會條件。

　　現實政治中的另一層面，巫溪縣的直接上級地方政權 — 重慶直轄市，其「唱紅打黑」政策也可被看作直接包含「民粹主義訴求」和改善社會管理以消除地方對峙、實現地方創新的雙重約束和雙重目標。只是其消解大規模有組織衝突的民粹主義政策，扮演著制度作爲保護的角色，有競爭或褫奪中央政府合法性的嫌疑，更兼濫用「打黑」手段瓦解整個民營資本集團，重新製造出大規模對峙的可能，與中央政府「三個代表」以來的和平策略相左，因而可能危及整個政權的執政基礎。

伍、結論與展望

　　巫溪縣樂和模式自 2011 年 3 月正式推行以來，在縣鄉層級同時取得村社和諧共治、「息訪穩定」雙重的良性社會效果，並獲得中央政法領導的肯定性批示。其中，北京地球村作爲獨立 NGO 在其中起到顯著的、不可替代的作用，發揮著黏聚各方、形成一個地方合作主義制度安排的關鍵功能，這與其過去十五年的合作探索經驗有著密切關聯，特別是 2008 年之後，地球村中斷其「僞國家合作主義」的道路，從基於生態主義的、公民社會建設的城市宣導，轉向爲基於傳統中國鄉村倫理的、服務於地方社會管理創新的鄉村建設。

　　透過對此單一 NGO 的轉型過程的觀察，本研究確認了它介入的地方

合作主義模式。更重要的，獨立 NGO 和 GONGO 都是「樂和模式」中鄉村樂和協會與村支兩委及地方政府間形成協商合作的必不可少的參與者和社會條件。在這意義上，中國未來政治地方合作主義的發展，既需要制度層面對農村協會結社、執政黨建立新式「群工部」等進行制度確認，也需要足夠規模的獨立 NGO 和資源足夠雄厚、社會建設意圖明確的官辦 NGO（GONGO）進行充分合作。

但是，進一步討論則可發現，這種多方合作的地方合作主義存在並運行的條件十分之強，其合作關鍵也是共同基礎卻是在威權主義下尋求如何更有效地維持社會穩定，社會力量的介入和重新組織被嚴格限制，社會力量對制度作為保護和制度作為資源的利用都十分有限，倒是中央政府和地方政府最大化相關角色，並以合作主義的面目出現，為和平策略下的地方小規模衝突尋求解決途徑。

基於上述結論，在社會管理創新的威權主義的既定總體政策之下，這種地方合作主義作為社會管理創新的出現具有相當的暫時性。可以想見，一旦充分利用現有制度資源的網格化管理全面鋪開、鞏固，用網格化管理將徹底取代基層協會的組織方式，徹底消滅「無組織的社會成員」，地方合作主義將不復存在。屆時，和平策略主導的 GONGO 可能將以「偽國家合作主義」的面目大行其道，可能轉變成為全國的垂直性利益集團組織，並在地方以這些 GONGO 主辦的「人民之家」、「志工之家」、「社區服務站」等方式出現，取代獨立 NGO 甚至鄉村協會、城市社區協會。隨各個地方政府之間展開所謂社會管理創新的競爭，便意味著中國高層政治的不同社會取向。即代表地方合作主義將徹底終結，再次證實沒有民主和公民社會的支持，所謂地方合作主義只能是暫時的、偶然的和不穩定的現象。

參考文獻

一、中文部分

于建嶸，**當代中國農民的維權抗爭**（北京：中國文化出版社，2007 年）。

中國社科院，2010年法治藍皮書（北京：社會科學文獻出版社，2010年）。

＿＿＿＿＿＿＿，社會藍皮書（北京：社會科學文獻出版社，2010 年）。

公益時報網站，http://www.gongyishibao.com/zhuan/csdh/juanzeng/news6.
html。

白蘇珊著，郎友興、方小平譯，**鄉村中國的權力與財富：制度變遷的政治
經濟學**（杭州：浙江人民出版社，2009 年）。

沈原，**市場、階級與社會 ─ 轉型社會學的關鍵議題**（北京：社會科學文
獻出版社，2007 年）。

岳德明，「汶川地震中的非政府組織：現狀與評估」，**青年文化評論**，
http://m.ycreview.com/node/314。

林尚立，**社區組織與居委會建設**（上海：上海大學出版社，2001 年）。

林南，「地方性市場社會主義：中國農村地方法團主義之實際運行」，**國
外社會科學**（北京），1996 年第 5~6 期，頁 68~86。

徐凱、陳曉舒、李微敖，「公共安全帳單」，**財經**（北京），2011 年第 11 期，
頁 125~130。

海貝勒等著，張文紅譯，**從群眾到公民：中國的政治參與**（北京：中央編
譯出版社，2009 年）。

張靜，**法團主義**（北京：中國社會科學出版社，1998 年）。

張鐘汝、范明林、王拓涵，「國家法團主義視域下政府與非政府組織的互
動關係研究」，**社會**（上海），2009 年第 4 期，頁 167~194。

楊敏，「作為國家治理單元的社區 ─ 對城市社區建設運動過程中居民社
區參與和社區認知的個案研究」，**社會學研究**，2007 年第 4 期，頁
137~164。

鄭秉文，「合作主義：中國福利制度框架的重構」，**經濟研究**（北京），
2002 年 2 月第 2 期，頁 71。

瞭望雜誌，http://www.lwgcw.com/NewsShow.aspx?newsId=21013。
顧昕、王旭，「從國家主義到法團主義 — 中國市場轉型過程國家與專業團體關係的演變」，社會學研究（北京），2005 年第 2 期，頁 155~175。

二、英文部分

Bruno, Michael and Jeffrey Sachs, *Economics of worldwide stagflation* (Cambridge, MA: Harvard University Press, 1985).

Cawson, Alan ed., *Organized Interests and the State: Studies in Meso-Corporatism* (London: Sage, 1985).

＿＿＿＿＿＿, "Corporatism and Local Politics," in Wyn Grant ed., *The Political Economy of Corporatism* (Basingstoke: Macmillan, 1985), pp. 126~147.

Offe, Claus, "Societal Preconditions of Corpotatism and Some Current of Democracy Theory," presented for *Issues on Democracy and Democratization: North and South* (Helen Kellogg Institute for International Studies, University of Notre Dame, Mar. 14, 1984).

Esping-Andersen, Gøsta, *The Three Worlds of Welfare Capitalism* (NJ: Princeton University Press, 1990).

Evers, Adalbert and Benjamin Ewert, *Theory and Practice of Navigation* (Springfield, Illinois: Williamson press, 2008).

Iankova, Elena A., *Eastern European Capitalismin the Making* (United Kingdom: Cambridge University Press, 2002).

Jiang, Shanhe and Richard H. Hall, "Local Corporatism and Rural Enterprises in China's Reform," *Organization Studies*, Vol. 17, No. 6 (Nov. 1996), pp. 929~952.

Keane, John, *Public Life and Late Capitalism Toward a Socialist Theory of Democracy* (CA: Cambridge University Press, 1984).

Kelliher, Daniel, *Peasant Power In China: The Era Of Rural Reform, 1979-1989* (NH: Yale University Press, 1992).

Kenworthy, Lane, "Quantitative Indicators of Corporatism," *International Journal of Sociology*, Vol. 33, No. 3 (Fall, 2003), pp. 10~44.

Lehmbruch, Gerhard and Philippe C. Schmitter eds., *Patterns of Corporatist Policy-Making* (Beverly Hills: Sage, 1982).

Lehmbruch, Gerhard, "Concertation and the Structure of Corporatist," in John Goldthorpe ed., *Order and Conflict in Contemporary Capitalism* (Oxford: Clarendon University Press, 1984), pp. 60~80.

Ma, Qiusha, "The Governance of NGOs in China since 1978: How Much Autonomy," *Nonprofit and Voluntary Sector Quarterly*, Vol. 31, No. 3 (Sep. 2002), pp. 305~328.

Muntean, Aurelian, "A New Century of Corporatism. Neocorporatist Arrangements in Post-Communist Romania," presented at *Annual Meeting of the American Political Science Association* (Washington, D.C.: APSA, Sep. 2~5, 2010).

Oi, Jean, *Rural China Takes Off: Institutional Foundations of Economic Reform* (Berkeley, LA: University of California Press, 1999).

Pan, Wei, "Reflections on Consultative Rule of Law Regime: A Response to My Critics," in Suisheng Zhao ed., *Debating Political Reform in China: Rule of Law vs. Democratization* (NY: ME Sharpe, 2006).

_____, "Toward a Consultative Rule of Law Regime in China," *Journal of Contemporary China*, Vol. 12, No. 34 (Jan. 2005), pp. 3~43.

Salamon, Lester and Helmut Anheier, *Global Civil Society: Dimensions of the Nonprofit Sector* (Manchester, UK: Manchester University Press, 1998).

Schmitter, Philippe C. and Gerhard Lehmbruch eds., *Trends Toward Corporatist Intermediation* (Beverley Hills and London: Sage, 1979).

Schmitter, Philippe C., "Interest Intermediation and Regime Governability in Contemporary Western Europe and North America," in Suzanne Berger ed., *Organizing Interest in Western Europe* (NY: Cambridge University Press, 1981), pp. 287~330.

_____, "Still the Center of Corporatism?" *The Review of Politics*, Vol. 36, No. 1 (Jan. 1974), pp.85~131

Soskice, David, "Wage Determination: The Changing Role of Institutions in

Advanced Industrialised Countries," *Oxford Review of Economic Policy*, NO. 6 (1990), pp. 36~61.

Streeck, Wolfgang and Lane Kenworthy, "Theories and Practices of Neocorpratism," in Thomas Janoski, Robert R. Alford, Alexander M. Hicks and Mildred A. Schwartz eds., *The Handbook of Political Sociology* (Cambridge: Cambridge University Press, 2005), pp. 441~460.

Tong, Yanqi and Shaohua Lei, "Large-Scale Mass Incidents and Government Responses in China," *International Journal of China Studies*, Vol. 1, No. 2 (Oct. 2010), pp. 487~508.

Villadsen, Søren, *Urban Political Theory and the Management of Fiscal Stress* (Michigan: University of Michigan Press, 1986).

第四章

中國社會組織的治理結構與場域分析：
環保與愛滋NGO的比較[*]

王占璽、王信賢

壹、前言

近二十年來，非政府組織（NGO）或社會組織在中國社會的迅速崛起，已經成為當代中國國家社會關係研究的重要議題。在中國 NGO 研究中，近來各界持續關注的焦點一直在於社會力量是否已經具有自主的活動空間與行動能力，以及相關現象是否意味著公民社會（civil society）的成長。與此同時，研究者在蒐集經驗資料時，不論是直接觀察的機會或是次級資料的完整性，都在近十年內有明顯的進步。然而，當研究者能夠應用更為廣泛的經驗資料回答具體的現實關懷時，卻似乎仍然無法針對中國社會組織的發展究竟是國家主導下的產物或是社會自主力量運作的結果提供令人滿意的解答。[1]

在國家社會關係的研究中，「國家中心論」（state-centered approach）與「社會中心論」（society-centered approach）一直是兩種互相競爭的解釋

* 本文原載於 2011 年台灣政治學刊第 15 卷第 2 期（頁 115~175），經該刊同意後轉載，特此致謝。

1　Qiusha Ma, "Defining Chinese Nongovernmental Organizations," *Voluntas: International Journal of Voluntary and Nonprofit Organizations*, Vol. 13, No. 2 (2002), pp. 113~130; 王信賢，爭辯中的中國社會組織研究：「國家－社會」關係的視角（台北：韋伯文化出版社，2006 年），頁 21~51。

傳統；[2] 而在中國 NGO 的研究中，這兩種研究傳統也在不同時期，展現出不同的面貌。1990 年代開始增加的社會組織，曾經被期待是公民社會開始成長的跡象；然而，學者卻在經驗研究中發現，社會組織的活動空間仍然受到國家的主導與控制。[3] 因此，1990 年代對於社會組織的研究傾向將國家對社會組織的態度與控制機制作為研究的焦點，而國家統合主義（State corporatism）則成為描述與解釋中國 NGO 發展的主流典範。[4]

然而，中國社會的急遽變遷不斷對既有的理論觀點提出新的挑戰，也促使研究者提出新的觀點。在國家中心論的分析視野下，學者開始對於國家控制社會組織的策略與機制進行更為細緻的觀察與思考，[5] 而社會中心論

---

[2] Theda Skocpol, "Bringing the State Back In: Strategies of Analysis in Current," in Peter Evans and Theda Skocpol eds., *Bringing the State Back In* (NY: Cambridge University Press, 1985), pp. 3~37.

[3] Anita Chan, "Revolution or Corporatism? Workers and Trade Unions in Post-Mao China," *Australian Journal of Chinese Affairs,* Vol. 29 (1993), pp. 31~61; Jonathan Unger and Anita Chan, "China, Corporatism and East Asian Model," *Australian Journal of Chinese Affairs,* Vol. 33 (1995), pp. 29~53; Margaret Pearson, "The Janus Face of Business Associations in China: Socialist Corporatism in Foreign Enterprise," *Australian Journal of Chinese Affairs*, Vol. 30 (1994), pp. 25~46; Kenneth Foster, "Associations in the Embrace of an Authoritarian State: State Domination of Society?" *Studies in Comparative International Development*, Vol. 34, No. 4 (2001), pp. 84~109; Kenneth Foster, "Embedded Within State Agencies: Business Associations in Yantai," *The China Journal,* Vol. 47, No. 2 (2002), pp. 41~65.

[4] 張靜，法團主義（北京：社會科學文獻出版社， 1998 年）；康曉光，「轉型時期的中國社團」，收錄於中國青少年發展基金會主編，處於十字路口的中國社團（天津：天津人民出版社， 2001 年），頁 3~29；Anita Chan, "Revolution or Corporatism? Workers and Trade Unions in Post-Mao China," *Australian Journal of Chinese Affairs*, Vol. 29 (1993), pp. 31~61; Jonathan Unger and Anita Chan, "China, Corporatism and East Asian Model," *Australian Journal of Chinese Affairs*, Vol. 33 (1995), pp. 29~53; Kenneth Foster, "Embedded Within State Agencies: Business Associations in Yantai," *The China Journal*, Vol. 47, No. 2 (2002), pp. 41~65.

[5] 如康曉光提出了「分類控制」策略與「行政吸納社會」的觀點，而王信賢則強調「官僚自利競爭」的觀點。參閱：康曉光、韓恒，「分類控制：當前中國大陸國家與社會關係研究」，社會學研究，2005 年第 6 期，頁 73~89；王信賢，爭辯中的中國社會組織研究：「國家－社會」關係的視角（台北：韋伯文化出版社，2006 年）。

的研究旨趣也開始重新出現在近年的研究中。[6]這些不同研究觀點的出現，雖然反映出中國NGO研究已經逐漸出現多元典範相互競爭的情況，但是相關研究在延續「國家中心論」與「社會中心論」爭論的同時，卻很少深入討論另一個長期困擾學界的重要問題，亦即當代中國國家社會關係的複雜發展路徑所形成「瞎子摸象」之困境。[7]

　　本章嘗試正面回應此一問題，探討哪些因素導致國家社會關係在不同領域出現截然不同的圖像。同時，本章在「組織場域」（organizational field）的分析框架下，將經驗觀察的焦點還原至國家權威與社會力量的實際互動過程，藉此跳脫出兩種解釋傳統各自關注單一面向的分析限制，以期提出更為貼近中國社會現實運作的解釋。易言之，本章試圖回答，為何同樣在後極權或威權體制下，會出現不同的國家社會關係圖像，除了國家部門的主觀意願外，還有什麼？

　　具體而言，本章認為當代中國社會組織的發展取決於以政策範圍作為邊界的組織場域以及維繫場域運作的治理結構（governance structure）；

---

[6]　如 Zhang and Baum 與 Yang 均將關注焦點轉置於由社會自發成立的社會組織如何在外在條件限制下，透過行動策略與外部連結來擴展組織的生存空間，參閱：Xin Zhang and Richard Bau, "Civil Society and the Anatomy of a Rural NGO," *The China Journal,* Vol. 52 (2004), pp. 97~107; Guobin Yang, "Environmental NGOs and Institutional Dynamics in China," *The China Quarterly*, Vol. 181 (2005), pp. 46~66。Sun 與 Zhao 的研究則開始關注社會部門的內部分化對社會組織的活動產生的影響，參閱：Yanfei Sun and Dingxin Zhao, "Multifaceted State and Fragmented Society: The Dynamics of the Environmental Movement in China," in D. Yang ed., *Discontented Miracle: Growth, Conflict, and Institutional Adaptations in China* (Singapore: World Scientific Publisher, 2007), pp. 111~160。而晚近研究，則進一步指出社會自主性已經可以在各種形式的NGO中發現，甚至開始具有影響政策制訂方向的能力。參閱：Yiyi Lu, *Non-governmental Organizations in China: the Rise of Dependent Autonomy* (London: Routledge, 2009); Andrew Mertha, "'Fragmented Authoritarianism 2.0': Political Pluralization in the Chinese Policy Process," *The China Quarterly*, Vol. 200 (2009), pp. 995~1012。

[7]　Richard Baum and Alexei Shevchenko, "The 'State of the State'," In M. Goldman and R. MacFarquhar eds., *The Paradox of China's Post-Mao Reform* (Cambridge: Harvard University Press, 1999), pp. 333~360.

此一治理結構的型構，涉及相關國家行動者與社會行動者的基本條件，以及兩者在持續互動過程中產生的動態平衡，不僅建構出行動者之間的互動框架，也發展出具體的國家社會互動模式。另一方面，國際行動者的介入程度與行動能力也成為日益重要的影響力量。然而，在不同政策領域中，官僚部門的利益需求與權力位置各不相同，社會行動者與國際行動者的行動偏好與動員能力也大相逕庭，從而導致國家社會互動模式的具體差異。換言之，本章認為國家社會關係的型構與變遷不應僅化約為國家權威控制能力或社會力量自主性的發展程度，而必須從不同行動者的互動脈絡中觀察、辨析行動者之間的權力結構。

從此一分析觀點出發，本章進一步選擇兩個不同的政策領域進行經驗分析與比較，以便具體說明在不同的背景條件下，不同行動者的互動與連結如何型塑出差異的發展圖像。就此，本章選擇當前中國社會組織最為活躍的兩個領域——環保與愛滋作為研究對象。在這兩個性質不同的領域中，皆已出現國際社會的廣泛關注、國家部門的積極治理以及社會部門的高度參與等現象，從而反映出中國社會變遷的重要趨勢。然而，更深入探究這兩種 NGO 可發現，其在行動策略、動員模式，以及與國家互動的關係上，卻呈現出截然不同的圖像。本章基於廣泛的田野經驗調查，[8] 將具體描述環保與愛滋 NGO 在各種面向的差異，並藉由這兩組經驗案例的比較，對前述理論觀點進行檢視與對話。此外，目前針對中國跨領域、議題的社會組織活動之比較研究，至今仍甚為罕見；[9] 在此一面向上，本章也希望對相關研究有所貢獻。

---

[8] 本文作者分別於 2005 至 2009 年共計五年於大陸各地進行田野訪談，深入訪談的組織超過 40 個，訪談對象高達 100 人次以上。

[9] 目前僅見吳逢時的研究，但她的研究主要關注國際 NGO 的活動，而其研究時段也未能涵蓋 2005 年之後的現象變化；愛滋 NGO 的發展正是在 2005 年後出現具體的成長。此外，既有研究實際上仍全面缺乏跨議題的比較研究，而非僅僅缺乏環保與愛滋的比較研究。參閱：Fengshi Wu, *Double-mobilization: Transnational Advocacy Networks for China's Environment and Public Health. PhD Dissertation* (USA: University of Maryland, 2005).

貳、中國NGO的治理結構：組織場域的研究途徑

在前述研究旨趣下，本章認爲觀察 NGO 的發展不僅必須關注組織的內部結構與制度環境，也必須關注 NGO 與其他相關行動者的互動。西方組織研究已經在組織與環境互動的問題上奠定了紮實的理論基礎，而組織制度論（organizational institutionalism）學者所提出的「組織場域」分析途徑，更爲中國 NGO 研究的深化提供了完整的理論準備。

一、組織場域的分析邏輯

組織制度論是組織理論中影響最爲廣泛的觀點，而組織制度論近十年來的理論發展重心，在於「從組織中心轉向場域層次的分析途徑」。[10] 組織場域的經典定義是：「聚集的組織型構出一個能夠識別的制度生活領域」[11]，或是「一個存在普遍意義系統的組織社群；相對於社群外部的行動者，內部成員彼此之間存在頻繁而緊密的互動」。[12] 藉由觀察「組織社群」的制度化過程與運作機制，組織制度論發展出豐富的理論論述與研究策略，而這些理論觀點與分析工具也有助於學界從不同角度理解中國 NGO 的發展。具體而言，場域分析途徑的特點有三：

（一）作爲「分析單位」與「分析層次」的組織場域。在分析策略上，組織場域同時被當作分析單位與分析層次；[13] 作爲一種分析單位，組織場域理論關注的是由具有共同關懷的不同組織所形成的組織群體，以及在群體成員的連續互動過程中發展出的互動規則與權力秩序。[14] 而場域中的治

---

[10] Richard Scott, *Institutions and Organizations: Ideas and Interest* (Thousand Oaks: Sage, 2008), p. 216.

[11] Paul DiMaggio and Walter Powell, "The Iron Cage Revisited: Institutional Isomorphism and Collective Rationality in Organizational Fields," *American Sociological Review,* Vol. 48, No. 2 (1983), pp. 147~160.

[12] 同註 10，頁 195~196。

[13] 同註 10。

[14] 同註 11。

理結構，亦即以各種互動規則與權力秩序爲基礎的一組正式或非正式的制度安排，將對場域成員的具體行動形成引導或制約的力量。另一方面，組織制度論也強調組織場域的發展是宏觀社會結構與微觀組織行動相互影響下的結果。因此也將場域視爲一個連結宏觀結構與微觀行動的「中間分析層次」（meso-level），並且進一步發展出「以場域爲核心」的多層次分析策略，以便具體觀察社會行動者的組織化現象在不同層次的運作與跨層次的轉化過程。

（二）「以機制爲基礎」（mechanism-based）的理論分析取向。場域分析的目的不在針對社會現象提出特定的因果關係（如經濟發展與公民社會間的關係）並加以驗證，而是從經驗現象中發現與理解不同社會運作機制的存在，及其如何影響組織的個體行動與治理結構的整體樣態。[15] 在此一面向上，組織制度論一方面已經藉由闡釋組織場域所形成的「合法性機制」的存在及其影響，對於當代社會科學的理論發展提出重要貢獻，[16] 另一方面也仍在持續的辨認其他在場域發展過程中具有重要作用的機制，並且透過經驗研究檢視與說明這些不同機制的影響。

（三）場域分析中的國家與社會：雖然國家與社會的互動並非場域分析途徑在理論邏輯上的關注焦點，但在經驗研究中卻經常被用以觀察國家角色與社會行動，並且已經累積相當豐富的觀點。一方面，場域分析有助於理解國家如何藉由介入與引導場域的型構與發展而實踐其意志，從而豐富了學界對於國家角色與政策工具的理解。[17] 另一方面，該理論也相當重

---

[15] Gerald F. Davis and Christopher Marquis, "Prospects for Organization Theory in the Early Twenty-First Century: Institutional Fields and Mechanisms," *Organization Science*, Vol. 16, No. 4 (2005), pp. 332~343.

[16] John Meyer and Brian Rowan, "Institutionalized Organizations: Formal Structure as Myth and Ceremony," *American Journal of Sociology,* Vol. 83, No. 2 (1977), pp. 340~363; Paul DiMaggio and Walter Powell, "The Iron Cage Revisited: Institutional Isomorphism and Collective Rationality in Organizational Fields," *American Sociological Review*, Vol. 48, No. 2 (1983), pp. 147~160.

[17] Paul DiMaggio, "Interest and Agency in Institutional Theory," in L. G. Zucker ed., *Institutional Patterns and Organizations: Culture and Environment* (Cambridge, Mass:

視社會力量「由下而上」推動制度變遷的能力，並且在近年來積極透過與社會運動理論的整合，發展出完整的分析邏輯。[18] 此外，對於發生在「全球－在地」之間的跨層次制度擴散現象，此一途徑也能夠提出獨特的分析角度，有助於理解全球化動力對於國家社會關係的影響。[19]

　　對於中國 NGO 研究而言，場域分析提供了新的分析視野。首先，此一途徑聚焦於中層分析的特性有別於過去以組織作爲研究焦點的研究取向，能夠較爲完整的探討發生在不同層次的社會變遷脈絡如何共同型塑 NGO 的行動取向；其次，藉由將以 NGO 爲主體的組織場域作爲分析單位，也能夠從組織在實際互動過程中發展出的權力關係出發，針對社會力量的發展、國家的角色與能力，以及國際部門的影響如何進行衝突與整合，提出較爲完整而細緻的說明。因此，此一研究途徑有助於適度降低「國家中心論」或「社會中心論」在解釋因素上的預設偏好所形成的盲點，更爲忠實的呈現國家社會關係的整體樣貌與變遷趨勢；最後，此一聚焦於組織社群的分析單位也能夠作爲比較研究的基礎，協助研究者進一步探究不同 NGO 與國家互動的不同圖像，以及導致此差異的潛在動力與機制。

　　而在具體分析中，組織場域的分析邏輯著重關注場域成員的權力結構，以及建構場域秩序的主導力量。此一主導力量可能是單一組織行動者，也可能是具有相同信念與價值立場的組織集體共同形成主導集團；另

Ballinger, 1988), pp. 3~22; Frank Dobbin and John Sutton, "The Strength of a Weak State: The Rights Revolution and the Rise of Human Resources Management Divisions," *American Journal of Sociology,* Vol. 104, No. 2 (1988), pp. 441~476; Neil Fligstein, *The Architecture of Markets: An Economic Sociology of Twenty-First-century Capitalist Societies* (NJ: Princeton University Press, 2001).

[18] D. McAdam Davis, W. R. Scott and M. N. Zald eds., *Social Movements and Organization Theory* (Cambridge: Cambridge University Press, 2005).

[19] 鄭陸霖，「幻象之後：台灣汽車產業發展經驗與『跨界產業場域』理論」，**台灣社會學，** 2006 年第 11 期，頁 111~174；Ion Bogdan Vasi, "Thinking Globally, Planning Nationally and Acting Locally: Nested Organizational Fields and the Adoption of Environmental Practices," *Social Forces,* Vol. 86, No. 1 (2007), pp. 113~136; Gerald Davis F. ed., *Social Movements and Organization Theory* (Cambridge: Cambridge University Press, 2005).

一方面，主導者角色的出現是透過不同行動者在持續互動的過程中逐漸型構。[20] 需要透過對於場域成員互動脈絡的分析，才有可能具體說明主導者的角色如何確立、其具體功能又是如何。從更廣泛的角度來說，場域中主導力量的形成與場域內部秩序的發展，也反映出更爲宏觀的社會系統投射在不同行動者身上的具體影響。這些來自社會系統的影響賦予或制約了行動者的價值取向與行動能力，而行動者則在微觀的互動過程中進一步發展出具體的場域秩序。在理論上，此一過程反映出結構與行動相互作用的軌跡；而在實務分析中，此一分析邏輯則有助於解釋爲何不同場域存在不同的互動秩序與發展軌跡。

二、中國NGO的場域分析框架

NGO 在中國的發展存在多種不同的動力、路徑與模式，而場域分析有助於從相關行動者的互動過程切入，解釋不同 NGO 在發展路徑上的差異。在經驗現象上，NGO 的出現往往來自社會大眾對於特定公共議題的關注與投入，並因此與其他行動者發生關係。而在不同的議題領域中，議題的具體內涵往往決定了組織行動者的基本屬性、行動能力與運作需求，從而影響了組織間互動關係的具體樣態。因此，本章以議題作爲界定場域邊界的重要標準。[21] 爲了進一步比較不同議題場域的發展差異，本章建構一個理想型的分類框架，說明在公共議題中各種可能出現的行動者類型及其相對位置，以便爲後續的比較分析提供基礎。

本章的分析框架是由兩個不同向度的座標系統所共構（如圖 4.1），縱軸從「全球—在地」的空間層次向度區隔出組織活動的範圍，並且以水

---

[20] Neil Fligstein, *The Architecture of Markets: An Economic Sociology of Twenty-First-century Capitalist Societies* (NJ: Princeton University Press, 2001).

[21] 界定場域的邊界是場域分析的重要條件，而以何種標準界定場域邊界往往依照實際的研究需求而有所不同。除了以議題作爲界定場域範圍的標準外，組織群體的地理區位、組織規模與組織屬性也都是常見的界定方式。

平虛線表示國家主權的行使範圍；橫軸則從「國家—社會」向度說明組織在合法性上的程度差異以及與政府部門的制度性聯繫，而兩條垂直虛線表示社會組織在法律與政治環境中的相對位置，以便具體反映中國社會組織所面對「法律規範」與「政治限制」兩種性質不同的制度框架。[22] 藉此，可以區隔出分屬四種部門的八類組織行為者，以下說明其基本屬性。

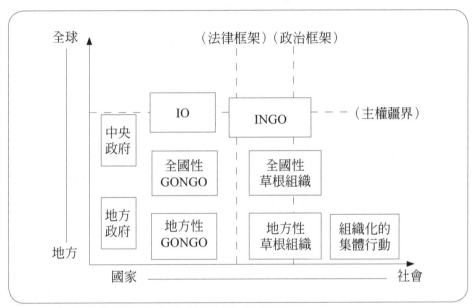

圖4.1　組織行動者在社會空間中的相對位置

資料來源：修正自王占璽，跨界組織場域中的社會自主性：中國愛滋NGO的研究（台北：國立政治大學東亞研究所博士論文，2010年）。

---

[22] 制約不同組織生存空間與發展機會的主要因素，是由中國政府主導的法律框架與政治框架：根據現行的《社會團體登記管理條例》，社會團體必須經業務主管單位同意方可在民政部門註冊登記，但事實上有資格作為主管單位的組織通常都不太情願擔任此種「無利可圖」的「婆婆」，結果多數環保組織不是未登記的「黑戶」，就是以企業的名義進行工商註冊。關於此可參閱：王信賢、王占璽，「夾縫求生：中國大陸社會組織的發展與困境」，**中國大陸研究**，第 49 卷， 2006 年第 1 期，頁 27~51。

（一）國家部門

國家權威是法律框架與政治框架的實際設定者，而在不同性質的議題領域中，國家部門對於社會力量的管理策略與干預能力也存在具體差異。另一方面，在同樣的公共議題中，中央與地方政府往往具有不同的行動偏好，因此本章將其區隔為兩類不同行動者。值得注意的是，涉入特定政策領域的政府部門可能相當複雜，但在場域分析的邏輯中，主要關注與其他場域成員直接互動並且影響場域秩序建構的國家行動者。更明確的說，其他官僚部門的作用在於影響此一行動者的利益偏好與行動取向，並且可以在經驗分析中視之為外部行動者而適度簡化。

（二）準國家部門

在中國現行的社會組織管理法規中，能夠取得法律承認的組織幾乎均由政府主導成立或具有強烈的政府色彩，並且經常在推動政策實踐與動員社會參與的過程中扮演國家代理人的角色，從而使這些通稱為「政府所主導的 NGO」（government organized NGO, GONGO）的行動者呈現出準國家部門的性質。而 GONGO 的活動範圍與行動取向與其依附的政府部門高度相關，因此可以進一步區分為全國性與地方性兩種類型。除了少數性質特殊的「群眾組織」具有跨層次的垂直行政聯繫外，[23] 業務領域相同但分屬中央與地方層級的 GONGO，相互之間並不存在行政隸屬的關係，也往往各自展現出不同的行動邏輯。

（三）國際部門

包含國際組織（international organization, IO）與國際非政府組織（International NGO, INGO）兩類行動者，兩者都是活動在國際社會，並且在中國境內開展活動。但前者作為國際建制的延伸，在中國的活動具有獨特的合法性，而後者進入中國開展活動的管道與形式相當多元，但多半無法

---

[23] 例如婦聯、工會與工商聯等「人民團體」。

取得正式的法律承認。[24] 不論合法形式為何，這些組織在內部運作與目標設定上都具有高度的自主性，並且往往能透過其豐沛的資源影響其他類型行動者的行動偏好。

（四）社會部門

此部分也是本章分析的重點，其由社會力量自發成立的組織，且幾乎都未能取得法律承認，而這些「草根組織」雖然多半避免直接挑戰國家權威設定的政治框架，卻也不乏以較為激進的倡議手段試圖影響國家政策的行動者。這些組織依照實際活動範圍與組織活動被統治權威接納的程度，可以進一步區分為兩類行動者，包括活動範圍跨越數省的全國性組織以及限於在省級以下範圍的地方性組織，而在此基礎上，本章也將探討其與社會集體行動（社會抗爭）間的關係。

毫無疑問的，此一分類框架會在不同議題領域中展現出截然不同的面貌。組織場域的分析框架，將與場域發展相關的行動者區分為場域內部成員與外部行動者，外部行動者主要決定場域發展的外部環境，但是並不直接涉入場域秩序的建構與組織互動關係中，如國家透過制訂法律規範制約行動者，或是對於特定行動者的利益認知產生影響。此一區隔對於界定場域成員與觀察場域發展動力具有重要意義。因此，在特定的議題領域中，框架中的八種行動者未必會同時出現，而同一類型行動者實際的行動取向與組織能力也可能存在極大的差異，並且具體影響不同類型的行動者之間存在的互動關係，甚至使其相對位置隨著具體的環境脈絡而產生位移。而在不同議題領域中各種組織如何發展出不同的互動型態，以及場域制度化的程度與方向，正是本章所欲關注的焦點。

---

24 國際 NGO 經常透過與政府部門的項目合作建立其活動的合法性，但也有完全不與政府部門接觸的情況。

三、場域制度化的程度與方向：基於組織關係的評估

　　在經驗研究中，組織研究學者已經發展出一系列評估場域發展程度的指標，[25] 具體而言，這些指標主要涉及三個相互強化的面向：組織之間的互動關係，組織場域內部的關係結構，以及引導與規範場域運作秩序的治理規則。場域成員是否具有密切的聯繫關係是場域發展的基礎，而組織關係可以區分為三種主要的形式，由疏遠到緊密分別是「資訊交換」、「資源流動」與「行政聯繫」。[26]

　　「資訊交換」是最基本的組織互動形式，組織藉由觀察與溝通來瞭解其他場域成員的行動與外部環境的潛在規則，並且掌握何種行動模式較能符合其他成員的期待，而維持穩定溝通關係的組織能夠更為明確的認知彼此在互動關係中之角色，並且發展出穩定的互動模式。再者，「資源流動」指的是場域中行動者間對於有價值的、稀缺的、難以複製的不可替代資源的流動，甚至是依賴與控制的關係，而組織間的資源流動關係將形成更為緊密的組織連結，甚至形成不對稱的權力關係，進一步制約場域成員的行動偏好與運作方式。[27] 最後，「行政聯繫」是指組織之間在行政人事上的重疊，組織藉此得以直接影響彼此的目標制度與行動方針，例如經常出現在大型企業間的董監事跨坐（shared board directorship）或企業聯盟現象。對於中國 NGO，此一現象主要呈現在政府部門與 GONGO 的互動模式中，但其他性質行動者也可能發展出類似互動關係。

　　理論上，在描述與評估場域成員的互動關係與權力格局時，組織網

---

[25] Paul DiMaggio and Walter Powell, "The Iron Cage Revisited: Institutional Isomorphism and Collective Rationality in Organizational Fields," *American Sociological Review*, Vol. 48, No. 2 (1983), pp. 147~160; Richard Scott, Martin Ruef, Carol A. Caronna, and Peter J. Mendel, *Institutional Change and Healthcare Organizations: From Professional Dominance to Managed Care* (Chicago, IL: The University of Chicago Press, 2000).

[26] Edward O. Laumann and David Knoke, *The Organizational State. Madison* (Wisconsin: The University of Wisconsin Press, 1987).

[27] Jeffrey Pfeffer and Gerald Salancik, *The External Control of Organizations: A Resource Dependence Perspective* (NY: Harper & Row, 1978).

絡關係的調查能夠完整呈現組織的互動結構，[28] 但蒐集此類經驗資料在中國社會極為困難，並且不利於場域之間的比較。此外，組織場域的治理規則往往涉及非正式制度的型構與運作，而不同場域也難以依據簡單的標準進行比較。因此，本章主要聚焦於不同類型組織在連結關係上的形式與強度，以此辨認環保與愛滋議題中 NGO 的場域發展程度，並且分別從「本土 NGO 的發展過程與互動模式」、「政府與 NGO 的關係」、「國際部門的涉入程度」以及「NGO 與社會抗爭」四個不同面向進行說明。具體而言，本章在「資訊交換」面向上觀察大型的組織間集會或是制度化的資訊平台是否存在，在「資源流動」面向上觀察是否出現主要的資源供需關係，以及資源的集中程度，而在「行政聯繫」面向上觀察組織內部運作是否受到其他類型組織的直接干預。

基於對不同類型組織之間具體互動形式的描述，本章將在後續的比較分析中將組織關係簡化為「強關係」、「弱關係」與「無關係」三種類型。「強關係」包含具體的資源流動與行政聯繫，「弱關係」則指組織之間僅存在資訊交換的互動。藉此，本章將說明兩種組織場域在制度化程度與方向上的差異，並且進一步說明相關動力的運作如何導致 NGO 在兩種不同的議題中出現差異的發展軌跡。此外，場域的制度化是一個持續發展的變遷過程，但是場域秩序的穩定運作將形成動態平衡的狀態，而後續的發展也將在路徑依賴的作用下受到既有狀態的影響。因此，本章仍能藉由對特定階段的靜態描述掌握場域的運作邏輯與發展方向，並且在此一面向上比較不同場域發展型態的差異。

參、經驗研究Ⅰ：環保NGO

中國民間環保團體的興起受到兩次國際會議的影響甚深，即 1992 年

---

28 Walter Powell, "Network Dynamics and Field Evolution: The Growth of Interorganizational Collaboration in the Life Sciences," *American Journal of Sociology*, Vol. 110, No. 4 (2005), pp. 1132~1205.

「聯合國環境與發展大會」，以及 1995 年第四屆「世界婦女大會」，[29] 其使得中國部分人士對環境問題以及民間力量的理解有一定程度的助益。而在爭取籌辦「2008 北京奧運」的過程中，中共官方以「綠色申奧」爲名，不僅加強政府各部門對環保的重視，也對民間環保意識的強化具積極正面的作用。而胡錦濤執政時期所推出的各項理念，如「科學發展觀」、「循環經濟」、「和諧社會」以及「生態文明」等，也突顯出環境議題的重要性。換言之，由於氣候變遷議題的發酵以及中國國內環境問題的惡化，不僅環境保護部門在行政體系中獲得重視，對民間環保組織的運作也形成一種無形的保護。[30] 以下將就中國環保組織的發展以及其與國家、其他 NGO、國際 NGO 的互動關係，以及對社會抗爭的參與等進行說明。值得注意的是，環保議題牽涉的行政部門甚爲複雜，但是直接對環保 NGO 形成支持或制約力量的行動者仍以環境保護部爲主，因此本章僅將環保部視爲代表國家權威涉入場域活動的關鍵行動者。

一、國內NGO的發展與互動

如同表 4.1 所示，目前中國環保組織大致可分爲兩類，[31] 一是由國家主動組建的 GONGO；[32] 此類組織的優勢在於具有法律合法性，且能利用行政體系的資源與網絡進行動員，[33] 其如同行政部門一般，在各省、市、自治區相繼成立「分會」，形成了全國範圍的「傘狀」網絡。第二種類型則

---

[29] 洪大用，「轉變與延續：中國民間環保團體的轉型」，管理世界，2001 年第 6 期，頁 56~62；尚曉媛，衝擊與變革：對外開放中的公民社會組織（北京：中國社會科學出版社，2007 年）。

[30] 其中最明顯的是，在 2008 年 3 月的十一屆全國「人大」所通過之《國務院機構改革方案》中，國家環保總局升格爲環境保護部。

[31] 國家環境保護總局，「中華環保聯合會：我國首次環保 NGO 調查揭曉」，中國 NPO 服務網，2006 年，http://www.npo.org.cn/cn/member/news/detail.php?id=1690。（檢索日期：2006 年 6 月 15 日）

[32] 主要包括「中國環境科學學會」、「中國水土保持學會」、「中國環境新聞工作協會」、「中國環境保護產業協會」以及「中華環境保護基金會」等。

[33] 鄧國勝，「中國環保 NGO 的兩種發展模式」，學會月刊，2005 年第 3 期，頁 4~9。

是自下而上的草根型組織，此些組織往往與國際組織互動密切，但由於資源的不足以及外部環境的制約也使其運作受到影響。[34] 然而，在「非競爭原則」[35] 下，各地區幾乎都已經出現前述GONGO。因此，一般民間組織多無法成為正式登記註冊的「合法」組織，而是以各種其他的組織形式運作。

表4.1　中國環保組織主要型態

公辦／民辦	組織型態	註冊狀態	社團名稱
第一類：公辦組織	GONGOs	掛靠在政府部門下之社會組織	中國環境科學學會 中國環境保護產業協會
第二類：民間組織	註冊之NGO	註冊為社會組織或民辦非企業單位 *	自然之友 綠色江河
	非營利企業	進行工商登記但執行非營利組織功能	北京地球村 北京環境與發展研究所
	未註冊之自願團體	完全未註冊	綠家園自願者 綠色知音
	網路團體	透過網路運作之未註冊團體	綠網 綠色北京
	學生環保社團	註冊為學生社團	四川大學環保志願者協會
	大學或研究機構	具大學或研究機構背景之NGOs	中國政法大學污染受害者法律幫助中心

*註：其登記多屬「二級社團」。
資料來源：根據Yang、鄧國勝以及作者田野資料整理而得。[36]

---

34 朱健剛，「草根NGO與中國公民社會的成長」，開放時代，2004年第6期，頁36~47；Guobin Yang, "Environmental NGOs and Institutional Dynamics in China," *The China Quarterly,* Vol. 181 (2005), pp. 46~66; 鄧國勝，「中國環保NGO的兩種發展模式」，學會月刊，2005年第3期，頁4~9。

35 根據《社會團體登記管理條例》第十三條第二款規定，登記管理機關不予批准籌備的條件之一為：「在同一行政區域內已有業務範圍相同或者相似的社會團體」，亦即所謂的「一地一業一會」的規定。

36 Guobin Yang, "Environmental NGOs and Institutional Dynamics in China," *The China Quarterly*, Vol. 181 (2005), p. 50; 鄧國勝，「中國環保NGO的兩種發展模式」，學會月刊，2005年第3期，頁4~9。

　　第二類組織較接近「真正的」NGO，[37] 也將有助於我們分析當前中國環境議題與政策以及國家社會關係。就發展趨勢而言，中國第一個民間環保 NGO「自然之友」在 1994 年成立，其後環保 NGO 如雨後春筍般湧現。[38]2000 年之後，大部分省市均出現民間環保組織，較具規模與知名度的約五十幾家，而規模不大以及學生社團則超過數百家。就地理分布而言，以北京、上海等大城市為主，其他沿海城市、中西部地區以及東北地區皆出現為數不少之民間組織。而在影響力的部分，具全國性 NGO 主要集中於北京，如自然之友、北京地球村與綠家園志願者，於四川註冊的「綠色江河」，主要推動和組織江河上游地區自然生態環境保護活動，尤其是長江流域，故亦多出現跨省區的環保活動，其他地方草根組織如上海的「熱愛家園」、江蘇的「綠色之友」、重慶的「綠色志願者聯合會」、陝西「媽媽環保志願者協會」、遼寧的「黑嘴鷗保護協會」以及吉林的「沿邊綠色聯合會」等。[39]

　　綜觀中國目前較為成功的民間環保組織，均有一共同特點，即出現「菁英化」與「個人化」的傾向，如梁從誡之於自然之友、廖曉義之於地球村以及汪永晨之於綠家園等，而民間組織領袖的個人魅力以及與政府的關係，往往是其順利開展活動、與政府合作，甚至是免於受到政府過度干預的關鍵。[40] 換言之，組織企業家（organizational entrepreneurs）才是環保團體得以發揮作用的關鍵，[41] 在其帶動下，環保組織進行包括國際 NGO、國內政治關係以及媒體等三方面的資源動員。換言之，目前中國民間環保組織得以順利運作的關鍵在於，一方面透過組織領導人與政府和媒體間的

---

[37] 王信賢、李宗義，「尋找中國 NGOs：兩種路徑與困境」，**社會科學論叢**，第 2 卷，第 2 期（2008 年），頁 113~145。

[38] 洪大用，**中國民間環保力量的成長**（北京：中國人民大學出版社，2007 年），頁 73~99。

[39] 其餘詳見註釋 46。

[40] 此種「菁英化」領導有其優勢，但也存在著風險，亦即當領導者不在其位時所出現的資源動員與「關係」斷裂的問題。

[41] Guobin Yang, "Environmental NGOs and Institutional Dynamics in China," *The China Quarterly*, Vol. 181 (2005), pp. 46~66.

關係，另一方面則是透過與國際間的倡議網絡，逐漸發揮社會影響力。

　　就此看來，全國性草根組織由於具有「名人效應」，故較易動員政府關係並引發國際 NGO 的關注，相較而言，地方草根組織在此方面則較缺乏。此外，地方草根組織多屬「未註冊組織」，且缺乏與政府的關係，受到的行政干擾亦較大，再加上其關注的議題多屬地方性，亦難引發國際 NGO 的青睞。根據統計，中國民間環保組織，超過 60% 的環保民間組織沒有自己的辦公場所，96% 的全職人員薪酬在當地屬中等收入以下水準，其中 43.9% 的全職人員基本沒有薪酬，有 72.5% 的環保民間組織沒有能力為其職員提供失業、養老、醫療等福利保障等。[42] 因此，在招募人力方面也是一大難題，導致組織能力過於低下。而此種組織合法性、組織能力以及外部資源三者間的惡性循環，幾乎是地方草根組織所遭遇的共同問題，也使得環保組織間出現嚴重的「貧富差距」。

　　而在 NGO 的互動方面，在目前中國各種類型 NGO 中，環保組織間的「合作」應是最明顯的，從早期的拯救西藏羚羊、滇西金絲猴系列活動、披露淮河污染、北京動物園搬遷、抗議怒江建水壩、反對圓明園鋪設防滲膜事件，甚至是「環評風暴」等，不僅處處皆可見環保組織發揮影響力，亦可發現組織間的「通風報信」與「相互合作」。以反對「怒江大壩」為例，在「綠家園」與「雲南大眾流域」等多社團的奔走下，一方面透過「自然之友」負責人梁從誡，將反對提案交給了全國政協委員和全國人大代表；[43] 另一方面，如「綠色江河」聯合「綠家園」、「自然之友」，在泰國「世界流域保護」大會上強調怒江保護，引起政府重視。此甚至驚動中共國務院總理溫家寶，其在對發改委上報之《怒江中下游水電規劃報告》中批示：「對這類引起社會高度關注，且有環保方面不同意見的大型水電工程，應審慎研究、科學決策。」[44] 最後，於 2004 年 2 月，怒江建壩方案在環保組

---

[42] 楊磊，「2768 家：摸底環保 NGO」，21 世紀經濟報道，2006 年，http://www.21cbh. com/HTML/2006-4-26/30161.html。（檢索日期：2011 年 4 月 30 日）

[43] 人民網，「環保新力量登場的台前幕後」，人民網， 2005 年，http://people.com.cn/ BIG5/huanbao/1072/3152478.html。（檢索日期：2006 年 5 月 5 日）

[44] 宋欣洲，「中國環保 NGO 帶來改變」，綠色中國，2006 年第 1 期，頁 22~25。

織與環保總局的強烈反對中被暫時擱置。此爲中國社會組織第一次對中央
政府決策產生影響，被譽爲中國民間環保組織發展的里程碑。[45]

　　此外，在環保總局所發起的「環評風暴」中，獲得了來自民間環保組
織的支持，包括「自然之友」、「北京地球村」、「綠家園志願者」與「中
國國際民間組織合作促進會」等 56 個組織聯名發表公開信《堅決支持國
家環保總局嚴格環境執法的重大舉措》以聲援環保總局。[46]「自然之友」前
負責人梁從誠先生說：「當時國家環保總局副局長潘岳叫停了三十個項目，
我們找了五十多個組織聯名支持，潘很受感動。」[47]顯見環保 NGO 間的聯
繫網絡與互動關係頗爲密切，而之所以如此，「自然之友」的創辦人之一
梁女士表示：[48]

　　這可能與「自然之友」成立後所舉辦的各項活動有關吧，我們

---

[45] 朱潔如、吳偉，「公共政策的公民參與：以環保 NGO 參與公共工程決策爲例」，
收錄於賈西津主編，**中國公民參與：案例與模式**（北京：社會科學文獻出版社，
2008 年），頁 19~45。

[46] 此 56 個民間環保組織包括：自然之友、北京地球村、中國政法大學污染受害者法
律幫助中心、綠家園志願者、中國國際民間組織合作促進會、綠島、北京天下溪
教育研究所、綠色北京、綠網、瀚海沙、社區參與行動、大學生綠色營、全球環
境研究所、拯救中國虎國際基金會、北京市海淀林業老科技工作者協會動物救助
分會、中日韓環境資源網路中國志願者小組、中國發展簡報、世界自然基金會、
綠色和平、保護國際、國際河網、國際愛護動物基金會、太平洋環境組織、綠色
漢江、雲南生態網路、雲南省生物多樣性和傳統知識研究會、四川大學環保志願
者協會、四川省旅遊地學研究會、綠色江河、重慶綠色志願者聯合會、貴州師範
大學生技學院環境教育與保護研究發展中心、陝西省小天鵝藝術團、陝西省媽媽
環保志願者協會、西安市環境小記者活動中心、西安夸父部落、遠行青年、西安
綠世界、西安綠色未來、赤峰沙漠綠色工程研究所、綠駝鈴、哈爾濱綠大地、遼
寧省環保志願者聯合會（綠色遼寧）、遼寧盤錦黑嘴鷗保護協會、河北經濟日報**綠
色家園**、青島市青年環境保護促進會、家園網、綠蔭論壇、中山大學綠色社區研
究所、武漢環保志願者群體、杭州綠之翼環保社團、浙江省綠色環保志願者協會、
江蘇綠色之友、上海熱愛家園、岳陽市環境保護志願者協會、淮河衛士、香港地
球之友。見：人民網，「56 個民間環保組織：支持環保總局嚴格環境執法」，**人民網**，
2005 年，http://www.people.com.cn/BIG5/huanbao/1072/3142058.html。（檢索日期：
2006 年 5 月 5 日）

[47] 訪談「自然之友」負責人梁從誠先生，2007 年 4 月 9 日。

[48] 訪談梁女士，2009 年 7 月 29 日。

辦演講、環境教育課程等，現在很多環保組織的負責人當時都
參加過我們的活動，而且都還會持續聯絡，包括我們現在也常
一塊兒吃飯、談論環保問題，這種信任關係是很重要的。

二、政府與NGO的關係

由於國家掌控了大部分的資源，以及握有社會是否具「合法性」的解
釋權，對環保組織而言，其一方面扮演的是與政府合作的角色，是以「政
府所期望的方式起到了政府所期望的作用」、「有意識地與政府找到合作
點」，[49] 一位受訪談提到：「與政府合作肯定是要進行的，有時獨立反而什
麼事都無法做。」[50] 另一方面，則是透過與政府部門間的關係以尋求資源動
員，若組織負責人為「名人」，自然能對組織本身形成保護並動員更多資
源。因此，在與政府的互動方面，此些民間環保工作者的意見頗為一致：
「社團雖無註冊，但政府還是默認，對社團而言，有些不便、麻煩，辦一
般活動沒問題。但一些敏感的問題，政府還是會干預。」[51]「民間成立這些
組織，對政府是有好處的，他們也只能睜一隻眼、閉一隻眼，而社團就能
打擦邊球。」[52]

就此而言，目前中國環保組織確實擁有不同以往的活力，但也無須高
估其影響力。如在北京申辦 2008 年奧運活動中，政府一反常態地主動尋
求與純民間組織溝通，將其納入《綠色申奧行動計畫》之中，因為對政府
部門而言，此類組織最獨特的價值乃在於國際聲譽與符號價值，因為其為
國際公認「真正的中國 NGO」。[53] 針對此，前「自然之友」負責人梁從誠
先生也認為：「在『首鋼』搬遷事件中，我們當時喊出：『是首鋼搬還是首

---

[49] 訪談「自然之友」會員部主任，2007 年 4 月 10 日。
[50] 訪談「自然之友」總幹事，2008 年 7 月 16 日。
[51] 訪談「綠家園自願者」負責人汪永晨，2007 年 4 月 11 日。
[52] 訪談北京環保人士，2007 年 4 月 9 日。
[53] 趙秀梅，「對北京綠色申奧中政府與民間組織關係的考察」，**鄭州大學學報**（哲學
社會科學版），第 36 卷，第 3 期（2003 年），頁 60~64。

都搬？』的口號。要不是因為要辦奧運，否則『首鋼』還搬不了。」[54] 此外，一位環保人士也認為：[55]

> 到底環保組織有多大的力量？也不要太誇大。如首鋼搬遷，這與「綠色奧運」有關，其他如「26度空調」與「限用塑膠袋」政策，都早已在政府工作的日程中，民間提出來才有用。民間力量其實是很小的，不要誇大中國公民社會的力量。

就此看來，在國家與 NGO 的互動中，國家依然取得上風，但在國際環境保護的主流風潮以及國內「生態文明」的主張下，面對蓬勃發展的民間環保組織，政府依然無法忽略其組織化的力量，其態度也從以往「禁止打壓」轉變為「睜一隻眼、閉一隻眼」。[56] 而國家環保總局（環境保護部）在特定事件上，也開始重視環保組織的社會影響力，如在前述「怒江大壩」以及「環評風暴」等事件中，國家環保總局與環保 NGO 間形成「同盟軍」以對抗強勢的經濟部門、地方政府以及中央級國有企業的狀況。[57] 但也不能就此論斷此種「同盟」關係是堅不可摧的，一位環保人士認為：[58]

> 不同政府部門對 NGO 的態度不同，環保局在政府部門中是弱勢，所以才透過傳媒與 NGO 打民意牌，希望 NGO 用政府希望的方式去做事。也就是說，在條條塊塊中，環保局找到 NGO。但真正攸關水污染、民生問題以及與利益集團抵觸的事，環保局是沒興趣的。

三、國際部門的參與

對許多國家而言，企業的資助往往是環保組織最主要的資金來源，

---

[54] 訪談「自然之友」負責人梁從誠先生，2007 年 4 月 10 日。
[55] 訪談北京環保人士，2008 年 7 月 15 日。
[56] 同註 22。
[57] 王信賢，爭辯中的中國社會組織研究：「國家─社會」關係的視角（台北：韋伯文化出版社，2006 年），頁 137~162。
[58] 訪談北京環保人士，2008 年 7 月 15 日。

也是環保行動得以成功的關鍵。然而在中國，本土企業所扮演的角色極為微弱，取而代之的是國際組織與NGO的資助。[59]國際NGO對中國民間組織的協助包括資金、能力建構以及環境教育的推動等。以「自然之友」為例，在其2007年的經費收入中，「國際機構」占了57.15%，2008年則增至69.5%。[60]在中國，不論是已註冊的準官方組織或未註冊之草根組織，皆希望透過與國際組織或NGO的合作獲得經費、認可與學習經驗。許多社團為了獲得國際社會的認可，不論是否帶有政府性質，都逐步突破民政部門關於社會團體的限定，而確立自身為「非政府組織」的認同，以獲得各種資源。再者，社團亦期望透過國際機構的經驗傳授以強化自身的組織能力建構。[61]

目前國際環保組織對中國環保議題高度關切，且亦透過各種方式進入中國。[62]此些組織雖積極進入中國推動相關活動並資助草根組織，但其影響力依然受到侷限，活動性質也多屬較為軟性的「環境教育」活動，如動物保護、氣候變遷等議題。甚至經常在各國發動環保抗爭運動的「綠色和平」（Green Peace）組織，在中國境內的活動卻採取相對溫和的路線。

相對於國際NGO的「自我節制」，許多本土組織也避免與國際NGO走得太近，一方面是政治風險，一位受訪者提及：「國際NGO對中國草根組織的能力成長是起作用的，如WWF等對本土NGO的組織能力提升等。但有許多活動很難真正與國際組織發生聯繫，我們也不會主動去找

---

[59] Jennifer Turner, "Cultivating Environmental NGO- Business Partnership," *The Chinese Business Review*, Vol. 30, Issue 6 (Nov./Dec., 2003), pp. 22~25.

[60] 自然之友，2007年度報告（北京：自然之友，2008年），頁30；自然之友，2008年度報告（北京：自然之友，2009年），頁30。

[61] Julia Greenwood Bentley, "The Role of International Support For Civil Society Organizations in China," *Harvard Asia Quarterly*, Vol. 1 (Winter, 2003), pp. 11~20.

[62] 主要包括世界自然基金會（WWF）、國際野生動物交易的監督網絡團體（TRAFFIC）、綠色和平組織（Greenpeace）、世界自然保育聯盟（IUCN）、國際愛護動物基金會（IFAW）、地球政策研究所（Earth Policy Institute）、保護國際（Conservation International）、野生動物保護學會（Wildlife Conservation Society）等。

他們，否則會踩到政治的線。」[63] 另一方面則是擔心被「挖角」，一位環保組織負責人說：「國際 NGO 具有龐大的籌款網絡，人力資源也豐富，我們有些好的職工都被拉走。」[64] 就此看來，「迴飛鏢模式」（boomerang pattern）並沒有出現在中國的環境議題，[65]國際NGO不僅無法真正協助本土組織對政府施壓，其亦想方設法與中國政府取得合作，一位受訪者提及：[66]

> 國際力量在中國起的作用十分有限，其想在中國「樹立品牌」的意識很高，……他們往往口口聲聲說要與政府成立建設性方案，但很多時候卻是選擇迴避問題。有人說國際NGO在中國有「安全」上的問題，這種道理也不能說是錯的，但他們明明有很多機會可以見到國家領導，有些建議是可以做的，往往都沒做。有些國際NGO甚至與合作的政府部門通風報信，讓我們的工作變得很困難。

四、NGO與社會抗爭

就許多國家的發展經驗看來，包含環保運動在內的社會抗議往往是自由化與民主轉型的前奏。以台灣為例，即使在戒嚴體制下，不少有環境意識的個人早就進行組織活動，發展出綿密的人際網絡，各種草根性、非正式的環保團體也經常互相串連，也因此出現了跨區域與跨階級的環保運動，也為日後台灣社會力（social forces）的湧現與結盟奠定堅實的基礎。[67]

---

[63] 訪談北京某農村教育與環境保護組織負責人，2009 年 7 月 30 日。

[64] 訪談北京環保組織負責人，2009 年 7 月 30 日。

[65] 「迴飛鏢模式」指的是，若國家與本土 NGO 間的交流管道被堵塞，本土 NGO 就會繞過政府直接向國際盟友（包括國際組織、NGO 或其他國家）求援，力求從外部對其國家施壓。參閱：Margaret Keck and Kathryn Sikkink, *Activists beyond Borders: Advocacy Networks in International Politics* (Ithaca, NY: Cornell University Press, 1997).

[66] 訪談北京環保組織負責人，2009 年 7 月 30 日。

[67] 李丁讚、林文源，「社會力的文化根源：論環境權感受在台灣的形成 1970-86」，台灣社會研究季刊，2000 年第 38 期，頁 133~206。

同樣地，目前中國大陸社會抗爭也層出不窮，[68]其中環保運動可說是近年來較受關注的抗爭之一，各地以環境保護為核心的社會抗爭不論是規模或頻率持續升高，其中包括發生激烈警民衝突的抗爭，也包括平和落幕的遊行，如2007年廈門「PX事件」[69]與2008年上海「磁懸浮事件」。[70]

　　然而，在中國的環境抗爭中，不僅不見環保組織介入，環保組織更是有意與之保持距離，怕目標太明顯，例如在「PX事件」過程中，並未看到當地環保組織的身影，一位受訪者提到：「通常NGO對於環境抗爭的事都儘量保持距離。如『PX事件』中，廈門環保組織『綠十字』被參與者唾棄，因為講了一些有利政府的話。」[71]另一位受訪者也提及：「廈門綠十字希望走體制內的道路。」原因是害怕政府進行「秋後算帳」時被捲入其中。相對而言，較為狹義的環境保護或生態保育運動，皆具明顯的價值理想，所關心的層次也超越單一事件，也因此，環保組織的出現扮演極為重要的角色。

　　就此看來，中國環保NGO的出現，得力於「名人效應」，透過「名人」進行國內政治關係、媒體以及國際網絡的動員，而國際間環保問題日益嚴峻以及中國官方對此議題的重視，則提供NGO進一步發展的基礎。由於

---

[68] 王信賢，「中國大陸國家權力與社會運動分析」，政治學報，2006年第40期，頁85~114。

[69] 此事件肇因於台資翔鷺公司投資108億元人民幣在廈門海滄設置石化苯（PX）與對苯二甲酸（PTA）廠，2007年6月初，廈門市民曾針對此一連兩天發動大規模遊行抗議事件，市政府在遊行不久後宣布建廠進度暫緩，並邀請國家級專家對該項目可能對廈門市環境的影響作出評估。最後，福建省政府決定將PX項目移至漳州市東山灣北岸的漳浦縣古雷半島，由廈門市承擔企業損失。也因此，PX成功成為一場「保衛廈門」（Protect Xiamen）的運動。而南方週末甚至將2007年度人物頒給「廈門人」。

[70] 2008年初上海市民連續多天在街頭抗議「滬杭磁浮鐵路上海機場聯絡線」的興建，成百、上千上海居民多次利用假日上街集體「散步」與「夢遊」，還包括在上海市政府門口以及最熱鬧的南京路步行街。這也是自從2005年反日示威以來在上海規模最大的一場示威遊行。此事件最後由新任上海市委書記俞正聲做出「公共交通應考慮公益性」以及「慢慢來，徐圖之！」的裁示而緩建。

[71] 訪談北京環保人士，2008年7月16日。

多數組織負責人「系出同源」，[72] 使組織間具有合作的信任基礎，如文中所提的各類環境議題中，多數環保 NGO 均會共同「發聲」；然而，也正因政府的「睜一隻眼、閉一隻眼」，才使得此些組織才得以存活，因此，環保 NGO 雖具自主性，但卻無力正面挑戰政府部門，在各類環境抗爭中也看不到其身影。此外，在與國際 NGO 的互動方面，其間雖具聯繫網絡，且本土 NGO 在資源上也依賴國際組織或國際 NGO，但不論是關切的議題與行動的方式皆有所差異，導致其形成一種「疏而不離」的關係。而就場域發展的整體圖像而言，國家權威仍能有效制約社會力量與國際部門的發展空間與行動取向，並且引導不同行動者的互動方式與場域秩序。

肆、經驗研究 II：愛滋 NGO

愛滋病在 1980 年代中期進入中國，並且隨著經濟發展與社會變遷而不斷擴散，目前不但已經是中國最重要的公共衛生問題，也衍生出各種不同性質的政治與社會問題。直至本世紀初，中國政府仍然對於愛滋問題抱持保守而消極的態度，直至 2003 年 SARS 事件所引發的重大公衛危機後，才開始正式承認愛滋疫情的嚴重性並展開全面治理。而此一階段政策環境的變遷，也成為愛滋 NGO 崛起的重要轉折點。在愛滋問題上，不論是中國政府的治理政策，或是國內 NGO 的發展趨勢，都受到國際部門的高度影響。

一、國內 NGO 的發展與互動

在 2007 年，已經有超過一百個民間組織投入愛滋防治工作，其中大

---

72 此處「系出同源」所指的是「目前包括北京或各地的環保組織領導人，不是當初『自然之友』的會員就是參加過『自然之友』辦的活動，正因為這層關係，大家不僅熟識且常交換訊息。」訪談自然之友總幹事，2008 年 7 月 17 日。

部分是成立不到五年的年輕組織。[73] 事實上，1990 年代末期，中國國內關注愛滋問題的 NGO 不到五個。而在 2002 年以後，愛滋疫情的大幅成長、國際社會的積極關注與中國政府的政策轉向，促使愛滋 NGO 快速增加。這些民間組織在組織規模與行動能力上差異甚大，但依照其組織背景與行動取向，可以區分爲「國家主導」、「感染者參與」與「倡導公民權利」三種類型。

1.「國家主導」型的愛滋 NGO 即爲政府色彩鮮明、具有「準國家部門」性質的 GONGO，其中最爲重要的是與衛生部關係密切的「中國性艾協會」。該組織在成立時的功能是中國政府的對外聯繫窗口與跨部會協調機制，其後隨著政策的變化，逐漸轉變爲中國政府進行社會動員的主要管道。而在愛滋疫情嚴重的地區，也存在許多地方性的「性艾協會」，主要由省級或縣級衛生部門主導成立，並且依照當地疫情性質與需求開展工作，而不隸屬於國家層級的「中國性艾協會」。

2. 強調「感染者參與」的民間組織是愛滋 NGO 的主要組成部分，呈現出以「利害相關者」（stakeholder）爲主體的社會參與形式。在 2002 至 2005 年間中國先後出現了三個重要的全國性感染者組織──「紅樹林」、「愛之關懷」與「愛之方舟」，三個組織都是由國際行動者協助成立，而其工作目標不僅在協助愛滋防治工作的推展，更重要的是積極鼓勵各地感染者或高危險群體成立以社區爲基礎的基層草根組織。目前，基層感染者組織主要出現在華北省分因賣血而感染的農民群體、以及大中型城市的男同性戀群體中。

3. 強調「倡導公民權利」的 NGO 雖然數量不多，卻都極爲活躍。較爲重要的包括由萬延海主持的「愛知行健康教育研究所」、胡佳成立的「愛源信息中心」，以及李丹創辦的「東珍納蘭」等。此類 NGO 以維護感染者的法律權益與參與權利作爲主要目標，除了透過政策倡議的方式要求中

---

[73] 中國愛滋病資訊組織名錄協調組，「2006/2007 中國艾滋病名錄」，中國艾滋病資訊，2007 年，http://www.china-aids.org/2006_directory.pdf。（檢索日期：2006 年 8 月 13 日）

國政府改善愛滋患者的人權處境外，也積極支持各地基層感染群體的維權活動。愛滋維權 NGO 雖然經常因為批判政府而遭受壓制，卻也往往能夠藉由動員國際輿論作為維繫生存空間的手段。

愛滋 NGO 雖然涉及了各種性質不同的行動者，但彼此之間的互動卻非常頻繁，而全國性組織則扮演重要的角色。全國性組織依照行動取向的差異，各自與政府部門或國際部門具有不同程度的聯繫，但是促進基層群體的參與能力與 NGO 的聯繫卻是共同的目標。愛滋 NGO 的資訊交換機制包括三個面向。首先，若干以資訊蒐集與發布作為主要功能的組織，為愛滋 NGO 瞭解彼此的活動提供重要的窗口。例如「中國艾滋病資訊」定期調查並發布「中國艾滋病組織名錄」，而「中國紅絲帶網——全國艾滋病信息資源網絡」則系統性的匯集各種相關政策與活動。其次則是各種經常性的組織間會議與培訓。2007~2008 年間，僅在「中國紅絲帶網」便公布了超過一百個組織間的會議與培訓活動，主題包括組織間的工作協調、經驗交流與能力建設，而參與者往往是活動在不同地域甚至不同層次的愛滋 NGO。

最後，在愛滋 NGO 之間已經出現四個具有正式形式與完整規範的組織聯盟，說明組織之間的橫向互動機制已經具備制度化的形式。如表 4.2 所示，四個組織聯盟分別涵蓋了三種不同類型的愛滋 NGO，而其中三個較早成立的組織聯盟是以草根組織為主體，彼此的成員也有高比例重疊。這些聯盟的成立與運作不但為性質相近的愛滋 NGO 提供更緊密的互動平台，也為愛滋 NGO 的集體行動建立重要的制度基礎。更重要的是，主要的發起組織往往能夠藉由此一制度化的平台，影響與制約聯盟成員的行動取向與運作方式，從而產生跨組織的行政聯繫。

整體而言，愛滋 NGO 之間完整的聯繫管道與協調機制，不但已經使其在相當程度上突破了中國政府設定的「一地一會」原則與不得跨越地域活動的限制，甚至已經逐漸發展為 Laumann 與 Knoke 所謂的「組織集體行動體系」（organizational collective action system）。[74] 在一些重要的事件

---

[74] 同註 26。

表4.2　愛滋NGO的四個組織聯盟

聯盟名稱	成立時間	主要發起組織	成員數量	主要成員屬性
中國艾滋病工作民間組織全國聯席會議	2006/05	愛知行	55	
中國艾滋病病毒攜帶者聯盟	2006/11	愛之方舟	24	基層感染者組織
中國治療倡導網絡	2006/12	愛之關懷、紅樹林	不詳	
中國民間組織預防控制艾滋病聯盟	2007/10	中國性艾協會	17	省級性艾協會

資料來源：作者彙整自田野調查資料。

中，已經出現了草根組織集結彼此力量而共同影響事件發展的現象。例如在2005年全球基金中國國家協調委員會的改革過程中，公民維權組織、感染者組織與基層草根組織便分進合擊，共同促使在全國範圍內、以嚴謹民主選舉程序產生的草根組織代表進入全球基金的決策機構；[75] 而此一事件也被國際媒體稱為「中國公民社會的里程碑」。[76]

二、政府與NGO的關係

在2003年以後，中國政府的愛滋防治政策受到國際社會的深刻影響，並且高度依賴國際社會的資金援助與技術支持。及至2009年，中國政府在愛滋防治上的歷年財政投入共達61.8億元，而國際社會則提供了超過35億元的援助。[77] 在國際社會的影響下，中國政府雖然也宣示以「國家主

---

[75] 賈平，「萌芽中的民主：2006-2007年中國草根非政府組織代表選舉報告」，中國全球基金觀察項目研究報告（未出版，2009年）。

[76] 寧銳，「公民社會的縮影：CCM選舉和武漢會議記事」，中國發展簡報，2006年第33期，頁6~8。

[77] 衛生部，陳竺部長出席第五屆中國艾滋病防治國際合作項目經驗交流會，2009年，http://www.moh.gov.cn/publicfiles/ business/htmlfiles/mohgjhzs/s3586/200911/44674.htm。（檢索日期：2010年10月21日）

導、多部門合作、全社會參與」作為愛滋治理工作的指導方針，但相對於
涉及複雜官僚利益的環保議題，愛滋防治工作的推展仍是由衛生防疫部門
主導。一位受訪者便指出：「環保治理的工作牽涉到很多部門，可是愛滋
病就是一個衛生部在管。」[78]

　　然而，中國政府對愛滋問題的重視，並不等同於全面認同社會力量的
重要性，也並未因此降低控制社會力量的意圖。中國國務院愛滋病防治辦
公室的官員便說：「NGO 的能量非常微弱，愛滋防治工作仍然需要仰賴國
家來主導。」[79] 曾任 UNAIDS 中國辦事處代表的 John Rehnstrom 也曾向國
際媒體表示：[80]

> 中國政府仍然想控制非政府組織，並且想看到非政府組織更多
> 的是扮演一個支持或執行的角色。

　　中國政府的立場直接反映在政策資源的分配情形中。中國政府在
2002 年成立了「國家愛滋病防治社會動員項目」，向投入愛滋防治工作的
社會組織挹注資金，但該項經費規定僅能由在民政部註冊的全國性社會組
織或研究機構提出申請，並且以「中國性艾協會」作為最主要的挹注對象。
如圖 4.2 所示，在 2005~2007 年間，該項經費共對 63 個大學與社會組織
提供 1800 萬元，其中挹注給中國性艾協會的資金便占 45%。[81] 由此可見中
國政府仍將「社會參與」的範圍侷限在具有政府背景的民間組織，並且希

---

[78]　訪談北京愛滋組織負責人，2006 年 8 月。
[79]　訪談國務院官員，2006 年 8 月。
[80]　Ben Blanchard,，「中國非政府組織表示，它們被全球基金艾滋病項目排除在外」，
　　　路透社。（檢索日期：2006 年 5 月 18 日）
[81]　在 2005~2007 年間，由中國性艾協會提出申請並獲批准的資金為 558.8 萬元，而
　　　2007 年為申請全球基金第六輪資金而成立的 GF6 辦公室（中國全球基金第六輪辦
　　　公室），也是以中國性艾協會作為運作主體，並獲得 226 萬元。全球基金是全球愛
　　　滋治理架構中極為重要的資金挹注機制，並且以「輪」（round）作為資金分配的單
　　　位。每輪以五年為期，分別設定不同的目標，並且成立獨立的資金管理機構。中
　　　國自第三輪起開始接受全球基金的挹注，目前同時存在 GF3、GF4、GF5、GF6 項
　　　目的共同運作，並且分別成立對應的辦公室。如 GF6 辦公室。而中國 GF6 的具體
　　　目標是推動公民社會在愛滋防治工作中的參與能力。

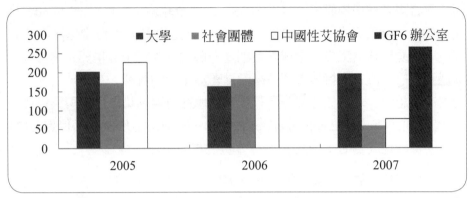

圖4.2　「國家社會動員項目」（2005-2007）補助對象（單位：萬元）

資料來源：作者彙整自各年度「國家社會動員項目」補助名單。

說明：GF6意為：全球基金第六輪項目。詳見附註說明。

望培養中國性艾協會成為具有獨占地位的「層峰組織」，藉此引導國內其他社會力量的參與活動。

　　除了政策資源的分配高度偏向政府色彩濃厚的 GONGO 外，中國政府也並未放鬆對民間力量的控制。民間自發的愛滋 NGO 仍然難以取得法律承認，各種防治活動的推展也經常受到來自國家的阻撓。而高耀潔、萬延海、胡佳等愛滋運動人士屢屢遭受政府壓制的情況，也反映出中國政府對於涉及挑戰國家權威的維權與倡議活動，仍然採取強勢的管制作為。換言之，愛滋 NGO 並非生存在較為寬鬆的政策環境中。然而，國際部門的積極介入卻為愛滋 NGO 提供了重要的發展動力。

三、國際部門的動員

　　1996 年以後，聯合國開始積極推動國際社會投入愛滋防治工作，並且型構出「全球愛滋治理」的行動原則與運作框架[82]；（Harris 2007, 1-16）

[82] Paul Harris, "Global Politics and HIV/AIDS: Local, National and Internation Perspectives," in Paul Harris and Patricia Siplon eds., *The Global Politics of AIDS* (Boulder: Lynne Rienner Publishers, 2007), pp. 1~16.

而「聯合國愛滋病規劃署」（UNAIDS）與「全球基金」（Global Fund）則在其中扮演關鍵角色。UNAIDS 的主要任務是協調與動員全球層次與各國政府的愛滋防治工作，全球基金則是一個獨立的資金募集與管理機制，透過資源挹注方式支持與影響各國愛滋防治工作的實踐。在全球愛滋治理的主流理念中，一個核心部分是以提升公民社會與感染群體參與為目標的GIPA 原則（Greater Involvement of People with HIV/AIDS）；而促進 GIPA 原則的實踐也成為 UNAIDS 與全球基金的重要工作內容之一。[83]

本世紀初，隨著中國愛滋問題逐漸受到國際社會重視，這兩個機構在中國愛滋防治工作中的影響力快速提升，[84]並且成為促進中國愛滋NGO發展的重要力量。UNAIDS 中國辦事處的項目官員便指出：[85]

> 中國社會參與中目前NGO是一個弱點，所以UNAIDS就將重心轉移到NGO身上。……比如說NGO的發展有法令上的限制，我們就透過UN系統與民政部的關係想辦法去運作。

> UNAIDS在成立時，GIPA就是重要的宗旨之一，而UNAIDS實踐的方式主要透過引進與推廣GIPA的理念，並且扶持感染者的參與。

而主導全球愛滋防治資源的全球基金，不但是中國政府汲取國際資源的主要管道，也透過資源分配的機制積極推動中國愛滋 NGO 的發展。全球基金規定，各國申請的防治資金至少必須有 15% 交由非政府部門執行；而在中國，面對合法註冊的 NGO 無法充分反映社會需求的情況下，全球基金更罕見的允許不具法律地位的草根組織提出資金申請，甚至在國家層級的決策機制中為其保留代表席次。

---

[83] UNAIDS, "From Principle to Practice: Greater Involvement of People Living with or Affected by HIV/AIDS (GIPA)," 1999, http://data.unaids.org/publications/IRC-pub01/ jc252-gipa-i_en. pdf (accessed Aug. 22, 2007).

[84] Jing Lin He and Joel Rehnstrom, "United Nations system efforts to support the response to AIDS in China," *Cell Research*, Vol. 15, No. 11-12 (2005), pp. 908~913.

[85] 訪談 UNAIDS 項目官員，2007 年 9 月。

　　除了這兩個重要的國際組織外，國際 NGO 也扮演重要的角色。愛滋問題是中國社會吸引最多國際 NGO 投入的重點領域之一，[86] 許多活動在此一領域的國際 NGO 具有豐沛的資源與廣泛的國際影響力，例如「福特基金會」、「柯林頓基金會」、「蓋茨基金會」等大型國際 NGO，或是「無國界醫生」、「英國救助兒童會」等歷史悠久的國際慈善機構。這些國際 NGO 雖然強調與中國政府的合作關係，卻也同時對公民社會的參與賦予高度重視與積極支持。在進入中國之前，許多國際 NGO 已經在國際層次具有密切互動，而由 UNAIDS 在中國推動的 UN Theme Group，則進一步成為這些國際行動者在中國愛滋問題上相互溝通與尋求合作的重要平台。

　　雖然推動中國愛滋 NGO 的發展往往不是這些國際 NGO 的實際工作重心，但是非正式網絡與制度性平台的運作卻能夠整合不同國際 NGO 的資源與能力，從而深刻影響中國愛滋 NGO 的發展。例如前述三個主要的全國性感染者組織，便都是在 UNAIDS 協商下，由福特基金會提供組織創建的資金，並由瑪麗斯特普國際組織（MSI）在組織運作管理上提供技術指導與行政支援。另一方面，國際機構也積極支持這些大型感染者組織與基層感染群體建立密切聯繫，進一步成為社區型草根組織出現的重要動力。事實上，前述各種組織之間的會議與培訓，以及組織聯盟的籌建，都是由國際行動者提供經費與行政支持。而透過實質的挹注與支持，國際機構也得以將其提倡的主流理念（如 GIPA 原則）融入愛滋 NGO 的組織目標與實踐過程中，從而使其成為中國愛滋 NGO 共享的價值性理念。

　　整體而言，在 2005~2007 年的三項調查中，可以明顯看到國際部門與國內 NGO 之間的密切聯繫。在清華大學 NGO 研究所的調查中，呈現出有超過六成的愛滋 NGO 與國際機構維持密切的聯繫，而國際資金援助也是愛滋 NGO 的主要經費來源（見表4.3）。[87] 而針對草根組織的調查則指

---

[86] Qiusha Ma, *Non-governmental Organizations in Contemporary China: Paving the Way to a Civil Society?* (London, NY: Routledge, 2006).

[87] 清華大學 NGO 研究所，中國艾滋病防治領域 NGO 調研報告，2006 年，http://www.jica.go.jp/china/chinese/office/ activities/ngodesk/pdf/china_topics01.pdf。（檢索日期：2007 年 8 月 15 日）

表4.3　關於愛滋NGO資源關係的兩項調查（單位：%）

資料來源	調查範圍	調查時間／母體數量	主要經費來源				與國際機構穩定聯繫
			國際機構	政府部門	國內NGO	企業	
清華大學NGO所	草根組織與部分GONGO	2006/(68)	56.06	16.67	28.79	—	61.77
牛彩霞	草根組織	2005/(54)	73.68	7.7	—	9.2	73.9

資料來源：作者彙整自：牛彩霞與清華大學NGO研究所。

出此一趨勢在缺乏政府支持的草根組織中更為明顯。[88]

　　值得注意的是，國際行動者在挹注資源時，經常也對於組織形式提出明確的要求。組織形式包括組織的名稱、組織的核心工作目標，以及組織主要的工作內容。而在特別重要的組織關係中，例如國際行動者與全國性草根組織之間，前者更經常以「技術指導」的形式，直接介入後者的組織內部運作過程。從而發展出具有行政聯繫意義的組織互動關係。另一方面，國際行動者也經常舉辦各種培訓活動，其目的在於協助草根組織提升爭取資源與組織運作的能力，但同時也發揮了傳遞價值理念與規範組織行動的「規訓」功能。

　　在愛滋問題上，國際部門已經成為國內社會力量得以發展的重要動力。而中國政府一方面同樣仰賴國際部門的資源挹注，另一方面也缺乏有效的治理機制掌握國際行動者的活動，從而難以控制草根組織在國際援助下快速發展的趨勢。正如馬秋莎的調查所指出，雖然中國政府對國際力量的滲透具有高度警戒，卻甚至連境外組織的明確數量都無法精確掌握，更

---

[88] 牛彩霞，「中國參與愛滋病預防控制的草根非政府組織調研報告」，**中國性科學**，2005 年第 11 期，頁 8~17。

遑論不同境外組織的實際活動方式與潛在影響。[89] 而在愛滋防治工作上，雖然衛生部國際合作處一直試圖建立權威性的協調平台，以便掌握境外組織活動，但一個涉入愛滋防治工作超過十年的國際 NGO 項目官員卻指出：[90]

> 衛生部希望對於所有愛滋病項目有全面瞭解，要求大家（指國際NGO）將所有項目去會報，並且希望建立整合平台。但是難度非常大。……政府裡面有決策權力的人沒時間處理事情。只能蒐集資料，不能做決策。……最後大家（指國際NGO）動力也沒有了，這東西就名存實亡了。

四、NGO與社會抗爭

在各國乃至全球層次愛滋防治工作的演變過程中，高危險群體所發起的社會運動經常扮演重要的角色，例如前述 GIPA 原則便是在歐美國家社運人士的推動下，在上個世紀末成為全球愛滋治理主導方針之一。而在中國，導致愛滋疫情大規模擴散的動力之一，是 1990 年代盛行於華北農村的「血漿經濟」，以及中國政府在血液安全與疫情監控上的疏漏。而這些經由血液交換過程而患病的感染者，在面對疾病與社會歧視導致的生存困境時，也易於將矛頭指向各級政府。在賣血感染農民密集的河南，愛滋病已經成為引發社會騷亂與集體抗爭的重要議題，[91] 而各地經由藥物或醫療過程感染的民眾也往往積極投入社會抗爭。雖然在 2003 年後，中國政府已經投入大量財政資源改善農民感染群體的困境，但地方政府在實踐政策時的疏漏，卻又經常引發新一輪的社會抗議。

基層感染群體不僅是相關社會抗爭的主體，同時也是國際 NGO 與不同類型全國性組織主要工作的對象，而各種資訊交換與資源流動形成的

---

[89] 同註 86。

[90] 訪談國際 NGO 項目官員，2007 年 9 月。

[91] Ethan Michelson, "Justice from Above or Justice from Below? Popular Stratgies for Resolving Grievance in Rural Chin," *The China Quarterly*, Vol.193 (2008), pp. 43~64.

組織網絡，也成爲基層群體投入集體行動時的重要物質與制度基礎。事實上，國際行動者與全國性組織在支持各地基層感染群體成立草根組織時，雖然是以提升感染群體的自助能力爲目標，卻也間接催化了集體抗爭的動員。例如 GIPA 原則便經常被基層群體視爲將其抗爭行動合理化的理念，一位國際 NGO 官員便指出：「現在大家都覺得一提 GIPA 就是要跟政府對著幹，好多人覺得我敢跟政府對著幹，我就是純粹的、有血性的草根機構。」另一方面，提倡公民權利的幾個重要組織更往往直接涉入基層感染群體的抗爭事件。例如在 2006 年的「李喜閣事件」中，河南農民李喜閣因在上訪過程中衝撞衛生部而被捕，而「愛知行」不但在國內大力聲援，也積極動員國際輿論的關注，從而在極短時間內促使中國政府以保外就醫名義釋放李喜閣。

　　整體而言，中國社會對於愛滋病及相關問題仍然存在普遍的歧視，並且限制了大多數社會菁英的參與意願，愛滋感染群體則以「利害相關者」的身份，成爲愛滋 NGO 的主要成員。而國際部門在「賦權」（empower）的目標下，爲處於弱勢地位的感染群體提供了發展組織活動所需的理念、資源與技術，則成爲愛滋 NGO 得以全面發展的重要動力，並且成爲在場域秩序建構中扮演具有主導地位的關鍵角色。而存在於愛滋 NGO 之間的綿密互動網絡，不但使其得以抵制或削弱國家的控制能力，也強化了相關群體在社會抗爭行動上的機會與能量。

伍、比較與分析

　　如同前面理論所述，本章認爲「組織場域」提供研究中國 NGO 極佳的分析視野，其一方面有助於探討制度環境對 NGO 發展的影響，另一方面，能夠從組織互動過程說明不同層次行爲者間的權力關係，也因此能針對社會力量的發展、國家的角色與能力，以及國際部門的影響如何進行衝突與整合，提出較爲完整而細緻的說明，亦能作爲不同議題 NGO 比較研究的基礎。換言之，「場域分析」不僅能說明制度環境重要性，也能解釋

為何在類似的制度環境下，不同議題領域的組織會有不同的發展路徑，特別是在中國國家干預無所不在的情況下，更有必要進行相對精緻的比較與分析。

　　就前述經驗資料我們發現，在環保與愛滋 NGO 的發展過程中，組織的互動關係具有不同的發展路徑，從而在組織場域內部形成不同的治理結構。而本章藉由圖 4.1 的分析框架，以不同類型組織之間互動關係的強弱程度，具體描繪出兩種場域運作結構的具體型態（如圖 4.3）。在圖中，行動者之間穩定的資源流動與行政聯繫被視為「強關係」，並以實線表示；而僅有資訊交換的「弱關係」則以虛線表示。本章界定組織關係的強弱差異是對於兩個研究對象的相對比較，而兩者的關鍵差異在於組織間是否存在行政聯繫。

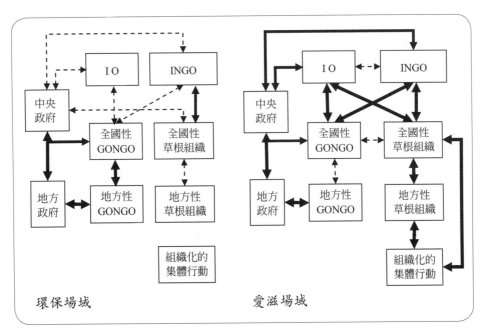

圖4.3　環保與愛滋場域中組織的互動圖像

資料來源：作者自製。

　　具體而言，在愛滋 NGO 中，存在兩組具有行政聯繫意義的組織關係：首先，國際 NGO 透過資源挹注影響組織運作方向與中國 NGO 的行政聯繫。其次，草根組織相互之間，透過組織聯盟與互動網絡形成的關係。相對而言，這兩組關係均未在環保 NGO 中出現，從而在場域成員的凝聚程度上呈現出不同的治理結構。更明確的說，在環保領域中政府部門仍然具有主導性的權威，而在愛滋領域中國際部門則成為建構場域秩序的關鍵力量。

　　這兩個議題中組織場域的差異型態，呈現出在不同的公共議題中，社會力量的組織化路徑並不相同。進一步分析兩種場域運作型態的差異，需要從行動者的能力與結構位置出發。在本章關注的兩個議題中，國家部門、國際部門與社會部門各自具有不同的利益偏好與行動取向，從而使 NGO 之間的互動網絡與場域運作呈現出明顯的差異。除上述所呈現的圖像差異外，具體而言，本章認為在這兩個性質不同的議題領域中，呈現出五種相互關連的比較面向（見表 4.4）。

　　首先，就治理結構的整體圖像觀之，環保議題中組織行動者的互動相對鬆散，僅有國家部門與準國家部門的四種行動者，具有以既有行政體系為基礎的緊密聯繫。而其他四類行動者則往往依照各自的需求開展活動，一般而言，GONGO 不論在其與政府間或是全國與地方 GONGO 間，都形成層級節制的行政關係。[92] 另一方面，在環保議題中全國性草根組織與地方性草根組織的界線並不明顯，只有部分 NGO 關注全國性的環保議題，如自然之友、地球村與綠家園等。然而，這些 NGO 的活動範圍多限於北京地區，同時除了彼此間聯繫以及與特定中央部門（環境保護部）互動外，與國際部門、GONGO 或政府間的關係較為疏遠。然而在愛滋議題中，各類行動者則呈現出緊密的連結，特別是在國際部門與社會部門之間。愛滋 NGO 一方面在全國性與地方性草根組織間具有「強關係」，另一方面也受到國際組織與國際 NGO 的積極支持，且具體呈現在行政聯繫與穩定的資源流動。此外，組織化的集體抗爭行動在愛滋議題中與 NGO 的活動密切

---

[92] 訪談天津「綠色之友」與「中國環境報」，2009 年 8 月 27 日。

相關，而在環保議題中則呈現出與 NGO 活動各自發展的情形。

　　其次，在 NGO 的發展與互動方面，環保組織的發展多依賴「菁英」發揮「名人效應」，藉以動員各種資源，少見因環境污染受害者所組建的環保組織；而在愛滋除「倡導公民權利」類型外，所屬「感染者參與」類型。而兩類組織相同的是，都已經突破國家所設定的「一地一業一會」的限制，在多處地區均已出現兩個以上的組織，這也增加組織間互動的機會。然而，兩類組織在此議題上也出現不同的狀況，在愛滋場域中，活動在不同空間層次的組織相互之間的聯繫強度與頻率都相當高，並且透過緊密的強關係，呈現出「跨界連結」的組織互動特徵。但在環保場域，環保NGO 間的互動雖頻繁，但與其他組織之間的關係仍以強度較低的資訊交換為主。特別需要注意的是，在環保場域中出現的組織化集體行動與既有的社會組織之間，往往缺乏明確的組織聯繫，但在愛滋場域，集體行動卻與社會組織的活動存在緊密聯繫。

　　第三，在 NGO 與政府的關係方面，環保與愛滋 NGO 的發展圖像中，不可否認的是國家仍然具有重要的影響。由民政部門設定的政策規範，同樣在這兩種領域中發揮制約社會參與力量的作用，但在此一宏觀框架中，卻可以發現不同議題涉及的主管部門對於民間力量採取相當不同的立場，從而為社會部門型塑出不同的發展空間。在環保議題中，由於中國國務院涉及環境議題的部會多達十餘個（如發改委、水利部、農業部等），且中國最大的耗能與污染大戶往往是中央級的國有企業，這些企業都能直接操縱國家政策，其影響力不下於政府部門，環境保護部為了強化與其他部門斡旋的能力，選擇直接介入社會部門的動員過程，如前所述，在「怒江大壩」以及「環評風暴」等事件中，國家環保總局（現環境部）與環保NGO 間形成「同盟軍」的狀況，但如前所述，此種「同盟關係」是脆弱的。而在愛滋議題上，衛生部很少面對其他部門的杯葛，也無意推動社會部門的參與，但衛生部對於國際資源的依賴，卻使其難以明確反對國際部門對於愛滋 NGO 的支持。

　　第四，在與國際部門的互動上，雖然環保與愛滋都是國際社會高度關

注的議題，但國際行動者的運作能力與行動取向卻存在明顯的差異。在環保議題中，各種國際建制與相關規範仍然聚焦於國家部門的作用，而社會力量不但仍未被視為重要的治理行動者，在國際機構與國內社會之間也仍缺乏明確的互動模式。而在愛滋議題，促進感染群體與公民社會的參與則已經高度融入國際規範的內涵中，並且成為各種國際行動者的共識。另一方面，相較於愛滋議題中，UNAIDS 與全球基金所扮演的關鍵角色，環保議題由於缺乏具有明確協調功能與具體影響能力的「制度行動者」，而難以進行跨組織的動員與資源整合。

第五，在影響政策的機制與參與集體行動方面，在這兩類 NGO 的發展過程中，NGO 是否需要代表基層群體的利益並動員其參與，具有不同的實質意義。環保事務中的基層群體往往被視為「受幫助者」，而愛滋事務中的感染群體則被認知為「參與者」。而此一認知理念的不同源自於兩個場域中國際力量與社會行動者各自的社會背景與行動偏好，並且導致具體結果的差異。

環保 NGO 的發展主要是由具有較高社經地位的知識份子所推動，這些社會菁英往往傾向透過「體制內」的管道，經由與政府部門的關係來進行溫和的政策倡議與社會教育，並且有意識的避免接觸較為敏感的國際力量與抗爭事件，以降低與國家權威發生直接衝突的可能性。另一方面，在環保領域中，國際力量更為重視價值理念的傳播與宏觀政策的變遷，而非個體權益的保障，因此也使國際資源缺乏直接向基層滲透與動員的能力與合理性。相對而言，在愛滋領域中，國際機構極為重視從個體到整體的支持與動員，並且將「支持感染者參與」視為核心目標之一。（如前文提及的「GIPA 原則」）相關的資源配置也依照此一目標進行規劃。而全國性的草根組織一方面在國際機構的引導下更為需要結合基層力量的參與，另一方面其本身便是以感染者為主要成員，與基層感染群體具有同樣的身份認同與利益需求，因此會出現更為緊密的結合，並且呈現出政策倡議與抗爭行動並存的行動取向。而此一結構性的差異，也促使公民維權組織能夠在愛滋議題上得到更多的發言立場與活動空間。

表4.4　環保與愛滋NGO的比較

	環保	愛滋
治理結構圖像	組織行動者的互動相對鬆散，僅有國家部門與準國家部門間具「行政聯繫」關係，以及國際NGO與全國性草根具「資源流動」關係。	各類行動者則呈現出緊密的連結，特別是在國際部門與社會部門之間。
NGO發展以及組織間互動	1.NGO發展：以「菁英」的倡議為中心，環境污染受害者多不具組織能力； 2.組織間互動為「弱關係」，以資訊交流為主。	1.NGO發展：「倡議公民權利」與「感染者參與」類型共同存在； 2.組織間互動為「強關係」，且出現「跨界連結」。
NGO與政府間的關係	由於與環保相關的權力分散在不同政府部門，環境保護部為彰顯其主導議題的正當性，在特定事件中與NGO形成「結盟」關係。	國家透過GONGO與NGO互動，且衛生部對於國際資源的依賴，卻使其難以明確反對國際部門對於愛滋NGO的支持。
與國際組織互動	國際NGO雖與特定NGO形成「資訊交換」與「資源流動」關係，但仍缺乏明確的互動模式。	其間形成「資源流動」與「行政聯繫」關係，其已高度融入國際規範的內涵中，並且成為各種國際行動者的共識。
集體抗爭的參與	不論是全國性或地方性草根組織均不介入。避免接觸較為敏感的抗爭事件，以降低與國家權威發生衝突的可能性。	直接介入。受到政策影響的利害相關群體成為相關抗爭的主要參與成員。

資料來源：作者自製。

　　整體而言，從場域層次觀察環保與愛滋NGO的互動結構與運作方式，一方面呈現出國家部門、國際部門與社會部門都不是「鐵板一塊」，而會隨著議題性質的差異而展現出不同的利益偏好與行動取向；另一方面，中國NGO的發展並不只是決定於國家的控制策略或社會的參與程度，而是涉及不同行動者在交往過程中發展出的互動秩序與權力格局。換言之，在急遽變遷的中國觀察國家與社會關係的變化，需要更為完整的理解影響國

家控制能力與社會參與力量的因素，並且從各種力量的互動過程中爬梳具體的發展軌跡與運作方式。

另一方面，本章的經驗分析也指出在不同公共議題之間，社會力量組織化的路徑確實具有明顯的差異。然而，相對於「瞎子摸象」的困境，場域分析途徑提供了不同的理論想像與分析視野。聚焦於組織社群的互動脈絡與治理機制，使研究者能夠更爲完整的說明在特定議題中國家社會互動模式的內在成因與發展動力，而透過跨議題的比較分析，則幫助研究者進一步探索這些差異之間的內在聯繫。就此而言，國家社會關係的研究任務，不再是尋求一組足以涵蓋所有國家社會互動模式的理論觀點，而在於尋找不同議題間，引導國家社會互動關係朝向不同路徑發展的關鍵環節與機制。唯有如此，吾人才能更爲貼近中國社會的實際變遷過程，從而提出較爲精準的解釋。

陸、結論

1978 年的改革開放使中國社會發生了根本性的巨變，其重要社會後果之一就是社會組織賴以存在的經濟、政治、法律和文化等環境發生重大變遷，而大量 NGO 的出現雖無法完全說明是否出現眞正的「公民社會」（civil society），中國 NGO 發展圖像已經更爲複雜卻是一個明顯的事實。針對此，本章在大量的田野經驗支持下對於環保組織與愛滋組織進行比較，從而指出兩種 NGO 在組織場域、發展路徑、與政府間的關係、組織間的互動、國際部門的聯繫以及對集體抗爭的參與等面向的具體差異。這些差異的存在正呈現出中國社會力量的多元發展方向；故確實有必要跳脫出「國家中心論」與「社會中心論」的爭論，以議題爲核心，進行治理結構與組織場域的分析與比較，才有可能具體的掌握這些差異的成因與影響。

持平而論，不論是環保或愛滋問題的治理，社會力量的參與在政策影響力上都仍然相當有限。然而，此一現象反映出的是威權體制仍然不願意釋放更多的社會參與管道，卻不能代表社會力量的集結與動員能力並未發

生改變。事實上，反觀台灣民主化的經驗，將更能顯示出理解社會力量組織化的重要性。解嚴前黨外民主力量的發展從來就不曾受到威權體制的接納，但各種黨外異議團體的發展，以及其與環保團體、工運團體的結合，卻是台灣民主化過程中不可忽視的力量。在現實層面，中國的社會變遷進程未必如同台灣，但社會力量的發展卻是無可否認的事實，也是研究者不應忽略的課題。

　　針對社會力量在不同議題領域中活動情況的差異進行具體的比較，仍然需要縝密的分析策略與適切的研究方法。任何一門學科不可能完全符合區域研究的需求，其必須不斷與其他學門進行對話與補充，就本章的觀點看來，研究「國家—社會」關係的動態必須借助組織社會學中的「組織場域」、「治理結構」等相關概念，將組織的微觀理性選擇行為與宏觀的社會結構結合，對於研究和解釋改革開放以來的中國政經社會生活的複雜現象更具有深刻的借鑒意義。而本章也在此道路上前進，嘗試透過理論觀點的對話與經驗資料的呈現，引起學界對相關議題的重視，並希望後續研究能夠吸引學界在策略與方法上的討論，以便在理解當代中國「國家—社會」關係的變遷上有所精進。

參考文獻

一、中文部分

Ben Blanchard,，「中國非政府組織表示，它們被全球基金艾滋病項目排除在外」，**路透社**。（檢索日期：2006 年 5 月 18 日）

人民網，「56 個民間環保組織：支持環保總局嚴格環境執法」，人民網，2005 年，http://www.people.com.cn/BIG5/huanbao/1072/3142058.html。（檢索日期：2006 年 5 月 5 日）

_____，「環保新力量登場的台前幕後」，人民網，2005 年，http://people.com.cn/BIG5/huanbao/1072/3152478.html。（檢索日期：2006 年 5 月 5 日）

中國愛滋病資訊組織名錄協調組，「2006/2007 中國艾滋病名錄」，**中國艾滋病資訊**，2007 年，http://www.china-aids.org/2006_directory.pdf。（檢索日期：2006 年 8 月 13 日）

牛彩霞，「中國參與愛滋病預防控制的草根非政府組織調研報告」，**中國性科學**，2005 年第 11 期，頁 8~17。

王占璽，**跨界組織場域中的社會自主性：中國愛滋 NGO 的研究**（台北：國立政治大學東亞研究所博士論文，2010 年）

王信賢，「中國大陸國家權力與社會運動分析」，**政治學報**，2006 年第 40 期，頁 85~114。

_____，**爭辯中的中國社會組織研究：「國家—社會」關係的視角**（台北：韋伯文化出版社，2006 年）。

王信賢、王占璽，「夾縫求生：中國大陸社會組織的發展與困境」，**中國大陸研究**，第 49 卷，第 1 期（2006 年），頁 27~51。

王信賢、李宗義，「尋找中國 NGOs：兩種路徑與困境」，**社會科學論叢**，第 2 卷，第 2 期（2008 年），頁 113~145。

朱健剛，「草根 NGO 與中國公民社會的成長」，**開放時代**，2004 年第 6 期，頁 36~47。

朱潔如、吳偉，「公共政策的公民參與：以環保 NGO 參與公共工程決策為例」，收錄於賈西津主編，**中國公民參與：案例與模式**（北京：社會

科學文獻出版社，2008 年），頁 19~45。

自然之友，2007 年度報告（北京：自然之友，2008 年）。

＿＿＿＿＿，2008 年度報告（北京：自然之友，2009 年）。

宋欣洲，「中國環保 NGO 帶來改變」，**綠色中國**，2006 年第 1 期，頁 22~25。

李丁讚、林文源，「社會力的文化根源：論環境權感受在台灣的形成 1970-86」，**台灣社會研究季刊**，2000 年第 38 期，頁 133~206。

尚曉媛，**衝擊與變革：對外開放中的公民社會組織**（北京：中國社會科學出版社，2007 年）。

洪大用，「轉變與延續：中國民間環保團體的轉型」，**管理世界**，2001 年第 6 期，頁 56~62。

＿＿＿＿＿，**中國民間環保力量的成長**（北京：中國人民大學出版社，2007 年）。

國家環境保護總局，「中華環保聯合會：我國首次環保 NGO 調查揭曉」，**中國 NPO 服務網**，2006 年，http://www.npo.org.cn/cn/member/news/detail.php?id=1690。（檢索日期：2006 年 6 月 15 日）

康曉光，「轉型時期的中國社團」，收錄於中國青少年發展基金會主編，**處於十字路口的中國社團**（天津：天津人民出版社，2001 年），頁3~29。

康曉光、韓恒，「分類控制：當前中國大陸國家與社會關係研究」，**社會學研究**，2005 年第 6 期，頁 73~89。

張靜，**法團主義**（北京：社會科學文獻出版社，1998 年）。

清華大學 NGO 研究所，**中國艾滋病防治領域 NGO 調研報告**，2006 年，http://www.jica.go.jp/china/chinese/office/ activities/ngodesk/pdf/china_topics01.pdf。（檢索日期：2007 年 8 月 15 日）

楊磊，「2768 家：摸底環保 NGO」，**21 世紀經濟報道**，2006 年，http://www.21cbh.com/HTML/2006-4-26/30161.html。（檢索日期：2011 年 4 月 30 日）

賈平，「萌芽中的民主：2006-2007 年中國草根非政府組織代表選舉報告」，**中國全球基金觀察項目研究報告**（未出版，2009 年）。

寧銳，「公民社會的縮影：CCM 選舉和武漢會議記事」，**中國發展簡報**，

2006 年第 33 期，頁 6~8。

趙秀梅，「對北京綠色申奧中政府與民間組織關係的考察」，鄭州大學學
　　報（哲學社會科學版），第 36 卷，第 3 期（2003 年），頁 60~64。

衛生部，陳竺部長出席第五屆中國艾滋病防治國際合作項目經驗交流會，
　　2009 年，http://www.moh.gov.cn/publicfiles/ business/htmlfiles/mohgjhzs/
　　s3586/200911/44674.htm。（檢索日期：2010 年 10 月 21 日）

鄧國勝，「中國環保 NGO 的兩種發展模式」，學會月刊，2005 年第 3 期，
　　頁 4~9。

鄭陸霖，「幻象之後：台灣汽車產業發展經驗與『跨界產業場域』理論」，
　　台灣社會學，2006 年第 11 期，頁 111~174。

二、英文部分

Baum, Richard and Alexei Shevchenko, "The 'State of the State'," In M. Gold-man and R. MacFarquhar eds., *The Paradox of China's Post-Mao Reform* (Cambridge: Harvard University Press, 1999), pp. 333~360.

Bentley, Julia Greenwood, "The Role of International Support For Civil Soci-ety Organizations in China," *Harvard Asia Quarterly*, Vol. 1 (Winter, 2003), pp. 11~20.

Chan, Anita, "Revolution or Corporatism? Workers and Trade Unions in Post-Mao China," *Australian Journal of Chinese Affairs*, Vol. 29 (1993), pp. 31~61.

Davis, D. McAdam, W. R. Scott and M. N. Zald eds., *Social Movements and Organization Theory* (Cambridge: Cambridge University Press, 2005).

Davis, Gerald F. and Christopher Marquis, "Prospects for Organization Theory in the Early Twenty-First Century: Institutional Fields and Mechanisms," *Organization Science*, Vol. 16, No. 4 (2005), pp. 332~343.

Davis, Gerald F. ed., *Social Movements and Organization Theory* (Cambridge: Cambridge University Press, 2005).

DiMaggio, Paul and Walter Powell, "The Iron Cage Revisited: Institutional Isomorphism and Collective Rationality in Organizational Fields," *American*

Sociological Review, Vol. 48, No. 2 (1983), pp. 147~160.

DiMaggio, Paul, "Interest and Agency in Institutional Theory," in L. G. Zucker ed., *Institutional Patterns and Organizations: Culture and Environment* (Cambridge, Mass: Ballinger, 1988), pp. 3~22.

Dobbin, Frank and John Sutton, "The Strength of a Weak State: The Rights Revolution and the Rise of Human Resources Management Divisions," *American Journal of Sociology,* Vol. 104, No. 2 (1988), pp. 441~476.

Fligstein, Neil, *The Architecture of Markets: An Economic Sociology of Twenty-First-century Capitalist Societies* (NJ: Princeton University Press, 2001).

Foster, Kenneth, "Associations in the Embrace of an Authoritarian State: State Domination of Society?" *Studies in Comparative International Development*, Vol. 34, No. 4 (2001), pp. 84~109.

_____, "Embedded Within State Agencies: Business Associations in Yantai," *The China Journal,* Vol. 47, No. 2 (2002), pp. 41~65.

Paul Harris, "Global Politics and HIV/AIDS: Local, National and Internation Perspectives," in Paul Harris and Patricia Siplon eds., *The Global Politics of AIDS* (Boulder: Lynne Rienner Publishers, 2007), pp. 1~16.

He, Jing Lin and Joel Rehnstrom, "United Nations System Efforts to Support the Response to AIDS in China," *Cell Research*, Vol. 15, No. 11-12 (2005), pp. 908~913.

Keck, Margaret and Kathryn Sikkink, *Activists beyond Borders: Advocacy Networks in International Politics* (Ithaca, NY: Cornell University Press, 1997).

Laumann, Edward O. and David Knoke, *The Organizational State. Madison* (Wisconsin: The University of Wisconsin Press, 1987).

Lu, Yiyi, *Non-governmental Organizations in China: the Rise of Dependent Autonomy* (London: Routledge, 2009).

Ma, Qiusha, "Defining Chinese Nongovernmental Organizations," *Voluntas: International Journal of Voluntary and Nonprofit Organizations*, Vol. 13, No. 2 (2002), pp. 113~130.

_____, *Non-governmental Organizations in Contemporary China: Paving the Way to a Civil Society?* (London, NY: Routledge, 2006).

Mertha, Andrew, "'Fragmented Authoritarianism 2.0': Political Pluralization in the Chinese Policy Process," *The China Quarterly*, Vol. 200 (2009), pp. 995~1012.

Meyer, John and Brian Rowan, "Institutionalized Organizations: Formal Structure as Myth and Ceremony," *American Journal of Sociology,* Vol. 83, No. 2 (1977), pp. 340~363.

Michelson, Ethan, "Justice from Above or Justice from Below? Popular Stratgies for Resolving Grievance in Rural Chin," *The China Quarterly*, Vol. 193 (2008), pp. 43~64.

Pearson, Margaret, "The Janus Face of Business Associations in China: Socialist Corporatism in Foreign Enterprise," *Australian Journal of Chinese Affairs*, Vol. 30 (1994), pp. 25~46.

Pfeffer, Jeffrey and Gerald Salancik, *The External Control of Organizations: A Resource Dependence Perspective* (NY: Harper & Row, 1978).

Powell, Walter, "Network Dynamics and Field Evolution: The Growth of Interorganizational Collaboration in the Life Sciences," *American Journal of Sociology*, Vol. 110, No. 4 (2005), pp. 1132~1205.

Scott, Richard, *Institutions and Organizations: Ideas and Interest* (Thousand Oaks: Sage, 2008).

Scott, Richard, Martin Ruef, Carol A. Caronna, and Peter J. Mendel, *Institutional Change and Healthcare Organizations: From Professional Dominance to Managed Care* (Chicago, IL: The University of Chicago Press, 2000).

Skocpol, Theda, "Bringing the State Back In: Strategies of Analysis in Current," in Peter Evans and Theda Skocpol eds., *Bringing the State Back In* (NY: Cambridge University Press, 1985), pp. 3~37.

Sun, Yanfei and Dingxin Zhao, "Multifaceted State and Fragmented Society: The Dynamics of the Environmental Movement in China," in D. Yang ed., *Discontented Miracle: Growth, Conflict, and Institutional Adaptations in*

China (Singapore: World Scientific Publisher, 2007), pp. 111~160.

Turner, Jennifer, "Cultivating Environmental NGO- Business Partnership," *The Chinese Business Review*, Vol. 30, Issue 6 (Nov./Dec., 2003), pp. 22~25.

UNAIDS, "From Principle to Practice: Greater Involvement of People Living with or Affected by HIV/AIDS (GIPA)," 1999, http://data.unaids.org/publications/IRC-pub01/jc252-gipa-i_en. pdf (accessed Aug. 22, 2007).

Unger, Jonathan and Anita Chan, "China, Corporatism and East Asian Model," *Australian Journal of Chinese Affairs*, Vol. 33 (1995), pp. 29~53.

Vasi, Ion Bogdan, "Thinking Globally, Planning Nationally and Acting Locally: Nested Organizational Fields and the Adoption of Environmental Practices," *Social Forces,* Vol. 86, No. 1 (2007), pp. 113~136.

Wu, Fengshi, *Double-mobilization: Transnational Advocacy Networks for China's Environment and Public Health. PhD Dissertation* (USA: University of Maryland, 2005).

Yang, Guobin, "Environmental NGOs and Institutional Dynamics in China," *The China Quarterly*, Vol. 181 (2005), pp. 46~66.

Zhang, Xin and Richard Bau, "Civil Society and the Anatomy of a Rural NGO," *The China Journal,* Vol. 52 (2004), pp. 97~107.

第五章

聚合的力量—國際行動者在中國的互動網絡：以愛滋防治領域爲例[*]

王占璽

壹、前言

　　國際 NGO 在中國的影響與日俱增，學界對相關現象的關注也日益增加，但還有許多問題值得探索。例如在汶川地震後，大量的國際 NGO 與本土 NGO 展現出驚人的動員能力與回應速度，並且在災後救援過程中發展出組織之間協調運作的機制。在公民社會的發展過程中，民間組織的集體動員與協調能力具有重要的作用。而掌握此一趨勢的發展，不僅需要理解個別組織的行動方式，也需要從整體層面觀察這些組織之間的互動連結及其影響。

　　組織網絡研究指出，組織能夠藉由互動連結的建立提升其適應環境與行動的能力，而觀察組織網絡的結構型態也有助於理解組織與環境的互動過程，以及組織之間的互動秩序。換言之，對於國際行動者互動網絡的分析，有助於提升吾人對其行動模式的理解。更重要的是，組織網絡的發展是「組織集體行動」的重要條件；而國際行動者的連結不僅將使其得以將分散的組織資源整合爲聚合的力量，也有可能對中國本土 NGO 的組織連結產生積極的影響。然而，目前對於國際 NGO 的研究很少注意到這些組

---

[*] 本文原載於 2014 年東亞研究第 45 卷第 1 期頁 89~134，經該刊同意後轉載，特此致謝。

織彼此的互動關係及其影響。因此，我們無從得知這些新興行動者究竟是各自獨立運作或是已經發展出穩定的互動網絡？以及其是否能夠藉由組織的連結提升其行動能力與影響範圍？

另一個在既有研究中幾乎完全缺乏討論的問題，是國際組織在中國的運作與影響。事實上，目前已經有許多國際組織透過其駐華機構積極的在中國境內開展工作，但我們對其行動模式與影響面向卻所知甚少。在國際社會中，國際組織與國際 NGO 同樣屬於非國家部門（non-state sector）的組織行動者，兩者之間往往分享類似的理念，也存在密切的互動關係。而當這兩類組織各自在中國內部活動時，也都扮演了連結中國社會與國際社會的角色。在此一相似的背景下，國際組織也極有可能出現類似於國際NGO 的行動取向與影響。

因此，本章以在中國境內活動的國際組織與國際NGO作爲研究對象，並聚焦於這些國際行動者之間的組織互動網絡，以塡補既有研究之空白。本章採用組織網絡的理論觀點與分析視野，並以中國愛滋防治領域中的國際 NGO 與國際組織作爲研究案例。藉由來自問卷調查與深入訪談的一手資料，本章分析由這些國際行動者參與的互動網絡之基本型態、發展動力與影響面向；同時，本章也將討論組織集體行動的經驗案例，並且評估相關現象對中國公民社會發展的影響。

在後文中，第二節將檢視國際 NGO 研究的發展與組織網絡的理論觀點，並提出本章的觀點。第三節說明經驗案例的背景、資料與方法。隨後的經驗分析包括兩部分：第四節藉由組織網絡的分析，描述國際行動者的互動概況及網絡結構之特徵。第五節則以組織訪談的資料，討論國際行動者發展互動關係的動力及影響。第六節則聚焦於以組織互動網絡爲基礎的組織集體行動系統，包括國際行動者的集體行動，以及其對中國本土公民社會的影響。最後提出本章結論。

貳、文獻回顧與理論對話

一、國際NGO在中國：發展中的研究領域

　　學界對於國際 NGO 在中國的研究關懷，基本上是隨著這些新興行動者在中國的發展趨勢而變化。1980 年代末期，少數的國際 NGO 開始進入中國工作。Howell 在 1995 年的研究中描述了無國界醫生、樂施會等組織在中國開展工作的障礙及展望，應屬此一領域的濫觴。[1]2000 年以來，國際 NGO 在中國的活動迅速增加，也開始吸引更多學者的關注。十餘年來，相關研究工作主要呈現在四個面向。

　　第一個面向是描述國際 NGO 在中國的整體發展趨勢。2005 年中國發展簡報（China Development Brief）調查了 200 餘家國際 NGO 的組織背景與活動概況；[2] 在欠缺其他客觀原始資料的情況下，此份資料成為學者了解國際 NGO 的重要材料。如馬秋莎（Quisa Ma）便在此份資料的基礎上，對於國際 NGO 在中國的活動進行描述性分析。[3] 近年來，中國大陸學者也透過組織調查方式蒐集更為完整的資料，例如韓俊魁便以問卷方式調查了近 50 家國際 NGO 的組織活動概況。[4]

　　第二個面向關注國際 NGO 在中國面對的制度環境與生存空間。大部分的研究著重從中國政府對於境外組織管理的法令中，討論國際 NGO 生存空間的限制。[5]Hsia and Whyte 則在田野調查的基礎上提出較為細緻的觀

[1]　Jude Howell, "Prospects for NGOs in China," *Development in Practice*, Vol. 5, No. 1 (1995), pp. 5~15.

[2]　中國發展簡報，**200 國際 NGO 在中國**（北京：北京公民社會發展研究中心，2005 年）。

[3]　Ma Qiusha, *Non-Governmental Organizations in Contemporary China: Paving the Way to a Civil Society?*(London: Routledge, 2006).

[4]　韓俊魁，**境外在華 NGO：與開放的中國同行**（北京：社會科學文獻出版社，2011 年）。

[5]　如林德昌，「全球公民社會對國際非政府組織在中國大陸發展的影響」，東吳政治

察，指出中國政府在統合主義與條塊關係的影響下，對於國際 NGO 的管制工作缺乏明確的規範；而國際 NGO 在曖昧的制度環境中尋找灰色地帶的生存策略，也降低了中國政府的實質管制能力。[6]

　　第三個面向著重國際 NGO 在特定範疇中開展工作的行動策略及的影響，並且經常較為關注國際 NGO 與政府部門的互動關係。例如 Becky、Grove 與郎友興分別研究 1990 年代活躍在基層選舉領域的三個國際 NGO（福特基金會、卡特基金會、共和研究所），介紹其主要運作方式及其影響。[7] 而隨著國際 NGO 在活動領域上的擴張，在扶貧、愛滋、勞工等議題領域中也逐漸出現以國際 NGO 為主題的研究。[8] 另一方面，朱建剛以地域作為研究範圍，調查活動在珠三角地區的國際 NGO 如何與地方政府互動，

學報，第 28 卷，第 4 期（2010 年），頁 93~146；馬秋莎，「全球化、國際非政府組織與中國民間組織的發展」，開放時代，2006 年第 2 期，頁 119~138。

[6] Renee Yuan-jan Hsia and Lynn T. Whyte, "Working Amid Corporatism and Confusion: Foreign NGOs in China," *Nonprofit and Voluntary Sector Quarterly*, Vol. 31, No. 3 (2002), pp. 329~351.

[7] Becky Shelley, "Political Globalisation and the Politics of International Non-governmental Organisations: The Case of Village Democracy in China," *Australian Journal of Political Science*, Vol. 35, No. 2 (2000), pp. 225~238; Paul C Grove, "The Roles of Foreign Non-governmental Organizations in the Development and Promotion of Village Elections in China," *American Asian Review*, Vol. 18, No. 3 (2000), pp. 111~126; Youxing Lang, "External Actors in the Process of Village Elections: Foreign NGOs and China," in Zheng Yongnian and Josph Fewsmith eds., *China's Opening Society: The Non-State Sector and Governance* (NY: Routledge, 2008), pp. 223~237; Qingshan Tan, "Foreign NGOs' Role in Local Governance in China," in Zheng Yongnian and Josph Fewsmith eds., *China's Opening Society: The Non-State Sector and Governance* (NY: Routledge, 2008), pp. 196~222; 郎友興，「外國非政府組織與中國村民選舉」，浙江學刊，2004 年第 4 期，頁 143~150。

[8] 如：Fengshi Wu, "International Non-Governmental Actors in HIV/AIDS Prevention in China," *Cell Research*, Vol. 15, No. 11~12 (2005), pp. 919~922; 戴光全、陳欣，「國際 NGO 在中國——艾滋病合作項目個案的社會人類學觀察」，社會科學家，2009 年第 9 期，頁 100~103；劉玉蘭、張黎夫，「國際勞工非政府組織與中國地方政府的博弈——基於兩個個案的分析」，江蘇工業學院學報(社會科學版)，2009 年第 4 期，頁 22~24；景曉芬，「國際 NGO 參與中國地方行動的邏輯——以 X 組織在 T 地區水窖項目為例」，甘肅理論學刊，2009 年第 1 期，頁 92~95。

對於國際 NGO 的行動策略提出了系統性的討論。[9]

　　第四個面向則聚焦在國際 NGO 與本土 NGO 的互動過程，及其對中國公民社會的影響。一些學者從「全球公民社會」（Global Civil Society）與「跨國倡議網絡」（Transnational Advocacy Network）的理論觀點切入，關注國際 NGO 的投入是否能帶動中國本土公民社會的發展速度與影響能力。然而，這些研究多半發現中國政府的限制與本土 NGO 的能力不足仍然制約了相關趨勢發生的可能性。[10] 同時，也有一些研究從本土 NGO 的角度評估國際 NGO 的實質影響。Zhang and Baum 指出國際 NGO 對草根組織的挹注，有可能形成資源依賴關係並限制後者的組織自主性。[11]Hildebrant and Tuner 則指出本土 NGO 在人才、資金的招募工作中面對來自國際 NGO 的競爭，增加了維持組織運作的難度。[12]

　　整體而言，目前學者雖然廣泛關注國際 NGO 的行動模式及其與政府部門、本土 NGO 的互動過程，卻很少注意到國際 NGO 相互之間的組織連結現象及其影響。[13] 極少數的相關討論也缺乏完整而深入的分析。例

---

[9]　朱健剛，「國際 NGO 與中國地方治理創新—以珠三角爲例」，開放時代，2007 年第 5 期，頁 34~49。

[10]　林德昌，「中國大陸國家與社會關係的演變模式：一項理論上的探索」，遠景基金會季刊，第 7 卷，第 4 期（2006 年），頁 1~41；Katherine Morton, "Transnational Advocacy at the grassroots: Benefits and Risks of International Cooperation," in Peter Ho and Richard Louis Edmonds eds., *China's Embedded Activism: Opportunities and Constraints of a Social Movement* (NY: Routledge, 2008), pp. 195~215; Fengshi Wu, "Strategic State Engagement in Transnational Activism: AIDS Prevention in China," *Journal of Contemporary China*, Vol. 20, No. 71 (2011), pp. 621~637；辛翠玲，「從中國人權問題看國際人權團體的影響力—論國際非政府組織及其連結作用」，政治科學論叢，2003 年第 19 期，頁 181~202；林德昌，「全球公民社會對國際非政府組織在中國大陸發展的影響」，頁 93~146。

[11]　Xin Zhang and Richard Baum, "Civil Society and the Anatomy of a Rural NGO," *The China Journal*, No. 52 (2004), pp. 97~112.

[12]　Timothy Hildebrant and Jennifer L. Tuner, "Green Activism? Reassessing the Role of Environmental NGOs in China", in Jonathan Schwartz and Shawn Shieh eds., *State and Society Response to Social Welfare Needs in China* (NY: Routledge, 2009), pp. 89~110.

[13]　韓俊魁，前引書。

如韓俊魁指出國際 NGO 之間的合作關係在數量上略低於其與政府或本土 NGO 的合作，而滿意度則明顯較高；卻未提出進一步的討論。因此，國際 NGO 究竟是各自為政的一盤散沙，或是能夠凝聚組織間的力量開展工作？而國際 NGO 是否可能藉由組織連結發展出不同的行動模式？這些問題仍是此一領域需要填補的空白。

更進一步來看，填補此一空白需要適當的理論指引與分析視野。在經驗研究的分析層次上，前述四類研究工作分別對應了兩種不同的分析視野：在發展趨勢與制度環境的研究中，學者傾向將國際 NGO 視為一個完整的組織群體，以便進行宏觀的描述分析；而在行動策略與互動關係的研究中，則通常以微觀的個案研究與深入描述為主。雖然這兩種分析視野各有優點，但卻都容易忽略在國際 NGO 內部、不同行動者之間的互動情形。另一方面，對於組織的互動關係如何影響國際 NGO 的行動，也需要理論觀點的支持。以下便進一步討論兩個涉及組織互動關係的理論觀點。

二、國際NGO的組織互動

（一）組織網絡的觀點

在組織研究（organizational studies）中，組織網絡（organizational network）已經成為一個重要的研究領域。早前，組織網絡關注在特定議題、地域或產業中出現的組織連結（organizational connection）現象，並且藉此解釋組織間關係如何影響特定的組織行為。[14]而 1980 年代以來社會網絡分析（social network analysis）的迅速成長，為組織網絡的研究提供了豐富的理論養分與分析技術，使研究者得以系統性的觀察並測量組織網絡的發展趨勢與內部結構型態，進而對組織現象提出更深刻的分析。而在組織理論發展的過程中，組織網絡不但被視為組織環境的一個重要

---

[14] Richard W. Scott, "Reflections on A Half-Century of Organizational Sociology," *Annual Review of Sociology*, No. 30 (2004), pp. 1~21.

面向，也是一個介於組織與組織群體之間的中間分析層次（meso-level of analysis）。[15] 藉此，組織研究學者得以解釋存在於組織與組織環境（organizational environment）之間複雜的互動過程。

在經驗研究中，組織網絡已經發展出許多重要的理論觀點。以下介紹三個與本章相關的觀點。第一種觀點是將組織網絡看做一種有助於組織進行資源動員與行動協調的治理機制。Powell 在探討經濟組織的行動模式時，指出組織網絡是在市場與階層之外的第三種治理機制：組織能夠透過相互信任的互動對象得到適應外在環境所需的資源；另一方面，互動網絡的穩定運作也有助於整合不同組織對環境的認知與回應行動。[16] 換言之，國際 NGO 有可能在參與互動網絡時，強化其適應中國制度環境與開展工作的能力。

第二種觀點則認爲組織網絡的發展涉及組織自主選擇與外在環境制約的共同作用，而網絡的結構型態則將反映出這些力量的互動軌跡。[17] 社會網絡分析的技術能夠對於組織在網絡結構中的相對位置進行觀察與測量，而此種觀察有助於了解組織之間的權力格局與互動秩序。例如在網絡中擁有互動對象愈多的行動者，通常也在組織之間具有較高的地位與影響力。另一方面，網絡的結構也能夠用以評估外在環境因素對組織行爲的影響程度。例如存在於外部環境的治理權威（如國家），通常能夠藉由制定規則與制度資源而影響網絡的結構型態。[18] 由此一觀點出發，我們能夠藉由觀察國際 NGO 的互動網絡，評估哪些國際 NGO 具有影響其他組織行動的能力，以及這些組織的互動是否也受到中國政府的制約。

---

[15] Richard W. Scott, *Institutions and Organizations: Ideas and Interest* (Thousand Oaks: Sage, 2008).

[16] Powell W. Walter, "Neither Market Nor Hierarchy: Network Forms of Organization," *Research in Organizational Behavior*, No. 12 (1990), pp. 295~336.

[17] Alexandra Marin and Barry Wellman, "Social Network Analysis: An Introduction," in John Scott and Peter Carrington eds., *Handbook of Social Network Analysis* (Thousand Oake: Sage, 2011), pp. 11~15.

[18] 李宗榮，「在國家權力與家族主義之間：企業控制與台灣大型企業間網絡再探」，台灣社會學，2007 年第 13 期，頁 173~242。

　　第三種觀點則認為組織網絡能夠成為不同組織發動集體行動的載體，並將參與網絡的組織視為集體行動者。組織在互動網絡中進行資訊與資源交換的過程，不但有助於提高組織適應環境的能力，也會強化組織之間的凝聚力。根據 Laumann and Knoke，此一過程將形構出具有資源動員與行動協調功能的「集體行動系統」（collective action system）；而具有共同目標與集體動員能力的組織集體行動者（Organizational collective actors），也在推動外在環境變革時具有更大的影響能力。[19] 換言之，當國際 NGO 具有緊密的組織連結時，便可能以集體行動的方式進行政策倡議，或是對中國國家社會關係的變遷產生更大的影響能力。

（二）跨國倡議網絡的觀點

　　在國際 NGO 的研究中，Keck and Sikkink 提出的跨國倡議網絡（Transnational Advocacy Networks，以下簡稱 TAN）具有重要影響。TAN 指出跨國倡議網絡的成員包括分別活動在國際層次與國內層次的國際組織、國際 NGO 與本土 NGO，而這些非國家行動者（non state actors）藉由組織之間的連結合作，發展出足以影響主權國家政策制定的政策倡議能力。[20] 同時，該理論強調國際 NGO 在跨國倡議行動中的關鍵角色：它們一方面在國內層次協助本土 NGO 進行資訊交換與資源動員，另一方面在國際社會促使國際組織向主權國家施加壓力，進而發展出政策倡議的「迴力鏢」模式。[21] TAN 的重要啟發，在於將不同空間層次、不同性質的非國家行動者視為一組透過組織網絡而形成的集體行動力量，並且聚焦在此一行動集體內部的連結模式。換言之，跨國倡議網絡也是一種國際關係研究的組織網絡理論。

　　然而，相較於組織網絡研究對於組織連結現象的深入探析，TAN 仍

---

[19] Edward O. Laumann and David Knoke, *The Organizational State* (Madison: The University of Wisconsin Press, 1987).

[20] Margaret Keck and Kathryn Sikkink, *Activists Beyond Borders: Transnational Advocacy Networks in International Politics* (NY: Cornell University Press, 1998).

[21] 同註 20。

是將組織網絡作爲一種概念上的譬喻（metaphor），而非經驗研究的對象。就此，各種不同的組織被化約在國際組織、國際 NGO 或本土 NGO 三個類別中，而這些組織之間豐富而複雜的組織互動關係，以及此一組織網絡的發展動力、內部紋理與運作機制，均未能得到充分的關注。就此，晚近相關領域的學者已經開始引入組織網絡的觀點與社會網絡分析的技術，希望對於國際 NGO 的互動網絡進行更爲細緻的分析，以強化 TAN 的未盡之處。[22]

另一方面，TAN 在強調國際 NGO 作爲政策倡議行動的主要發動力量時，也相對輕忽了國際組織的積極作用。就此，1990 年代的國際組織研究普遍認爲國際組織是國際行動者的互動場域，或是主權國家的政策工具；[23] 但晚近的研究則指出國際組織其實是具有組織偏好並追求部門利益的科層組織（bureaucracy）。[24] 同時，愈來愈多的國際組織藉由涉入主權國家內部事務的運作，作爲達成促進國際規範擴散的組織目標。[25] 由此來看，國際組織也有可能成爲推動政策倡議行動的重要力量，而在跨國倡議網絡中扮演更爲主動的角色。

如前所述，跨國倡議網絡的觀點經常被應用在對於國際 NGO 在中國的研究。並且著眼於中國公民社會藉由跨國連結（transnational linkage）強化其組織運作能力與倡議能力的可能性。然而，在關注中國公民社會的變化時，應用 TAN 理論的研究者很少注意到可能出現在國際組織與國際

---

[22] Spencer Moore, Eugenia Eng and Mark Daniel, "International NGOs and the Role of Network Centrality in Humanitarian Aid Operations: a Case Study of Coordination During the 2000 Mozambique Floods," *Disasters*, Vol. 27, No. 4 (2003), pp. 305~318; L. Dershem, T. Dagargulia, L. Saganelidze and S. Roels, *NGO Network Analysis Handbook: How to Measure and Map Linkages Between NGOs* (Tbilisi, Georgia: Save the Children, 2011).

[23] Ann Kent, "China's International Socialization: The Role of International Organization," *Global Governance*, No. 8 (2002), pp. 343~364.

[24] Michael Barnett and Martha Finnemore, *Rules for the World: International Organizations in Global Politics* (NY: Cornell University Press, 2004).

[25] 同註 24。

NGO 之間的變化，亦即：當這些國際行動者從國際層次轉向國內層次時，是否仍會以同樣的方式形成倡議聯盟？或是將隨著活動場域的變化而出現不同的運作方式？對於此一問題，仍須藉由經驗研究來檢驗既有理論觀點的適用能力。

三、本章觀點：聚合的國際行動者

在目前關於國際 NGO 在中國的研究文獻中，國際行動者的組織連結現象及其影響仍然是一個缺乏討論的面向。然而，從組織網絡的觀點出發，這些國際行動者的互動網絡能夠強化其適應環境與開展工作的能力；而對於相關現象的理解，有助於為學界既有之研究關懷提供重要的補充。同時，本章也將性質相近的國際組織納入研究範圍，以填補既有研究的空白。

另一方面，本章認為藉由互動網絡的建構與運作，國際行動者得以凝聚其分散的組織資源與行動能量，從而形成具有資源動員與行動協調能力的集體行動者。而此種集體力量的聚合，有可能促使國際行動者在中國國家社會關係的變遷中，扮演更為積極的角色。但在聚焦於組織個體或組織群體的分析視野中，很難對這種集體行動的發展與運作進行細緻的觀察；而組織網絡的分析視野正能提供重要的補充。此外，藉由組織網絡的經驗研究，也有助於檢視跨國倡議網絡在理論應用上的適用性。

下文將以愛滋防治領域中的國際行動者為例，對上述觀點進行經驗上的檢證。具體而言，本章聚焦在以下幾組問題：首先，此一領域中的國際行動者是否已經發展出密切的互動關係？而此一互動網絡的內在結構呈現出何種特徵？其次，此一互動網絡的發展動力及其影響為何？其三、組織網絡的發展是否已經促使國際行動者的組織集體行動？相關現象又將如何影響中國國家社會關係的變化？

參、研究方法與分析架構

一、研究對象

　　本章以活動在中國愛滋防治領域的國際行動者作爲研究對象，並且聚焦在此類行動者所建構的組織互動網絡。愛滋病是全球性的人類發展危機，而 1990 年代以後中國愛滋疫情的迅速惡化也引發國際社會的高度重視。[26]2002 年起中國政府正式承認愛滋疫情的嚴重性並展開積極治理，而大量的國際 NGO 也開始投入此一領域，並且使其成爲目前國際 NGO 在中國最爲活躍的幾個領域之一。[27]根據吳逢時（Fengshi Wu）的調查，本世紀初期涉入中國愛滋問題的國際 NGO 僅有十餘家，而在 2004 年已經大幅增加至超過 50 家；同時，這些國際 NGO 也普遍呈現出獨立開展工作、具有穩定組織運作、廣泛介入其他領域工作與關注愛滋問題不同面向等特性。[28]（圖 5.1）

　　愛滋病在中國的擴散途徑主要有三：血液傳播、性傳播與針具傳播。這三種擴散途徑各自有其不同的分布區域、社會成因與影響，也分別吸引不同的國際行動者投入。本章主要觀察的是關注華北省分愛滋問題（以血液傳播爲主）的國際行動者。同時，由於愛滋擴散涉及的社會因素相當廣泛，涉入此一議題的行動者也分別來自衛生健康、扶貧援助、婦女與兒童福利、勞工權益等不同領域，從而呈現出高度的多樣性。

---

[26] Zunyou Wu, G. Sullivan Sheena, Wang Yu, Rotheram-Borus Mary Jane, and Detels Roger, "Evolution of China's Response to HIV/AIDS," *The Lancet* 369, No. 9562 (2007), pp. 679~690.

[27] 中國發展簡報，前引書。

[28] Fengshi Wu, "International Non-Governmental Actors in HIV/AIDS Prevention in China," *Cell Research*, Vol. 15, No. 11~12 (2005), pp. 920~921.

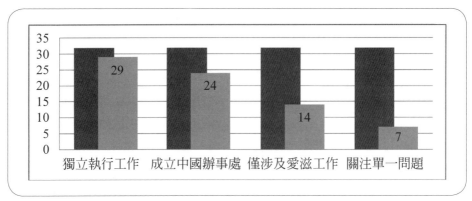

圖5.1　涉入中國愛滋問題國際NGO的基本情況（總數爲32）

資料來源：Fengshi Wu, "International Non-Governmental Actors in HIV/AIDS Prevention in China," *Cell Research*, Vol. 15, No. 11~12 (2005), pp. 920~921.

二、研究方法與資料

　　在觀察國際行動者的互動關係時，本章使用兩種不同類型的經驗資料與分析方法。本章使用社會網絡分析（social network analysis）中的結構分析（structural analysis）方法，對於組織網絡的整體發展程度與結構分化趨勢進行描述與評估。[29] 使用的組織關係資料來自在 2007 年 7-9 月間進行的組織問卷調查，原始調查對象包括愛滋領域中 85 個不同類型的非政府行動者；本章主要針對其中 5 個國際組織與 21 個國際 NGO 進行局部網絡（local network）的分析。問卷內容的設計旨在探查組織之間不同的互動方式。依據 Laumann and Knoke，資訊流動、資源交換與行政連結是組織互動關係的三種主要類型；[30] 由於組織運作的獨立性是國際 NGO 的

---

[29] 社會網絡分析方法的介紹，請見：熊瑞梅，「社會網絡的資料蒐集、測量與分析」，章英華主編，社會調查與分析（台北：中央研究院民族學研究所，1995 年），頁 313~356；Wouter de Nooy, Andrej Mrvar and Vladimir Batagelj, *Explotatory Network Analysis with Pajek* (Cambridge: Cambridge University Press, 2005).

[30] Edward O. Laumann and David Knoke, *The Organizational State* (Madison: The University of Wisconsin Press, 1987).

常態，因此本章主要觀察這些組織之間的資訊流動關係所形成的「溝通網絡」，以及由資源交換關係形成的「合作網絡」。溝通網絡是指組織之間常態性的進行以意見交換與工作諮詢爲主的互動，合作網絡則是指組織之間共同參與特定工作，或是具有委託或長期支持的關係。[31]

　　另一方面，筆者在 2006 年 7 至 8 月與 2007 年 7 至 9 月間進行田野調查，對 12 個國際行動者（3 個國際組織、9 個國際 NGO）的負責人或相關業務承辦人進行深入訪談。田野訪談獲得的質性資料，有助於理解組織行動者對於發展互動關係的動機、過程與影響的認知。基於研究倫理的考量，文中大多數組織與訪談對象均以代號表示，但取材自公開文件與媒體報導等次級資料的事件與案例除外。同時，雖然網絡分析在結合能夠呈現組織背景差異的屬性資料（如組織規模、運作型態、業務範圍、活動地域等）後，能夠更完整的探討影響組織互動關係的潛在原因，但屬性資料也容易暴露研究對象的眞實身分，因此本章不進行深入分析。

肆、互動網絡的測量

　　利用組織互動關係的調查資料進行社會網絡分析，能夠對愛滋治理領域中國際行動者的組織關係網絡進行整體層面的描述性分析。本節首先說明此一組織網絡的互動程度，其次說明組織網絡內部的結構型態。最後綜合說明相關分析結果在經驗現象上的意義。

一、組織的互動程度

　　網絡分析可以將組織之間的互動關係呈現爲由節點（nodes）與連結（ties）共同構成的網絡圖像，有助於對組織網絡的互動情況進行直觀的觀察。在圖 5.2 與圖 5.3 中，分別呈現出愛滋領域國際行動者的溝通網絡

---

[31] 問卷的基本形式與較詳細的概念操作化說明，請見本文附錄。

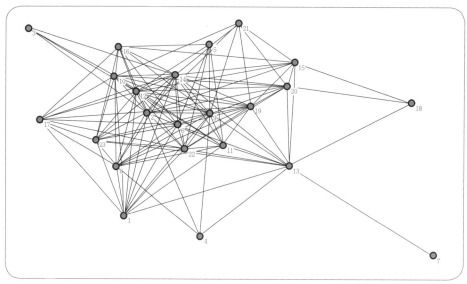

圖5.2　23個國際行動者的溝通網絡

與合作網絡。同時，以下分析也使用網絡分析計算網絡內部的密度（Density）指數，用以評估組織網絡的緊密程度，亦即實際存在的組織關係總數量與最大可能總數量的比例，密度愈高表示網絡成員彼此之間的凝聚程度愈高。

　　在溝通網絡（圖5.2）中，呈現出愛滋領域的國際行動者彼此之間具有相當緊密的互動。此一網絡的密度為0.50，亦即在23個組織中，每一個組織平均擁有11個互動對象。同時，大部分的組織都至少與四個組織維持穩定的資訊交換關係，僅有兩個組織（組織代碼7、18）擁有的連結對象少於四個，在網絡中居於邊緣位置。另一方面，擁有互動對象最多的幾個組織（如組織代碼9、12、2、14），其各自的互動範圍則涵蓋了群體中八成左右的行動者。換言之，大部分愛滋領域中的國際行動者，彼此之間存在相當完整的溝通管道，使其能夠迅速的藉由組織互動獲得此一領域中的不同資訊。

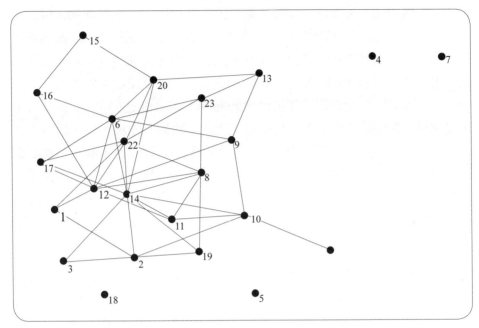

圖5.3　23個國際行動者的合作網絡

　　相對而言，合作網絡呈現較爲稀鬆的網絡結構。此種互動網絡的密度爲 0.169，代表每個組織平均與 3.7 個不同的組織存在涉及資源流動的合作關係。其中，有四個組織（代碼 4、5、7、18）缺乏資源交換對象，代表它們完全依賴自己的力量開展工作，而不與其他國際行動者共同合作，並且在合作網絡中明顯的均於邊緣的位置。相對而言，有 15 個組織至少與三個以上的組織存在資源交換關係，而互動範圍最高的四個組織則均涵蓋了七成左右的行動者。（組織代碼 22、6、12、14）此一現象表示在中國愛滋治理領域中，國際行動者彼此合作開展工作已經是相當普遍的現象。

　　藉由與其他類似研究的比較，有助於進一步理解此處網絡密度在經驗現象上的意義。在國際層次上，Shumate 等人的研究指出 2001 年涉入全球愛滋防治的國際 NGO 所形成的互動網絡中，溝通網絡的密度約爲

0.01。[32] 而中國愛滋領域中國際行動者的溝通網絡密度則爲 0.50，遠高於相似的國際 NGO 在國際層次的互動情況。換言之，國際 NGO 雖然可能同時在國際社會與中國內部開展工作並進行互動，但國內互動網絡並非單純延伸自國際社會中的既有互動，而存在其他促進網絡發展的動力。另一方面，吳逢時的研究提出了不同時段的觀察，其指出 2003 年 32 個涉入中國愛滋防治的國際 NGO 中，有高達九成的組織獨立開展工作。但本章在 2007 年的調查結果，完全沒有合作對象的組織卻只剩下 4 個，不到總數的兩成。換言之，2003 至 2007 年間，國際行動者快速的由獨立運作轉向合作工作。事實上，國際行動者積極投入愛滋領域，是在 2003 年中國政府開始積極治理愛滋問題之後。[33] 吳逢時與本章研究結果的差異，正反映出國際行動者在組織互動關係上的動態變遷趨勢。

進一步來看，相關研究與本章分析結果的差異，呈現出國際行動者在適應中國社會並開展實務工作的過程中，組織互動關係的開展具有重要的意義。然而，中國的社會條件與制度環境如何促使國際行動者發展出更緊密的互動關係，以及國際行動者透過網絡的建構與運作得到何種資源或能力？後文將透過組織訪談資料提出進一步說明。

二、組織網絡的結構分化

前述分析只是簡單的描述組織網絡的基本情況，而組織網絡的結構分析則藉由呈現網絡內部結構分化的情況，觀察不同組織在互動關係上的差異性，以及隱含在網絡成員彼此之間的權力互動關係。表 5.1 中列出 23 個組織在溝通網絡與合作網絡中各自擁有互動對象的數量，並且依照比例

---

[32] Michelle Shumate, Janet Fulk and Peter Monge, "Predictors of the International HIV-AIDS INGO Network Over Time," *Human Communication Research*, Vol. 31, No. 4 (2005), pp. 482~510.

[33] Fengshi Wu, "International Non-Governmental Actors in HIV/AIDS Prevention in China," *Cell Research*, Vol. 15, No. 11~12 (2005), pp. 920~921；王占璽、王信賢，「中國社會組織的治理結構與場域分析」，台灣政治學刊，第 15 卷第 2 期（2011 年），頁 115~175。

表5.1　互動網絡中的不同群體

邊緣成員			主體成員			核心成員		
組織代碼	溝通網絡	合作網絡	組織代碼	溝通網絡	合作網絡	組織代碼	溝通網絡	合作網絡
7	1	0	16	10	3	22	14	7
18	3	0	17	10	4	6	15	7
3	4	2	1	12	3	9	17	4
4	4	0	11	12	4	12	17	8
5	6	0	20	12	5	2	18	5
21	7	1	23	12	4	14	18	10
15	9	2	8	13	6			
			13	13	3			
			19	13	3			
			10	14	5			

大致分爲邊緣、主體與核心三個不同的網絡成員群體。藉此，可以更清楚的發現國際行動者互動關係的分布情況。整體而言，國際行動者在溝通網絡與合作網絡中的互動對象大致呈現正向的關係，亦即具有愈多資訊交換關係的組織，通常也具有較多的資源流動關係。同時，網絡中的組織連結並非平均分布在所有組織之間，說明組織關係的建立不是隨機發生的，而是受到特定因素的影響。

　　在就此開展討論前，我們仍須進一步檢視組織網絡的結構分化情況。以下分析使用三個網絡分析指標：centrality、Bi-component 與 K-core。[34] 表 5.2 呈現溝通網絡與合作網絡在這三個指數上的分析結果，以下進一步說明這些指數的作用與分析結果的意義。

---

[34] 關於這些指標的明確定義與其計算方式，請見：Wouter de Nooy, Andrej Mrvar and Vladimir Batagelj, *Explotatory Network Analysis with Pajek* (Cambridge: Cambridge University Press, 2005).

表5.2　國際行動者互動網絡v的結構分析

	溝通網絡	合作網絡
centrality	0.34632	0.31168
Bi-component	1	5
K-core	9/15	3/15

　　Centrality（集中度）用以估計網絡中的互動關係是否集中在少數的行動者身上；互動關係的集中程度愈高，通常代表這些行動者影響其他網絡成員的能力愈強，並且在群體中具有較高的聲望與社會支持。[35] 表5.2中溝通與合作網絡的集中化程度都是介於0.3~0.4之間，而合作網絡的集中化程度略低於溝通網絡。此一結果表示網絡中部分成員的互動範圍高於整體的平均。依據組織網絡分析的觀點，組織擁有關係的數量將影響其在網絡成員間的影響力。[36] 換言之，在溝通網絡中具有較多互動對象的幾個組織，能夠作為群體中的意見領袖或主要的資訊傳播者，而合作網絡中擁有較大互動範圍的組織，則較有機會協調其他成員的行動。然而，兩個網絡的集中化程度並未超過0.4，反映出網絡中並未出現能夠壟斷資訊流動或資源交換的權威行動者。

　　Bi-component 指數檢測網絡中是否存在明顯的次級團體（subgroup）或派系（cluster）；網絡中的次級團體表示此一小群體內的成員彼此之間存在高密度的互動關係，但與其他次級團體的成員缺乏互動。[37] 當網絡中出現兩個以上的次級團體，通常反映出網絡成員已經分化為互不聯繫甚至彼此排拒的陣營。在這項分析結果中，兩種網絡分別為1（溝通網絡）與5（合作網絡），表示兩種網絡中各存在一個次級團體與五個次級團體。然而，由於此一指標是將合作網絡中完全孤立的四個組織各自視為一個獨立的次級團體，若將之排除則合作網絡仍然呈現為單一次級團體的情況。此

---

[35] 同註34。

[36] 同註34。

[37] 同註34。

一結果反映出網絡成員的互動範圍雖然有所差異，但並未分化為兩個以上互不聯繫的次級團體。而此種網絡結構型態中，也並不存在隔絕組織建立聯繫的「結構洞」與扮演聯繫中介者的「結構橋樑」角色。[38] 此種情況說明大部分網絡成員彼此之間的溝通管道與合作機會是相當暢通的。

在表 5.1 中，大致區分出網絡中的邊緣、主體與核心成員；而 $K\text{-}core$ 指數則以更為嚴謹的方式計算出網絡的主要參與者。$K\text{-}core$ 在整體網絡中析離出一個密度較為適中（即 k 值）但包含較少成員的次級網絡，藉此判斷在排除特別邊緣的行動者之後的組織互動網絡，以及此一次級網絡的密度與組織數量，有助於進一步勾勒出兩種網絡中的主體成員。[39] 在溝通網絡中 $K\text{-}core$=9/15，代表網絡中存在一個組織數量為 15，最低互動對象為 9 的次級網絡；合作網絡中則可以析離出一個組織數量同樣為 15，而最低互動對象為 3 的次級網絡（$K\text{-}core$=3/15）。換言之，在組織網絡中，存在一個包括 15 個成員的組織社群；社群中的成員彼此之間具有廣泛的資訊交流對象，並且至少與三個組織合作開展工作。

整體而言，組織網絡的分析結果指出：在中國愛滋領域中的國際行動者已經發展出一個具有多元溝通管道與合作關係的組織網絡，而不是彼此獨立而互不相涉的分散組織。另一方面，兩種網絡呈現出初步的結構分化趨勢：群體中存在幾個具有意見領袖地位或協調能力的行動者，同時也有少數組織的互動範圍遠低於平均的情況。此一「核心—邊陲」的分化現象，代表組織間的互動並不是隨機產生。此外，組織網絡並未分化為互相隔絕的小團體，代表作為主體成員的組織相互之間的互動機會是相當開放的。

---

[38] Ronald Burt, "Structural Holes and Good Ideas," *American Journal of Sociology*, Vol. 110, No. 2 (2004), pp. 349~399.

[39] 同註 34。

伍、組織網絡的發展動力與影響

組織網絡分析在整體層次描述了國際行動者的實際互動情況，卻也提出更多需要解答的問題：此一互動緊密的組織網絡是如何形成的？爲何某些組織比其他組織擁有更大的互動範圍與潛在影響力？組織網絡的運作又將如何影響國際行動者在中國的活動？在本節中，將以組織深入訪談的資料爲基礎，分別從微觀層次的組織選擇與宏觀層次的組織環境兩個面向進行說明，同時也將評估組織網絡的運作對國際行動者的影響。

一、組織選擇：國際行動者爲何發展互動關係？

（一）提高組織的生存機會

組織環境中資源分配或治理規則的不確定性（uncertainty），是促使組織建立互動關係的基本動力。國際行動者並不缺乏實質的組織資源，但中國政府對於國際 NGO 的管理策略，卻直接決定了其在中國的活動空間與生存機會。目前中國仍然缺乏完善而成熟的管理體制，而各種作爲替代方案的非正式制度安排也缺乏明確的規範。[40] 例如在管理體制方面，目前只有極少數國際 NGO 能夠依循民政部公布的「境外基金會管理辦法」取得完整的合法地位；[41] 而在非正式管道方面，不論是透過工商註冊、政府承認的國際合作或是掛靠在地方政府行政部門，都仍存在相當程度的不確定性。[42] 中國相對曖昧的制度規範往往使國際 NGO 無所適從，並且提高了組織運作的成本與風險。

在此種具有高度不確定性的組織環境中，新進的國際 NGO 往往會透

---

[40] Hsia Yuan-jan and Lynn T. Whyte, "Working Amid Corporatism and Confusion: Foreign NGOs in China," *Nonprofit and Voluntary Sector Quarterly*, Vol. 31, No. 3 (2002), pp. 329~351.

[41] 林德昌，「全球公民社會對國際非政府組織在中國大陸發展的影響」。

[42] 同註 40。

過其他國際 NGO 提供的經驗與資訊，了解在中國開展工作的可行路徑與潛在障礙，甚至藉由較早進入中國的國際 NGO 所累積的社會資源，降低在初期工作開展時面對的困難。例如一個在國際社會擁有龐大資源的國際 NGO：C 組織，便指出在適應中國環境的過程中，其他國際行動者的幫助具有重要意義：

> 我們剛進入中國時，在UNTG認識很多人，得到很多意見和機會。對於我們初期的工作進行有很大的幫助。（訪談記錄20070823）

> （＊UNTG為聯合國愛滋病專題組之簡稱，後文將有進一步討論）

而另一個已經順利在民政部註冊為境外基金會的知名國際 NGO，其駐華負責人也表示：

> 我在中國工作了很長時間。很多國際NGO在進入中國時，都是找我幫忙。要找哪個部門、找哪些人、透過哪些管道，還有背後的各種潛規則，都不是國際NGO從外邊可以理解的。（訪談記錄20101210）

（二）強化組織的行動能力

組織發展互動關係的另一個重要動力，是藉由資訊的流動或資源的交換，提高組織的行動能力。在以資訊流動為目的的溝通關係中，組織得以獲取各種組織環境中的資訊，也有助於組織了解其他類似組織的工作經驗與成果，進而調整自身在實際工作中的方式。同時，國際 NGO 除了在本身的實踐經驗中探索與試誤外，也相當重視其他組織在實務工作中面對的問題與解決的方案，而此種經驗交流的需求也必然導致組織之間溝通關係的建立。甚至有許多在偏遠地區開展工作的國際 NGO，為了滿足即時溝通的需要而將行政總部設在北京，而非實際的工作地點。例如 AS 組織長期在雲南、四川進行少數民族工作，其負責人 C 女士便說明該組織將總

部設立於北京的原因。

> 在北京的好處是能認識人吧，讓別人瞭解我們的項目。我們的
> 項目也不要大，主要是做經驗，經驗也不一定要成功，願意交
> 流的人家都願意教你。（訪談記錄20070831）

而當組織具有良好的溝通基礎時，有可能進一步發展出具體的合作關
係。國際行動者往往各自具有不同性質的組織資源，卻也各自存在不同的
侷限。藉由合作關係的建立，能夠進行組織間異質資源的交換，進而提高
達成既定目標的能力。具體而言，國際行動者之間的合作模式大致可分為
三種類型：

第一種類型是組織之間經費與勞務的交換。例如在愛滋防治工作中，
UNESCO（聯合國教科文組織）主要關心愛滋防治教育的開展與愛滋高發
區中受影響學童的教育環境問題。該組織負責相關業務的承辦人 C 先生
便指出：

> 在UNESCO裡面負責這個業務的只有我一個人，可是上面要求
> 要有實際情況的報告。我們透過一直在河南農村工作的CC基
> 金會，他們很瞭解當地的狀況、也已經幫助了很多孩子。所以
> 就由UNESCO提供經費，委託他們調查學童的教育情況，上面
> 對結果也很滿意。類似的合作關係是我們推動業務很重要的方
> 式。（訪談記錄20060731）

而長期在中國投入生殖健康教育的 M 組織，則從國際 NGO 的角度
說明這樣的合作關係對於組織運作的重要性。該組織負責愛滋防治教育的
H 先生說：

> 我們有很好的合作伙伴，比如UN系統的國際組織，他們更多的
> 承擔資助者的角色，他們給我們錢去執行，我們給報告讓他們
> 跟上級有交代。（訪談記錄20070815）

第二種類型則採取類似「異業結盟」的方式，由合作雙方利用各自的
優勢與資源，共同開展工作。例如前述 M 組織的主要工作方式是針對工

廠、學校的基層民眾進行生殖健康知識的推廣，而 G 組織則是一個以企業部門勸募工作爲主的國際 NGO。在專注於各自工作領域的同時，兩個組織也分別存在不同的侷限。在本章調查過程中，兩個國際 NGO 正在嘗試建立能夠互補長短的合作關係。M 組織的 H 先生說明了雙方對合作關係的期待：

> G組織都在不同企業間做聯繫交流，是在表面上的交流、籌資倡導機構，而不是紮實工作的執行機構。有人批評他們不做實事，他們也很無奈，這是他們的特點。如果我們能建立合作的話，那我們效益會非常大。
>
> 比如我們想在IKEA作工作，那IKEA怎麼相信我們能作這個工作？但是IKEA是G組織的會員，GBC給他作工作，IKEA就會非常開心。在這樣的合作上，我們很樂意能在基層做事，GBC可以完成組織責任。藉由G組織的企業關係去談，那IKEA可能就會非常開心。而我們就很樂意，我們有能力到下面去工作，G組織也可以完成組織責任。大家有很多的合作可能跟合作空間。
> （訪談記錄20070815）

此外，國際行動者有時也會基於相近的理念而共同投入完全陌生的工作領域中，從而發展出第三種類型的合作關係。AS 組織與 VW 組織的合作便是一個例子。在 2007 年，全球基金（Global Fund）向中國提供了一筆龐大的愛滋援助項目，並且要求由非政府組織擔任國家級與省級的資金管理機構。事實上，AS 組織與 CS 組織都是長期在農村弱勢群體中進行援助服務的國際 NGO，但這兩個組織認爲參與全球基金的運作對於非政府組織的發展具有重要的意義，因此共同提出擔任省級管理機構（secondary actuator，簡稱 SR）的申請。AS 組織的負責人說明了此一合作過程的動機：

> 當時是跟CS組織一起申請做河南的SR……NGO在下面做事，其實很多問題相似，但是缺乏互動。SR有一個好處，可以把這些人連起來，啓發他們的想法，我們的角色可能相對比較容易。

我們兩個組織雖然沒有這方面的經驗，但是有共同的想法，就一起提出合作承辦的申請。

在三種不同的合作模式中，組織的合作關係都有助於突破組織既定能力的限制，使國際行動者能夠更有效的達成組織目標，或是將工作範圍擴展至原本不熟悉的領域，進而促使組織資源產生更大的效用。

（三）互動對象的選擇

適應環境壓力與提升行動能力的需求，是國際行動者建構組織互動關係的基本動機。然而，網絡分析的結果呈現出組織之間的互動並不是均質的，反映出國際行動者在選擇互動對象時，仍然具有一定的偏好。就此，哪些因素決定了國際行動者的互動偏好？

對於國際行動者而言，選擇互動對象的基本條件在於組織理念的親近性。國際 NGO 大多來自西方已開發國家，並且對於國際社會的主流發展理念與海外援助工作的限制有共同的認識。AS 組織便指出國際 NGO 共同分享的理念是建立關係的重要基礎：

> 都是國際機構，大家知道前提在哪裡，侷限在哪裡，也知道做國際機構的好處與壞處，有一個大的框架，從政府層面或宏觀理念看東西，比如說不能干預政府打老百姓，也可能在個別點裡面有很多政府、老百姓、草根做不對，但這些都不重要，重要的相對考慮因素全面一點。所以大家更容易溝通。

然而，在共同分享的價值與理念下，國際 NGO 彼此之間仍然具有相當大的差異。而具有相似的組織背景、運作方式或組織型態的組織，將更容易建立互動關係。例如在運作型態上，國際 NGO 可以分為提供資金挹注的「基金會」與直接投入援助工作的「運作型」援助機構兩類。[43] 前述

---

[43] 高颺，「國際 NGO：不同的起源、變化著的性質和全球化趨勢」，中國發展簡報主編，200 國際 NGO 在中國（北京：北京公民社會發展研究中心，2005 年），頁212~225。

C 組織便是一個具有龐大組織資源的基金會，該組織說明了運作型態如何
影響組織合作關係的建構：

> 合作關係是基於相互理解，而理解是從何而來？所謂的「貴族
> 基金會」都彼此瞭解各自的背景與工作取向。在各種會議中，
> 這些出錢的人比較容易聚在一起。其實這些貴族基金會在進入
> 中國前，本來就有潛在的人際關係。

此外，C 組織也指出組織的工作能力也是建立互動關係時的重要的考
量：

> 當不同的組織各自的工作有相同的技術水平時，就比較容易建
> 立合作關係。這個技術水平是很重要的。最重要的是能力保障
> 合作的資格，而具體合作則是產生進一步聯繫的紐帶。能力是
> 跟規模無關的。

另一方面，具有相同價值偏好或組織理念的組織，也更為容易發展出
互動關係。例如 AS 組織與 WV 組織同樣是基於基督教信仰而建立的國際
NGO，也因此發展出密切的聯繫。AS 組織的負責人便說：

> 我們跟VW組織一直有很緊密的關係。我們有相同的信仰基礎
> 嘛，在中國也都面對類似的問題，很容易理解彼此的需要和困
> 難。

雖然許多受訪的國際 NGO 都指出類似的組織背景有助於促進組織互
動關係，但在本章的網絡結構分析中，卻並未出現不同背景的組織各自成
群的現象。[44] 此一現象可能涉及三個原因。首先，國際行動者可能同時在
不同面向上選擇性質相近的互動對象，如前述 C 組織便強調運作型態與
工作能力的重要性。其次，組織互動關係的建構不僅涉及組織自身的選
擇，也會受到外部環境的動力所影響，後文將就此做進一步討論。其三，

---

[44] 在前文的網絡分析中，兩種網絡的主體成員為藉由 *K-core* 指出的次級網絡所包含
的 15 個組織，而其中幾乎可以看到具有各種差異屬性的國際 NGO。

本章選擇的研究對象原本就具有共同的組織目標，亦即對中國愛滋問題的
關注與投入。例如 M 組織的 H 先生便指出：

> 網絡的建立是很自然的過程，因為很紮實的在這個領域工作，
> 就有機會結識大量的機構，大家都在某方面作同樣事情的時
> 候，自然會有交流、共鳴，然後有一起做事的機會。

然而，國際行動者選擇互動對象的偏好卻仍有助於理解另一個重要的
現象，亦即誰被排除在互動網絡之外？就此，相近的背景或共享的理念有
助於組織建立互動關係，而當特定組織的運作方式無法受到其他行動者理
解或認同時，便有可能形成發展組織互動關係時的阻礙，從而使這些性質
特殊的行動者成為互動網絡中的邊緣群體。在網絡分析中居於邊緣位置的
幾個組織，便呈現出這樣的現象。

例如來自香港的中華愛心基金會（組織代碼 7）在兩種互動網絡中均
處於最為邊緣的位置，與其他國際行動者鮮少互動。事實上，該組織雖然
在名義上是在民政部註冊的境外基金會，但其實是由共青團在香港成立、
回到中國工作的非政府組織，其背景具有明顯的統戰色彩。[45] 對於該組織
與國際 NGO 群體來說，此一背景可能同時影響雙方的互動意願。另一個
邊緣案例是組織代碼 4 的聯合基金（Collaborative Fund），該組織缺乏互
動對象的情況則受其獨特的運作方式所影響。聯合基金本身是由十個不同
的國際 NGO 共同組成的國際資金挹注機制，主要的工作內容是直接向中
國的基層草根民間組織提供資金支持。[46] 既定的組織目標與運作方式，使
其不可能在中國與其他國際 NGO 開展合作關係，但其仍在溝通網絡中有
部分的資訊交換對象。

---

[45] 關於中華愛心基金會的組織背景，請見該組織設立於香港的網站之說明：http://
www.ckf.org.cn/elistinfo.asp?id=54&bcla=%E7%BB%84%E7%BB%87%E6%9C%BA
%E6%9E%84&cla=%E5%85%B3%E4%BA%8E%E6%88%91%E4%BB%AC。

[46] Collaborative Fund for Leadership and HIV Prevention, http://www.cflhp.co.za/。

二、組織環境中的網絡發展動力

　　組織互動關係的建立不只是組織個體選擇的結果，也會受到組織環境的影響。在組織環境中存在兩種影響網絡發展的重要因素，分別是制度化的互動機制以及外部的治理權威。兩者的存在不但會促進或制約組織關係的建立，也會影響組織網絡的整體發展方向，甚至形塑網絡內部的結構型態。以下將檢視這兩種因素在國際行動者互動過程中的影響。

（一）制度化的互動平台

　　制度化的互動機制是指組織之間定期進行互動的場合，在組織研究中又被稱為「場域事件」（field events）。而在中國愛滋防治領域中，由國際組織所建構的互動平台，則是促使各類國際行動者交流與互動的重要機制。

　　聯合國為整合其下不同組織在全球愛滋防治工作中的行動，創設了UN Theme Group（聯合國愛滋病專題組）作為國際組織之間進行溝通與協調的互動平台。而各國際組織在進入中國開展工作時也延續此一制度設計，定期聚會以便協調彼此在中國愛滋防治工作中的投入。除了作為既定成員的國際組織外，擔任 UNTG 召集人的 UNAIDS（聯合國愛滋病規劃署）也廣泛邀請關注愛滋防治工作的國際 NGO 參與討論，以便在更大範圍內整合不同行動者的行動與資源。而定期召開的 UNTG 會議，便成為國際行動者相互接觸與建立關係的重要管道。

　　另一方面，全球基金（Global Fund）在中國的運作也發揮了類似的功能。全球基金是一個由聯合國發起的獨立機構，旨在針對愛滋防治工作進行全球性的資金募集與挹注。[47] 自 2003 年開始，全球基金向中國提供了鉅額的愛滋防治援助資金。依據全球基金的規定，接受援助的國家必須成立一個國家級機構監管資金的分配與運用，而此一機構中也必須包含固定

---

[47]　The Global Fund, http://www.theglobalfund.org/en/。

比例、經由定期選舉產生的國際組織與國際 NGO 代表。[48] 對於關注愛滋防治工作的國際 NGO 而言，全球基金的援助對其工作有重要影響。而國際 NGO 代表的選舉機制以及國家級監管機構的定期工作會議，也成為國際行動者維持穩定互動的重要機制。

UNTG 與全球基金的穩定運作，為國際行動者的互動提供了良好的制度化平台，促使不同類型的國際組織與國際 NGO 定期接觸與相互了解。然而，在組織網絡的建構過程中，此一制度平台也具有另一個重要的作用，亦即強化國際組織與國際 NGO 之間的互動關係。以 UNAIDS 與全球基金為主的國際組織，是前述兩種互動平台的建構者與召集者。因此藉由互動平台的運作，它們得以與所有參與的國際 NGO 建立互動關係，進而在組織網絡中具有重要的位置。從本章網絡分析的結果來看，網絡中包括五個國際組織（組織代碼：1、12、17、22、23），這些國際組織在兩種互動網絡中均具有高於平均值的互動範圍；特別是聯合國愛滋病規劃署（組織代碼 12）在兩種網絡中都位居相當核心的位置。而此一核心位置，也促使其在國際行動者之間得以扮演意見領袖與資源協調的功能。

（二）國家的角色

在組織網絡的研究中，經常指出國家藉由其壟斷的制度資源，能夠對組織網絡的運作與治理產生重要影響。然而，中國政府在嚴格管制國際 NGO 的活動時，是否也有足夠的能力介入國際行動者的互動關係，以及組織網絡的發展方向？M 組織說明了現實的情況：

> 中國政府很想做這樣的事情，中國衛生部也成立平台要求大家將所有項目去會報，但是難度非常大。主要是因為你的平台不好用，提交的東西沒有反餽。因為有時間的沒法決策、有決策能力的人沒時間處理這個事情。那個部門只能蒐集資料，不能

---

[48] Bernard Rivers，「顧問報告：中國國家協調委員會—下面幾步（2005）」，賈平主編，萌芽中的民主：2006~2007 年中國草根非政府組織代表選舉報告（中國全球基金觀察項目，2009 年），頁 22~63。

作決策，也沒法影響我們。他把意見給上面，回到衛生部裡就
會回到流於形式，上得去下不來，最後大家動力也沒有了，這
東西就名存實亡了。

　　這段訪談指出了國家主導的協調機制成效不彰的原因，卻也反映出另
一個重要的問題，亦即在國際行動者的組織網絡發展過程中，中國政府受
限於本身的行政效能，而缺乏積極介入組織網絡的能力，也因此難以充分
影響組織在互動過程中產生的行動目標與資源配置。換言之，存在於國際
行動者之間的組織互動網絡，仍然是在缺乏管制的環境中自主發展。

陸、集體行動系統與國家社會關係

　　在愛滋防治領域的國際行動者之間，已經存在頻繁緊密的組織互動
網絡。然而，此一互動網絡的建構與發展，對於中國國家社會關係將產生
何種影響？本章從 Laumann and Knoke 提出的「組織集體行動系統」（col-
lective action system）觀點進行評估與觀察。下文將討論兩個相關的問題：
首先，國際行動者的互動網絡，是否已經發展出能夠發動組織集體行動與
資源動員的集體行動系統？其次，國際行動者的互動網絡，又將對中國本
土社會力量的發展將產生何種影響？

一、國際行動者的集體行動：GIPA原則的推廣

　　在中國愛滋治理領域中，組織的溝通網絡與合作網絡已經具備一定的
規模，而此一組織網絡是否也已經具備產生組織集體行動的條件？各種國
際行動者又在何種程度上能夠協調彼此的目標與行動？本章以在愛滋治理
領域中相當重要的「GIPA 原則」在中國的擴散與實踐作為案例進行討論。

　　GIPA 原則是指：促進愛滋病病人、感染者及受愛滋病影響的人們更
大程度地參與。（Greater Involvement of People Living with or Affected by
HIV/AIDS, GIPA）這是一項國際社會在愛滋防治上普遍強調的指導性工

作原則與行動框架。而促進 GIPA 原則在各國的實踐，則是 UNAIDS 的組織核心目標之一。UNAIDS 駐華代表處的官員，說明了該組織在此一面向上的工作：

> UNAIDS在成立時，GIPA就是重要的宗旨之一。UNAIDS本身的任務在於協調不同的機構與資源，並且倡導理念與方法。UN-AIDS希望能夠動員更多的力量與資源，在不同的部門間進行資訊的交換與資源的協調。

在將 GIPA 的理念引進中國社會的初期，UNAIDS 所謂的協調與動員工作主要是協調國際 NGO 投入 GIPA 的推廣。例如 M 組織便在此一階段發揮了重要的影響力。M 組織指出：

> 愛滋病最有效的是受影響人群自己去作，但是早期這不是一個大家意識到的問題。……我們從2001年開始，那時候在中國愛滋病的國際合作項目非常少，GIPA原則在中國則是沒有聽過的名詞。那時我們覺得比較理解這個東西，那我們來作，大家有錢出錢、有力出力。

在 GIPA 原則的行動框架下，一個重要的環節是協助基層感染群體成立 NGO，並且提升其組織運作能力；亦即促進公民社會的發展與參與。而在此一面向上，也可以看到不同國際行動者共同努力的軌跡。從 2003 年後，中國本土的愛滋 NGO 迅速增加，而幾個重要國際行動者的共同協助具有重要影響。例如 UNAIDS 協助這些以感染者為主體的草根組織取得政府部門的接納與認同，福特基金會與中英愛滋病合作項目提供組織創見與運作的經費，而 M 組織則負責協助這些本土 NGO 建立組織內部的財務系統與組織運作架構。M 組織舉例說明：

> 像某個現在很有影響力的草根組織，最早出來的時候是我們跟UNAIDS、中英項目在支持；但後者沒有和它們具體合作，新的組織要怎麼成長，都是跟我們合作。一開始誰給他們什麼錢、什麼項目都是我們在經手，我們也指導他們做項目。現在使命

完成了，我們就把這些工作漸漸交出去了。

然而，也有些地方大家好像還沒意識到，等個一年半年也沒人來作，那我們就會去申請一個項目來作、推動一下。比如說我們剛啓動一個項目，看到一個空白的地方，叫積極對話，跟UNDP溝通，他們馬上支持。

UNAIDS 也指出福特基金會的投入，對於 GIPA 原則在促進公民社會參與上的實踐具有重要貢獻：

在公民社會的推動上，福特基金會就一直投入很多，包括調查、研究、組織支持等工作，是我們在中國很重要的合作夥伴。

在這樣的組織支持工作中，UNAIDS、UNICEF、UNDP、福特基金會、中英項目與 M 組織等不同性質的國際行動者，各自從不同的角度協助中國愛滋感染者以 NGO 的方式投入社會參與工作，從而促使此一領域公民社會力量得到迅速的發展。值得注意的是，對於原本專注在生殖健康教育與醫療服務工作的 M 組織而言，從事 GIPA 原則的理念倡導與組織支持工作，已經大幅脫離組織本身的既定目標與工作模式。同樣的，許多國際NGO 也透過不同的方式支持各種與 GIPA 原則相關的倡導活動或實踐行動。例如 AS 組織便指出：

雖然我們主要的工作模式是在基層農村投入發展與救助工作，但是我們也一直努力在不同組織間提倡GIPA原則的落實。

在中國社會倡導 GIPA 原則並推動其實踐的過程中，可以發現不同國際行動者之間的分工協作。此一合作模式與一般組織合作關係存在許多不同之處。首先，此一合作行動的目標已經超越了許多國際 NGO 既有的工作範圍，組織投入相關行動的目的不在於提升組織自身的工作機會與行動能力，而是基於對共同理念的認同。其次，相關行動同時結合了數個不同性質的國際行動者，也因此涉及更爲複雜的資源動員與行動協調過程。其三，在各種國際行動者的投入過程中，UNAIDS 在組織之間的資源動員與

行動協調上扮演了相當重要的角色，使不同行動者的組織能力得以充分的發揮。

　　持平而論，國際行動者在中國社會推動 GIPA 原則的行動，並不是一個高度組織化的集體行動。但從前述幾項差異中，仍然可以發現國際行動者的集體行動系統已經漸具雛形。而此種集體行動系統的存在，以及可能藉此出現的組織集體行動，代表國際組織與國際 NGO 在中國社會開展的行動及其影響，不僅存在於組織個體的工作中，也同時可能藉由組織的集體行動產生作用。

二、促進本土社會組織的連結

　　本章的經驗分析著重在國際行動者內部的互動網絡，但此一互動網絡的運作也將對中國公民社會的發展產生具體影響，特別是其有助於促進本土 NGO 互動關係的發展。如前所述，目前已經有許多研究討論國際 NGO 與本土 NGO 的互動；另一方面，汶川地震後，中國本土社會組織的組織連結現象及其影響也開始受到學界的關注。[49] 然而，目前的研究很少注意到這兩種現象的相互影響。然而，從組織網絡的視野觀察國際行動者與本土社會組織的互動過程，有助於理解這兩種現象之間的潛在關係。[50]

　　在圖 5.4 中，呈現出由三個國際行動者（A、B、C）與六個本土社會組織（A1、A2……C1、C2）共同構成的組織網絡。而在此一互動網絡中，本土社會組織至少有兩種途徑建立彼此的互動連結。第一種建立連結的方式，是兩個社會組織（如 A1、A2）藉由與同一個國際行動者（A）的合作關係而產生的組織互動。具體而言，國際行動者經常藉由與本土社會組織的合作推展工作，同時往往具有多個不同的合作對象，並且由此形成一

---

[49] Shawn Shieh and Guosheng Deng, "An Emerging Civil Society: The Impact of the Sichuan Earthquake on Grassroots Associations in China," *The China Journal*, No. 65 (2011), pp. 181~194.

[50] 在中國本土社會組織發展互動網絡的過程中，涉及的環境條件與互動機制相當複雜，而此處僅針對國際行動者互動網絡在前述過程中的作用進行探討。

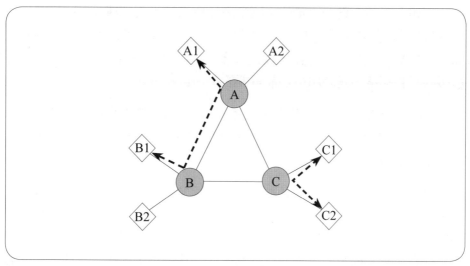

圖5.4　社會組織與國際行動者的組織連結

個小型的合作網絡。而這些社會組織能夠透過作爲共同合作對象的國際行動者，建立彼此之間的聯繫與互動。

　　然而，社會組織藉由上述方式所能接觸的對象，在範圍上仍然受限於單一國際行動者本身的本土互動網絡。而在第二種建立連結的方式中，則是兩個分別與不同國際 NGO 合作的本土組織，藉由國際 NGO 之間的互動關係獲得彼此接觸的機會。如圖中 A1 與 B1 之間的聯繫。在此一情況中，兩個國際行動者之間的互動關係不僅促進組織之間資訊與資源的交換，也爲兩組小型工作網絡的接觸提供了重要的機會。換言之，國際行動者的連結能夠作爲整體網絡中的「結構橋樑」（structural bridge），進而促使本土社會組織得以在更大範圍中接觸不同性質的互動對象。

　　整體而言，國際行動者與本土社會組織的互動網絡、國際行動者之間的互動網絡，以及本土 NGO 的互動網絡，三者之間實際上是相互連結而彼此強化的。而本土 NGO 藉此過程建立連結的機會，在很大程度上決定於國際行動者的意願。事實上，許多國際行動者都有意識的在推動此種工作網絡的建構與擴展，甚至積極建立以本土組織作爲對象的制度化互動平

台。例如全球基金資助大量的中國愛滋社會組織投入基層愛滋防治工作，同時也以「培訓會」、「能力建設」的方式，要求接受資助的組織共同參與。而在 GIPA 原則的推廣工作上投入甚多的 M 組織，也指出建構本土社會組織的互動網絡，是該組織目前重要的工作目標：

> 我們第一階段的引入使命完成了。後來第二階段是大家都冒出
> 來了，但是要有共識、要形成網絡。所以我們辦了一些活動，
> 推動網絡形成。

更進一步來看，組織互動範圍的不斷延伸，將逐漸形成一個同時涵蓋本土社會組織與國際行動者的大型組織網絡。理論上，不同組織互動程度的增加，將使此一組織網絡的內部凝聚力得到強化，進而培育出由國際與本土社會力量共同參與的集體行動系統。而在現實上，雖然目前仍然很難透過經驗研究清楚的描述此一網絡的動態發展過程，卻已經可以從實際現象中看到集體行動系統的運作軌跡。例如在汶川震災的救援行動中，國際NGO 與本土社會組織已經出現初步的集體動員能力與行動協調機制。[51] 而隨後幾年，在青海玉樹、四川雅安等地進行災後救援的行動中，則更清楚的呈現出本土 NGO 在跨組織協調工作上的發展。[52] 這些組織之間橫向連結的發展趨勢，不但說明集體行動系統已經逐漸成形，也是未來中國公民社會發展的重要方向。

柒、討論與結論

本章在組織網絡的分析視野下，對於中國愛滋領域中國際行動者的互

---

[51] 徐夏，「中國民間組織在地震中成長」，南都週刊，2008 年 5 月 30 日。http://past.nbweekly.com/Print/Article/5018_0.shtml。

[52] 吳燕，「從汶川到雅安，中國 NGO 的成長」，紐約時報中文網，2013 年 4 月 28 日。http://cn.nytimes.com/china/20130426/cc26ngo；吳珊，「民間救援從散兵到聯盟」，深度週刊，2013 年 4 月 24 日。http://www.chinadevelopmentbrief.org.cn/newsview.php?id=7336。

動網絡進行描述與分析。網絡分析結果指出，此一領域中的國際行動者已經發展出綿密的溝通管道與合作關係，同時網絡結構的分化也反映出意見領袖的存在。而組織訪談資料則說明此一互動網絡的發展動力，來自組織適應環境不確定性與強化行動能力的需求，以及存在於組織環境中的互動平台。另一方面，對於國際行動者而言，組織網絡的發展不僅提升其個別的行動能力，也促成了組織集體行動系統的出現。換言之，國際 NGO 並非僅是各自開展工作，同時也能夠藉由組織資源及行動能力的整合，在關注的議題領域中展現聚合的力量。相關現象也說明在觀察國際行動者在中國的運作與影響時，不應忽略這些組織之間的互動連結與集體行動。

本章的觀察也有助於檢視 TAN（跨國倡議網絡）理論在中國的解釋能力。國際組織與國際 NGO 的互動網絡及其對應的集體行動系統，其實正反映出跨國倡議網絡的運作軌跡，但集體倡議行動的實際發展過程卻並非完全依照 TAN 理論所提出的「迴力鏢」模式。在「迴力鏢」模式中，國際 NGO 是倡議網絡建構過程中的重要動力，而國際組織則相對被動的回應國際 NGO 的訴求。然而，本章的網絡結構分析與組織訪談資料都指出：在互動網絡的發展以及組織集體行動的推動上，國際組織都是具有重要影響力的關鍵行動者。國際組織的積極作用一方面說明 TAN 理論的解釋模型有可能需要進行局部修正，另一方面也代表國際組織在中國社會內部的影響應該受到更多的重視。

另一方面，國際 NGO 與中國公民社會發展之間的關係，一直是學界持續關注的問題。對此，國際行動者互動網絡的建構未必能夠直接促進本土 NGO 組織能力的強化或是自主性的提升，但卻有可能促進本土 NGO 在組織橫向連結上的發展。事實上，本土 NGO 之間的組織連結網絡與集體行動現象，已經成為觀察中國公民社會發展趨勢的新興焦點；而存在於國際行動者的互動網絡，有可能是本土 NGO 建立連結過程時的重要基礎。兩種組織網絡的相互作用如何進行，仍有待更完整的經驗研究加以釐清，本章希望提出一個初步的思考方向供後續研究參考。

最後，國際行動者在中國國家社會關係中的位置、角色與作用，仍是

此一研究領域中的核心議題。然而，對於國際行動者在中國社會的運作方式與影響機制，吾人的理解仍然相當有限。後續研究的開展需要更多經驗資料的積累，同時也應留意不同的分析視野與研究層次，甚或進行嚴謹的理論假設建構與經驗檢證工作，以期提出更爲清晰的理解圖像。本章對於組織網絡的觀察分析，旨在提出一個在不同分析視野下進行的初步經驗觀察，但仍在資料與方法上存在若干具體限制。對於相關問題的完整理解，仍有待更多後續研究的投入。

參考文獻

一、中文部分

中國發展簡報，**200 國際 NGO 在中國**（北京：北京公民社會發展研究中心，2005 年）。

王占璽、王信賢，「中國社會組織的治理結構與場域分析」，**台灣政治學刊**，第 15 卷第 2 期（2011 年），頁 115~175。

朱建剛，「國際 NGO 與中國地方治理創新—以朱三角爲例」，**開放時代**，2007 年第 5 期，頁 34~49。

李宗榮，「在國家權力與家族主義之間：企業控制與台灣大型企業間網絡再探」，**台灣社會學**，2007 年第 13 期，頁 173~242。

辛翠玲，「從中國人權問題看國際人權團體的影響力—論國際非政府組織及其連結作用」，**政治科學論叢**，2003 年第 19 期，頁 181~202。

林德昌，「中國大陸國家與社會關係的演變模式：一項理論上的探索」，**遠景基金會季刊**，第 7 卷，2006 年第 4 期，頁 1~41。

_____，「全球公民社會對國際非政府組織在中國大陸發展的影響」，**東吳政治學報**，第 28 卷，第 4 期（2010 年），頁 93~146。

郎友興，「外國非政府組織與中國村民選舉」，**浙江學刊**，2004 年第 4 期，頁 143~150。

馬秋莎，「全球化、國際非政府組織與中國民間組織的發展」，**開放時代**，2006 年第 2 期，頁 119~138。

高飈，「國際 NGO：不同的起源、變化著的性質和全球化趨勢」，中國發展簡報主編，**200 國際 NGO 在中國**（北京：北京公民社會發展研究中心，2005 年），頁 212~225。

熊瑞梅，「社會網絡的資料蒐集、測量與分析」，章英華主編，**社會調查與分析**（台北：中央研究院民族學研究所，1995 年），頁 313~356。

劉玉蘭、張黎夫，「國際勞工非政府組織與中國地方政府的博弈——基於兩個個案的分析」，**江蘇工業學院學報（社會科學版）**，2009 年第 4 期，頁 22~24。

戴光全、陳欣，「國際 NGO 在中國——愛滋病合作項目個案的社會人類學觀察」，社會科學家，2009 年第 9 期，頁 100~103。

韓俊魁，境外在華 NGO：與開放的中國同行（北京：社會科學文獻出版社，2011 年）。

二、英文部分

Barnett, Michael and Martha Finnemore, *Rules for the World: International Organizations in Global Politics* (NY: Cornell University Press, 2004).

Burt, Ronald, "Structural Holes and Good Ideas," *American Journal of Sociology*, Vol. 110, No. 2 (2004), pp. 349~399.

Dershem, Larry, T. Dagargulia, L. Saganelidze and S. Roels, *NGO Network Analysis Handbook: How to Measure and Map Linkages Between NGOs* (Tbilisi, Georgia: Save the Children, 2011).

Grove, Paul, "The Roles of Foreign Non-governmental Organizations in the Development and Promotion of Village Elections in China," *American Asian Review*, Vol. 18, No. 3 (2000), pp. 111~126.

Hildebrant, Timothy and Jennifer L. Tuner, "Green Activism? Reassessing the Role of Environmental NGOs in China", in Jonathan Schwartz and Shawn Shieh eds., *State and Society Response to Social Welfare Needs in China* (NY: Routledge, 2009).

Howell, Jude, "Prospects for NGOs in China," *Development in Practice*, Vol. 5, No. 1 (1995), pp. 5~15.

Hsia Yuan-jan and Lynn T. Whyte, "Working Amid Corporatism and Confusion: Foreign NGOs in China," *Nonprofit and Voluntary Sector Quarterly*, Vol. 31, No. 3 (2002), pp. 329~351.

Keck, Margaret and Kathryn Sikkink, *Activists Beyond Borders: Transnational Advocacy Networks in International Politics* (NY: Cornell University Press, 1998).

Kent, Ann, "China's International Socialization: The Role of International rganization," *Global Governance*, No. 8 (2002), pp. 343~364.

Lang, Youxing, "External Actors in the Process of Village Elections: Foreign NGOs and China," in Zheng Yongnian and Josph Fewsmith eds., *China's Opening Society: The Non-State Sector and Governance* (NY: Routledge, 2008).

Laumann, Edward and David Knoke, *The Organizational State* (Madison: The University of Wisconsin Press, 1987).

Ma, Qiusha, *Non-Governmental Organizations in Contemporary China: Paving the Way to a Civil Society?* (London: Routledge, 2006).

Marin, Alexandra and Barry Wellman, "Social Network Analysis: An Introduction," in John Scott and Peter Carrington eds., *Handbook of Social Network Analysis* (Thousand Oake: Sage, 2011).

Moore, Spencer, Eugenia Eng and Mark Daniel, "International NGOs and the Role of Network Centrality in Humanitarian Aid Operations: a Case Study of Coordination During the 2000 Mozambique Floods," *Disasters*, Vol. 27, No. 4 (2003), pp. 305~318.

Morton, Katherine, "Transnational Advocacy at the Grassroots: Benefits and Risks of International Cooperation," in Peter Ho and Richard Louis Edmonds eds., *China's Embedded Activism: Opportunities and Constraints of a Social Movement* (NY: Routledge, 2008).

Nooy, Wouter, Andrej Mrvar and Vladimir Batagelj, *Explotatory Network Analysis with Pajek* (Cambridge: Cambridge University Press, 2005).

Scott, Richard, "Reflections on A Half-Century of Organizational Sociology," *Annual Review of Sociology*, No. 30 (2004), pp. 1~21.

_____, *Institutions and Organizations: Ideas and Interest* (Thousand Oaks: Sage, 2008).

Shelley, Becky, "Political Globalisation and the Politics of International Nongovernmental Organisations: The Case of Village Democracy in China," *Australian Journal of Political Science*, Vol. 35, No. 2 (2000), pp. 225~238.

Shieh, Shawn and Guosheng Deng, "An Emerging Civil Society: The Impact of the Sichuan Earthquake on Grassroots Associations in China," *The China*

Journal, No. 65 (2011), pp. 181~194.

Shumate, Michelle, Janet Fulk and Peter Monge, "Predictors of the International HIV-AIDS INGO Network Over Time," *Human Communication Research*, Vol. 31, No. 4 (2005), pp. 482~510.

Tan, Qingshan, "Foreign NGOs' Role in Local Governance in China," in Zheng Yongnian and Josph Fewsmith eds., *China's Opening Society: The Non-State Sector and Governance* (NY: Routledge, 2008).

Walter, Powell, "Neither Market nor Hierarchy: Network Forms of Organization," *Research in Organizational Behavior*, No. 12 (1990), pp. 295~336.

Wu, Fengshi, "International Non-Governmental Actors in HIV/AIDS Prevention in China," *Cell Research*, Vol. 15, No. 11~12 (2005), pp. 919~922.

_____, "Strategic State Engagement in Transnational Activism: AIDS Prevention in China," *Journal of Contemporary China*, Vol. 20, No. 71 (2011), pp. 621~637.

Wu, Zunyou, G. Sullivan Sheena, Wang Yu, Rotheram-Borus Mary Jane, and Detels Roger, "Evolution of China's Response to HIV/AIDS," *The Lancet* 369, No. 9562 (2007), pp. 679~690.

Zhang, Xin and Richard Baum, "Civil Society and the Anatomy of a Rural NGO," *The China Journal*, No. 52 (2004), pp. 97~112.

附錄：國際行動者互動關係的問卷調查

本章以組織關係的問卷進行組織網絡的資料蒐集，問卷的基本形式如下。問卷中包括七類漸次增強的組織互動關係（表中（0）-（6）），並由受訪組織依照與不同組織的實際互動情況進行勾選。一般而言，當組織勾選較高程度的互動情況時，也代表應具有較低程度的互動。問卷所得資料再以網絡分析軟體進行分析。本章中討論之「溝通網絡」是指兩兩組織之間存在（2）、（3）兩類互動關係；「合作網絡」則是指兩兩組織間具有（4）-（7）三類互動關係。

編號	組織名稱	（0）從未聽過這個組織	（1）聽過，但沒有接觸	（2）曾經私下交換意見但無合作	（3）曾經提供或接受業務諮詢	（4）曾經有非項目性質的合作	（5）曾經有正式的項目委託合作	（6）曾經提供或接受長期支持
01	XXX							
↓	↓							
25	YYY							

第三篇

家庭教會與災難社會學

第六章

轉型中的基督教家庭教會與
中國公民社會的建構[*]

高晨揚

壹、前言

　　2012 年 3 月，「美國國際宗教自由委員會」發表其「國際宗教自由年度報告」（2012 Annual Report, U.S. Commission on International Religious Freedom）。如同以往，中國再次被列爲「特別關注國」（countries of particular concern）之一。報告中所關注的議題，包括了中國政府繼續騷擾、威脅、逮捕、監禁未向政府登記的基督新教「家庭教會」信徒，在過去一年中有超過一千位基督徒由於參與宗教活動或提倡宗教自由而遭逮捕並判刑一年以上。內文所討論的幾個「家庭教會」的案例，其中之一是在過去幾年中引起廣泛關注的「北京守望教會」。這是一個由大學師生、專業人士、與中產階級所組成的城市型家庭教會，成員約一千人。「守望教會」原本是十幾個分散在不同家庭中的小組聚會，但在 2005 年開始制定了正式的教會規章制度，租用寫字樓場地進行聚會活動，從家庭走向公共空間。隔年開始以獨立教會的名義向政府部門申請登記，但由於「守望教會」未加入政府認可的「基督教三自愛國運動委員會」，其申請被宗教局拒絕。自 2008 年北京奧運會前幾個月開始，「守望教會」遭到北京市警方與宗教

---

[*] 本文原載於 2013 年東亞研究第 44 卷第 1 期（頁 117-154），經該刊同意後轉載，特此致謝。

局突襲，要求停止聚會，其租用場地的房東在政府施壓下提前解約，接連換了幾個租用的場地也都遇到同樣的情形。最後信徒捐獻籌款購買了一層寫字樓作爲聚會場所，但業主於教會團體付清款項後，卻在壓力下拒絕交付鑰匙。「守望教會」在無法取得任何聚會場所的情況下，並沒有再度將教會分散爲家庭聚會，反而在戶外舉行公開的崇拜聚會。2011 年 4 月至 12 月「守望教會」每周日舉行戶外崇拜的期間，大多數成員曾遭軟禁、羈押與坐牢，也有人工作被辭退，住屋被收回，一位女信徒在拘留期間遭受強暴。2012 上半年會友們已逐漸停止戶外崇拜。[1]「守望教會」引起廣泛的關注，主要原因在於，它嘗試擺脫中國家庭教會原本具有的隱匿與低調而邁向公開化，從分散在家庭的活動走向堂會式（congregational）的公眾崇拜，又積極地向政府爭取合法地位，測試政府政策底線，挑戰現存的宗教管理體制。其成員在教會公開化、堂會化、合法化方面的努力，標示出近年來一些城市家庭教會的轉型方向，具有先鋒性的意義。[2]

　　本章探討中國基督新教的城市家庭教會在近年來的發展與轉型對於中國「公民社會」的建構有何影響。「公民社會」（civil society）是一個具有多重理論意涵的概念，[3]近二十年來廣泛地被學者們用以探討東歐與蘇聯等國家抵制極權統治、邁向民主化的社會轉型過程。[4]不同的學者對此概念的界定不盡相同，有時會帶來溝通與討論上的混淆。大體而論，學者對「公

---

[1] 2012 Annual Report, *U.S. Commission on International Religious Freedom*, pp. 145~146; 另參：楊鳳岡，「從破題到解題：守望教會事件與中國政教關係芻議」，**時代論壇**（香港），2011 年 5 月 5 日，http://christiantimes.org.hk/Common/Reader/Version/Show.jsp?Pid=1&Version=0&Charset=big5_hkscs。

[2] 邢福增，「從守望教會戶外崇拜事件看中國政教關係的糾結與出路」，**時代論壇**（香港），2011 年 4 月 20 日。

[3] 對「公民社會」（civil society）不同理論意涵的討論，參考：李佃來，**公共領域與生活世界─哈貝瑪斯市民社會理論研究**（北京：人民大學出版社，2006 年），頁 17~76；Heath B. Chamberlain, "On the Search for Civil Society in China," *Modern China*, No. 19 (Apr. 1993), pp. 205~209.

[4] Gordon White, Jude Howell, and Shang Xiaoyuan, *In Search of Civil Society: Market Reform and Social Change in Contemporary China* (NY: Oxford University Press, 1996), p. 1.

民社會」的討論可區分為社會學取向與政治學取向兩層意涵。[5]從社會學取向來看，公民社會是社會成員為了保護與擴展其共同的利益或價值而自願形成的社會組織，一方面不屬於國家，另一方面也不屬於家庭或私營經濟，而享有一定程度的自主性。從政治學取向來界定公民社會，則傾向從自由主義的政治傳統將其視為建基於公民權、代表制、與法治等原則之上的一種政治社會，在其中市民主動對於被統治的方式凝聚並表達共識。在政治學取向的理解下，公民社會被視為是實現自由民主政體的條件。雖然在許多學者的討論中，上述這兩種「公民社會」的意涵時常被交互使用而不加區別，但如此一來容易假定了社會學意義上的公民社會之興起必然會導致政治民主化，而沒有看見公民社會可能同時包含了促進與阻礙民主化的社會力量。[6]美國社會學家趙文詞（Richard Madsen）進一步指出，即使公民社會的興起瓦解了極權統治，卻不必然帶來一個民主的公共領域，也可能會邁向另一個發展的方向：社會的混亂與破碎化（a chaotic fragmentation of society）。[7]在對中國公民社會的討論中，有的學者著重於評估自願性的社會組織獨立於國家的「自主性」（autonomy）程度，似乎隱含著若這些社會組織的自主性越高，實現民主化的潛能越大。這樣的討論時常將焦點放在歷史上與當代的中國是否存在西方理論意義下的公民社會，還是只存在著某種「半公民社會」（semi-civil society）或「國家主導的公民社會」（state-led civil society）的問題上，而沒有嚴肅地檢視各類社會組織的「自主性」與達致政治「民主化」之間是否有充足的內在聯繫。[8]然而也已

---

[5] 以下關於「公民社會」兩種取向的討論，參：Gordon White, Jude Howell, and Shang Xiaoyuan, *In Search of Civil Society: Market Reform and Social Change in Contemporary China*, pp. 3~4.

[6] Gordon White, Jude Howell, and Shang Xiaoyuan, *In Search of Civil Society: Market Reform and Social Change in Contemporary China*, pp. 4~6; Richard Madsen, *China's Catholics: Tragedy and Hope in an Emerging Civil Society* (Berkeley and Los Angeles, USA and London, UK: University of California Press, 1998), pp. 11~12.

[7] Richard Madsen, "The Public Sphere, Civil Society and Moral Community: A Research Agenda for Contemporary China Studies," *Modern China*, No. 19 (Apr. 1993), pp. 187~189.

[8] 例如：Baogang He, *The Democratic Implications of Civil Society in China* (NY: St.

有學者注意到，雖然中國不同類型的社會團體已達致相當程度的自主性，它們卻大多不具備追求公共利益的「公民特質」（the quality of 'civility'），而容易成為其團體成員營私的工具，因此非政府組織的高自主性並不必然帶給中國一個健全的公民社會。[9]

近年來對中國各種社會團體和公民社會的大量文獻中，極少探討宗教團體與組織對中國公民社會的影響。[10] 這種忽視相當令人驚訝，因為眾所周知，波蘭的天主教會與前東德的信義宗教會（或稱路德宗教會，Evangelical Lutheran Church）在這兩個國家分別形塑了深富活力的公民社會，長期提供異議份子表達言論的社會空間，又在專制政權瓦解的關鍵時刻以帶有宗教色彩的和平方式凝聚起民眾對體制變革的期待與共同行動。[11] 而中國自改革開放以來，各種宗教均蓬勃發展，[12] 因此對宗教的觀察與分析理應成為探討中國公民社會的重要視角之一。[13] 在對宗教角色的廣泛忽略之中，一個引人注目的例外是趙文詞（Richard Madsen）的著作 China's

---

Martin's Press, 1997); B. Michael Frolic, "State-led Civil Society," in Timothy Brook and B. Michael Frolic eds., *Civil Society in China* (NY and London: M. E. Sharpe, 1997), pp. 46~67; 另參：Qiusha Ma, *Non-governmental Organizations in Contemporary China: Paving the Way to Civil Society?* (London and NY: Routledge, 2006).

[9] Yiyi Lu, *Non-Governmental Organisations in China* (London and NY: Routledge, 2009), pp. 144~145.

[10] 然而也有少數例外：Kenneth Dean, "Ritual and Space: Civil Society or Popular Religion?" in Timothy Brook and B. Michael Frolic eds., *Civil Society in China* (NY and London: M. E. Sharpe, 1997), pp. 172~192; 另參以下對 Richard Madsen, *China's Catholics: Tragedy and Hope in an Emerging Civil Society* 的討論。

[11] Baogang He, *The Democratic Implications of Civil Society in China*, pp. 71~72, 75; Richard Madsen, "The Public Sphere, Civil Society and Moral Community: A Research Agenda for Contemporary China Studies," pp. 188~190; David Martin, *Forbidden Revolutions: Pentecostalism in Latin America, Catholicism in Eastern Europe* (London: SPCK, 1996).

[12] Daniel L. Overmyer, "Religion in China Today: Introduction," *The China Quarterly*, No. 174 (Jun. 2003), pp. 307~316. 另可參此期關於當代中國宗教專刊的其他文章。

[13] 例如 Baogang He 於 *The Democratic Implications of Civil Society in China* 將宗教組織納入其所定義的公民社會類別之中（p. 7），也意識到宗教在東歐與南韓民主化的過程中扮演的關鍵性角色（pp. 71~72, 75, 145）。然而本書對中國各種類型的社會組織的廣泛分析討論，卻一再忽略了宗教組織。

Catholics: Tragedy and Hope in an Emerging Civil Society（1998）。這本書的主題並非檢視中國政府認可的天主教教會或不被認可的地下天主教會具有多少獨立於國家掌控的自主性，卻將探討的焦點放在中國的天主教群體展現出多少的「公民性」（'civility'）。作者依據政治學者 Robert Putnam（1993）對義大利不同地區民主進展的研究成果，[14] 指出一個社會群體所具有的「公民性」可以提供有利於建構公民社會與邁向民主化過程的「社會資本」（social capital）。作者進一步採用 Robert Putnam 所提出「公民共同體」（civic community）的四個特徵以檢視中國天主教群體。第一是公民參與（civic engagement），個人與群體能將自我利益放在更廣大之公共利益的場景中來理解，而非將公共領域當成追求私利的戰場。第二是政治平等（political equality），也就是在一個公民共同體中，彼此之間存在著互惠與合作的橫向關係，而非權威與依附的縱向關係。第三項特徵是展現出團結、信任與寬容（solidarity, trust, and tolerance）的美德。第四項特徵是結社，形成作為社會合作結構的社團（associations: social structures of cooperation）。[15] 經過檢視後，趙文詞指出，大部分位於農村的中國天主教群體雖然具有相當程度獨立於政府掌控的自主性，卻呈現出傳統垂直階級制的結構，並具有傳統社會的地域主義（localism）。在官方教會與地下教會之間的嚴重分歧下，教會成員始終無法培養出團結、信任與寬容的美德來處理內部的歧異，在宗教與社會倫理上則具有強烈的隔離心態與他世關懷，與當代社會的多元性格格不入。總而言之，當前中國的天主教缺乏公民性的道德特質（the moral qualities of civility），這樣的群體同時是社會走向混亂與破碎化的原因與結果，對於中國朝向自治與民主的社會變革並無幫助。[16] 作者期待梵諦岡第二次大公會議的改革精神能逐漸深入轉化中國天主教，以扭轉目前教會團體在建構公民社會的過程中所具有的負向社

---

[14]　Robert Putnam, *Making Democracy Work: Civic Traditions in Modern Italy* (Princeton, NJ: Princeton University Press, 1993).

[15]　同註 14，頁 87~91。

[16]　Richard Madsen, *China's Catholics: Tragedy and Hope in an Emerging Civil Society*, pp. 126~131; 133~138.

會資本（a negative social capital）。[17]

　　近年來，許多學者們對社會資本的關注與研究趨於熱絡，對於不同類型的社會資本發展出進一步的區分。[18]Robert Putnam 在其探討美國公民的社會資本與文化生活的著作 Bowling Alone: The Collapse and Revival of American Community（2000）中，採用了 Gittell 與 Vidal 對人與人和人與群體不同的連結方式的社會資本類別的指稱，[19]將社會資本區分爲「結合型社會資本」（bonding social capital）與「橋接型社會資本」（bridging social capital）。[20]「結合型社會資本」具有向內性的關懷（inward-looking），形成排他性與同質性的群體，可以提供內部成員社會與心理支持，例如穆斯林弟兄會、教會中的婦女讀書會，以及上流階級的俱樂部。「橋接型社會資本」則具外向性的關懷（outward looking），包含了跨越不同社會類別的人，可以提供成員連結外部的資源與訊息，例如民權運動與普世性的宗教組織（ecumenical religious organizations）。這種區分與 Granovetter（1973）所說社會網絡有「強連結」（strong ties）與「弱連結」（weak ties）之分有相應之處。「強連結」提供親密小團體緊密的連結，「弱連結」提供個人與較疏遠並屬於不同團體之人的聯繫。Granovetter 指出，「弱連結」的社會網絡提供個人與群體更多的機會與更好的社會整合，而「強連結」雖然有利於群體成員，卻容易導致社會的破碎化（fragmentation）。[21]Robert Putnam（2000）進一步指出，「弱連結」所帶出的「橋接型社會資本」有助於產生寬廣的認同與互惠，而與「強連結」相連的「結合型社會資本」使人

[17]　Richard Madsen, *China's Catholics: Tragedy and Hope in an Emerging Civil Society*, pp. 138~142.

[18]　黃源協、劉素珍、莊俐昕、林信廷，「社區社會資本與社區發展關聯性之研究」，公共行政學報，2010 年第 34 期，頁 33~35。

[19]　Ross Gittell and Avis Vidal, *Community Organizing: Building Social Capital as a Development Strategy* (CA: Sage, 1998), p. 15.

[20]　Robert Putnam, *Bowling Alone: The Collapse and Revival of American Community* (NY: Simon and Schuster, 2000), p. 22.

[21]　Mark S. Granovetter, "The Strength of Weak Ties," *American Journal of Sociology*, Vol. 78, Issue 6 (May 1973), p. 1378.

易於誇耀狹隘的團體身分，而產生對團體之外社會的強烈敵意。[22] 因此，雖然兩者對整體社會都可能帶來正面影響，但「結合型社會資本」主要是有助於群體成員自身，卻可能導致摧毀性、反社會的後果。而「橋接型社會資本」則對社會整合、效能與發展有更明顯的正面助益，對建立「公民共同體」有更直接的關聯。學者們對這些不同類型的社會資本之界定與探討，提供了我們比趙文詞對中國天主教的討論更爲明確與細緻的概念工具。

本篇文章應用趙文詞（1998）與 Robert Putnam（1993, 2000）的研究取向，來探討中國基督新教家庭教會是否有助於建構健全的中國公民社會。自文革後期以來，各個宗教都經歷了復甦，而其中基督新教的成長尤其快速。[23]1949 年基督新教的人數約一百萬人。在 1950 年代後期至文化大革命（1966~1976）初期的一連串政治運動中，教會被關閉、神職人員被下放勞改、宗教書籍遭焚毀，許多信徒紛紛宣布放棄信仰，基督教似乎已從中國消失。一些證據顯示，在文革後期，1970 年代中，許多信徒自行組織的地下教會開始迅速成長。[24]2000 年左右，學者們依據不同的資料來源對基督徒人數提出了好幾個差異頗大的估計。大致而言，向政府登記並參加「基督教三自愛國運動委員會」與「基督教協會」的「三自教會」人數大約 1500 萬，但若包括未向政府登記的「家庭教會」，不同的學者們接受的總人數介於 3000 萬至 6000 萬之間，並認爲「家庭教會」的信徒多於「三自教會」。[25]基督教的成長型態可分爲兩個主要的趨勢。1970 至

---

[22] 同註 20，頁 23。

[23] Daniel H. Bays, "Chinese Protestant Christianity today," *The China Quarterly*, No. 174 (Jun. 2003), p. 488.

[24] 趙天恩、莊婉芳，**當代中國基督教發展史** 1949~1997（台北：中福出版社，1997 年），頁 228~232；Ryan F. Dunch, "Protestant Christianity in China Today: Fragile, Fragmented, Flourishing," in Jr. S. Uhalley and X. Wueds., *China and Christianity: Burdened Past, Hopeful Future* (Armonk, NY: ME Sharp, 2001), p. 201.

[25] Tony Lambert, *China's Christian Millions* (London, England, and Grand Rapids, MI: Monarch Books, 1999), pp.195~218; Daniel H. Bays, "Chinese Protestant Christianity today," p. 491; Jason Kindopp, "Policy Dilemmas in China's Church-State Relations: An Introduction," in Jason Kindopp and Carol Lee Hamrin eds., *God and Caesar in China. Policy Implications of Church-State Tension* (Washington, D.C.: Brookings Institution, 2004), p. 5; Fenggang Yang, "The Red, Black, and Gray Markets of Religions in China,"

1990 年代，成長最快速的是在鄉鎮地區，信徒大多是未受教育的婦女。[26]
隨著經濟發展與都市化的影響，大量農村人口移入城市，影響了城市中基
督徒人口隨之增加。[27]另一個趨勢是自 1990 年代中期以來，城市中學生與
年輕菁英大量接受基督教，形成了一種新型態、以知識份子為主的基督教
群體。[28]此外，近年來也出現大量以從農村到城市打工的中下階級為主體
的「民工教會」，然而據筆者所知至今尚未有這方面的研究成果出版。

　　本章嘗試論證，1990 年代所興起以知識份子為主體的都市家庭教會
比原有的家庭教會型態展現出更為明顯的公民特質。以下將先評估 1970
年代至 1990 年代興起的家庭教會之公民性，再介紹三個 1990 年代以來都
市家庭教會個案，最後說明新型態的都市家庭教會在何種意義上更有利於
建構健全的公民社會，並探討可能的原因。

貳、對1970至1990年代家庭教會公民性之評估

　　要認識 1970 年代至 1990 年代中國家庭教會，我們可以從 Ryan F.
Dunch 的文章 "Protestant Christianity in China Today: Fragile, Fragmented,
Flourishing"（2001）中對 1980 與 1990 年代的中國基督新教之分類開
始。他依據教會群體不同的起源，將其分為由西方宣教士設立的教會
（the mission-founded church）、二十世紀初期興起的中國本土教會（the
indigenous Chinese Protestant movements of the early twentieth century），
以及 1970 年代出現的基督教群體（the new Protestant movements that have

The Sociological Quarterly, No.47 (Jan. 2006), p. 105.

[26] Alan Hunter and Kim-Kwong Chan, *Protestantism in Contemporary China* (Cambridge:
Cambridge University Press, 1993), p. 73; Ryan F. Dunch, "Protestant Christianity in
China Today: Fragile, Fragmented, Flourishing," p. 203.

[27] Daniel H. Bays, "Chinese Protestant Christianity todaym," p. 497.

[28] Fenggang Yang, "Lost in the Market, Saved at McDonald's: Conversion to Christianity
in Urban China," *Journal for the Scientific Study of Religion*, No. 44 (Dec. 2005), pp.
423~441.

emerged in the PRC since the 1970s）。[29] 在這三個類別中，宣教士設立的教會主要位於沿海地區與長江流域，當時所投入的宣教資源則集中於城鎮。這些教會大多屬於某一個西方基督教傳統宗派，例如浸信會、長老會、衛理公會等，並在組織上接受所屬宗派的管轄。1950 年代初期，當西方傳教士被驅逐出境，政府所扶持的「三自愛國運動委員會」發起「清除中國基督教內帝國主義毒素」的教育與控訴運動，並在實質上接管了各個宗派組織。[30] 也因此，這些由宣教士設立的教會幾乎全數在 1950 年代初期就已加入了「三自愛國運動」。二十世紀初興起的本土教會，包括著名的眞耶穌教會與聚會處（又稱小群），以及個別獨立的堂會，強調割裂與西方宗派傳統的延續，直接以新約初代教會的模式和「聖靈」爲最終權威。這種獨立性在 1950 年代初被挪用來作爲抵制「三自愛國運動」的論述與社會資源，但在 1955 年肅反運動中遭受強力鎮壓，[31] 有些獨立的本土教會被迫加入「三自」，也有的開始轉入「地下」，成爲「家庭教會」之濫觴。有一位獨立的本土教會傳道人王明道在 1954 與 1955 年間公開的發表文章爲其拒不加入「三自愛國運動」的立場辯護，雖然他很快地被捕判刑，但其立場與思想影響深遠，直到今天仍爲許多家庭教會的領袖所援引，成爲家庭教會認同建構的重要資源。[32] 第三類在 1970 年代興起的教會與過去的中國基督教歷史傳統沒有直接淵源，他們強調經驗性的信仰，極爲重視例如祈禱醫病、趕鬼、異象、異夢等「神蹟奇事」。當「三自」組織在改革開

---

[29] Ryan F. Dunch, "Protestant Christianity in China Today: Fragile, Fragmented, Flourishing," pp. 197~201.

[30] 邢福增、梁家麟，五十年代三自運動的研究（香港：建道，1996 年）。

[31] 邢福增，反帝、愛國、屬靈人：倪柝聲與基督徒聚會處研究（香港：基督教中國宗教文化研究社，2005 年）。

[32] Richard R. Cook, "Fundamentalism and Modern Culture in Republican China: The Popular Language of Wang Mingdao, 1900~1991," (PhD dissertation, The University of Iowa, 2003); Thomas A. Harvey, "Challenging Heaven's Mandate: An Analysis of the Conflict between Wang Mingdao and the Chinese Nation-State," (PhD dissertation, Duke University, 1998); Chen-yang Kao, "The House Church Identity and Preservation of Pentecostal-style Protestantism in China," in Francis Lim ed., *Christianity in Contemporary China: Socio-Cultural Perspectives* (Oxford, UK and NY, USA: Routledge, 2012), pp. 207~219.

放後恢復運作後，由於加入「三自」意味著要接受一套教會體制性權威，這些具「靈恩」特色的群體傾於保持自身的獨立性，在鄉村中成為發展快速的家庭教會運動。[33]

　　由以上的分析可知，1980 與 1990 年代的家庭教會，主要是由獨立的本土教會與 1970 年代新興的農村教會所構成。家庭教會興起的重要背景在於自 1950 年代後期開始，宗教活動遭到越來越嚴厲的打壓，合法宗教活動的空間逐漸縮減。文化大革命（1966~1976）期間，一切宗教活動均為非法，唯一能續存的是祕密性的地下宗教。許多證據指出，基督教在文革後期開始快速成長，而 1980 年「基督教三自愛國運動委員會」的恢復就是為了使如火燎原般的基督教地下教會重新被政府掌控。[34] 然而，雖然城市中具有西方差會宗派背景的教會迅速回到「三自」的陣營中，其他許多教會群體沒有進入三自，或是進入三自之後又退出。其中的原因甚為複雜，包括上述早期中國本土教派不願與有西方宗派背景的教會合作；許多傳道人認為「三自」基本上是政府控制教會的工具，而加入「三自」是對純正信仰的妥協；「三自」的領導人與政府的關係過於密切，不被信徒信任；「三自」的牧師傳道訓練不足，無法滿足教會需要；「三自」組織難以與偏遠農村教會保持聯繫等。其中一個重要的潛在原因，在於許多信徒已習慣於 1970 年代不具組織、自發性強的宗教形式，而對「三自」官僚體系型態的管理感到格格不入，因此與「三自」產生衝突後很容易選擇退出。[35] 無論沒有加入「三自」的原因究竟何在，這些家庭教會的起源都可歸類為早期中國本土的獨立教會與 1970 年代新興的教會。

　　筆者在 2004 年與 2005 年兩次田野調查中，於廣東、福建、湖北、湖南四個省分中進行研究，訪問過聚會處、真耶穌教會，承繼 1950 年代反三自傳統的獨立家庭教會，以及 1970 年代新興的農村與漁村的家庭教會。

---

[33] Chen-yang Kao, "The House Church Identity and Preservation of Pentecostal-style Protestantism in China," in Francis Lim ed., *Christianity in Contemporary China: Socio-Cultural Perspectives*, pp. 207~219.

[34] 同註 33，頁 199~201。

[35] 同註 33。

研究結果顯示，本土教會類的家庭教會通常具有強烈的教派意識（sectari-anism），不但與「三自教會」劃清界線，對於其他教派傳統的基督徒也帶著懷疑與敵意，認為他們不是信仰純正的基督徒。創立本土教派的領袖都具有復原主義（restorationism）的想法，相信西方的教會歷史傳統附加了許多人為的、文化的因素，而失去了信仰原初的純粹性。[36] 他們進而採取反叛西方教會傳統的態度，認為信仰生活應回到新約聖經所描述的型態。這種本土基督宗教「反傳統」的性格形塑了其各自的教派意識。例如，「真耶穌教會」傾向於認為不採行其宗教實踐（守「安息日」而非「主日」、說「方言」、實行面向下的受浸等）的基督教徒沒有「聖靈」，甚至不能「得救」。[37]「聚會處」（小群）雖然承認在自身信仰群體之外有真正「得救」的信徒，但那些信徒所形成的群體並不是真正「合神心意」、「屬靈」的「教會」，而只是已腐敗與墮落的「宗教組織」，他們並認為西方傳統下所形成「宗派」（denominations）的種種差異是對真正「教會」的分裂。[38] 在當今的中國，「真耶穌教會」與「聚會處」的信仰群體各自形成廣泛的聯繫網絡，但這種人際與群體關係與其內在強烈的排他性意識是共存的，時常要在不同的信仰群體之間與之內進行「真」與「偽」、「純粹」與「參雜」、「人為」與「屬靈」的劃分，甚至引起自身內部的分裂。例如筆者在田野調查中得知，在改革開放後，當「聚會處」在海外領導人李常受的帶領下所發展出某些宗教觀念與實踐傳播回中國，在 1980 年代初興起了受到政府質疑並打壓的「呼喊派」，浙江與福建許多家庭教會的聚會處群體就對是否要接受李常受的教導有不同的意見，在彼此之間帶來嚴重的分歧與分裂。而筆者所接觸承繼 1950 年代反三自傳統的家庭教會，雖然沒有「真耶穌教會」與「聚會處」那麼突出的教派特性，仍有強烈「純正」教會的意識，不輕易認同屬其他群體的基督徒。[39]

---

36 梁家麟，改革開放以來的中國農村教會（香港：建道，1999 年），頁 148。

37 Xi Lian, *Redeemed by Fire: The Rise of Popular Christianity in Modern China* (NH and London: Yale University Press, 2010), pp. 42~51.

38 同註 37，頁 159~176。

39 Mark S. Granovetter, "The Strength of Weak Ties," *American Journal of Sociology*, Vol. 78, Issue 6 (May 1973), p. 1378.

　　1970 年代新興的農漁村家庭教會雖然不像早期的本土教會具有那麼強烈的排他性，卻將信仰建基於個人與群體的宗教經驗上，缺乏建立社群凝聚所需教義、傳統或體制的資源。學者梁家麟觀察到，文化大革命摧毀了來自西方制度化的基督教，而文革期間所自發性興起的基督教群體具有中國傳統民間信仰非制度性、「普化型態」（diffused form）的特徵。[40] 進一步而論，文化大革命期間對宗教的根除性打壓，一方面使基督教發展出一種「非中心化」（decentralized）的信仰型態，傾向於採取中國民間宗教的前提與關懷，強調「趨吉避凶」的果效與「靈驗」的經歷，使得此一非本土的宗教得以跨越社會與文化的邊界而傳播。另一方面，對宗教的打壓使得民間宗教與地方社會原本盤根錯節的相互依存性暫時鬆動，而僅存的非制度性宗教給予個人更大的宗教選擇空間。這兩項發展促成了文革後期「五旬節與靈恩型態基督教」（Pentecostal-style Protestantism）在鄉村地區快速傳播。不同於早先對抗西方傳統的的本土基督教派，這些新興的群體並不強調「反傳統」，但是卻在孤立的情況下發展，根本上缺乏對任何教會傳統與體制的認識與承繼。[41] 改革開放後，這種「靈恩型態基督教」從原本缺乏宗教權威（unavailability of religious authorities）的情況中再次引入聖經的權威，但卻常常為了保留領袖個人運用的靈恩能力（charismatic power）的空間而傾向於拒絕體制性權威。[42] 在沒有正式組織的情況之下，信仰團體以「人治」為中心，形成以帶領教會的負責人為核心的家長制管理；負責人說了就算。信仰團體內部多呈現出縱向式的決策過程。又由於它們多在鄉村發展，有比較強的地域性，與別的地區的家庭教會基本上沒有互動的需要。在 1980 與 1990 年代，這些新興的信仰群體因彼此之間的類似性而逐漸建立起跨越地區的鬆散聯繫，例如傳道人之間不定期的互訪，卻不容易見到長期穩定的合作關係。

---

[40]　同註 36，頁 147。關於中國傳統社會中普化型態宗教（diffused religion）的討論，參：Ching Kun Yang, *Religion in Chinese Society: A Study of Contemporary Social Functions of Religion and Some of Their Historical Factors* (Brooklyn, NY: Waveland, 1991), pp. 294~340.

[41]　同註 33。

[42]　同註 33。

　　這兩類家庭教會雖然有著各自的背景與特色，但它們都有著同樣明顯的他世傾向（other-worldly orientation）與個人實用取向的關懷。早期的本土教派常具有強烈的「世界末日」與「千禧年信仰」，期盼耶穌很快再度降臨，結束現存世界的混亂與邪惡，並使真正的信徒享受天國永遠的福分。[43] 在筆者曾進行研究的某一個「聚會處」傳統的群體中，講道內容總是環繞著聖經中「末日預言」的主題，負責的長老熱衷於對大災難、耶穌再來、信徒的「被提升天」、地上的千禧年國度等事件應驗的先後順序時間表，進行複雜而細緻的解說，自豪於自己所提出的時間表是符合一切相關經文內容的最佳版本。1970 年代新興的鄉村家庭教會並沒有那麼深厚的千禧年主義（millennialism）傳統，但同樣將現世生命之外的個人救贖視為信仰的核心。至於信仰對於現世生活的影響，則多限於醫病、趕鬼、家庭和睦、事業順利這種實用性的興趣。這兩類教會的信徒都避免涉入社會公共事務，也沒有任何社會參與和改革的理想。筆者在田野調查的過程中，好幾位不同地區的家庭教會傳道人都提到在 1989 年的民主運動時，官方「三自愛國運動委員會」的領袖公開支持學生，但是家庭教會從來沒有表態支持。他們說，這顯示出家庭教會從來沒有反政府的意圖，反而是「三自」不如所自稱的那麼「愛國」。對這些家庭教會的信徒而言，基督徒唯一的使命就是向人傳揚福音，在各地建立教會，預備人逃避最後的審判，進入即將來臨的上帝國度。現世社會不是他們關懷的領域。

　　這些家庭教會獨立於政府掌控之外，具有相當的自主性，也追求共同宗教性的價值與目標，可符合社會學意義上公民社會的基本定義。從一個角度而言，它們的發展確實有助於拓展社會的自主性空間並強化社會的多元性。然而，它們卻相當缺乏 Robert Putnam（1993）所論「公民共同體」（civic community）的界定性特徵。它們的信仰實踐所關切的主要是個人與家庭的利益，並對傳播他世救贖有強烈的熱誠，但對於社會公共利益與福祉則不甚關心。除了真耶穌教會採用較為民主的治理方式，其他的本土教派與 1970 年代新興的群體多呈現垂直式的家長制管理。家庭教會群體

---

[43] 同註 37。

內部通常有著緊密的人際關係，但其彼此之間的團結與信任時常伴隨著對其團體之外人們的質疑與不信任，嚴重地缺乏「寬容」的美德。這些團體既然在彼此之間常因著教派性、家長制、或地域性因素而不易達致眞誠與良好的溝通，它們各自的發展只會加劇中國社會的「破碎化」（fragmentation），難以提供有助於公共領域健全發展的有效溝通。[44]若進一步從Robert Putnam（2000）對「結合型社會資本」（bonding social capital）與「橋接型社會資本」（bridging social capital）的區分出發，早期本土教派團體由於各自具有獨特的宗教世界觀與宗教實踐，成員之間形成緊密連結、同質性高的團體，具有相當高的「結合型社會資本」，卻對其群體外部的社會持有敵對的態度，缺乏「橋接型社會資本」。而1970年代新興的農漁村家庭教會，一方面缺乏明確的宗教傳統提升「結合型社會資本」，另一方面其各自發展的背景也使不同團體彼此之間「橋接型社會資本」的進展緩慢。也就是說，這兩類型的家庭教會與中國天主教一樣，都難以提供建立公民共同體、提升公民特質所需的「橋接型社會資本」。

參、新型態都市家庭教會的案例

Ryan F. Dunch 的文章發表時（2001年），以都市知識分子爲主的家庭教會才剛開始發展，因此他的文章對此沒有多加探討。至目前爲止，對於此類家庭教會所發表的正式研究也不多。[45]筆者於2011年在四川成都市與附近農村，以及2012年在福州市與附近漁村地區再次針對家庭教會進

---

44 哈伯瑪斯（Jürgen Habermas）著，曹衛東等譯，公共領域的結構轉型（台北：聯經，2002年）。

45 以下兩項研究雖然都涉及都市家庭教會，但它們所探討的主題是「都市知識分子與專業人士爲何會成爲基督徒」，而非「都市家庭教會」作爲社會群體有那些特徵：Fenggang Yang, "Lost in the Market, Saved at McDonald's: Conversion to Christianity in Urban China," *Journal for the Scientific Study of Religion*, No. 44 (Dec. 2005), pp. 423~441; 高師寧，當代北京的基督教與基督徒——宗教社會學個案研究（香港：道風，2005年）。

行田野調查。這兩次的調查發現，近幾年來都市型態家庭教會的發展已經相當不同於之前學者對中國家庭教會的描繪。[46] 以下先針對福州市的一個家庭教會與成都市的兩個家庭教會略作介紹，再嘗試評估它們的發展與公民社會建構之間的關聯。

一、福州市某家庭教會

　　筆者 2012 年在福州市所研究的這個家庭教會，與上述提到 1970 年代新興的鄉村家庭教會類型有緊密的聯繫。在福建沿海某漁村地區的家庭教會，自 1970 年代後期以來迅速發展，到了 1990 年代後期，這個地區幾乎每個村子都有了家庭教會。[47] 當教會中的年輕人陸續來到福州就讀大學，教會負責人就有了在福州市建立教會的想法。2004 年這個漁村地區的家庭教會差派與支持一對年輕的傳道夫婦搬到福州市租屋成為聚會地點。筆者 2005 年時曾幾次參加這裡的聚會，那時雖然教會才成立一年多，週日早上的「主日崇拜」已有五、六十人參加，主要是從福建各地來福州就讀的大學生，大多由同學介紹帶來，也有兩位是大學老師。當時令我印象深刻的有兩點，第一是傳道人中最高的學歷只有初中畢業，最年長的一位小學只讀了四年，但他們竟能帶領與教導這群大學師生。第二是主日崇拜之後，許多人在廚房忙進忙出預備飯食，幾乎所有人都會留下來一起吃午飯聊天，新來的人很快就融入這個和樂相處的群體。筆者當時很深地體認到「家庭教會」的意涵不只是在家裡聚會，也包括彼此的關係就像家人一樣親密、互相扶持。這些外地學生因此在福州有了一個「家」。每次都有第一次來的新朋友，離開時已做了「決志禱告」，表示要成為基督徒。

---

[46] 例：Alan Hunter and Kim-Kwong Chan, *Protestantism in Contemporary*; Ryan F. Dunch, "Protestant Christianity in China Today: Fragile, Fragmented, Flourishing," in Jr. S. Uhalley and X. Wu eds., *China and Christianity: Burdened Past, Hopeful Future*; Daniel H. Bays, "Chinese Protestant Christianity today."

[47] 關於這個漁村地區家庭教會的研究，參：Chen-yang Kao, "The Cultural Revolution and the Emergence of Pentecostal-style Protestantism in China"; Chen-yang Kao, "The House Church Identity and Preservation of Pentecostal-style Protestantism in China."

　　2012 年筆者再次來到這個教會時，他們已發展成十幾個家庭聚會點，有的是在信徒的家中，也有的是教會出資租的私人住宅，每個聚會點主日崇拜人數大約在 30 至 60 之間。有的仍是以大學生為主，有的是已上班的社會青年。有十位左右大學畢業生加入傳道人的行列，承擔起帶領各類聚會與講道的責任。讓筆者相當意外的是，這個家庭教會群體不再像以前只和原本的漁村教會保有聯繫，也和幾個最近幾年從三自教會退出而成立的福州市家庭教會建立很好的關係，幾個彼此互不隸屬的家庭教會群體一起合作舉辦信徒的培訓班，訓練信徒擔任小組長、帶領查經，使他們能成為信徒領袖。此外，福建幾個城市與鄉村地區的家庭教會群體已建立起緊密的聯繫，每年寒暑假在各處舉行各種大專生、青少年的基督教營會。這些營會由不同地區的教會輪流主辦，然而由於筆者所研究的這個福州市家庭教會有許多受過教育與信仰訓練的年輕人，他們提供許多人力資源。他們的傳道人擔任講員，信徒領袖擔任小組長，規劃吸引年輕人的營會活動。當筆者和他們一起吃飯時，他們彼此之間的話題常是福建某處教會與信徒的近況。禱告會時常為其他地方的教會信徒的需要禱告。七年前這個教會的資源流動是從鄉村到都市，但現在則是從都市到鄉村，而且以都市為中心建立起更為廣泛、跨地區的信徒群體網絡。除了都市有更豐厚的人力財力資源之外，福州都市教會成為各地區家庭教會網絡樞紐的原因，也在於這些年輕人大多有著從家鄉遷移而出的經驗，需要在新的地方建立新的人際關係，因此他們更能夠突破狹隘的地域觀念，有著知識分子與都市人較為廣闊的視野。對這些福州市青年基督徒而言，「弟兄姊妹」的定義範圍不只每周日早上一起聚會的幾十位成員，也不是由這十幾個聚會點組成的團體，而是福建各地與他們有所聯繫的教會信徒。

二、成都市M教會

　　以下介紹筆者 2011 年在四川成都市曾進行調查研究的兩個家庭教會。M 教會的起源是 1990 年代初期一對夫婦在成都兩所大學接觸學生，進行個人談道，又在家中舉辦查經班，人數多起來之後轉型成教會。這對夫婦現在雖然仍然參與在教會當中，但已經將領導與管理的責任交給他們所帶

領出來的大學畢業生。這些年輕的信徒領袖中，有兩對夫婦與一位單身女性爲全時間、支薪的傳道人，其他的人則是「帶職事奉」，一面工作一面參與教會事務。由於信徒總數已達一百五十人，他們在成都市共租了三間公寓，正式的「主日崇拜」共四堂（有兩個聚會點，週日早上舉行一堂主日崇拜，另一個點週日早上與下午各一堂主日崇拜）。這間教會的租屋點都在成都幾個大學旁，以向大學生傳福音爲主要目標。但許多大學生畢業後就會離開成都，只有一部分留下來工作，因此目前教會七成以上的成員仍是大學生與研究生。當筆者在此進行研究時，教會正在草擬章程，走向更爲體制化的道路。在他們所草擬的「中會手冊」中，教會組織主要依循長老會（Presbyterian Church）的模式，內文中定義「聚會點」、「支會」、「堂會」、「中會」、「總會」，規定其運作方式，也明定教會「會友」資格與不同職位（執事、長老、傳道、牧師）人員的產生辦法、職責與權限，以及財務處理辦法等。同時他們也已選出第一任的正副中會長。很明顯地，他們正努力地從一種「人治」、「家長制」的運作型態，走向體制化，以教會規章作爲組織基礎。教會逐漸從一種「家庭」模式轉型成正式的「組織」。他們同時也在籌劃購買一個單位的寫字樓，讓全教會能同時聚在一起舉行主日崇拜，但由於會友是以學生爲主體，教會在經濟上並不豐厚，要籌足購買堂會的資金相當困難。

這幾年來成都市 M 教會與成都北方綿陽市所屬的幾個農村教會發展出緊密的聯繫。起因是 2008 年汶川大地震發生後，許多中國家庭教會與海外的基督教會尋求協助救災與重建的管道，M 教會成爲金錢、物資、人員從各地進入災區的一個中繼站，協助一些由基督徒所組成的海內外救災與重建團體進入災區設立援助站，從事發放物資與心理重建的工作。M 教會與成都其他幾個家庭教會合作共同扮演了聯繫、接待、與支援這些團體的角色。雖然在救災期間政府主管單位嚴格禁止傳教活動，但基督徒在接觸災民時仍常從信仰角度說一些的話鼓勵他們，也爲他們祈禱。當救災階段過去，救災團體撤離時，基督徒就介紹他們曾接觸的災民去當地的教會。也有四川本地的基督徒在原本沒有教會的村鎮設立新的家庭教會，成都市 M 教會則協助幾個新成立的農村家庭教會。除此之外，M 教會也受

託執行一項長期計畫，發放助學金給嚴重受災戶的學童，許多小孩父母親其中一方或兩者皆已亡故。資金來源則是海內外基督徒的捐款。M 教會並聘請兩位專職人員住在重建區的一間鄉鎮教會，定期去這些學童家中探望與關懷。由於城鄉教會的這種密切的聯繫，2011 年成都市 M 教會確立規章、走向組織化時，一些農村家庭教會同意被納入成為 M 教會的「支會」。其傳道人也成為成都市 M 教會所轄屬的傳道人。上述 M 教會「中會」選出的第一任副會長就是一位重建區的鄉鎮傳道人。

三、成都市秋雨之福歸正教會

在筆者 2011 年去成都進行田野調查之前，就已時常讀到報導和文章討論成都「秋雨之福」家庭教會，所以雖然秋雨之福不是筆者主要研究的對象，筆者仍安排時間去了兩次，也進行訪談。第一次去秋雨之福時，立刻發現它和筆者所熟悉的中國家庭教會相當不同。之前所接觸的家庭教會，無論位於鄉村或城市，都具有某些程度的隱匿性。例如有一次筆者在成都市參加一個家庭教會週間晚上的查經禱告會，只有十幾個人，每次在輪到一位中年男子發言時，他總是言不及義、文不對題，最後在個人生活分享時他表示正在進行一些研究，需要蒐集資料等。後來才知道那位中年男子其實就是負責教會的傳道人，但因為不知道我這個陌生人是誰，立刻偽裝成大學老師，又表現得像外圍份子，讓我辨識不出他在群體中原有的領導角色。我原本就熟知許多家庭教會領袖會為了安全發展出一些自我保護機制，但如此刻意的「作假」還是讓我相當驚訝。都市家庭教會由於大多都在民宅聚會，聚會結束後常會互相提醒不要一湧而出，而是一次一兩人陸續的出去，免得引起鄰居與大樓管理員的側目。然而，一進「秋雨之福」所在的大樓，一樓玄關的樓層介紹上清楚的標示著「成都秋雨之福歸正教會」。出了教會所在樓層的電梯，還沒進到教會正門，整面的走廊牆壁貼著介紹教會的海報，包括幾次被宗教局與民政局「非法取締」的事件始末。

「秋雨之福」緣起於 2005 年在一位剛成為基督徒的年輕律師王怡家

中的聚會。2007 年，當人數增加到 20 多人，開始正式成立「秋雨之福」教會，租用一套住宅公寓作為聚會場所，人數穩定增加，成員以白領階級與專業人士為主。王怡則被教會按立為「長老」，放棄律師專業，成為全時間的傳道人。2008 年「秋雨之福」開始租用寫字樓辦公室。一次信徒們在一個度假村舉行退修會，遭當地宗教局與警方強行解散，「秋雨之福」向法院控告宗教局非法衝擊教會聚會。從 2009 年開始，街道辦的「綜合治理辦公室」一再以各種名義打斷聚會，使得教會轉移到空地或茶館聚會，不久後教會接到了成都青羊區行政局「取締秋雨之福教會的行政處罰通知書」。教會則向成都市民政局遞交一份舉報信，又向四川省民政廳提出投訴信，指出此「通知書」在法律程序、法律依據，以及事實依據上都不能成立，要求行政復議。又提出希望民政部門不要參與以非法手段打擊家庭教會的宗教政策，而能在未來家庭教會合法化的過程中，扮演公平中立的政府角色。接獲舉報信之後，成都市民政局一方面建議青羊區民政局糾正取締「秋雨之福」的行政措施，一方面覆函給教會，表示其不具法律主體資格，因此對舉報信不予受理。「秋雨之福」繼而向青羊區民政局交付一封投訴信，有趣的是，此信的重點已不再是爭論對其教會的行政取締依法無據，而是更進一步指出中國的家庭教會已成為「一個真實的公民的信仰與生活的共同體，事實上已構成了當代中國民間社會的一個和平、溫和和保守的組成部分，並在社會慈善、道德倫理、家庭生活、文化創造等各方面發揮著重要影響」，而政府若任意打壓這個民間社會傳統，「將在政治、社會和道德的層面，帶來不可預料的對社會公共利益的損害」。[48] 成都「秋雨之福」和本章開頭所提到的北京「守望教會」相似，努力走向家庭教會的「公開化」，希望藉此使教會與政府、教會和社會之間，能取得公開交流的空間，使得政府和教會都能「消除畏懼，學習以理性、和平的寬容態度，來面對目前的制度處境」。[49]

　　當筆者訪問「秋雨之福」時，此教會已購買了一個相當大的寫字樓辦

---

[48]　王怡，「秋雨之福教會請求成都青羊區民政局澄清取締決定的投訴信」，**縱覽中國**，2009 年 11 月 18 日，http://www.chinainperspective.com/ArtShow.aspx?AID=3722。
[49]　同註 48。

公室作爲聚會場所，「主日崇拜」分上午與下午兩堂，總人數將近兩百。在向辦公室人員簡單的自我介紹之後，筆者這個台灣來的訪客被帶到一旁，進行仔細的身分與信仰的考核，才被認可爲可以接納的訪客，同意回答我各樣的問題並允准照相。之後我又再度來訪，參加主日崇拜與小組聚會。「秋雨之福」的各項教會事務管理得井然有序，崇拜程序也經過仔細的安排，絕非其他家庭教會所能相比，讓人印象深刻。如同 M 教會，「秋雨之福」也採用長老會的組織辦法管理教會，但「秋雨之福」還更進一步採用「長老會」的改革宗神學（Reformed Theology），此神學也被稱爲加爾文主義（Calvinism）。教會每季舉辦兩個學習班，分別研讀代表加爾文主義信仰立場的「西敏小要理問答」（The Shorter Westminster Catechism）與「海德堡信條」（The Heidelberg Catechism）。王怡在「主日崇拜」的講道中也不斷強調改革宗對聚會、聖禮的觀念，並以改革宗神學的原則出發來講解聖經。經筆者詢問後，得知這是由於王怡牧師（他於 2011 年接受按牧）在多方閱讀教會歷史與神學書籍後，確認改革宗神學是最符合基督教信仰內涵的神學架構。王怡與其他教會長老都屬於受過高等教育並有專業背景的知識份子，他們與其他類似背景的家庭教會知識分子傳道人建立起相互支持的網絡，而王怡的文章經常出現在中國家庭教會著名的刊物之中，他也經常受邀到其他城市講道。他對家庭教會爭取公開化和合法化的呼籲，以及他鮮明的改革宗神學立場，都使他成爲中國家庭教會有相當聲望與影響力的領袖。

肆、都市家庭教會與中國公民社會的建構

中國家庭教會近十年來發展出某些特質，與其之前的型態相當不同。如前所述，1980 和 1990 年代的家庭教會，若延續二十世紀早期中國本土教會的傳統，常會有顯著的教派性與排他性；若屬於 1970 年代新興的農漁村教會，則帶有家長制、地域主義的特色；而且兩者都有強烈的他世色彩，將關懷的重點放在個人的靈性與宗教實踐，缺少公共意識和社會參與

的向度。然而，1990 年代開始興起的都市形態家庭教會，在進入二十一世紀後不但成長快速，而且呈現出一些趙文詞與 Robert Putnam 視爲對社會民主化轉型相當關鍵的公民特質。雖然如此，仍須說明的是，原本缺乏公民特質的家庭教會群體繼續存在，而且在廣大的農漁村仍是家庭教會的主流型態。

　　那麼，在都市、以知識份子爲主體的家庭教會究竟呈現出那些公民特質呢？在以上所舉的三個例子中，筆者認爲福州市的家庭教會可被視爲介於新舊兩類家庭教會之間。福州市的家庭教會的起源是漁村地區 1970 年代新興的家庭教會，它至今仍以「家長制」爲主要的管理模式，教會事務沒有清楚的職責分工，參與教會「事奉」的「同工」之間彼此的關係就像家人一樣不需要清楚界定。在當中，比較明確的規則是年輕傳道順服年長傳道，而年長傳道像父兄一樣督責、照顧年輕傳道。筆者在福州時住在這個家庭教會中一位年長傳道的家，每天常有一些年輕傳道進出、辦事，用餐時間就留下來吃飯、聊天，也喜歡開年長者玩笑，關係相當親密。這位年長傳道也將自己的女兒嫁給了其中一位年輕傳道。但年長傳道有時將一些突發奇想的任務交給年輕傳道，後者也只有默默承受。例如有一次年長傳道找不到一個住在某鎮的人的電話號碼，就要一位年輕傳道第二天搭單程三個多小時的車去那裏找人，把電話號碼要回來。筆者後來和這位年輕傳道聊到此事，他爲此花了一天的時間，沒有做別的事，但也只能苦笑，顯得相當無奈。此外，福州市這個家庭教會很明確地將所有專注力放在「傳福音」上。雖然 2008 年汶川大地震之後，上述那位年長傳道與一位年輕傳道先後前往災區擔任了幾個月的志工，但此教會作爲一個團體，其目標是帶領人相信耶穌，而不是參與救濟的工作。他們雖然會談到若有越多人相信耶穌，會有更多經歷過信仰更新的「好人」，社會自然會變得更好，但他們沒有打算採取任何共同的行動來讓社會變得更好。

　　即使如此，筆者若同意趙文詞，將「公民性」理解爲提供有利於建構公民社會的「社會資本」，筆者認爲和原本的漁村教會相比，這個遷移到都市紮根生長的家庭教會不再作爲社會走向破碎化過程的一部分，而是能夠展現出某些正向的社會資本，尤其是 Putnam（2000）所論的「橋接型

社會資本」。如上文所述，在過去的幾年中，這個家庭教會與福州市和福建其他地區的許多家庭教會建立了廣泛而緊密的聯繫網絡，彼此在各項教會工作上進行合作，並將家庭教會團體內部原本的信任關係拓展到一個團體與其他團體之間的信任關係。在這種互動合作中，這些互不隸屬的團體需要面對調適彼此之間的差異，學習達致相互溝通與理解，培養寬容的精神。雖然這種「社會資本」是在同一個宗教信仰的架構之下產生，卻塑造出具有更強烈「公民性」的個人，在涉及其他社會關係時，更可能展現出 Robert Putnam 所論「團結、信任、寬容的美德」，並習於尋求更廣的群體利益，而非個人與小團體的私利。如同社會學家 David Martin 對中南美洲基督新教的研究顯示，許多影響深遠的特質是從特定宗教形態中培養而出，進而被轉移應用在經濟與政治等其他領域，帶來深層的社會變革。[50]而這種跨越團體之間的連結，不同於早期教派強化內部同質性的「連結型社會資本」，而是有助於建構寬廣的宗教認同與廣泛的訊息流通的「橋接型社會資本」。

　　成都市 M 教會展現出比上述福州教會更爲明顯的「公民性」。他們與成都市和重建區的其他家庭教會也建立起合作的網絡，但他們更將協助救災與幫助弱勢納入教會的事工之中。當筆者在和執行助學金計畫的傳道人和那兩位長駐在重建區關懷孩童的工作人員聊天時，他們明顯的仍然將讓這些受資助的孩童相信耶穌作爲重要的目標，也經常在附近教會舉辦信仰活動邀請這些孩童參加，但他們不會因著有些孩童一直未成爲基督徒就停止資助他們。對這位傳道與兩位教會社工人員而言，關懷受災孩童這件事本身就是實踐上帝所賦予基督徒的使命，有其獨立的價值。M 教會的信仰生活因而有了一種社會實踐的向度，雖然僅限於扶助弱勢的事工上。比較起上述福州市家庭教會所建立福建省不同地區的家庭教會網絡，成都市 M 教會慈善事工的建立，其金錢與資源的流動所倚靠的是跨越省分的家庭教會網絡，顯示出此教會具有相當豐厚的「橋接型社會資本」。除此以

---

[50] David Martin, *Tongues of Fire: The Explosion of Protestantism in Latin America* (UK and MA: Blackwell, 1990).

外，M 教會也正在邁向教會的組織化、體制化。在這種轉型中，要先確認教會「會友」的身分，並以此做基礎，對各樣職位與教會事工進行選舉和投票。在這種努力之下，教會不但是一個具「自主性」的團體，也成為一個會眾「自治」（self-governance）的團體。與上述家長制的福州家庭教會比較起來，成都市 M 教會更符合一個「社會組織」的條件。並且，和「三自教會」的組織不同，M 教會作為家庭教會，其「自治」是徹底的，沒有國家權威插手的餘地。這樣的社會組織不只有助於培養成員「公民性」的美德，也培育民主素養，有助於社會邁向民主化過程。

成都市「秋雨之福」家庭教會是比較特別的例子，在王怡牧師的領導下，展現出強烈的公民意識。「秋雨之福」如同北京「守望教會」一樣，在其宗教活動遭政府干涉、取締之後，並不為了安全與續存而走向低調與家庭聚會，反而努力爭取中國家庭教會的公開化與合法化，使其能成為被認可的社會團體。值得注意的是，在上述所引的「投訴信」中，王怡明確地將家庭教會界定為「民間社會」（即 civil society 的另一種中文翻譯）的一部分，並進而申論政府對家庭教會的打壓即是對公共利益的損害。從這個角度而言，「秋雨之福」對家庭教會公開化與合法化的爭取，不單是爭取自身的宗教自由，也是為著一個獨立的公共領域進行奮戰，採取的方式則是尋求與政府進行和平理性的溝通。爭取家庭教會公開化與合法化成為「秋雨之福」投入 Putnam 所論「公民參與」（civil engagement）的一種途徑。事實上，王怡也呼籲更多都市家庭教會能站出來，「擔當家庭教會公開化的時代使命」。[51] 這樣，「秋雨之福」不但不以傳福音為教會唯一目標，也不是在傳福音之外不忘救濟與慈善工作，而是直接將「社會」設定為「教會」所存在的場域，正視教會必然有其作為一個社會團體所應扮演的角色，要成為社會的「鹽」與「光」。這種積極的入世精神正是加爾文主義的重要特徵，要基督徒在其被賦予的社會角色上努力榮耀上帝，使現實社會成為宗教實踐的場域。可以說，「秋雨之福」對家庭教會公開化的爭取，是韋伯所稱加爾文主義「入世的禁慾主義」（inner-worldly asceticism）倫

---

[51] 同註 48。

理在當代中國處境下的一種表現方式。因此「秋雨之福」的公民參與與其擁抱加爾文主義的改革宗神學實在是相輔相成的。

　　「秋雨之福」鮮明的社會參與立場對成都市其他家庭教會帶來很深的衝擊。面對王怡牧師所說更多家庭教會應站出來一同爭取公開化與合法化的呼籲，幾位成都市其他家庭教會的傳道人和信徒都告訴筆者，他們擔心「秋雨之福」測試政府宗教政策底線的做法會引發政府大規模的打壓家庭教會，反而帶來減少家庭教會生存空間的負面後果。但言談間顯出，他們雖然不盡認同「秋雨之福」挑戰現存宗教管理體制的行動，卻比以前更清楚意識到家庭教會在中國的續存不只是基督徒個人信仰自由的問題，也涉及到維護與拓展當今中國公共性的社會空間。當這些傳道人與信徒領袖被公安單位約談（或非正式的被約去「喝咖啡」）時，他們表現得更為坦然，也更勇於表達意見與爭取自己的權利。除此之外，這些教會中有些信徒，甚至包括長期被培養的信徒領袖，因著認同「秋雨之福」明確的神學與社會政治立場而轉會至「秋雨之福」，帶給原本的教會相當的震撼。當筆者在「秋雨之福」訪問時得知，其教會中約有三分之一的會友是從成都市其他家庭教會轉會來的。這顯示「秋雨之福」的訴求在都市型態的家庭教會信徒之間有其廣泛的共鳴。另外一個有趣的現象是，或許是受到「秋雨之福」的影響，成都市其他家庭教會對於加爾文主義所具有的內在思想融貫性和其肯定信徒的現世社會角色的神學意涵越來越欣賞。在這些家庭教會的信徒領袖培訓班當中，許多參與者習於從加爾文主義的神學論題出發討論與解釋聖經，其中也有人大量閱讀加爾文主義神學與清教徒歷史的書籍。這種對加爾文主義神學的普遍興趣可能會帶來城市家庭教會信徒更深的意識到自身公共參與的責任。因此，成都的「秋雨之福」，與北京的「守望教會」，雖然只是中國眾多家庭教會中的少數特例，但卻有著先鋒性的意義與潛在的長遠影響力。雖然「秋雨之福」創立的時間並不長，並不像另外兩個案例所討論的教會一般與其他地區教會有實質的合作，但王怡牧師個人已經算是中國家庭教會的「公眾人物」，其意見透過刊物、網路廣泛的流傳並被引用討論。他個人也與許多其他城市的家庭教會領袖保持聯繫與交換意見。「秋雨之福」透過王怡牧師同樣具有跨越自身團體與地區

的「橋接型社會資本」，有助於同樣想爭取家庭教會公開化與合法化的傳道人形成一致的立場與抗爭策略。

綜觀這三個案例，它們各自所擁有的「橋接型社會資本」、所發展出的公民特質，以及或多或少所具有的公民意識，其中的共同之處在於都以某種廣泛的「家庭教會認同」（house church identity）為基礎。在福州市的案例中，原本在福建省各自發展的農漁村家庭教會，之所以逐漸形成一個聯繫與合作的網絡，最直接的原因就是這些不同地區的教會都在三自之外，不被政府承認為合法的宗教團體。與早期中國本土教派不同，他們原本並沒有共同的信仰傳統，而是各自從 1970 年代起發展起來，有著上述「靈恩型態基督教」的許多特質，再因著共享「反三自」態度與論述而相互聯繫往來。[52] 這些教會形成一個福建省家庭教會的網絡，共享著一份「橋接型社會資本」。而筆者所探討的福州市家庭教會位於這個網絡中的連結點，提供資訊與資源，成為這個網絡累積的社會資本的重心。同樣的，成都市 M 教會形成許多不同省分家庭教會對汶川大地震災區救災與救濟訊息與資源的連結點，甚至成為重建區農村教會的「母會」，並非因為彼此之間具有組織上或傳統上的淵源，而是在共同作為家庭教會的親緣性。最後，「秋雨之福」所連結的家庭教會網絡並非作為鄉村家庭教會的樞紐，卻由於王怡牧師個人的影響力，而與不同省分知識份子傳道人領導的都市家庭教會保持聯繫。這些網絡連結的基礎在於各個群體作為家庭教會的共通性，都主張政教分離並反對政府對教會的監控。就某種意義而言，成都市 M 教會嘗試邁向組織化的自治團體，與秋雨之福對家庭教會公開化與合法化的爭取，也都是「家庭教會認同」的具體表達。這種「家庭教會認同」與政教分離的意識雖然也存在於鄉村教會，卻缺乏具體與系統性的表述，難以轉化為這兩個都市家庭教會所展現出的公民特質與公民意識。另一方面，早期本土教派的家庭教會，例如真耶穌教會與聚會處，其「反三自」的資源來自各自教派的傳統，因此只能形成內聚性強、同質性高、在

52　關於「反三自」論述的來源與其在當代被使用的討論，參：Chen-yang Kao, "The House Church Identity and Preservation of Pentecostal-style Protestantism in China"。

各自教派之內的網絡，並對其教派之外的團體帶有排他性。如前所述，這種網絡只能形成結合型社會資本，而難以轉型成橋接型社會資本。

伍、結論

　　本章探討基督教家庭教會在中國公民社會的建構中所扮演的角色。如同「前言」所指出的，學者們對於「公民社會」的討論可區分為社會學與政治學兩類取向。社會學的觀點視「公民社會」為介於國家與私領域之間追求共同利益、價值與目標的社會團體與組織，而中國基督教「家庭教會」作為獨立於政府監督掌控之外的宗教團體，其自主性遠高於在不同程度上仍受國家控制的鄉鎮企業、婦女團體，與各種類型的非政府組織。從這個角度而論，家庭教會在改革開放以來的興盛成長無可爭議的有助於社會領域「去國家化」的趨勢，並因而有利於中國公民社會的建構。然而，政治學的取向則帶有價值判斷，將「公民社會」視為達致民主化的重要條件。如前所述，許多學者正是帶著中國是否能夠邁向民主化進程的隱含議程來參與中國公民社會的討論，卻在探討過程中假設了「價值中立」的立場，而忽略了社會組織的「自主性」與其對政治「民主化」的貢獻之間不一定有充足的內在聯繫。即使一個社會組織有充分的自主性，若其並不追求公共利益，帶來的可能是社會的混亂與破碎化，而不是一個健全、有助於民主發展的公民社會。評判公民社會的標準除了社會團體與組織的自主性之外，還應該加上某種「道德社群」（moral community）的概念，具體的說就是 Putnam 所討論的「公民共同體」（civic community）。事實上，對現實進行道德批判正是哈伯瑪斯提出「公共領域」概念的主要目的。[53]

---

[53] 哈伯瑪斯（Jürgen Habermas）著，曹衛東等譯，公共領域的結構轉型。相關的討論，參 Richard Madsen, "The Public Sphere, Civil Society and Moral Community: A Research Agenda for Contemporary China Studies"; Philip C. C. Huang, "'Public Sphere'/'Civil Society' in China? The Third Realm between State and Society," *Modern China*, No. 19 (Apr. 1993), pp. 216~239.

　　因而，本章進一步採用趙文詞與 Robert Putnam 的「公民性」概念與「公民共同體」（civic community）的特質，來檢視中國家庭教會是否有助於建構一個有促進公共利益的健全公民社會。本章的結論認為 1980 與 1990 年代的家庭教會群體，包括早期基督教本土教派與 1970 年代新興的鄉村教會，由於教派性、家長制，以及他世關懷等因素，即使其團體內部具有緊密連結，也只能產生有利於成員自身的「結合型社會資本」，而無法提供建構公民社會與有助於民主化過程所需的「橋接型社會資本」。然而，許多原本各自發展的家庭教會群體，由於共享一種「家庭教會認同」，強調反三自與政教分離等特徵，而逐漸連結成跨越地區與省分的網絡。1990 年代以來興起的都市型態家庭教會，由於處於跨地區網絡訊息與資源的連結點，卻有著都市人與知識分子更為寬闊的視野，在建立不同地區城鄉家庭教會群體之間聯繫與合作的網絡上扮演主動積極的角色，累積了豐富的社會資本，培養不同類型的公民素質。其中也有像「秋雨之福」這樣的少數特例，將爭取家庭教會公開化與合法化作為教會公民參與的內容，並視為是教會本質性的使命，這種積極入世的態度給許多都市型態家庭教會帶來衝擊與反思。與 1980、1990 年代的家庭教會比較起來，這些都市型態的家庭教會展現出更加明顯的公民特質。由於中國正迅速邁向都市化，都市型態的家庭教會也必然會扮演越來越重要的角色，這對中國社會的變革會帶來何種影響，值得長期觀察。

參考文獻

一、中文部分

王怡，「秋雨之福教會請求成都青羊區民政局澄清取締決定的投訴信」，**縱覽中國**，2009 年 11 月 18 日，http://www.chinainperspective.com/ArtShow.aspx?AID=3722。

王明道，五十年來（香港：晨星，1996 年）。

李佃來，公共領域與生活世界—哈貝瑪斯市民社會理論研究（北京：人民大學出版社，2006 年）。

_____，「從守望教會戶外崇拜事件看中國政教關係的糾結與出路」，**時代論壇**（香港），2011 年 4 月 20 日，http://christiantimes.org.hk/Common/Reader/Version/Show.jsp?Pid=1&Version=0&Charset=big5_hkscs。

_____，**反帝、愛國、屬靈人：倪柝聲與基督徒聚會處研究**（香港：基督教中國宗教文化研究社，2005 年）。

_____，**當代中國政教關係**（香港：建道，1999 年）。

邢福增、梁家麟，五十年代三自運動的研究（香港：建道，1996 年）。

哈伯瑪斯（Jürgen Habermas）著，曹衛東等譯，公共領域的結構轉型（台北：聯經，2002 年）。

高師寧，當代北京的基督教與基督徒—宗教社會學個案研究（香港：道風，2005 年）。

梁家麟，**改革開放以來的中國農村教會**（香港：建道，1999 年）。

連曦著，何開松、雷阿勇譯，**浴火得救：現代中國民間基督教的興起**（香港：中文大學，2011 年）。

黃源協、劉素珍、莊俐昕、林信廷，「社區社會資本與社區發展關聯性之研究」，公共行政學報，2010 年第 34 期，頁 29~75。

楊鳳岡，「從破題到解題：守望教會事件與中國政教關係芻議」，**時代論壇**（香港），2011 年 5 月 5 日，http://christiantimes.org.hk/Common/Reader/Version/Show.jsp?Pid=1&Version=0&Charset=big5_hkscs。

趙天恩、莊婉芳，當代中國基督教發展史 1949-1997（台北：中福出版社，

1997 年)。

二、英文部分

2012 Annual Report, U.S. Commission on International Religious Freedom, http://www.uscirf.gov/reports-and-briefs/annual-report/3706-2012-annual-report.html. (accessed 2012/9/12)

"Definition of civil society," *Centre for Civil Society, London School of Economics*, http://www.centroedelstein.org.br/PDF/Report/ccs_london.htm. (accessed 2012/9/12)

Bays, Daniel H., "Chinese Protestant Christianity today," *The China Quarterly*, No.174 (Jun. 2003), pp. 488~504.

Bellah, Robert N. and Phillip E. Hammond, *Varieties of Civil Religion* (NY: Harper&Row, 1980).

Bellah, Robert N., Richard Madsen, William M. Sullivan, Ann Swidler, Steven M. Tipton, *Habits of the Heart: Individualism and Commitment in American Life* (NY: Harper&Row, 1985).

Chamberlain, Heath B., "On the Search for Civil Society in China," *Modern China*, No. 19 (Apr. 1993), pp. 199~215.

Cook, Richard R., "Fundamentalism and Modern Culture in Republican China: The Popular Language of Wang Mingdao, 1900~1991," (PhD dissertation, The University of Iowa, 2003).

Overmyer, Daniel L., "Religion in China Today: Introduction," *The China Quarterly*, No. 174 (Jun. 2003), pp. 307~316.

Dean, Kenneth, "Ritual and Space: Civil Society or Popular Religion?" in Timothy Brook and B. Michael Frolic eds., *Civil Society in China* (NY and London: M. E. Sharpe, 1997).

Dunch, Ryan F., "Protestant Christianity in China Today: Fragile, Fragmented, Flourishing," in Jr. S. Uhalley and X. Wu eds., *China and Christianity: Burdened Past, Hopeful Future* (Armonk, NY: ME Sharp, 2001).

Frolic, B. Michael, "State-led Civil Society," in Timothy Brook and B. Michael

Frolic eds., *Civil Society in China* (NY and London: M. E. Sharpe, 1997).

Gittell, Ross and Avis Vidal, *Community Organizing: Building Social Capital as a Development Strategy* (CA: Sage, 1998).

Granovetter, Mark S., "The Strength of Weak Ties," *American Journal of Sociology*, Vol.78, Issue 6 (May 1973), pp. 1360~1380.

Harvey, Thomas A., "Challenging Heaven's Mandate: An Analysis of the Conflict between Wang Mingdao and the Chinese Nation-State," (PhD dissertation, Duke University, 1998).

He, Baogang, *The Democratic Implications of Civil Society in China* (NY: St. Martin's Press, 1997).

Hunter, Alan and Kim-Kwong Chan, *Protestantism in Contemporary China* (Cambridge: Cambridge University Press, 1993).

Huang, Philip C. C., "'Public Sphere'/'Civil Society' in China? The Third Realm between State and Society," *Modern China*, No. 19 (Apr. 1993), pp. 216~239.

Kao, Chen-yang, "The Cultural Revolution and the Emergence of Pentecostal-style Protestantism in China," *Journal of Contemporary Religion*, No.24 (Jun. 2009), pp. 171~188.

_____, "The House Church Identity and Preservation of Pentecostal-style Protestantism in China," in Francis Lim ed., *Christianity in Contemporary China: Socio-Cultural Perspectives* (Oxford, UK and NY, USA: Routledge, 2012).

Kindopp, Jason, "Policy Dilemmas in China's Church-State Relations: An Introduction," in Jason Kindopp and Carol Lee Hamrin eds., *God and Caesar in China. Policy Implications of Church-State Tension* (Washington, D.C.: Brookings Institution, 2004).

_____, "Fragmented yet Defiant: Protestant Resilience under Chinese Communist Party Rule," in Jason Kindopp and Carol Lee Hamrin eds., *God and Caesar in China. Policy Implications of Church-State Tension* (Washington, D.C.: Brookings Institution, 2004).

Lambert, Tony, *China's Christian Millions* (London, England, and Grand Rapids, MI: Monarch Books, 1999).

Lian, Xi, *Redeemed by Fire: The Rise of Popular Christianity in Modern China* (NH and London: Yale University Press, 2010).

Lu, Yiyi, *Non-Governmental Organisations in China* (London and NY: Routledge, 2009).

Ma, Qiusha, *Non-governmental Organizations in Contemporary China: Paving the Way to Civil Society?* (London and NY: Routledge, 2006).

Madsen, Richard, "The Public Sphere, Civil Society and Moral Community: A Research Agenda for Contemporary China Studies," *Modern China*, No. 19 (Apr. 1993), pp. 183~198.

_____, *China's Catholics: Tragedy and Hope in an Emerging Civil Society* (Berkeley and Los Angeles, USA and London, UK: University of California Press, 1998).

_____, "Religion and the Emergence of Civil Society," in Bruce Gilley and Larry Diamond eds., *Political Change in China: Comparisons with Taiwan* (London: Lynne Rienner Publishers, 2008).

Martin, David, *Tongues of Fire: The Explosion of Protestantism in Latin America* (UK and MA: Blackwell, 1990).

_____, *Forbidden Revolutions: Pentecostalism in Latin America, Catholicism in Eastern Europe* (London: SPCK, 1996).

Putnam, Robert, *Making Democracy Work: Civic Traditions in Modern Italy* (Princeton, NJ: Princeton University Press, 1993).

_____, *Bowling Alone: The Collapse and Revival of American Community* (NY: Simon and Schuster, 2000).

Troeltsch, Ernst, *The Social Teaching of the Christian Churches,* Vol. 2 (London: Allen and Unwin, 1931).

White, Gordon, Jude Howell, and Shang Xiaoyuan, *In Search of Civil Society: Market Reform and Social Change in Contemporary China* (NY: Oxford University Press, 1996).

Yang, Ching Kun, *Religion in Chinese Society: A Study of Contemporary Social Functions of Religion and Some of Their Historical Factors* (Brooklyn, NY: Waveland, 1991).

Yang, Fenggang, "Lost in the Market, Saved at McDonald's: Conversion to Christianity in Urban China," *Journal for the Scientific Study of Religion*, No. 44 (Dec. 2005), pp. 423~441.

_____, "The Red, Black, and Gray Markets of Religions in China," *The Sociological Quarterly*, No.47 (Jan. 2006), pp. 93~122.

第七章

社會韌性與災後重建：
汶川地震中的國家與地方社會[*]

李宗義、林宗弘

壹、前言：現象與問題

2011 年 5 月 9 日，汶川地震災區各地舉行災後三週年各項紀念活動，國務院總理溫家寶災後第九次巡視北川，這次災後重建被官方媒體稱爲「人間奇蹟」以及「偉大的勝利」，[1] 我們到四川省社會科學院參加《災後重建與經濟社會發展學術研討會》的一行人，隨溫家寶之後造訪了北川新舊兩個縣城。

車子通過警衛崗哨進入北川「汶川大地震遺址」，眼前盡是斷垣殘壁，倒塌的建築，還有一張張罹難者的照片。適逢三週年，許多災民回到災區憑弔親友，地上擺著鮮花，點燃的香插在地上，燃燒紙錢隨風飄揚。北川舊縣城曲山鎮被刻意保留下來見證這場災難，提醒參觀者大自然的威力。一行人心情沈重地離開舊北川被帶往新北川縣城，眼前是強烈對比，新北川有嶄新的建築與乾淨的街道，建起帶有羌族特色宏偉的文化中心，新開的店鋪雖然冷清卻帶著喜氣。

* 本文原載於 2013 年東亞研究第 44 卷第 2 期（頁 1-38），經該刊同意後轉載，特此致謝。

[1] 「遼寧對口支援安縣恢復重建前線總指揮張征：創造人間奇蹟的偉大勝利」，綿陽災後重建網，2011 年 5 月 12 日，http://zhcj.my.gov.cn/zaihouchongji an/577308475768438784/20110512/565831.html。

　　「再造一個新北川」是中國總理溫家寶在地震發生後的特別指示，由山東濟南對口援建，[2] 從決定遷建、選址、徵地到重建，一年多就完成主體工程，將舊縣城所有人口及基本設施，包括政府、醫院、學校、飯店、文化中心等等安置到這個占地十平方公里的新城，並由國家主席胡錦濤命名為「永昌」（取「北川永遠繁榮昌盛」之意），所有居民於 2011 年 1 月 23 日入住。[3] 北川在災後三週年成為中國政府歌頌的對象，彷彿整個災區都有同樣的奇蹟。

　　作者在兩天之後重新踏上 G213 國道，進入震央所在地汶川縣。不到一年前，這條路上盡是尚未完成的工程，原本只要兩個小時的路程，因為交通管制與行車秩序混亂必須走七個小時。此次再訪交通順暢許多，車子沿著映秀一路往北進入汶川新縣城，國道旁映秀民房已經完成硬體建設，還未分配給災民，跨越河岸的新橋、新的車站、新的農產品市場都在等待啟用。可是離開國道更往兩側的村落前進，一片又一片的板防區（組合屋）安置了一大批災民，有的甚至還窩在帳棚與木板搭起來的臨時過渡房（temporary housing）。再進入山裡的村落，一棟棟新房外觀不似北川般的統一，但是更符合人們對於農村的想像。再往場鎮走，一大片的空地上矗立著幾棟完成的建築，外觀不怎麼起眼，但看得出來有著整體的規劃，只不過各家各戶的施工進度不一，有的已經裝修完畢開門做起生意，有的還在挖地基，另一些土地卻長滿雜草，一點施工的動靜也沒有。

2　對口援建是根據 2008 年 6 月 11 日，中共國務院所發布的《汶川地震災後恢復重建對口支援方案》，由十九個省市以一省對一縣的方式支援十九個極重災區的重建，例如上海支援都江堰、北京支援什邡、山東支援北川、廣東支援汶川、山西支援茂縣等等，參見林宗弘，「災後重建的政治：以中國 512 地震與台灣 921 地震為案例的分析」，台灣社會學刊，2012 年 9 月第 50 期，頁 57~110。由於公路受創嚴重加上後續的土石流時常中斷運輸，造成龍門山脈左側的整體重建進度遠落後於龍門山右側的北川、什邡、綿竹等地。

3　這是官方公布的入住日期，事實上有大量災民直到 2011 年 5 月都還住在板房區裡。根據受訪者所述，在溫家寶 2011 年 5 月訪視北川之前，政府開始動員大量的居民搬遷，但因為居民對於補助費用的不滿，有許多人採取軟性的抗議拒絕入住，因此地方幹部不得不使用獎勵發放獎金的方式勸居民入住。（訪談紀錄 2011 年 5 月 11 日）。

　　三個月後，作者之一再度來到新北川進行災民訪談，並到大禹故鄉之稱的「禹里鄉」，地震之後，302 省道被淹沒，艱困的交通運輸讓建材價格與工資上漲，市場機制的失調讓禹里重建進度緩慢。[4]遠望禹里，整個鄉鎮被塵土籠罩，三輪車、摩托車聚集在一塊等著生意上門，走在泥濘的馬路上，大卡車穿梭在政府主導的新路工程及河邊的砂石場，路邊堆滿建材，到處是未動工的宅基地。市場震毀尚未重建，每兩天一次的傳統市集，民眾只能在路邊舖上防水布擺攤，在黃沙中做起生意。抵達當夜，禹里因為停電而陷入黑暗（這種情況在三年後災區還是常常發生），被震裂扭曲的社區廣場更顯冷清。

　　地震三週年政府刻意凸顯北川新縣城、德陽的什邡、汶川的水磨等重建樣板，當北川新縣城的居民興高采烈地遷進新居時，禹里居民房屋還在起造階段，村裡盡是工地，有的居民用盡補助、賠償與畢生的積蓄買了宅基地，但卻無力負擔蓋房成本，只能暫時棲身在板房或寮屋裡。

　　從 2010 年 6 月到 2012 年 7 月，兩位作者進入災區進行訪談的次數，相加起來超過十次，每次停留時間十天到三個月不等。我們親眼目睹中國政府所宣稱的重建奇蹟，也看到窮鄉僻壤持續延宕的重建工程。災區所見到的各種重建樣態引發我們的好奇，為什麼災後重建的效率不同？各地方政府對中央政府政策的回應不同？而各個村落整災後復原（recovery）的情況又有如此大的差異？

---

[4]　根據現場的訪問得知，地震之前原本一天小工約 60-80 塊人民幣，地震之後漲到 120 元人民幣，其他如水泥、鋼筋等建材，甚至連家用的桌子、椅子等家具，都因為地震讓交通運輸變得更加困難，所以這些建造與裝修房子所需的基本材料都漲了兩成以上。工資與物資的上漲，讓仰賴市場機制進行重建的村落，整體的重建經費往上提升，製造居民經費上的困難。

貳、文獻回顧與理論觀點

一、社會韌性與住宅重建

　　災難社會學研究一般將災難發生的流程分為防災、搶救、安置與重建等階段，並分析人類系統（human system）對災難的回應：[5]防災整備呈現社會的風險認知與制度條件；緊急應變考驗國家與社會調動資源的能力；而災後重建計畫的擬定、落實、與折衝是觀察國家與社會關係互動及變化的最佳時機。[6]以災前與災後這兩個階段，災難社會學又可以區分為兩個主要文獻群：社會脆弱性（vulnerability）與社會韌性（resilience）。

　　人生而平等只是口號，面對災難風險時其實不然。社會脆弱性研究重點在災前種種社會經濟條件對不同人群之受災風險分布的影響。研究發現地域、族群、階級與性別不平等左右了人們面對災難的死傷機率，[7]財產所受到的保障也不公平，有錢人才能負擔商業保險；總之，天災死傷與經濟損失的分布與社會不平等密切相關。

　　相對於過去對災後重建的描述性分析，近年來，災後時期的社會學研究更著重社會韌性。面對災難的衝擊，有些地區的災情訊息傳遞更快，

---

[5]　Thomas E. Drabek, *Human System Responses to Disaster: An Inventory of Sociological Findings* (NY: Springer Verlog, 1986).

[6]　Kathleen J. Tierney, "From the Margins to the Mainstream? Disaster Research at the Crossroads," *Annual Review of Sociology*, Vol. 33 (Aug. 2007), pp. 503~525.

[7]　Susan L. Cutter, Bryan J. Boruff, and W. Lynn Shirley, "Social vulnerability to environmental hazards," *Social science quarterly*, Vol. 84, No. 2 (May 2003), pp. 242~261；Patrick Sharkey, "Survival and Death in New Orleans: An Empirical Look at the Human Impact of Hurricane Katrina," *Journal of Black Studies, Special Issue on Katrina, Race, Class, and Poverty*, Vol. 37, No. 4 (Mar. 2007), pp. 482~501; 張宜君、林宗弘，「不平等的災難：九二一大地震的受災風險與社會階層化」，人文與社會研究集刊，第 24 卷第 2 期（2012 年 6 月），頁 193~231；葉高華，「社會脆弱性可解釋九二一地震死亡率分布嗎？」，思與言，第 51 卷第 1 期（2013 年 3 月），頁 135~153。

組織有序的避難行動且快速撤離；有些社區災民團結救出受困的親友與
鄰居，比其他社區死傷機率更低；有些地區更早完成安置的臨時住宅，並
且啓動永久住宅（permanent housing）與公共設施重建；[8]有些地區的民眾
或社區能迅速恢復經濟生活，比其他地區恢復的更快或者是更好。[9]幾年之
後，有些災民走向自殺絕路的時候，[10]另一些社區的整體恢復情況甚至比
災前還要好。總之，民眾展現不同程度的社會韌性，社區重建的表現也不
一致。本文跟隨社會韌性的研究，嘗試以中國汶川巨災後不同個案所展現
的韌性，呈現行動者克服集體行動困境的具體機制。

　　學者從過程與結果兩方面理解社會韌性。[11]結果方面，韌性是指個人、
地區或國家抵抗災難的能力，觀察韌性是否能夠緩衝、吸收或承受災難所
帶來的負面效果。也就是說，受創比較輕比起受創比較大的地方有更強的
韌性。這樣的定義跟脆弱性的概念其實類似，只不過脆弱性關注的是地區
與行動者的何種特質容易受到災難衝擊，而韌性則是指什麼樣的特質可以
抵擋災難的負面影響，相對不受災難所傷害。如此一來，脆弱性與韌性其
實是一體兩面互相混淆的概念。[12]

---

[8] Anthony Oliver-Smith, "Successes and Failures in Post Disaster Resettlement," *Disasters*, Vol. 15, No. 1 (Mar. 1991), pp. 12~23; Walter Gillis Peacock, Nicole Dash and Yang Zhang, "Sheltering and Housing Recovery Following Disaster," in Havidan Rodriguez, Enrico L. Quarangelli and Russell Dynes eds., *Handbook of Disaster Research* (NY: Springer, 2006), pp. 258~274.

[9] Fran H. Norris, Susan P. Stevens, Betty Pfefferbaum, Karen F. Wyche, and Rose L. Pfefferbaum, "Community Resilience as a Metaphor, Theory, Set of Capacities, and Strategy for Disaster Readiness," *American journal of community psychology*, Vol. 4, No. 1~2 (Mar. 2008), pp. 127~150.

[10] Tetsuya Matsubayashi, Yasuyuki Sawada, and Michiko Ueda, "Natural Disasters and Suicide: Evidence from Japan," *Social Science & Medicine*, Vol. 82 (Dec. 2012), pp. 126~133.

[11] Howard B. Kaplan, "Toward an Understanding of Resilience: A Critical review of Definitions and Models," in M.D. Glantz and J.L. Johnson eds., *Resilience and Development* (NY: Kluwer Academic, 1999), pp. 17~83.

[12] Peter Timmerman, *Vulnerability, Resilience and the Collapse of Society* (Toronto: Institute of Environmental Studies, University of Toronto, 1981).

　　然而，災前的脆弱性未必等於災後的韌性。能防範災害的通常是社會裡的強勢群體，也就是脆弱性經常與個體或家庭層次的經濟與社會特徵─例如年齡或所得相關，韌性則是災後特定群體重建或適應新生活的本能（intrinsic capacity），重點在於如何克服集體行動的困難並創造公共財─例如重建集合式住宅、爭取經費興建基礎設施，包括道路與學校等，兩者並不相同。舉例來說，災前造成脆弱性的因素，例如經濟貧困導致成年男性勞動力外流的農村，受災風險更大且損失更為嚴重，但是村裡的女性人際網絡，卻可能是災後重建時期的主力。

　　相對於強調結構面與個人社經條件的脆弱性因子，社會韌性更強調人在災難之中的社會動機與集體行動能力。[13] 因此，我們要考察社會韌性如何改變不同災區的重建績效，重點在於災民集體決策和集體行動的經驗，如何影響其個人、家庭與社區災後調適與重建生活的效果。

　　我們將社會韌性定義為影響個人或社區採取集體行為、集體決定與集體行動的各種非正式制度（informal institutions），探討地方的非正式制度如何有助於跨越集體行動的困境，形成地方組織與國家互動，進而決定災後重建的績效。

　　過去的災難文獻通常從五個面向來測量災後重建的績效：個人與家庭社會心理狀態、組織與制度的恢復程度、經濟與商業活動與生產力的恢復程度、基礎設施恢復的完整程度、以及治安與政府恢復運作的程度。[14] 基於下面幾項理由，本文選擇測量的是地震中家庭住宅的重建：首先，居住是人的基本需求之一，居住權或居住條件，不僅是災民最關心的議題之一，也受到媒體、捐款的公民社會與國際社會關注。其次，任何一個政體都面臨合法性的壓力，特別是民主國家定期選舉使得執政者的短期績效不

---

[13] Siambabala Bernard Manyena, "The concept of resilience revisited," *Disasters*, Vol. 30, No. 4 (Dec. 2006), pp. 434~450.

[14] Robert McCreight, "Resilience as a Goal and Standard in Emergency Management," *Journal of Homeland Security and Emergency Management*, Vol. 7, No. 1 (2010), pp. 1~7.

斷面臨考驗，跟災民最切身相關的私人住宅就成爲一項展現政府施政績效的指標。[15] 第三，定居決定人類發展社會、經濟與政治生活的空間，因此住宅重建可以說是其他復原的基礎，不論是人口恢復、經濟成長或者人際關係發展，都必需建立在住宅重建之上，[16] 考察災區住宅的重建效果與效率有其指標意義。最後，災難打破了公領域（家外）與私領域（家內）的活動界線，使得住宅重建具備高度的「公共性」。災後房屋重建通常涉及政府補貼或直接介入，即便是災民自行規劃、決議、行動的重建工作，也可能需要政府補助。總之，從住宅重建可以清晰地觀察到社會韌性與國家介入兩者互動下的制度績效。

　　從社會科學方法論的角度來看，災後住宅重建是一種強迫災民進行準公共財（quasi-public goods）生產的自然實驗。災民原本已經穩定的私有財產或房屋使用權利突然被打破，在資源有限的情況下，人們必須重建自己與他人的住宅 ─ 以集合式住宅來說，即使建完之後個別單位可能是個人或集體產權，但或多或少都涉及土地分配與建築成本的攤派，因此需要協商與集體行動才能完成。此外，國家在合法性壓力下需要有所表現，加上災民彼此間的利益不一，可能受到不同重建方案所分化，很容易讓住宅重建成爲各方利益角力的場域。過去，許多災難的觀察者預設，人會出於利他主義（altruism）而以公共利益爲行爲準則，但從災難重建窒礙難行以及效果不一的情況來看，利他假設受到挑戰，集體行動問題仍然影響重建效率，而這是社會韌性的主要功能。

二、災後重建（復原）速度的不同解釋

　　災難來襲之後，有些災區在災難後能夠馬上組織動員，迅速投入家園

---

[15] Louise K. Comfort, "Risk, Security, and Disaster Management," *Annual Review Political Science*, Vol. 8 (Jun. 2005), pp. 335~356.

[16] Walter Gillis Peacock, Nicole Dash and Yang Zhang, "Sheltering and Housing Recovery Following Disaster," in Havidan Rodriguez, Enrico L. Quarangelli and Russell Dynes eds., pp. 258~274.

的重建，回到地震之前的生活軌道；有些地區則是陷入長久的困局，災民散居各處，政府、民間慈善團體以及居民自身投入的資源無法產生實質的效益。面對災後重建各種型態與速度的不一，研究者從不同的角度來解釋災區復原速度的差異。

最符合直覺的物理性解釋，是受災程度影響復原速度。由於災難衝擊不一致，各地死傷人數、經濟損失、房屋倒塌與公共設施毀損程度不同，恢復的速度自然不同。早年 Dacy 與 Kunreuther 對於美國阿拉斯加 1964 年 3 月地震後復原的考察就指出，研究者很輕易預設災後復原速度主要被災區受創程度所決定，受災越嚴重的越不容易恢復。[17]Tanaka 對 1923 年東京地震的研究就指出，因為市中心的受災程度較大，復原速度比上城區（uptown）慢。[18]

延續物理性的解釋，有人認為災區的人口密度會影響到災後復原的速度。由於受災區的人口密度越高，政府需要處理的災民越多，取得土地設立安置或重建地區就越難。此外，城市災民貧富差距大，意見整合不易也比較耗時，會拖延復原的速度。以 2004 年南亞海嘯為例，印度金奈（Chennai）地區因為人口過於密集，政府耗時甚久才為當地居民找到合適的安置點。台灣九二一地震後集合住宅重建的過程也可以看到類似的現象，都會人口密集、貧富差距大的社區，重建速度往往不如人口比較稀疏的城鎮或鄉下地區。[19]

也有不少研究者將重建視為經濟問題，受災之後有些災民需要向銀行貸款以重建家園，而銀行貸款有一貫的審核條件，假如經濟狀況不佳，而原本的貸款也尚未還清，災民再向銀行貸款就有一定的難度。以九二一地震為例，即使有政府補貼及協助貸款，資金短缺依然是家園重建所面對的

---

[17] Douglas C. Dacy and Howard Kunreuther, *The Economics of Natural Disasters: Implications for Federal Policy* (NY: Free Press, 1969).

[18] 轉引自 Daniel P. Aldrich, "Social, Not Physical, Infrastructure: The Critical Role of Civil Society in Disaster Recovery," *Disasters*, Vol. 36, No. 3 (2012), pp. 398~419.

[19] 李宗義、林宗弘、謝志誠，「重建信任網絡：921 災後社區重建的成敗關鍵」，2012 **臺灣社會學會年會會議論文**（台中：東海大學，2012 年 12 月），頁 1~44。

最大難題。[20]Tatsuki 與 Hayashi 對 1995 年阪神地震的調查也指出，即使是一些經濟條件還不錯的商店老闆，在地震之後也苦於資金短缺。這些研究將問題化約成簡單的經濟邏輯，災民的經濟資源不足，復原的速度自然較緩慢。[21]

除了上述經濟因素之外，社區的人力資本（human capital），也就是居民的教育程度、工作技能與經驗也被用來解釋災後復原的速度。人力資本向來是用來解釋某地貧窮、犯罪與經濟發展、富裕程度最主要的變項之一，由於受災地區大量工作機會流失，居民頓時陷入經濟不確定的情境之中，因此教育程度高、有能力在當地的重建工作中、或在其他地區就業的人，往往復原比較快。另一方面，當地人力資本比較差，可能在災難發生前就深受經濟衰退、犯罪與毒品之苦，往往無力動員資源來進行重建。[22]上述結構性研究暗示脆弱性影響韌性 — 兩者可能是同一組物理或社會因素所造成。

正因為這個簡單經濟邏輯，所以國家政策重心經常擺在資源補貼以及災區的租稅優惠。然而，不同的政權體制（regime type）對救災有不同的責任想像，有的政權會將重建成敗視為政府合法性的基礎，有的政權則是會利用災難汲取民間社會資源，也有的政權根本就無視於救災的道義責任。

政府資源有限，投入資源差異以及政策輕重緩急，也被視為影響災區復原速度的主要變項之一。[23]以汶川（2008 年）與青海玉樹地震（2010 年）

---

20 賴美蓉，「居民對 921 災後社區住宅重建之意願調查分析」，都市與計畫，第 29 卷第 4 期（2002 年 12 月），頁 533~550。

21 Shigeo Tatsuki and Hauro Hayashi, "Seven Critical Element Model of Life Recovery: General Linear Models Analyses of the 2001 Kobe Panel Survey Data," paper presented for the Second Workshop for Comparative Study on Urban Earthquake Disaster Management (Kobe, Japan: Feb. 2002), pp. 14~15.

22 Daniel Lederman, Norman Loayza, and Ana María Menéndez, "Violent Crime: Does Social Capital Matter?" *Economic Development and Cultural Change*, Vol. 50, No. 3 (Apr. 2002), pp. 509~539.

23 盧旭陽，「災害干預與國家角色：汶川地震災區農村居民駐防重建過程的社會學分析」，中國社會科學院研究生院社會所博士論文（北京：中國社會科學學院研究生院，2012 年）。

的重建爲例，由於汶川地震發生在 2008 年奧運舉辦之前，全世界的目光都投注在中國政府對此的回應，總書記胡錦濤與國務院總理溫家寶數度進入極重災區，透過行政力量加速了汶川重建。以北川吉娜羌寨爲例，因爲總理溫家寶 2009 年春節要在當地吃年夜飯，地方政府投入大量資源，使吉娜羌寨在最短時間內復原。反觀玉樹地震發生在偏遠的青海高原，又是達賴喇嘛的出生地，災後國家進行了嚴格的災區出入管制，復原速度也慢了許多。從這個角度來看，國家能力與統治者意願不同仍會影響災區復原速度。

此外，國家在重建過程中未必都是善意的，中央或地方政府可能扮演財團或特定利益集團的打手。例如貧民窟住宅強度差、受災通常較爲嚴重，政府有時會利用重建機會整頓城市規劃，例如 Aldrich 的研究發現，Katrina 風災之後 New Orleans 市政府想藉機剷除一些人口過密老舊社區，引來當地居民抗爭，[24]Klein 發現南亞海嘯後印尼與印度政府清理沿海漁村改建觀光飯店也是類似的案例，此時國家干預反而造成災民損失與重建工作的延誤。[25]

除了受災程度、人口密度、經濟資本、人力資本等因素之外，有學者從災區的「社會基礎建設」（social infrastructure）對於災後復原速度的差異提出解釋。他們認爲傳統上由國家所主導，官僚從上而下進行災難管理與推動救災政策的觀點，無法完全解釋災後復原的差異，社區與地方網絡的角色更重要。

在質化研究方面，Patterson 等人對美國 Katrina 颶風的研究就發現，即使獲得國家資源較少，當地越南社群在救援階段就展現了高度凝聚力，社區領袖迅速將災難警報傳遞到各個越南商店，協助撤離，並由越南同胞

---

[24] Daniel P. Aldrich and Kevin Crook, "Strong Civil Society as a Double Edged Sword: Siting Trailers in Post-Katrina New Orleans," *Political Research Quarterly*, Vol. 61, NO. 3 (Sep. 2008), pp. 79~89.

[25] Naomi Klein, *The Shock Doctrine: The Rise of Disaster Capitalism* (Toronto: Alfred A. Knopf, 2007).

相互提供收容處所，並有效協尋失散親人。在災難過後，越南社群很快回到災區，透過居民連署讓政府注意當地訴求，快速從災難中重建。[26] 學者 Shaw 與 Goda 針對神戶大地震中的分析指出，有良好社區組織架構和社區領袖傳統的社區，能夠在社區領袖的帶領下馬上做出反應，在缺乏政府支援情況下迅速協助災民。[27] 而在東京、阪神地震 Katrina 颶風與南亞海嘯的統計研究中，Aldrich 發現社會網絡密度（density）較高的地區，災後重建也比人際疏離的地區要來得快，證明社會資本對韌性的重大影響。[28]

參、國家與地方社會互動的解釋框架：
社會資本與公共財的重建類型

　　跟隨上述社會資本的經驗研究，我們認為有必要從災民與地方社會的角度，提出一個更為精緻與動態的解釋框架。我們的問題是在災難情境下，災民是如何產生集體行動，又如何與國家的力量產生互動，促進或妨礙災後重建？

　　災難中的組織行為（organized behavior）是災難研究的經典問題，[29] 身處災難之中的個人、社區、地方社會採取何種策略進行回應是災難研究者亟欲探索的問題。災後重建是一個漫長的社會過程，不同層級的行動者相遇互動，中央政府的因應對策、地方政府的執行、災民的自主行動，還有國內外民間團體的援助，不同的行動者有各自的動機與利益。對於中央政府來說，災後重建的成敗是國家能力的展現與政權正當性的來源，地方

---

[26] Olivia Patterson, Frederick Weil and Kavita Patel, "The Role of Community in Disaster Response: Conceptual Models," *Population Research and Policy Review*, Vol. 29, No. 2 (Apr. 2010), pp. 127~141.

[27] Rajib Shaw and Katsuihciro Goda, "From Disaster to Sustainable Civil Society: The Kobe Experience," *Disasters*, Vol. 28, No. 1 (Mar. 2004), pp. 16~40.

[28] 同註 18。

[29] Neil Britton, "Organized Behavior in Disaster: A Review Essay," *International Journal of Mass Emergencies and Disasters*, Vol. 6, No. 3 (Nov. 1998), pp. 363~395.

幹部將重建視爲施政績效的表現，是升官晉爵的機會，而對災民來說重建是家園的恢復，公民社會集結了民間的善意，卻可能與國家主導的政策相衝突，志願者則是將參與災後重建視爲自我實現的機會。各個層次的行動者動機不同，加上經濟、地理、社會條件，讓災後重建變成複雜的政治過程。[30]

在這個複雜的政治過程中，有些社區組織起來成功創造公共財（重建完成），另一些社區卻無法組織起來。我們發展出一個稍嫌簡化卻相當有解釋力的架構來分析這種差異。從公共財的相關理論出發，我們認爲社區之外第三方（包括國家或公民社會）介入的方式與能力、以及社區內社會網絡的強弱，透過兩者之間的集體行動與利益博弈，影響最終的社區重建績效。

首先，公共財一般具有兩種特質，無敵對性與無排他性，而私有物品則與之相反；另一方面還有兩種準公共財，一種是有排他性而無敵對性的集體財（又被稱爲俱樂部資源，club goods or club resources）另一種是有敵對性卻無排他性的共享財（又被稱爲池魚資源，common goods or common-pooled resources），各具有公共財的部份特徵。一般而言，具公共財特徵的資源往往需要集體行動與合作才能夠被創造出來並且長期經營。[31]

然而，上述的四種財產類型只是純粹的理念型。在本文中，汶川地區的重建是在國家主導之下進行，這是因爲中國農民對土地只有使用權、對房屋雖有產權但保障不足，當地震摧毀房屋之後，他們也喪失了大多數發言權。然而在重建過程中，他們仍有部分政治權利、或運用抗爭手段來決定如何重新建設自己的社區，包括建設的進度、外觀、大小等等，有時

---

[30] 林宗弘，「災後重建的政治：以中國 512 地震與台灣 921 地震爲案例的分析」，台灣社會學刊，頁 57~110；Rieko Kage, "Making Reconstruction Work: Civil Society and Information after War's End," *Comparative Political Studies*, Vol. 43, No. 2 (Feb. 2010), pp. 163~187.

[31] Elinor Ostrom, *Governing the Commons: The Evolution of Institutions for Collective Action* (Cambridge: Cambridge University Press, 1990).

地方政府或村委會卻可能決定引進外來財團或觀光產業，使得利益博弈變得更為複雜。新住宅或新社區表面上是集體財，由於外力介入而變成共享財，模糊了準公共財之間的界線。

　　創造公共財或準公共財的方法之一是由提供誘因與具備懲罰能力的第三方（外力）介入，在所有利益相關者之間建立監督、仲裁與賞罰的機制，這個外力通常是國家，因此又被稱為「霍布斯」（Hobbs）或者「利維坦」（Leviathan）式的公共財創造方案。[32] 外力介入創造公共財時，原來參與各方將面對額外的風險。當災民引進民間社團或者地方政府為第三方時，有時可以幫助建立估計成本效益與風險的遊戲規則，避免部分受災戶搭便車的行為，然而當災民引進有強烈自利傾向的第三方——例如房地產業者時——卻也可能產生掠奪性的後果。這是因為第三方終究是災民的代理人，兩者之間有委託代理問題（principal-agent problem），第三方與社區領導人有機會傷害災民的利益以追求自身的利益。因此，災後重建可以是民間社團與災民合作重建家園的感人故事、也可以是外力與少數決策菁英竭澤而漁的黑暗鬥爭。

　　無第三方介入時是否也能創造出準公共財？在 Ostrom 的相關著作中提到防止少數人或外力掠奪的共同管理策略，其中一部分策略是透過某種集體契約將合作的遊戲規則與產權邊界、以及居民之權利與義務弄得更清晰，使共有財變成集體財；另一部份策略則是利用人們的互惠、信任與榮譽感來進行監督與懲罰，這種互惠與信任通常立基於過往的社會網絡，違背規則將以喪失名譽與社會網絡的支持為代價。[33] 在此之前，經濟社會學者已經開始討論社會網絡在經濟生活中的作用，[34] 另一些學者則偏好使用 Bourdieu 發明的「社會資本」一詞來說明社會網絡的效果，[35] 在《信任與統

---

[32] Robert D. Putnam, Robert Leonardi and Raffaella Y. Nanetti, *Making Democracy Work: Civic Traditions in Modern Italy* (Princeton, NJ: Princeton University Press, 1993).

[33] 同註 31。

[34] Mark Granovetter, "Economic Action and Social Structure: A Theory of Embeddedness," *American Journal of Sociology*, Vol. 91, No. 3 (Nov. 1985), pp. 481~510.

[35] Robert D. Putnam, Robert Leonardi and Raffaella Y. Nanetti, *Making Democracy Work:*

治》（Trust and Rule）一書中，Tilly 則稱之爲「信任網絡」。[36]

　　在有關集體行動與民主的一系列著作中，Tilly 認爲在社會運動的過程裡，人們彼此之間的信任扮演了重要的角色。所謂的信任指的是將自己的行動與資源置於他人失信、失誤或失敗的風險當中，能夠承擔這種風險的組織形式通常是一些強固的社會網絡，例如親屬、宗族、教派、鄰里、同學甚至幫派等。[37]然而，Tilly 也批評了「社會資本」這個概念，他認爲該理論太過簡化，社會網絡的凝聚力不見得都有利於民主或者公共財的生產，若是一個社會或者社區當中有兩個以上的信任網絡彼此敵對，形成嚴重的群體衝突或者是派系鬥爭時、或者信任網絡撤出公共領域時，將會對民主或者公共財的生產造成阻礙。此外，無論是在重建過程中或是一般情況下，要維繫民眾對民主決策的信任，還必須注重資源分配的公平性，[38]符合正義的分配方案將有助於鞏固決策菁英在信任網絡中的領導權。[39]總之，廣泛的信任網絡通常有助於創造準公共財，但社區內部分裂爲幾個強大的信任網絡時卻可能導致反效果。以美國 New Orlean Katrina 風災後的重建經驗來看，強大的市民社會力量與信任網路不見得都有利於重建，有時可能在災後重建的過程中變成一把雙刃刀，形成不同的小團體干擾重建工作。[40]

　　綜上所述，災後準公共財的重建往往取決於兩個機制，第一個機制是第三方介入的自利（委託代理問題）程度與組織能力，若第三方介入的能力不變，則自利程度越小越有利於災後重建；反過來說，若第三方自利程度固定，則介入能力越高越有助於災後重建。具體而言，黑道或者建商介入的自利程度較高，政府部門次之，民間社團或慈善團體的自利程度較

Civic Traditions in Modern Italy; Nan Lin, "Social Networks and Status Attainment," *Annual Review of Sociology*, Vol. 25 (Aug. 1999), pp. 467~487.

[36] Charles Tilly, *Trust and Rule* (Cambridge: Cambridge University Press, 2005).

[37] 同註 36。

[38] Margaret Levi, *Consent, Dissent, and Patriotism* (Cambridge: Cambridge University Press, 1997).

[39] 同註 38。

[40] 同註 24。

低；但是在介入的組織能力上，政府與黑道的強制力，也可能勝過民間團體所提供的激勵機制。此外，第三方的數目也是問題，兩個以上的第三方介入將會使社區內部與外部的利益衝突複雜化。因此，第三方介入住宅重建效果，往往要視上述幾個面向的組合方式而定。

第二個機制是用來動員重建資源之信任網絡的範圍與強度，若信任網絡範圍越廣且凝聚力越高則越有助於災後重建；反之，若信任網絡涵蓋的住戶比例越低且凝聚力越弱，則越不利於災後重建；此外，若社區分裂為少數對立的集團（多個信任網絡），個別信任網絡的凝聚力提高會引發更嚴重的派系鬥爭，同樣不利於重建。另一方面，信任網絡的領導權與住宅分配的正當性有關，若是將準公共財轉化為私有財的資源分配方案很不公平，則多數災民可能以「退出」（exit）的策略來表達對決策過程或分配方案的不滿，[41] 導致住宅無法取得重建資源或建好之後無法分配等問題。順著上述理論邏輯的推導，我們可以建立一個二乘二的表格，並得到四種不同的重建原型，見表 7.1。

在表 7.1 中，根據外力介入程度的強弱與社區民主參與程度（信任網絡涵蓋範圍）的高低，我們可以將災後住宅重建的結果分為下列四種類型：（1）外力介入強與社區民主與程度高的「復興型」災區，這種理想類型將使得資源分配公平又有效率，住宅迅速重建並且分配完成；（2）外力

表7.1　影響社區災後重建的兩種機制與四種不同類型的後果

		外力介入的利他程度與組織能力	
		強	弱
社區民主參與廣度與信任網絡的強度	高	復興（renaissance）	癒合（resilient）
	低	專制（despotic）	崩潰（collapse）

資料來源：作者自行整理

---

[41] Albert O. Hirschman, *Exit, Voice, and Loyalty: Responses to Decline in Firms, Organizations, and States* (Cambridge, MA: Harvard University Press, 1970).

介入弱但社區民主參與程度高的「癒合型」，在社區參與下重建資源分配較公平但是缺乏行政效率，災後的復建相對緩慢但社會衝突輕微；（3）外力介入強但社區民主參與程度低的「專制型」，重建工作仍有一定的行政效率但資源分配相當不公平，導致災民對政府抗爭或小團體彼此之間的嚴重衝突，相對於前兩種類型，專制型的社區較可能重建失敗；以及（4）外力介入弱且社區民主參與程度低的「崩潰型」（collapse）案例，缺乏有力第三方介入且災民因內部衝突而束手無策。在前三種社區或國家案例中，公共財還有可能部分復原，第四種類型最可能出現社區解離的後果。此外，前兩種類型——復興型與癒合型的社區重建資源分配較為公平；反之，重建資源分配不公往往使社區落入專制型與崩潰型的結果。

肆、五一二汶川地震、資料來源與個案選擇

　　2008 年 5 月 12 日下午 2 點 28 分，中國四川省阿壩州汶川縣發生了芮式規模 8.0 的強震。震央在汶川縣映秀鎮，受影響區域地區包括四川、甘肅、陝西等地，主要災區環繞龍門山脈兩側，在最近二十年來世界各地重大災情中僅次於南亞海嘯與海地地震，人員及財物損失非常嚴重。

　　根據大陸政府所發布的工作報告，汶川地震影響的總面積約五十萬平方公里，其中極重災區、重災區面積達十三萬平方公里，共造成 69,227 人死亡，17,923 人失蹤，37 萬人受傷，政府臨時安置的人數超過一千五百萬人，造成至少 21.6 萬棟房屋倒塌，所造成的直接經濟損失為 8,451 億人民幣，四川省占了 7,717.7 億。[42] 此外，根據受災的程度，共有汶川縣、北川縣、綿竹市、什邡市、青川縣、茂縣、安縣、都江堰市、平武縣市、彭州市等十個極重災區，41 個縣被判定為重災區，186 個一般災區，分別散布在四川、甘肅與陝西三省。[43]

---

[42] 孫成民編，四川地震全記錄下卷：公元 1949 年 10 月～公元 2009 年（四川：四川人民出版社，2009 年），頁 485。

[43] 同註 43，頁 512~513。

　　從 2009 年開始我們陸續在汶川災區進行訪問，並對較為熟悉或友善的社區進行重複訪問，近四年來觀察到各個災區不同的重建與復原進度，硬體建設完成度不一，居民回到正常生活軌道的快慢等差異。然而，不同於人類學家慣用的紮根理論方法，從實際的田野現象逐步抽繹出解釋的理論，我們的研究是在理論的因果機制驅動下挑選分析個案，雖然多數社區是透過熟人或者民間團體介紹才能進入，因此冒著選擇性偏誤的風險，我們極力擴大受訪者與受訪社區的地區差異，並且以每年夏天重複訪問同一些社區來擴大觀察值，並以觀察時間的差異來驗證因果機制。[44]

　　兩位作者有時分別有時合作進行社區訪談，2009 年 6 月林宗弘首次短期訪問災區，2010 年 6、7 月我們分別前往四川災區，總共走訪了三十幾個村，此外我們也利用成都五一二民間救助服務中心所出版的《災區行：汶川大地震一週災區群眾訪談錄》還有從期刊與新聞中讀到的故事，最後以第三方介入及社區參與的程度（信任強度）建立起中國大陸災後重建的不同模式，可惜的是受限於人力與當地政治敏感度，我們無法對於選定的個案進行系統性的問卷調查，這使得我們難以對自變項（第三方介入的強度與社區參與的強度）以及依變項（災後復原的速度）進行量化，而只能從受訪者的口中和觀察者的目光以及研究者實際的探查，對災後重建進行印象式的測量。我們最後選定五個村做為深入分析的對象。這五個村分別是茂縣的楊柳村及牛尾村、彭州的大坪村、汶川的老街村以及北川的湔江村。2011 年 6~9 月李宗義對於這幾村進行比較深入的訪談，以瞭解當地災後重建推動的情況以及社會力量的參與。

伍、汶川地震後的國家與地方社會

　　中國五一二地震提供了絕佳的機會，讓我們得以觀察一個處在後極權

---

[44] Gary King, Robert O. Keohane and Sidney Verba, *Designing Social Inquiry: Scientific Inference in Qualitative Research* (Princeton, NJ: Princeton University Press, 1993).

或威權主義下的資本主義發展國家，如何在災難之中進行治理與控制。一方面國家在災難治理各種混亂情境，如資源的調配、人力的派遣、車輛管制、補助政策、對口支援等，另一方面也發揮其有效的控制能力，當各種社會力量因自願主義（voluntarianism）勃興而大量投入災區活動時，國家的專制能力也在背後發揮作用，避免社會因此而失控，危害到國家的統治穩定。[45]

災難經常誘發政治危機。首先，災難使民眾喪失生計，水、食物與安全住所等基本需求迫切，處理不好災民也可能變成流寇、叛軍或其他的政治反對勢力。[46] 其次，現代媒體訊息傳播速度加快，牽動民眾對於整起事件的評論，情緒性想法又會快速感染週邊的民眾，形成對政府的壓力。最後，災難是一個非常時期，民眾都預期政府在這個危機中能夠有不平凡的作為，因此對於政府的期待會比一般時期要高。[47] 任何政權在災難之中都要面對民眾基本需求、媒體壓力與群眾期待的提升，所以統治者必須小心處理，以免災難擴大成為一場政治危機。

五一二地震發生當天，中國政府隨即由國務院籌組抗震救災總指揮部，下設搶險救災、群眾生活、地震監測、衛生防疫、宣傳、生產恢復、基礎設施保障以及災後重建等十個工作組，並且按照災難發生的時間將整個災區工作分災後應急救援、轉移安置以及災後重建三個階段。6月4日，中國政府通過《汶川地震災後恢復重建條例》，除了載明重建的基本原則，更將災區的重建工作提高為政治任務，啟動地方相互競爭的官僚體制亦即所謂「對口援建」，將其他各省的資源調動到災區，以「三年重建工作，兩年基本完成」為時程，在災區大興土木。

45　林宗弘，「災後重建的政治：以中國 512 地震與台灣 921 地震為案例的分析」，台灣社會學刊，頁 57~110。

46　Cullen S. Hendrix and Sarah M. Glaser, "Civil Conflict and World Fisheries, 1952-2004," *Journal of Peace Research*, Vol. 48 (2011), pp. 481~495.

47　Richard Stuart Olson and Vincent Gawronski, "From Disaster Event to Political Crisis: A '5C+A' Framework for Analysis," *International Studies Perspective*, Vol. 11, No. 3 (Aug. 2010), pp. 205~221.

　　根據四川省政府對於地震援建兩週年所公布的訊息，2010 年時納入國家重建規劃的 29,700 個重建項目已開工 99.3%，總共投資 8613 億元，如此龐大的經費主要用在農村基礎建設以及居民永久房屋的補助。[48] 我們進行田野調查期間，災區已經建起嶄新的現代建築，雖稱不上豪華卻不同於過去對中國農村的印象，以成都週邊的汶川縣水磨鎮為例，在廣東省佛山市的援建之下，融合週邊山水美景的小鎮，讓人很難想像此地曾經歷過巨大災難。

　　國家動用大量的資源固然是為了加速重建，也是為了有效控制民間社會、維持災區穩定。民間社會的力量主要展現在人力與物力（財力）兩個層面，五一二地震之後大量的志願者（義工湧入），這些志願者在第一時間進入到災區進行救援發揮了很大的效果，有的甚至組成了非政府組織（NGOs）想長期留在災區，但就在地震屆滿一週年之際，中國政府隨即針對尚留在災區的志願者與 NGOs 進行「清理」，除了合法登記的機構與人員，政府要求其他在當地默默工作的各類型組織皆不得留在災區繼續服務。另外，由於中國政府對於捐款的監管，僅有少數的單位才具有合法接受捐款的權力，因此地震的民間捐款大多數是落到政府之手。根據鄧國勝等人的研究，地震後半年全國總共募集了 652.52 億元，而其中 58.1% 流入黨政部門，剩下少數留在各級紅十字會、慈善會或公募基金會所，而整個救災捐款 767.12 億元，有高達 80% 左右流入政府的財政專戶，成了政府的「額外稅收」。[49]

　　龐大的政府資源加上對民間社會的有效控制，中共成功展現國家專制能力強大的一面，並以愛國主義凝聚民眾對國家的認同，避免災難引發更大的政治危機。但是，如此強大的國家力量，一視同仁大規模的補助政策，還是無法避免重建的混亂，也無法解釋各地重建成果不一。尤其是在行政

---

[48] 「重建任務基本完成——四川災區重建兩周年成果綜述」，新華社，2010 年 10 月 15 日，http://www.gov.cn/jrzg/2010-10/25/content_1729845.htm。

[49] 鄧國勝編，**響應汶川——中國救災機制分析**（北京：北京大學出版社，2009 年），頁 76。

越底層，因為有許多幹部在地震之中喪生導致地方行政系統失靈，不論是重建補助經費的發放或失蹤、死亡人數的確定，都出現了失序的現象。[50]

　　從動員資源的能力與施救力度來看，公民社會通常比不上國家，也缺乏強制力遂行政策法令。但是，當國家將災後重建轉變為一種行政命令時，往往會給災區帶來負面效果。例如，中央政府喊出「三年重建工作，兩年基本完成」的口號，四川省將此列為一項具有時限的政治任務，各個援建單位相互競爭工程進度，使得市場上原本就短缺的建築材料價格高漲，紅磚從震前的 0.22 元一路漲到 0.72 元，泥瓦工與木匠的工資也漲到一天 80 元甚至 120 元，災民所獲得的重建補助款完全被原物料的價格膨脹所抵銷。[51]

　　民間力量的蓬勃發展是災難中最引人注意的現象，NGOs 參與能夠迅速回應災民的需求，並迫使國家改變原本的重建計畫，研究證實這些公民社會所採取的行動是災後重建成功最主要的因素之一。[52] 汶川地震之後，因為地方行政系統的紊亂及失靈，國家在《重建條例》中首度「鼓勵」民間社團參與災後的重建工作，而有了所謂「政府主導＋社會參與」的模式。[53] 但中共對民間社會設下重重限制，使其在有限的範圍進行有限的工作，以某社工站為例，就是由政府出錢購買非政府組織的服務，至於NGOs 要做什麼樣的事，則是看地方幹部與 NGOs 還有社工站站長之間的協調，有的甚至是在地方政府的指派下協助地方進行觀光產業的規劃（訪

---

[50] 同註 46，頁 57~110。

[51] 蕭延中等，多難興邦：汶川地震見證中國公民社會的成長（北京：北京大學出版社，2009 年）。

[52] Rita Jalali, "Civil Society and the State: Turkey after the Earthquake," *Disasters*, Vol. 26, No. 2 (Jun. 2002), pp. 120~139; Rajib Shaw and Katsuihciro Goda, "From Disaster to Sustainable Civil Society: The Kobe Experience," *Disasters*, pp. 16~40; Rieko Kage, "Making Reconstruction Work: Civil Society and Information after War's End," *Comparative Political Studies,* pp. 163~187; Daniel P. Aldrich, "Social, Not Physical, Infrastructure: The Critical Role of Civil Society in Disaster Recovery," *Disasters,* pp. 398~419.

[53] 同註 52，頁 115。

談紀錄 20100621、訪談紀錄 20100622）。即使是如此，社會組織發揮了許多令人意想不到的結果。

　　在汶川地震後中國民間組織的行動令人驚豔。地震發生隔天南都公益基金會隨即發表「中國民間組織抗震救災行動聯合聲明」，有 165 家 NGOs 響應加入。此外，四川災區也陸陸續續有 NGOs 成立，更有大批未經組織的志願者（義工）湧入，站上第一線進行災民的救助工作，根據統計到地震災區工作的志願者約有五百萬，[54] 為了彼此之間的溝通、協調及合作，類似「五一二民間救災服務中心」、「NGO 備災中心」之類 NGOs 服務平台也相繼成立，期待在各個 NGOs 之上有一個統一對外的窗口，這也讓整個災難之後的 NGOs 發展有了跨地方、跨領域與自主性的發展。[55]

　　NGOs 救災的意義在於有些資源可以不透過政府直接發到災民之手，而大量的志願者也可以在 NGOs 的組織及安排下和災民進行接觸，從災後的緊急救援、過渡安置再到災後重建，協助災民恢復生活。相較於政府單位為了達成行政命令而忽略災區民眾的實際需求，NGOs 更能夠理解災民的身心需求，藉由專業的技能提供各式各樣的服務。同樣是永久房的重建，有的災民關心重建的速度，有的人在意的是房屋的大小，有的希望能保留原本的農村生活模式人畜同居，但有的人則是在意房屋的造價，不同的需求在政府「統歸統建」的大方針底下都被忽略了，卻有可能因為 NGOs 的介入，而產生不一樣的重建結果。

　　當 NGOs 與災民之間的信任建立起來之後，災民更願意將自己的需求透過第三方表達，有些 NGOs 成為政府與災民之間的溝通管道並獲得各方肯定。汶川地震對於中國民間社會的影響就在於 NGOs 的理念與想法進一步獲得社會的認識。即便 NGOs 後來受到政府壓制而慢慢撤離災區，

---

[54] 轉引自：羅中樞、王卓，公民社會與農村社區治理（北京：社會科學文獻出版社，2010 年），頁 59。

[55] 林宗弘，「震殤元年：四川民間救災機構訪談雜感」，中國研究通訊，2009 年第 12 期，頁 11~21。

但是社會組織在汶川地震中的作用已經引起許許多多的研究。[56]

在汶川地震重建的相關文獻中，我們看到的是一幅「從上而下」（國家）以及「由外往內」（公民社會）的大規模動員現象，在這個過程之中災民（個人）與地方社會被動地接受援助，災民或地方社會的回應，在政府與研究者的目光之中消失了——然而這正是解釋韌性的社會資本最重要的影響之處。我們認為災後重建成敗不僅受國家資源投入多寡或 NGOs 介入程度影響，也包含災區內社區本身的韌性，因此災區信任網絡的強弱，是造成災後重建速度不一的關鍵因素之一，然而國家強力干預，由上而下貫徹重建政策，例如強行遷村，可能破壞地方社會原有的凝聚力，讓重建的成效大打折扣。

陸、社會韌性的作用

根據外力介入程度的強弱與社區民主參與程度（信任網絡涵蓋範圍）的高低，我們將災後住宅重建的結果分為下列四種類型：（1）外力介入強與社區民主參與程度高的「復興型」社區；（2）外力介入弱但社區民主參與程度高的「癒合型」社區；（3）國家介入強但社區民主參與程度低的「專制型」社區；以及（4）外力介入弱且社區民主參與程度低的「崩潰型」（collapse）社區，我們從理論推導出四種社區重建的結果。以下我們將以田野調查中長期觀察的幾個村落為例，來說明上述的國家與地方社會互動對災後重建的影響。

---

56 蕭延中等，多難興邦：汶川地震見證中國公民社會的成長；韓俊魁，NGO 參與汶川地震緊急救援研究（北京：北京大學出版社，2009 年）；郭虹、莊明編，NGO 參與汶川地震過渡安置研究（北京：北京大學出版社，2009 年）；張強、陸奇斌、張欣編，巨靈與 NGO——全球視野下的挑戰與應對（北京：北京大學出版社，2009 年）。

一、復興型重建

第一種情況是第三方（可能是國家或民間社團介入）與社區參與都強的地方，此時的重建會出現兩種可能性，當國家與地方社會兩者的目標一致，作為非正式制度的社會網絡將做為正式制度的補充，加速重建。例如當國家在重建政策上給予「統歸統建」、「統歸自建」、「原地重建」等三種選項時，社區參與強的地方，能夠很快地在災民之間做出集體決定，並督促政府儘速採取行動，在災後房屋並且在整個建設的過程中，社會資本或信任網絡所能發揮作用就是在災民之間有效地溝通協調，讓決策儘快出現與開展，茂縣的楊柳村就是這樣的例子。

楊柳村在地震之後，在北京清華大學以及台灣的謝英俊先生所領導的建築團隊的協助下，很快透過本地人際關係網絡強的特點，針對政府與外來團隊所提供的方案進行討論，更在方案確定之後，並且在地方原有的換工傳統的相互協助下，迅速搭建起一座又一座的輕鋼架建築，成為五一二汶川地震之後最早入住永久房的一批災民，也因此成為重建的明星村。

政府推動的重建政策也可能和地方社會的目標產生衝突。在兩股力量都很強的情況之下，地方社會不具有推動政策的資源及能力，只能監督國家行為，但也因為地方信任網絡有利於發起集體行動——包括群眾抗爭，政府在重建時更加小心翼翼，與楊柳村只有一線之隔的牛尾村就是這樣的例子。

牛尾村的羌族居民在山上的牛尾老寨居住了八百年，居民之間對於當地文化的保存以及生活方式的維護都有比較強烈的認同感。老寨以當地民眾祭拜的寺廟為文化核心，旁邊的村辦公室廣場為政治中心，每逢村里有重大事件就聚集到廟旁的廣場討論，主要的慶典活動也都在此廣場上進行。此外，牛尾人的喪葬儀式保留了該村的傳統，山上的火葬場為當地居民的「聖地」，不僅是牛尾村民祖先的棲息地，更是當地民眾的精神圖騰，每當有外來貴客到訪，牛尾村民必然帶著客人來到聖地，對著祖先進行簡單的祭拜與報告儀式。牛尾村民強烈凝聚力來自於共同的信仰、祖先以及

鄰近的血緣，居民也有更有強烈的參與感，隨時監督著村辦公室的施政。因此，雖然山上的居住環境與基礎設施不如平地，交通也大大不便（進出只能步行或騎馬走山路），但保留山上的舊傳統一直是居民努力的目標。在 2004 年之後因為中國政府推動「新農村建設」，大量的村民被遷徙到山下居住，即使如此，地方人士仍然致力於保留老寨的文化傳統。地震之後，政府以補貼政策之名強力介入居民的遷徙，一方面大力推動建築外觀的「風貌改造」，另一方面則是任由老寨持續地凋零。在這種情況之下，當地的居民更嚴格地監督風貌改造工程，相較於明星災區楊柳村的輕鋼架現代建築，老寨的整個風貌多了幾份羌族的特色，居民對於社區的認同與公共事務的參與也比較強，讓整體災後的重建表現優異。

二、癒合型重建

第二種情況是地方幹部的基礎行政能力薄弱，因此國家介入的程度低，但社會網絡很強，此時非正式制度就可以扮演決策者的角色，代替正式制度進行整體資源的分配與利用，北京地球村在通濟鎮大坪村七個組所推動的「樂和家園」就是這樣的例子。大坪村是一個沿著山勢而零星散布的村落，屬於經濟相對弱勢的村，相較於山下五個組能夠到鎮上的石灰礦場工作，山上的七個組在地震之前甚至連一條連外的水泥道路都沒有，進出只能靠徒步、騎馬或農村少有的拖拉機。山上的村民因為交通不便，長時間只能依靠農耕自給自足。

大坪村是屬於少數「原地異址重建」的例子，少了國家統一規劃，地方只能憑藉力量與規則進行資源的分配與利用，包括土地的交換與購買，房屋外觀與建材都必須靠村民的力量自行完成，在當地交通困難的情況之下，原本是一件很難完成的任務。汶川地震之後，大坪村的房屋除了少數傳統的木造建築外幾乎全部倒塌，顯示現代化的水泥磚房比傳統木造房屋更脆弱，給予外來團隊靈感。在環保人士廖曉義的帶領下，大坪村山上的七個近百戶人家經過開會討論，同意加入樂和家園的計畫，先是由本地村民成立「大坪山生態協會」，再由地球村找來西安建築科技大學劉加平教

授進行生態民居設計，之後由當地居民以自力造屋的方式迅速展開重建。當山下居民陷入統歸統建後續爭議、還無法入住永久房時，山上的樂和居民已經先一步住進蓋好的木建築裡。

三、專制型重建

地方信任網絡瓦解的地區又是如何呢？當非正式制度薄弱時，地方居民就會陷入集體行動的困境——搭便車或囚犯兩難，無法對國家決策產生壓力或監督作用，只能聽任地方政府統一規劃。本地居民對於資源的安排與分配完全沒有置喙的餘地，此時假如地方政府的行政能力尚可，或者是黨國對此地的重建比較重視，雖然罔顧地方居民的意志，至少可以在一定的時間內完工，假如地方政府完全無力整合地方利益分歧，而國家也因為受災範圍太大無力顧及，重建就會陷入混亂與延誤的狀態。

映秀鎮的老街村就是屬於專斷型災後重建例子。映秀位於地震的震央，因此在地震之後建築幾乎完全垮掉，也使人口從地震前的一萬多降到兩千三百多，映秀中心小學以及漩口中學倒塌，每家每戶幾乎都有親人或小孩喪生。映秀的整體重建是在中央政府「關愛」下進行的，正因如此，重建工作變成國家能力的展示場，不僅設計了外表美輪美奐的單元樓，也設計了農貿中心、大型的巴士站，更在山上設立了五一二地震的墓園和紀念館，建設規模驚人。

當地居民最關心的是何時能住進永久房、以及後續的「生計」問題，然而這兩項工程，卻遭排擠到大型紀念館場之後，民房施工進度緩慢。當李宗義在 2010 年 6 月到該鎮考察訪問時，所有映秀鎮的居民除了老街村之外都還住在板房區（組合屋），政府、公安以及各種行政機關也是在岷江邊上臨時搭建的板房辦公，而對於已經住到老街的村民來說，新的住宅是以自己耕種的土地交換來的（當然還要加上跟銀行的借款），這使得農民失去原本賴以維生的工具，被迫轉而從事政府所規劃的羌族文化觀光產業。對年輕的災民來說，或許還能夠外出打工賺錢，老一輩農民卻面臨相當嚴重的生計難題。

　　直到 2011 年底，兩位作者曾經四度前往映秀訪問，在地震前三年的
熱潮後當地的觀光產業逐漸消退。整體看來，映秀鎮因為地震死傷相當慘
重，原有的村落都被震垮，整個社會網絡幾乎瓦解，因此不再有非正式制
度的力量來制約政府對災區的開發。國家主導的災後重建進一步破壞社會
網絡，農民失去其賴以維生的土地，農村社會結構幾乎瓦解，青壯年人口
持續外流。

　　前兩種效果比較好的重建模型中，我們看到 NGO 與當地社會網絡發
揮整合作用，擔任國家與災民之間的橋樑角色，難道映秀就沒有 NGO 從
事這方面的工作？實際調查發現，映秀並非沒有 NGO 的協助，甚至是規
模比較大、知名度比較大的 NGO 在做災後重建的工作。地震之後汶川縣
政府引入廣東大同社會工作服務中心協助災後重建工作進行，並且在汶川
縣四個鄉鎮都設有社工站。然而，大同社會服務中心是藉廣東省對口援建
而介入的。也就是說，社工站是國家力量的一環，用受訪者的話來說就是
「國家以金錢購買社會組織的服務」（訪談紀錄 20100621、 20100622）。
從組織定位、購買服務與指派任務來看，大同社會工作服務中心基本上是
在屬於對口援建的一部分，NGO 其實是 GONGO，在國家的安排下，不
涉及災民關心的硬體重建問題，只從事軟體的重建，例如綿篪鎮是羌語文
化、雁門是青少年成長計畫、福利中心是老人服務、映秀是農村建設（社
區發展）、水磨則是產業轉型等，有不少專案是苦撐或不了了之。

四、崩潰型重建

　　最後我們來到文章開頭介紹的北川禹里湔江村，禹里過去是北川縣
城，當縣城遷往曲山鎮之後，位置偏僻的禹里在政治與經濟上的重要性逐
漸下滑。地震之後，禹里交通不便進出困難，重建進度相對緩慢。在援建
單位規劃下，禹里保留了舊的場鎮，並將一大片原屬湔江村的土地納入場
鎮進行整體規劃。然而，正是這個徵地政策將農村原有的社會結構打亂，
不僅引發國家與地方社會的對抗，也讓場鎮居民與農村居民之間的連結斷
裂。地震之後，地方政府受限於地方財政能力的不足，援建單位的支援有

限，地處偏僻又少有民間社團援助，地方政府在多方考量之後決定採取「統規自建」的政策。

由於統規自建涉及到拆除、徵地、劃地、分配地基以及建房等五個步驟，每個步驟都需要與農民協調，地方政府能力又弱，無法提供政策誘因吸引民眾順服，只能透過強制力將民眾搬出搬進。在這種情況之下，地方居民分裂成不同的利益集團。首先，原本居住在場鎮老街的居民，因為不滿拆遷補償金額過低，集體反對政府的重建計畫，眾多居民連署要求不拆的情況下，老街後來獲得保留，成為禹里鄉唯一維修加固的區域。

另一方面，村民在徵地與分配宅基地的過程中進一步遭到分化。由於援建單位十項公共工程（衛生院、養老院、學校等）都必須徵收農民土地，也需要更多宅基地分配給住宅難以修復的居民，導致湔江村農地被大量徵收，被徵收之後的農民可以獲得一片宅基地的補償，但其他沒被徵收卻被遷村者必須買地自建。在政府少量的補助之外（16,000 元到 29,000 元人民幣不等），自建工程所需資金必須自籌，地震之後缺工問題嚴重，當地工資每日 120 元人民幣（地震前 60 元），而原物料也因為交通問題比地震前要高，每棟房子造價約在二十萬至四十萬之間（依樓層高低不同），使得許多農民叫苦連天。

原本在農村的蓋房有換工傳統，但國家的政策打破了農村原有的連帶，將重建機制交由市場決定，居民之間的信任與合作關係化約成金錢交易，結果是少數有經濟實力的人可以重建，而大多數人只能先用積蓄買到一塊宅基地，再慢慢等待合適的重建時機。統規自建的房屋建設採取鋼筋、水泥、磚牆的方式，這大都需要交給專業的包工隊去坐，要工程車、需要師傅，在這種情況之下居民想要互相幫助也無能為力，只能任由農村互助傳統喪失殆盡。

當然，禹里同樣也有 NGO 的協助，只不過因為資源、人力、規模不如清華大學或地球村，只能挑選幾家農戶進行有限援助。例如距離場鎮不遠的慈竹村三組，就是在 NGO 協助下解決資金問題，加上當地的農民換工解決勞力問題，成功進行房屋重建，從 2008 年 9 月，慈竹村第一個重

建戶即以原址重建的方式開始搭建輕鋼架住宅，中間雖然停工三個月，在2009 年春節前後即已經入住新房。在第一戶成功效應的帶動下，鄰近的居民也開始認同換工，以自有資金陸續完成重建，相較於場鎮的混亂，從禹里兩個村的明顯對比中，我們清楚觀察到 NGO 相較於國家任由市場機制的決定重建的成效，社會網絡的效果令人印象深刻。

柒、結論

災難之中的社會力是災難社會學考察的重點。許多研究證明，災難之後韌性不同的關鍵，不只取決於國家或公民社會資源投入的多寡，而相當一部分取決於災區之中各式各樣的社會網絡如何凝聚災民的集體意識，進而提高重建績效。在災後重建過程中，公民社會未必會抗衡或挑戰國家政策，也可以讓訊息的傳遞更迅速也更準確，讓決策者瞭解到災民較迫切的需求，也可以將資源有效分配在災區，並監督資源分配是否落實。[57] 放在中國的政治脈絡，研究者自然會關注在汶川地震中大放異彩的民間社團與志願者。[58]

在一個威權體制下出現大量的 NGOs 的確會讓人有「公民社會元年」的期待，然而天災只是偶發，將 NGOs 與市民社會掛勾的托克維爾式傳統（Tocqueville tradition）背後需要長期成熟穩定的公民參與，而不是災難下的短暫激情。近年來中國草根組織確實有長足進展，主要是國家能力不足所提供的發展空間，讓地方社會與公民社會之間出現了一種偶發的共生

---

[57] Rieko Kage, "Making Reconstruction Work: Civil Society and Information after War's End," *Comparative Political Studies*, pp. 163~187.

[58] 朱建剛、陳健民，「抗震救災：中國公民社會崛起的契機？」，二十一世紀，2009 年第 114 期，頁 4~13；Jessica C. Teets, "Post-Earthquake Relief and Reconstruction Efforts: The Emergence of Civil Society in China?" *The China Quarterly*, Vol. 198 (Jun. 2009), pp. 330~747; Shieh Shawn and Guosheng Deng, "An Emerging Civil Society: The Impact of the 2008 Sichuan Earthquake on Grass-Roots Associations in China," *The China Journal*, Vol. 65 (2011), pp.181~194.

關係（contingent symbiosis），[59] 這種關係是不穩定的，一旦國家再次鎮壓公民社會，NGOs 的發展空間也跟著萎縮，從國家想要重新滲透的領域撤退。

災難不僅提供公民社會發展的契機，也賦予國家進行權力滲透的正當理由，在共度國難的大旗下，大部分災民只能服從國家規劃，房子該拆的就拆，土地該被徵收就被徵收，沒有太多議價空間。這讓國家權力輕易滲透地方社會改變原有的社會結構，或者是在政策強力實施過程中，造成居民的利益分化與凝聚力潰散，從這個角度來看，災後重建也可能破壞地方社會。強行引進的現代化意識型態，有可能讓立意良善的重建政策，最終以非意圖性的惡果做結。Scott 對許多蘇聯、坦桑尼亞等地區國家項目的歷史考察已經證明：國家的管理主義、極端現代化的意識型態、獨裁主義的國家加上一個軟弱的市民社會往往給國家試圖改善人類狀況的項目帶來巨大的災難。[60]

從上述的個案中，我們試圖對於災後重建的不同面貌進行考察，我們並非貶低國家介入在災後重建中的正面意義，也無意誇大地方社會自我組織的能力在災後重建中所發揮的作用，而希望展示國家與地方社會的互動如何影響災後重建的績效。從政策分析的角度來看，短期看似有效率的重建，長期有可能因為重建政策對社會網絡的破壞，導致地方社群土崩瓦解。以四川災區為例，在地方財政不足且無外來社會力量的援助下，資本主義瓦解了地方社會，而在公民社會介入與地方社會網絡強大的地區，則在災後重建中呈現了人類堅毅的韌性。

---

[59] Anthony Spires, "Contingent Symbiosis and Civil Society in an Authoritarian State: Understanding the Survival of China's Grassroots NGOs," *American Journal of Sociology*, Vol. 117, No. 1 (2011), pp. 1~45.

[60] James C. Scott, *Seeing like a state: How Certain Schemes to Improve the Human Condition have Failed* (NH: Yale University Press, 1999).

參考文獻

一、中文部分

李宗義、林宗弘、謝志誠，「重建信任網絡：921 災後社區重建的成敗關鍵」，2012 臺灣社會學會年會會議論文（台中：東海大學，2012 年 12 月），頁 1~44。

林宗弘，「災後重建的政治：以中國 512 地震與台灣 921 地震為案例的分析」，台灣社會學刊，2012 年 9 月第 50 期，頁 57~110。

_____，「震殤元年：四川民間救災機構訪談雜感」，中國研究通訊，2009 年第 12 期，頁 11~21。

孫成民編，四川地震全記錄下卷：公元 1949 年 10 月~公元 2009 年（四川：四川人民出版社，2009 年）。

張宜君、林宗弘，「不平等的災難：九二一大地震的受災風險與社會階層化」，人文與社會研究集刊，第 24 卷第 2 期（2012 年 6 月），頁 193~231。

張強、陸奇斌、張欣編，巨靈與 NGO —全球視野下的挑戰與應對（北京：北京大學出版社，2009 年）。

郭虹、莊明編，NGO 參與汶川地震過渡安置研究（北京：北京大學出版社，2009 年）。

葉高華，「社會脆弱性可解釋九二一地震死亡率分布嗎？」，思與言，第 51 卷第 1 期（2013 年 3 月），頁 135~153。

鄧國勝編，響應汶川—中國救災機制分析（北京：北京大學出版社，2009 年）。

盧旭陽，「災害干預與國家角色：汶川地震災區農村居民駐防重建過程的社會學分析」，中國社會科學院研究生院社會所博士論文（北京：中國社會科學學院研究生院，2012 年）。

蕭延中等，多難興邦：汶川地震見證中國公民社會的成長（北京：北京大學出版社，2009 年）。

賴美蓉，「居民對 921 災後社區住宅重建之意願調查分析」，都市與計畫，

第 29 卷第 4 期（2002 年 12 月），頁 533~550。

韓俊魁，NGO 參與汶川地震緊急救援研究（北京：北京大學出版社，2009 年）。

二、英文部分

Aldrich, Daniel P. and Kevin Crook, "Strong Civil Society as a Double Edged Sword: Siting Trailers in Post-Katrina New Orleans," *Political Research Quarterly*, Vol. 61, No. 3 (Sep. 2008), pp.79~89.

Aldrich, Daniel P., "Social, Not Physical, Infrastructure: The Critical Role of Civil Society in Disaster Recovery," *Disasters*, Vol. 36, No. 3 (2012), pp. 398~419.

Britton, Neil, "Organized Behavior in Disaster: A Review Essay," *International Journal of Mass Emergencies and Disasters*, Vol. 6, No. 3 (Nov. 1998), pp. 363~395.

Comfort, Louise K., "Risk, Security, and Disaster Management," *Annual Review Political Science*, Vol. 8 (Jun. 2005), pp. 335~356.

Cutter, Susan L., Bryan J. Boruff, and W. Lynn Shirley, "Social Vulnerability to Environmental Hazards," *Social Science Quarterly*, Vol. 84, No. 2 (May 2003), pp. 242~261.

Dacy, Douglas C. and Howard Kunreuther, *The Economics of Natural Disasters: Implications for Federal Policy* (NY: Free Press, 1969).

Drabek, Thomas E, *Human System Responses to Disaster: An Inventory of Sociological Findings* (NY: Springer Verlog, 1986).

Granovetter, Mark, "Economic Action and Social Structure: A Theory of Embeddedness," *American Journal of Sociology*, Vol. 91, No. 3 (Nov. 1985), pp. 481~510.

Hirschman, Albert O., *Exit, Voice, and Loyalty: Responses to Decline in Firms, Organizations, and States* (Cambridge, MA: Harvard University Press, 1970).

Jalali, Rita, "Civil Society and The State: Turkey after The Earthquake," *Disas-*

ters, Vol. 26 (Jun. 2002), pp. 120~139.

Kage, Rieko, "Making Reconstruction Work: Civil Society and Information after War's End," *Comparative Political Studies*, Vol. 43, No. 2, (Feb. 2010), pp. 163~187.

Kaplan, Howard B., "Toward an Understanding of Resilience: A Critical Review of Definitions and Models," in M.D. Glantz and J.L. Johnson eds., *Resilience and Development* (NY: Kluwer Academic, 1999).

King, Gary, Robert O. Keohane, and Sidney Verba, *Designing Social Inquiry: Scientific Inference in Qualitative Research* (Princeton, NJ: Princeton University Press, 1993).

Lederman, Daniel, Norman Loayza, and Ana María Menéndez, "Violent Crime: Does Social Capital Matter?" *Economic Development and Cultural Change*, Vol. 50, No. 3 (Apr. 2002), pp. 509~539.

Levi, Margaret, *Consent, Dissent, and Patriotism* (Cambridge: Cambridge University Press, 1997).

Lin, Nan, "Social Networks and Status Attainment," *Annual Review of Sociology*, Vol. 25 (Aug. 1999), pp. 467~487.

Matsubayashi, Tetsuya, Yasuyuki Sawada, and Michiko Ueda, "Natural Disasters and Suicide: Evidence from Japan," *Social Science & Medicine*, Vol. 82 (Dec. 2012), pp.126~133.

McCreight, Robert, "Resilience as A Goal and Standard in Emergency Management," *Journal of Homeland Security and Emergency Management*, Vol. 7, No. 1 (2010), pp. 1~7.

Norris, Fran H., Susan P. Stevens, Betty Pfefferbaum, Karen F. Wyche, and Rose L. Pfefferbaum, "Community Resilience as a Metaphor, Theory, Set of Capacities, and Strategy for Disaster Readiness," *American journal of community psychology*, Vol. 4, No. 1~2 (2008), pp. 127~150.

Oliver Smith, Anthony, "Successes and Failures in Post Disaster Resettlement," *Disasters,* Vol. 15, No. 1 (Mar. 1991), pp. 12~23.

Olson, Richard Stuart and Vincent Gawronski, "From Disaster Event to Political Crisis: A '5C+A' Framework for Analysis," *International Studies Perspective*, Vol. 11, No. 3 (Aug. 2010), pp. 205~221.

Ostrom, Elinor, *Governing the Commons: The Evolution of Institutions for Collective Action* (Cambridge: Cambridge University Press, 1990).

Patterson, Olivia, Frederick Weil and Kavita Patel, "The Role of Community in Disaster Response: Conceptual Models," *Population Research and Policy Review*, Vol. 29, No. 2 (Apr. 2010), pp. 127~141.

Peacock, Walter Gillis, Nicole Dash and Yang Zhang, "Sheltering and Housing Recovery Following Disaster," in Havidan Rodriguez, Enrico L. Quarangelli and Russell Dynes eds., *Handbook of Disaster Research* (NY: Springer, 2007).

Putnam, Robert D., Robert Leonardi and Raffaella Y. Nanetti, *Making Democracy Work: Civic Traditions in Modern Italy* (Princeton, NJ: Princeton University Press, 1993).

Scott, James C., *Seeing like A State: How Certain Schemes to Improve the Human Condition Have Failed* (NH: Yale University Press, 1999).

Shaw, Rajib and Katsuihciro Goda, "From Disaster to Sustainable Civil Society: The Kobe Experience," *Disasters*, Vol. 28 (Mar. 2004), pp.16~40.

Shawn, Shieh, and Guosheng Deng, "An Emerging Civil Society: The Impact of the 2008 Sichuan Earthquake on Grass-Roots Associations in China," *The China Journal* (Nov. 2011), pp. 181~194.

Teets, Jessica C., "Post-Earthquake Relief and Reconstruction Efforts: The Emergence of Civil Society in China?" *The China Quarterly*, Vol. 198 (Jun. 2009), pp. 330~347.

Tierney, Kathleen J., "From the Margins to the Mainstream? Disaster Research at the Crossroads," *Annual Review of Sociology*, Vol. 33 (Aug. 2007), pp. 503~525.

Tilly, Charles, *Trust and Rule* (Cambridge: Cambridge University Press, 2005).

Timmerman, Peter, *Vulnerability, Resilience and the Collapse of Society* (Toronto: Institute of Environmental Studies, University of Toronto, 1981).

第四篇

資訊科技與社會抗爭

第八章
中國經濟不均衡發展與社會抗爭[*]

王信賢、王信實

壹、前言

2011 年底美國「時代」（TIME）雜誌宣布年度風雲人物為全球的抗議者（The Protester），時代雜誌指出，從「阿拉伯之春」到雅典，從「占領華爾街」到莫斯科，各地的抗議者重塑了全球政治的面貌，並重新定義了人民力量。[1] 場景移往中國，中國大陸三十餘年來經濟改革的成果雖然驚人，但近年來的「社會抗爭」也同樣令人咋舌，不論在規模與頻率上均節節升高，因而在各地形成了官方「維穩」與民眾「維權」間相互較量的博奕。因此，讓我們好奇：中國改革開放迄今，其經濟成長與社會穩定間的關係究竟為何？

根據中共官方統計，中國大陸 1991 至 2010 年間年均經濟成長率高達10.3%，高居世界第一，2010 年 GDP 達 6 兆 483 億美元，僅次於美國，超越日本成為全球第二大經濟體，並為世界最大出口國、擁有最多的外匯存底，且於 2008 年舉辦北京奧運、2010 年舉辦上海世界博覽會，從各種角度看來，其已然邁向世界的強國之林。但另一方面，社會運動的頻率與規模也不斷擴增，從 1993 年至 2003 年這十年間，群體性事件數量急劇上

---

[*] 本文原載於 2013 年中國大陸研究第 56 卷第 3 期（頁 69~98），經該刊同意後轉載，特此致謝。
[1] Kurt Andersen, "The 2011 Person of the Year: The Protester," *TIME*, http://www.time.com/time/specials/packages/article/0,28804,2101745_2102132_2102373,00.html.

升，由 1994 年的 1 萬件增加到 2003 年的 6 萬件，成長 6 倍，年均成長
17%，此外，參與群體性事件的人數年均成長 12%，由 73 萬多人增加到
307 萬多人。[2]2006 年 1 月，中共國務院批轉「中央社會治安綜合治理委員
會」、公安部《關於二〇〇五年全國（內地）城鎮、鄉村群體遊行、集會
情況匯總報告》指出，2005 年未經批准的群體遊行、示威、集會活動九
萬六千多件，超過八百二十萬人次參加，平均一天發生高達 263 件集體抗
爭事件。[3]可是，耐人尋味的是，近年來未見中共當局公布相關數字。[4]

　　就抗爭的性質而言，包括工人抗爭、農民工維權、農民運動、消費者
運動、環保抗爭、校園抗議、出租車司機抗議、城市「業主」維權運動、
退伍軍人抗爭以及種族抗爭等。就規模而言，往往出現動輒數千甚至上
萬人的抗爭，如重慶萬州的「挑夫事件」、安徽蚌埠萬名退休工人「集體
散步」、河南鄭州市中牟縣「漢回衝突」、四川雅安市「漢源事件」、廣東
「太石村事件」、「汕尾事件」、廈門「PX 事件」、廣西「博白事件」、貴
州「甕安事件」以及近年來國際社會頗為關注的「西藏三一四事件」、「新
疆七五事件」或 2011 年底以來所發生的廣東「烏坎事件」、四川「什邡
事件」與江蘇「啟東事件」等。

　　就定義而言，社會運動與抗爭是一種有組織的政治活動形式，由那
些缺乏影響力或弱勢者所發動，其往往是在沒有「適當的政治管道」下所
發生，[5]其往往是一種體制外由下而上、有組織性的抗議與議價活動。根據
Doug McAdam 等人的說法，社會抗爭具有以下特性：1.抗爭是偶然性的，
相較於如選舉等有計畫、定期的政治活動；2.抗爭是集體性的協作活動；
3.此類集體行動往往是違法的；4.其為公共性的；5.抗爭運動涉及政治性，

---

[2]　吳忠民，「中國社會公正的現狀與趨勢」，江海學刊（江蘇），2005 年第 2 期，頁
　　82~88。
[3]　台灣民主基金會編，2006 年中國人權觀察報告（台北：台灣民主基金會，2007 年）。
[4]　根據北京清華大學社會系孫立平教授估計，2010 年中國共發生 18 萬起社會抗議事
　　件。請參閱：「中國學者：2010 年 18 萬起抗議事件，中國社會動盪加劇」，多維新
　　聞網，http://china.dwnews.com/big5/news/2011-09-26/58160315.html。
[5]　Gary Marx and Douglas McAdam, *Collective Behavior and Social Movement: Process
　　and Structure* (Englewood Cliffs, NJ: Printice Hall, 1994), p. 93.

政府常是集體行動訴求的對象或第三方。[6]也因為這種偶然性、集體性、非法性、公共性與政治性，前述各種由下而上的「社會力」（social forces）確實造成中共統治當局的壓力，特別是 2010 年底以來，中東北非「茉莉花革命」的延燒，至今仍未停歇，更引發中共當局對社會抗爭的高度重視。

在理論方面，就西方社會運動理論演進看來，大致可歸納為社會心理學與系統價值分析、資源動員理論（resources mobilization theory）與政治機會結構（political opportunity structure）等，其中第一套理論，即社會心理學與價值分析的觀點，主要包括階級分析（class analysis）、角色理論（role theory）與結構功能論（structural-functionalism）等，強調的是分配不平等、相對剝奪感（relative deprivation）與社會價值體系的失衡等，[7]但此套觀點後來受到來自資源動員理論與政治機會結構分析的衝擊，反而被視為既存的（given）事實，其與社會運動間的聯繫受到忽略，但本章強調，研究中國社會抗爭，固然資源動員強調的「集體行動」與政治機會結構主張的「政治過程」都是引發抗爭的關鍵條件，但仍有必要重回最經典，也最根本的研究問題：宏觀經濟因素與社會抗爭間的關係。

由於社會穩定成為當前中國國家發展的重要課題，也引發不少研究者投身其中，然而目前既有的文獻雖累積一定程度的研究成果，但仍存在部分缺失（此將於後文說明）。因此，本研究將透過大量的資料，嘗試描繪出當前中國大陸社會抗爭的圖像，資料來源可分成兩部分，在社會抗爭方面，由於資料的敏感與稀缺，目前尚未出現系統性地歸納與分析，因此本研究透過公開媒體的資料蒐集，從 2007 至 2011 年底已逾 1000 筆資料，以彌補當前研究的缺憾，此種資料蒐集方式雖仍有限制，但至少能將中國社會抗爭的面貌建構一初步的圖像；而在後文的分析中，會因我們龐大資料的進度以及總體經濟資料的齊全程度有所調整。[8]在總體經濟發展的部

6　Doug McAdam, Sidney Tarrow and Charles Tilly, *Dynamics of Contention* (Cambridge: Cambridge University Press, 2001), pp. 4~9.

7　Andrew Walder, "Political Sociology and Social Movements," *Annual Review of Sociology*, Vol. 35 (2009), pp. 393~412.

8　在社會抗爭分析方面，資料呈現至 2011 年 6 月，共計 907 筆。在總體經濟發展與

分，本研究整理《中國統計年鑑》，並參考中國國家統計局與中國城鄉建設經濟研究所公布的相關資訊。

　　因此，本章首先將針對當前社會運動理論與中國大陸相關研究的文獻進行對話，並在大量的實證資料基礎上歸納出當前中國社會抗爭的特徵，進一步分析中國總體經濟發展與社會抗爭之間的關係。

貳、理論對話與文獻分析

　　相較於許多發展中國家以及後社會主義國家，中國在短短二、三十年內進行市場轉型，也帶動劇烈的社會變遷，因而衍生出頻繁的社會抗議事件，多數抗爭對象均直指政府，然而於此同時，黨國體制卻仍未見鬆動。也因此，不少學者嘗試從西方社會運動的相關理論尋找靈感，以便解釋當前中國社會抗爭現象，進而反省西方理論的侷限。[9]以下將針對西方社會運動理論以及當前中國大陸學者的研究成果進行評述，進而提出本章的觀察。

一、社會運動的理論對話

　　在社會科學研究中，關於社會運動與革命的理論極為繁雜，就學科專業而言，社會學所強調的是功能主義學派與階級衝突途徑、心理學者在「聚集心理學」理論的基礎上，主張認知不協調以及「受挫─進攻」（frustration-aggression theory）模式的重要性，經濟學面向的研究多集中於理性選擇途徑，而政治學面向所主張的則是社會運動的政治衝突面

抗爭關係方面，則考量到統計數據的公布完整性，故資料僅呈現至 2010 年底，共計 823 筆。

[9] 趙鼎新，「西方社會運動與革命理論發展之述評：站在中國的角度思考」，**社會學研究**（北京），2005 年第 1 期，頁 168~209。

向。[10]不僅學科研究的異質性，理論研究也出現不同的「世代」。[11]根據The-da Skocpol 的看法，當代的社會科學革命理論至少包括馬克思主義、聚眾心理理論（aggregate-psychological theories）、系統價值共識理論（systems/value consensus theories）與政治衝突理論（political-conflict theories）等四大類。[12]若按其理論演進可區分為以下：

（一）社會心理學與系統價值分析

1950~1960 年代，社會心理學取向的研究占革命理論的主導地位，強調社會運動是源於各種異常的心理狀態，如不滿、疏離感、挫折感與認知不協調等。Gurr 在《人為什麼造反》（Why Men Rebel）[13]一書中提出「相對剝奪感」的概念，其強調當人們覺得自己有資格獲得有價值的東西與機會，卻和實際發生差距時，人們就會變得義憤填膺。此外，Johnson 在《革命性變遷》（Revolutionary Change）[14]一書中主張，革命是產生於社會不均衡狀態，即價值體系與分工體系不協調，社會成員便迷失方向投向革命所提倡的新價值觀。然而，關於社會運動的起源，不論是 Gurr 所強調的「相對剝奪感」或是 Johnson 所主張的「系統失衡」皆缺乏明確的操作型定義，且充其量也只能說明革命運動發生的前提或背景。據此，「資源動員理論」

---

[10] 上述各理論，可參考：Stan Taylor, *Social Science and Revolutions* (NY: St. Martin's Press, 1984); Charles Tilly and Sidney Tarrow, *Contentious Politics* (Boulder, CO: Paradigm Publishers, 2007); 趙鼎新，社會運動與革命：理論更新與中國經驗（台北：巨流圖書公司，2007 年）。

[11] Jake Goldstone 曾將美國社會科學關於革命與社會運動的研究區分為三個「世代」，第一代以革命事件的描述為主，缺乏理論的關照，第二代則借鑒了心理學（主要是認知心理學）、社會學（結構功能論）以及政治學（利益團體競爭的多元理論），進行革命分析，第三代出現在 1970 年代中，其多著重在歷史結構面向以及整體分析，不僅尋找革命的起源，也試圖解釋不同的革命結果為何會發生。Jake Goldstone, "Theories of Revolution: The Third Generation," *World Politics*, Vol. 32, No. 3 (Apr. 1980), pp. 425~453.

[12] Theda Skocpol, *States and Social Revolutions: A Comparative Analysis of France, Russia, and China* (Cambridge, NY: Cambridge University Press, 1979), pp. 3~43.

[13] Ted Robert Gurr, *Why Men Rebel* (NJ: Princeton University Press, 1970).

[14] Chalmers Johnson, *Revolutionary Change* (Boston: Little, Brown, 1966).

因而出現。

（二）資源動員理論

　　與前述社會心理所主張的最大差異在於，資源動員論假設社會不滿一直都存在，且這種不滿足以支持任何草根抗議的形成，但實際上社會運動卻非經常發生。因此，運動之所以發生，與其說是不滿與悲慘所造成，不如說是此些問題經過有效組織運作與資源動員所形成。Charles Tilly 就是此種觀點的代表者，Tilly 在《從動員到革命》（From Mobilization to Revolution）[15] 一書中，明顯受到 Mancur Olson《集體行動邏輯》[16] 的影響，其強調不論一群人如何可能憤恨不平，只要沒有資源與組織，就不能產生政治行動。因此，分析對象應該是「集體行動」（collective action）而非心理狀態。

（三）政治機會結構

　　相對於社會心理狀態以及資源動員的觀點，晚進研究者強調的則是社會運動與政治體制的關連性，首先在起源上，社會運動是來自於既有權力關係的不對稱，迫使某些被邊緣化群體採取體制外的抗爭活動；其次在過程上，社會運動是持續與制度化的權力擁有者進行互動，透過施壓、討價還價、聯盟、對抗等形式，爭取群體利益；最後就結果而言，社會運動是否能夠實現其目標是受制於一連串政治條件的組合，並不一定只涉及了社會運動本身的實力。在此類研究作品中，一個經常使用的概念即是「政治機會結構」（political opportunity structure）。根據此，分析社會運動的核心要素包括：1. 政治管道的存在；2. 菁英體制的穩定性；3. 政治聯盟者的存在；4. 國家鎮壓能力與傾向。[17] 因此，就行為者的角度而言，政府必當

---

[15]　Charles Tilly, *From Mobilization to Revolution* (Reading, MA: Addison-Wesley, 1978).

[16]　Olson Mancur, *The Logic of Collective Action: Public Goods and the Theory of Groups* (Cambridge: Harvard University Press, 1971).

[17]　Jeff Goodwin and James M. Jasper, "Caught in a Winding, Snarling Vine: The Structural

是社會運動的一方，由於現在國家組織型態的出現，在政治權力與資源高度集中的狀況下，社會衝突的軸線總是涉及政府權力的實行與不實行。[18] 換言之，社會運動就是一種政治過程，抗爭就是政治議題。[19]

按理論的演進，第一組理論強調的是社會運動的起源，第二組理論著重的是社會運動中「集體行動」如何產生，而第三套理論則是關注社會運動的政治過程。本章認為，集體行動與政治過程當然是理解社會運動成功與否的重要關鍵，但引發社會運動的經濟社會條件不該被視為一種理所當然的現象，研究者反而應該努力尋找出其中的因果關係。針對此，我們將說明中國大陸經濟失衡與社會抗爭的現象，並檢閱當前相關研究的成果。

二、經濟失衡與社會抗爭：中國經驗

中國改革開放後帶動的經濟快速發展，主要來自於調動地方與各部門的「積極性」，政府部門的誘因來自發展所帶來的各種經濟與政治利得，也因此經濟成長的「大躍進」成為競相追求的目標，[20] 此為中國大陸經濟帶來國民所得提升、農村經濟繁榮、對外貿易推展等積極效果，並使中國大陸經濟體系日漸和國際經濟體系接軌、融合。然而，此種「以 GDP 為核心」的成長模式使得各種經濟社會問題也隨之同步發生，包括所謂的各類拆遷與「圈地」問題、「三差問題」、「三農問題」、職工下崗、環境污染、傳染病蔓延以及各種災變的發生等等，而在黨國控制、經濟轉型與社會變遷的三角關係中，在強勢的國家與市場的「夾殺」下，顯然社會議題是受

Bias of Political Process Theory," *Sociological Forum*, Vol. 14, No. 1 (Mar. 1999), pp. 27~54; 何明修，*社會運動概論*（台北：三民書局，2005 年），頁 115~148。

[18] Doug McAdam, Sidney Tarrow and Charles Tilly, *Dynamics of Contention*, p. 5.

[19] David Meyer, "Protest and Political Opportunities," *Annual Review of Sociology*, Vol. 30 (2004), pp. 125~145；Charles Tilly and Sidney Tarrow, *Contentious Politics*.

[20] 周黎安，「中國地方官員的晉升錦標賽模式研究」，*經濟研究*（北京），2007 年第 7 期，頁 36~50；周黎安，*轉型中的地方政府：官員激勵與治理*（上海：格致出版社，2008 年）；張軍、周黎安編，*為增長而競爭：中國增長的政治經濟學*（上海：上海人民出版社，2007 年）。

到排擠的。[21]

　　嚴重的社會問題所產生的種種效應，亦引發學界對中國失衡的發展提出警語，其中包括中國現代化的「陷阱」、[22] 中國已進入「改革危險期」、[23] 中國正步入一個「高風險的社會」、[24] 中國各社會階層正發生「斷裂」、[25] 中國已步上「低度發展」（underdevelopment）或「拉美化」（Latin Americanization）的道路等等，[26] 甚至近來中國著名經濟學家吳敬璉也提出由於行政權力與壟斷利益相互結合，不僅阻礙改革和利益的公平分享，而且有的領域還出現了社會潰敗的跡象，若「政治不改革，經濟改革也落實不了」的呼籲。[27] 而各種警語都不約而同指向一個事實，即社會抗爭事件的層出不窮。若細究十餘年來的社會抗爭事件，亦可察覺其中的關連：由於中國政府的資源抽取方式決定公共政策，而公共政策則又塑造經濟增長的模式，從而決定社會抗爭的發生，由此使得經濟發展與社會抗爭間產生強烈的相關性。[28]

　　中國大陸社會抗爭的湧現已引發學界高度的關注，[29] 近年來中國大陸學者對社會抗爭的研究也逐漸增加，除原本既已深入研究農村與農民抗爭

---

[21] 王信賢，「傾斜的三角：當代中國社會問題與政策困境」，中國大陸研究，第 51 卷第 3 期（2008 年 9 月），頁 37~58。

[22] 何清漣，中國的陷阱（台北：台灣英文新聞出版社，2003 年）。

[23] 張學斌，改革危險期（北京：中華工商聯合出版社，1998 年）。

[24] 李路路，「社會變遷：風險與社會控制」，中國人民大學學報（北京），2004 年第 2 期，頁 10~16。

[25] 孫立平，轉型與斷裂（北京：清華大學出版社，2004 年）。

[26] George Gilboy and Eric Heginbotham, "The Latin Americanization of China," *Current History*, Vol. 103, No. 674 (Sep. 2004), pp. 256~261; 江時學，金融全球化與發展中國家的經濟安全：拉美國家的經驗教訓（北京：社會科學文獻出版社，2004 年）。

[27] 吳敬璉，「當前中國改革最緊要的問題」，中國改革，2011 年第 12 期，http://magazine.caixin.com/2011-11-30/100332903.html。

[28] 何清漣，「中國經濟模式與社會抗爭之間的關係」，BBC 中文網，http://news.bbc.co.uk/chinese/trad/hi/newsid_7990000/newsid_7996600/7996670.stm。

[29] Elezabeth Perry and Mark Selden, *Chinese Society: Change, Conflict, and Resistance* (NY: Routledge, 2000); Elizabeth Perry, *Challenging the Mandate of Heaven: Social Protest and State Power in China* (Armonk, NY: M.E. Sharpe, 2002).

的于建嶸[30]與李連江[31]外，值得一提的是芝加哥大學社會系趙鼎新教授，[32]近年來於大陸各重點大學客座與發表的成果，均造成學界研究的風潮。此外，中、新生代的學者也大力投入相關研究中，如應星致力於移民議題與動員機制的研究，[33]蕭唐標對抗爭後果的文獻分析，[34]馮仕政探討組織內部抗爭、單位分割以及環境抗爭、[35]謝岳對抗議政治與民主轉型的研究、[36]黃榮貴與桂勇探討社區議題與網路動員、[37]黃冬婭論及社會抗爭中的國家因

---

[30] 于建嶸，「集體行動的原動力機制研究：基於 H 縣農民維權抗爭的考察」，**學海**（南京），2006 年第 2 期，頁 26~32；于建嶸，「利益博奕與抗爭性政治：當代中國社會衝突的政治社會學理解」，**中國農業大學學報**（社會科學版）（北京），2009 年第 1 期，頁 16~21；于建嶸，**底層立場**（上海：上海三聯書店，2011 年）；于建嶸，**抗爭性政治：中國政治社會學基本問題**（北京：人民出版社，2010 年）。

[31] Kevin O'Brien and Lianjiang Li, *Rightful Resistance in Rural China* (NY: Cambridge University Press, 2006); Lianjiang Li and Kevin O'Brien, "Protest Leadership in Rural China," *The China Quarterly*, No. 193(Mar. 2008), pp. 1~23; Kevin O'Brien and Lianjiang Li, "Popular Contention and its Impact in Rural China," *Comparative Political Studies*, Vol. 38, No. 3 (Apr. 2005), pp. 235~259; 李連江，「中國農民的國家觀與依法抗爭」，張茂桂、鄭永年主編，**兩岸社會運動分析**（台北：新自然主義，2003 年），頁 281~298。

[32] 趙鼎新，「西方社會運動與革命理論發展之述評：站在中國的角度思考」，**社會學研究**（北京），2005 年第 1 期，頁 168~209；趙鼎新，**社會運動與革命：理論更新與中國經驗**；趙鼎新，**社會與政治運動講義**（北京：社會科學文獻出版社，2006 年）。

[33] 應星，**大河移民上訪的故事**（北京：三聯書店，2001 年）；應星，「『氣』與中國鄉村集體行動的再生產」，**開放時代**（台北），2007 年第 6 期，頁 106~120；應星，「草根動員與農民群體利益的表達機制：四個個案的比較研究」，**社會學研究**（北京），2007 年第 2 期，頁 1~23。

[34] 蕭唐標，「當代中國群體性事件的後果：國內研究的考察與評論」，**經濟社會體制比較**（北京），2011 年第 2 期，頁 190~198。

[35] 馮仕政，「西方社會運動研究：現狀與範式」，**國外社會科學**（北京），2003 年第 5 期，頁 66~70；馮仕政，「『大力支持，積極參與』：組織內部集體抗爭中的高風險人群」，**學海**（南京），2007 年第 5 期，頁 40~50；馮仕政，「沈默的大多數：差序格局與環境抗爭」，**中國人民大學學報**（北京），2007 年第 1 期，頁 122~132；馮仕政，「單位分割與集體抗爭」，中國社會科學院社會學所主編，**中國社會學**（第 6 卷）（上海：上海人民出版社，2008 年），頁 231~268。

[36] 謝岳，「集體行動理論化系譜」，**上海交通大學學報**（哲學社會科學版）（上海），2009 年第 3 期，頁 13~20；謝岳，**社會抗爭與民主轉型：20 世紀 70 年代以來的威權主義政治**（上海：上海人民出版社，2009 年）。

[37] 黃榮貴、桂勇，「互聯網與業主集體抗爭：一項基於定性比較分析方法的研究」，

素，[38] 周志家以「PX 事件」爲例說明中國的環境運動，[39] 俞志元進行了個案的比較等，[40] 不一而足。

　　本章認爲上述研究均具極佳的問題意識與研究成果，然而，部分研究過於著重於理論的辯析、有些專注在特定領域的抗爭，有些則是過於強調個案。整體而言，現有文獻存在兩方面的問題，一是缺乏對當前中國社會抗爭系統性、全局性的關照，以致無法彙整出社會抗爭的特徵與發展趨勢；另一則是對於經濟發展的不均衡與社會抗爭間的聯繫過於直觀，欠缺進一步的證據。究其原因，不外乎缺乏足夠的分析資料，因此，本研究將透過大量的資料，嘗試描繪出當前中國大陸社會抗爭的圖像，以及經濟不均衡與社會抗爭的關係。

參、社會抗爭資料與分析

　　本研究的社會抗爭資料來自於作者的長期蒐集，資料來源爲各大新聞網站，包括聯合新聞網、中國電子報、自由時報、人民日報、文匯報、南方週末報、BBC 中文網、聯合早報、星島日報、自由亞洲電台、博訊新聞網、僑報網、網易、阿波羅新聞子站、鳳凰網、苦勞網、大紀元網站以及新唐人電視台等。[41] 在此必須說明的是，在無法取得「權威資料」的情況下，此種透過媒體報導的分析雖有偏差，但本研究透過交叉比對，進一

社會學研究（北京），2009 年第 5 期，頁 29~56；黃榮貴，「互聯網與抗爭行動：理論模型、中國經驗及研究進展」，社會（上海），第 30 卷第 2 期（2010 年 3 月），頁 179~197。

38　黃多婭，「國家如何塑造抗爭政治：關於社會抗爭中國家角色的研究評述」，社會學研究（北京），2011 年第 2 期，頁 217~242。

39　周志家，「環境保護、群體壓力還是利益波及廈門居民 PX 環境運動參與行爲的動機分析」，社會（上海），第 31 卷第 1 期（2011 年 1 月），頁 1~34。

40　俞志元，「集體性抗爭行動結果的影響因素：一項基於三個集體性抗爭行動的比較研究」，社會學研究（北京），2012 年第 3 期，頁 90~112。

41　大紀元網站與新唐人電視台由於具特定立場，故其刊載的訊息均會多方比對資料的可靠性。

步找出相對合適的資料。而這也是從事「中國研究」所受到的相關限制下，較爲安全且相對完整的作法。

在資料庫的建構方面，主要以事件爲單位，記錄抗爭事件報導的時間、地點、抗爭性質、抗爭事由、規模、抗議對象、動員方式、抗爭是否爲暴力手段、解決方式，以及有無國外勢力介入等。若各新聞網站對單一事件報導有所出入時，以重複比對之方式比較各新聞網站提供之數據及事由，採用重複次數最多的資料；若各資料來源說法不一，則採用所提供最低之數據，各筆資料皆記錄 10 個項目，若部分項目遺漏則不予記錄。此部分的敘述統計分析所呈現的是 2007 年至 2011 年 6 月，共計 907 筆資料（見表 8.1）。根據表 8.1，以下將按國家社會關係（state-society relationship）的框架，簡單區分社會抗爭的現象與動員機制、國家權力與國際因素進行說明。

表8.1　社會抗爭分析（2007至2011年6月）

變數	觀察値	平均數	標準差	最小値	最大値
抗爭規模（萬人以上）	907	0.049	0.215	0	1
中上階級	907	0.131	0.338	0	1
物質主義	907	0.800	0.400	0	1
抗爭發生於農村	907	0.139	0.346	0	1
暴力抗爭	907	0.196	0.398	0	1
有組織的抗爭動員	907	0.012	0.047	0	1
抗議對象爲公部門	907	0.824	0.381	0	1
解決方式（鎭壓）	907	0.428	0.495	0	1
國外勢力介入	907	0.022	0.147	0	1

資料來源：本研究整理。

一、社會抗爭現象與動員機制

　　首先，在抗爭規模方面，出現萬人規模以上的個案占 4.9%，其中幾件包含「城管」執法不當、地方政府拆遷以及環保抗爭所造成的衝突等，深究其中，多屬關於執法與民眾產生衝突的「突發事件」，而未見具組織性的抗爭，此部分以下將繼續論述。其次，在抗爭主體方面，屬於「中上階層」的中產階級與個體戶或商戶等的抗爭僅占 13.1%，顯見當前中國大陸中上階層參與社會抗爭的仍少，主要還是以農、工等勞動階層為主。再者，從抗爭的訴求來看，多屬與溫飽、生存權有關的「物質主義」（materialism），占整體資料的八成，而少有如環境主義、女權、和平與民權運動等維護社會正義的「後物質主義」（post materialism）傾向之「新社會運動」。[42]，若配合前述抗爭主體是以中下階層為主的結果進行觀察，我們可能發現，當前中國大陸的社會抗爭多屬「利益衝突」，其可能解決的方式也多以「利益妥協」為主，這顯然與現代化理論者的期待可能有所差距。[43]

　　而值得關注的是，在本研究所蒐集的資料中僅有 13.9% 的抗爭發生於農村，比例偏低，我們認為主要有兩個原因，一是本章資料蒐集的限制所致，農村抗爭的訊息由於地方政府的封鎖，多無法見諸報端，導致資料上的偏差；二是當前中國政治制度的因素，多數農村民眾的不滿無法在當

---

[42] Ronald Inglehart, *The Silent Revolution: Changing Values and Political Styles among Western Publics* (Princeton, NJ: Princeton University Press, 1997).

[43] 就理論而言，西方學界自亞當斯密（Adam Smith）以降，尤其是李普賽（Seymour Lipset）1959 年的研究問世後，經濟發展與政治民主之間的關係即成為社會科學界關注的焦點，其認為經濟成長將會帶來社會結構的重組與社會價值的多元化，進而出現獨立而強大的中產階層，其對政治參與的提高將會帶來政治民主化，而此即是所謂現代化理論（modernization theory）的論述。相關論點可參閱：Seymour Lipset, "Some Social Requisites of Democracy: Economic Development and Political Legitimacy," *American Political Science Review*, Vol. 53, No. 1 (Mar. 1959), pp. 69~105; Barrington Moore, *Social Origins of Dictatorship and Democracy* (Boston: Beason, 1966); Samuel Huntington, *Political Order in Changing Societies* (NH: Yale University Press, 1968); Dietrich Rueschemeyer, Evelyne Huber Stephens and John D. Stephens, *Capitalist Development and Democracy* (Chicago: University of Chicago Press, 1992).

地或鄉鎮獲得解決，因而越級上訪，進而在城市造成衝突，本研究另再分類「農村轉城市」的資料，若將此加上，抗爭原因發生於農村則超過兩成（23.3%）。

在抗爭方式方面，「暴力抗爭」包括暴力衝突、圍堵、恐怖攻擊等，其占總體資料的的19.6%，若將因示威遊行、下跪、絕食抗議、罷工、罷駛、罷課等抗爭無法得到回應，進而採取暴力方式的「非暴力轉暴力」（11.9%）列入「暴力抗爭」中，則是31.5%。

除此之外，前述「資源動員」理論告訴我們，運動之所以發生，不能化約爲心理狀態的表現，與其說是不滿與悲慘所造成，不如說是此些問題經過有效組織動員；然而，按照所蒐集的資料，僅有1.2%出現「有組織的抗議動員」。此與作者多年來的觀察吻合，目前大陸社會抗爭多屬「突發事件」，官方與學界均積極探討爲何此些「非利害關係人」會被捲入。中央也要求各級幹部積極研讀《突發事件應對法》以及做好思想準備。

最後，我們看到抗爭對象的部分，本章分爲行政部門、公檢法、國營企業或集體企業、非政府部門，以及從對非政府部門轉向政府等五大類。其中若將行政部門、公檢法、國營企業或集體企業，以及從對非政府部門轉向政府等皆歸爲「公部門」，則抗議對象爲「公部門」的比例高達82.4%。一般而言，在社會抗議運動中，出現極強的政治化色彩，其主要肇因於兩方面，一是國家對社會運動的排斥與壓制，另一則是社會運動的組織初期，由於資源需要，也很容易政治化。由於國家對各種政策、社會資源的壟斷，導致其往往成爲各種社會抗議的對象，而此似乎也是威權國家轉型的重要特徵。

二、國家權力

Michael Mann在其《社會權力的起源》[44]一書中將國家權力區分爲「專

---

[44] Michael Mann, *The Sources of Social Power: The Rise of Classes and Nation-states, 1760-1914* (NY: Cambridge University Press, 1993).

制權力」（despotic power）與「基礎權力」（infrastructural power），前者指的是一種分配力量，國家執政者可不經由社會的同意而遂行其意志，後者指的是國家貫穿、滲透社會的力量，其透過組織的建構與政策制定去協調人民的生活，而現代國家的特徵即是「基礎能力」的增強，在對社會的滲透、影響社會生活的能力增強後，能使人民對民族國家的認同愈強；而除了基礎建設外，國家亦介入經濟發展、社會福利以及人民生活，政策可滲透到領土的角落，擴張對社會的介入。[45]

　　就「專制權力」而言，「武裝鬥爭」一直是中共政權所賴以維持其宰制力量的關鍵，不論是建政前與國民政府的內戰，抑或是建政後對社會部門的鎮壓均是如此，也因此，包括軍隊、武警、公安、情治與司法系統等，在社會抗議運動中均扮演積極與關鍵的角色，在各類抗爭中，武警、公安等往往成為控制社會騷動的最有力手段。而在本研究所蒐集的資料中，政府鎮壓抗爭事件的比例為42.8%，常見的方式為「警察強制驅散或拘留」、「透過黑社會介入」、「劫訪」、「暴力相對」或「秋後算帳」等。相於對前述國家機器的「硬」權力，「基礎權力」所強調的則是「軟」權力，此部分包括社會福利的挹注以及其他經濟發展的方案等，此將於後文說明。

三、國際因素

　　我們可以從表8.1看到，在本研究所蒐集到的資料中，有國際因素介入社會抗爭的僅有2.2%，不同於第三波民主化的諸多案例，或東歐民主轉型，甚至是近來中東、北非的茉莉花革命，中共官方對於「外國勢力介入」極為敏感，且我們認為2.2%還屬高估，一方面，在本研究所蒐集的個案中，有部分是受到中共官方「指責」有外國勢力介入者，如在「拉薩

---

45 Michael Mann, "Infrastructural Power Revisited," *Studies in Comparative International Development (SCID)*, Vol. 43, No. 3~4 (Dec. 2008), pp. 355~365; Hillel Soifer, "State Infrastructural Power: Approaches to Conceptualization and Measurement," *Studies in Comparative International Development (SCID)*, Vol. 43, No. 3~4 (Dec. 2008), pp. 231~251.

三一四事件」與「烏魯木齊七五事件」中，官方都統一口徑是境內外「三股勢力」（恐怖份子、分裂份子和宗教極端份子）介入的結果，因此大陸官方媒體也多加以報導。另一方面，若抗爭涉及國際因素，則多為境外媒體所報導，因此資訊較易蒐集。

　　就此看來，我們認為當前中國社會抗爭有以下特徵：抗爭主體多是社會弱勢、抗爭因素多屬生存權、多採非暴力抗爭、抗爭對象多針對政府與缺少組織性反對等，若將國家與國際因素加入，則可發現國家權力依舊強大，且外國勢力難以介入大陸內部的社會抗爭等。此外，我們認為，衡諸當前相關研究，對於經濟成長與分配失衡對社會抗爭的影響多屬直觀、想當然爾的推論，本研究以下將進一步探討總體經濟發展與社會抗爭的關係。

肆、總體經濟與社會抗爭

一、總體經濟數據

　　本章的研究目的在於探討中國經濟不均衡發展與社會抗爭相互間影響、關聯程度，故合併採用自 2007 年至 2010 年共 4 年間中國大陸 4 個直轄市、22 個省與 5 個自治區的社會抗爭資料和總體經濟數據，[46] 其中總體數據採用 2007 年至 2010 年間年度資料，計有 124（=4x31）筆觀察值。考量總體經濟資料的齊全程度，本研究使用 2007 年至 2010 年共計 823 次的社會抗爭資料，根據發生的年度與行政區做為區分依據，將數據累計而得「抗爭次數」這個變數。

　　在總體經濟的部分，本研究整理《中國統計年鑑》，並參考中國國家統計局與中國城鄉建設經濟研究所公布的相關年度統計資訊。因為本研究的主旨在探討中國經濟不均衡發展對社會抗爭影響，我們初步的討論重心

---

[46] 本研究探討區域未包括香港、澳門特別行政區。

將放在社會抗爭次數如何受到各類總體經濟指標的影響。採用的總體經濟變數包括：各地區平均薪資水準（人民幣）、社會福利支出[47]（百萬人民幣）、各地區登記失業人數（百萬人）、道路長度（千公里）、商品房平均銷售價格、人均產出（千元人民幣）[48]、城鎮化率、各區域農村與城鎮居民消費支出、所在地區是否為直轄市、自治區或屬中國大陸西部地區。[49]表8.2列出了 2007 年至 2010 年中國大陸省市自治區各變數的平均值、標準差、最小值和最大值（31 個省市自治區各變數平均值與標準差呈現於附錄）。

表8.2　總體經濟數據與社會抗爭：敘述統計（年-省市自治區）

變數名稱	平均值	標準差	最小值	最大值
抗爭次數	6.918	9.549	0.000	58.000
平均薪資（元）	9668.902	2888.837	5458.000	20974.000
人均產出（千元）	27.199	15.251	7.462	74.547
社會福利支出（百萬元）	5386.840	3324.078	670.600	15422.550
登計失業數（百萬人）	0.243	0.143	0.020	0.607
商品房平均售價（元）	4206.439	2763.908	2007.867	18318.330
道路長度（千公里）	123.631	65.386	111.63	266.082
城鎮化率（%）	49.050	14.404	23.800	88.960
農村人均消費支出（元）	4565.803	2422.523	1895.000	13748.000
城鎮人均消費支出（元）	13613.320	4899.013	6586.000	34588.000
人均消費支出比（城鎮／農村）	3.194	0.624	1.453	5.099
直轄市	0.129	0.336	0.000	1.000
自治區	0.161	0.368	0.000	1.000
華北地區	0.161	0.368	0.000	1.000

---

[47] 社會福利支出泛指地方政府對當地之失業救濟、敬老津貼等福利保障。
[48] 人均產出為各地區總產出除以各地區總人口。
[49] 西部地區為中國傳統地理區的西北和西南地區，包括重慶市、四川省、貴州省、雲南省、陝西省、甘肅省、青海省、西藏、新疆維吾爾、寧夏回族自治區等區域。

變數名稱	平均值	標準差	最小值	最大值
華東地區	0.226	0.418	0.000	1.000
西南地區	0.161	0.368	0.000	1.000
西北地區	0.161	0.368	0.000	1.000
東北地區	0.097	0.296	0.000	1.000
中南地區	0.194	0.395	0.000	1.000

說明：樣本數爲124，幣別爲人民幣。

資料來源：本研究整理自《中國統計年鑑》並參考中國國家統計局與中國城鄉建設經濟研
　　　　　究所公布的相關年度統計資訊。

　　從表8.2我們得知樣本中每年的抗爭平均次數爲6.918，最少爲0次，最多爲58次。次數最多的觀察值發生在2007年的廣東省，除廣東因接近香港，訊息較易爲外界探知外，我們認爲有三個原因：1. 2007年10月中共召開「十七大」，群眾「善用」此一敏感時間，迫使地方政府接受其訴求；2. 廣東省政府於2007年推動「加快推進電源送出工程建設和電網建設」，本研究蒐集到多筆涉及爲建電塔的徵地拆遷以及抗議電塔興建所引發抗爭的資料；3. 廣東省境內有諸多勞力密集的外資與中小企業，部分企業爲因應2008年初實施的新《勞動合同法》，因而出現提早遷廠與解僱員工情事，進而引發多件勞工抗爭。若我們進一步觀察季資料，表 8.3 列出 2007 年第 1 季至 2010 年第 4 季抗爭次數的前十名，就地區來分，廣東省有 5 次，北京市有 3 次而四川省有 2 次，這樣的分布和抗爭總體數目是一致的，以省來看，廣東、北京與四川位居抗爭次數最多的前三位。

　　在總體經濟變數方面，我們主要討論城鎮化率和城鄉人均消費支出。城鎮化率定義爲城鎮人口占總人口的比例。城鎮化描述的是人口從農村地區向大城市集中的過程，在這個過程當中，第一級產業的人口逐漸轉移到第二、三級產業。十二五規劃中的「城鎮化」，爲統籌城鄉、促進協調發展的關鍵政策，希望全國的城鎮化率在五年內要達到51.5%。[50]在本章所使

<hr>

[50] 張平，「未來五年中國宏觀經濟政策的基本導向」，**新華網**，http://big5.xinhuanet.com/gate/big5/news.xinhuanet.com/theory/2011-04/22/c_121335782.htm。

表8.3　2007Q1~2010Q4 抗爭次數前十名（季—省市自治區）

時間	地點	次數
2008Q4	廣東省	27
2007Q3	北京市	22
2007Q3	四川省	20
2007Q4	廣東省	16
2010Q1	廣東省	16
2009Q2	北京市	15
2007Q2	廣東省	15
2007Q3	廣東省	15
2010Q1	北京市	13
2007Q2	四川省	12

資料來源：本研究整理。

用的資料中，一級省市自治區平均的城鎮化率為 49.05%，[51] 最高的前三個地區依序為上海市（89%）、北京市（85%）、天津市（78%），而同為直轄市的重慶市，其城鎮化率只有 51%。另一方面，城鎮化率低於 30% 的則有西藏自治區和貴州省。一個有趣的問題是：城鎮化的程度對抗爭的影響是正面還是負面？

　　另一組重要的變數為平均消費支出，農村每人的平均年消費支出為 4,566 元人民幣，在城市則有 13,613 元；農村最低的人均消費為 1,895 元（貴州），城鎮的最高人均消費為 34,588 元（上海）。以下的幾個數據，突顯消費支出在農村和城鎮的差異：農村的人均年消費在 2,500 元上下的有貴州、西藏和甘肅，而北京市和上海市的城鎮人均消費則高於 25,000 元。以城鎮對農村人均消費支出倍數來看，城鎮和農村人均消費支出差異

---

[51] 此處所指的是一級省市自治區的平均城鎮化率，而非全國的總城鎮化率。2009 年全國的總城鎮化率為 46.59%，這個數據在 2010 年為 47.5%。

最大的在貴州省（5.1 倍），最小的則是在北京市（1.5 倍）。在以下的實證分析中，我們將分別討論城鎮和農村每人平均消費支出對抗爭次數的影響。

　　至於其他總體經濟變數對社會抗爭的影響，本研究認為各地區平均薪資水準、社會福利支出和人均產出應為負向的影響，各地區登記失業人數、商品房平均銷售價格和道路長度則應為正向的影響。就區域的發展來看，本章探討中國東西部發展的落差是否會對社會抗爭造成影響，同時也將討論社會抗爭是否會因發生地點在直轄市、自治區或一般的省分而有所不同。

二、實證分析：各項經濟變數與社會抗爭

　　直覺上，我們認為經濟發展不均衡程度會反應在各地區物價、薪資水準、勞動市場狀況與地區公共建設上，故本章分別探討上述各解釋變數對各地區抗爭次數的影響。由於實證資料上被解釋變數抗爭次數為一非負的計數資料（Count Data），其資料分布上並不若傳統的迴歸分析——普通最小平方法（ordinary least squares, OLS）般為一常態分配型式，以傳統迴歸模型進行分析並不適用。計量分析上處理計數資料有波瓦松迴歸（Poisson Regression）、零膨脹波瓦松迴歸（Zero-Inflated Poisson Regression）及負二項迴歸（Negative Binominal Regression）等三類分析模型；鑑於實證資料中被解釋變數抗爭次數為零的比重較一般計數資料比重高，本章以波瓦松迴歸及零膨脹波瓦松迴歸分別探討各解釋變數對社會抗爭的影響，並比較傳統探討計數資料的迴歸模型與修正後的估計模型實證結果差異。

　　波瓦松迴歸（Poisson Regression）模型設定如下：

　　假定社會抗爭次數 Y_i, i=1, 2, …, n 為一非負、服從波瓦松分配 $Poi(u_i)$ 的隨機變數，且受其他解釋變數 $x_i = (x_1, x_2, …, x_{k-1})$ 的影響。其機率密度函數：

$$Pr(u_r; Y_i = y_i) = \frac{u^{y_i} \exp(-u_i)}{y_i!} \text{, } y_i = 0, 1, 2, \cdots, u_i > 0$$

由於波瓦松分配中的 λ 代表單位時間內事件發生的平均次數，故可定義波瓦松迴歸：

$$\log(\lambda_i) = \log\left(\frac{u_i}{t_i}\right) = \beta^5 x_i$$

改寫後可得 $\log(u_i) = \log(t_i) + \beta^t x_i$, i = 1, 2, $\cdots$, n $\qquad$ (1)

（一）總體經濟變數

表 8.4 列出式（1）迴歸分析的結果。在總體經濟變數方面，我們發現平均薪資水準、人均產出以及農村居民消費支出對於抗爭次數有「反向」的影響，唯人均產出只有在 90% 的信心水準時才有影響。意即，當地區平均薪資水準、人均產出、農村居民消費支出越高，對地方抗爭的緩和程度越大；[52] 此結果顯示，若地方經濟持續穩定發展、勞動者所得水準提升，民眾較不會進行抗爭，此與前文所提，目前社會抗爭主體多屬弱勢階層，而中上階層少參與抗爭的結果相呼應。另外值得一提的是，政府對當地社會福利支出的正反影響，則不清楚。換言之，地方政府提供社會福利的多寡並不會影響民眾選擇抗爭與否的關鍵，畢竟以目前抗爭的主流看來，多是拆遷補償不公、抗議政府貪腐、執法過當等，社福所能提供的效果多是「杯水車薪」且「緩不濟急」。

---

[52] 一個有趣的定量解釋方式是：從表 8.4 的係數估計值，如果平均薪資可以增加 3500 元，人均產出增加 28500 元，或農村居民年消費增加 5300 元，皆可減少樣本中一次的社會抗爭事件。假設保守估計每年有十萬起的抗爭事件，四年來我們蒐集約 1000 個樣本，大致來說，減少一個樣本隱含減少 400（=100000x4/1000）起實際的社會抗爭事件。以下其他變數對社會抗爭次數的影響，也可以用類似的方式來推論。

表8.4　迴歸模型一：Poisson Regression

被解釋變數：抗爭次數	係數估計值	標準誤	t值	P值
常數項	-0.803	0.594	-1.350	0.176
平均薪資（千元）	-0.282	0.077	-3.680	0.000
人均產出（千元）	-0.035	0.018	-1.922	0.063
社會福利支出（10億元）	0.013	0.028	0.480	0.632
登記失業人數（百萬人）	2.708	1.111	2.440	0.015
商品房平均售價（千元）	0.333	0.091	3.670	0.000
道路長度（千公里）	0.007	0.002	3.370	0.001
農村人均消費支出（千元）	-0.190	0.079	-2.400	0.017
城鎮人均消費支出（千元）	0.095	0.041	2.310	0.021
城鎮化率（%）	0.042	0.014	2.950	0.003
直轄市	0.357	0.297	1.200	0.229
自治區	0.184	0.341	0.540	0.590
西部地區	0.674	0.446	1.510	0.131
Log likelihood:	-361.379			
Pseudo R-squared:	0.494			

資料來源：作者自製

　　從表 8.4 的估計結果還可發現登記失業人數、商品房平均銷售價格、道路長度對社會抗爭統計上有顯著的正向影響，此與一般的「常識」是吻合的，因為勞動失業、物價指數反應社會的痛苦指數，當失業人口越多與物價（尤其房價）越高，代表社會大眾對經濟發展狀態不滿意的程度升高，從而提升了社會抗爭的可能性。再者，道路長度反應各地區交通建設的便利性，當交通建設越發達，群眾聚集程度越方便，社會抗爭的可能性越高。

　　我們接下來討論表 8.4 中一個有趣的結果，即城鎮居民的消費支出對

社會抗爭有顯著的正向影響，這個結果正好和農村居民消費支出的影響相反。如前文所言，隨著經濟發展所得提高，民眾較不會進行抗爭。然而，農村的消費原本就較低，推測其居民仍處於「物質主義」的階段，在此階段大家仍舊為溫飽奔波，當消費增加，對地方抗爭的程度有緩和的效果。反之，城鎮居民已逐漸進入所謂「後物質主義」的階段，當有更多的可支配所得可以用於消費，他們也開始關心例如政府不當執法、環境污染、維權等議題，所以對社會抗爭造成了正向影響。

（二）城鄉差距

本研究的另一個重心為城鄉發展不均衡對抗爭次數的影響。我們使用兩個變數——「城鎮化率」、「城鎮對農村人均消費支出比」來衡量城鄉發展不均衡的影響。[53] 前面曾提及，城鎮化是人口從農村地區向大城市集中的過程，城鎮化持續進行則城鄉差距逐步縮小，理論上「物質主義」類型的抗爭會減少。然而，表 8.4 告訴我們城鎮化率的提高卻會導致更多的社會抗爭。這個結果可以解釋為人口向大城市集中，生活水平提高後自然想要體驗更多「後物質主義」的所有可能性。再者，大城市的交通方便，訊息匯流容易，也助長了社會抗爭。除此之外，我們從先進國家的經驗看來，其人口城鎮化是伴隨工業化所發生的，是市場機制造就人口與第二、三產業在地理區位上的集中，以及隨後產生的向外擴散趨勢；但近年來中國「城鎮化」發展一方面速度過快，另一方面是國家政策力量強勢介入下完成，各地方政府在「指標」壓力下，努力達成城鎮化率目標。其中，最主要的手段就是強力拆遷，反而造成更多的抗爭。就此而言，「城鎮化」反而是抗爭的根源。

此外，本研究以「城鎮對農村人均消費支出比」為第二個指標來衡量城鄉發展的不均衡。我們將原來迴歸模型中的城鎮和農村人均消費支出改成支出比，雖然限於篇幅沒有把全部結果附在本章中，但這個支出比例對

---

[53]　常見的不均度，包括以所得來衡量的吉尼係數和所得分配前後 20% 的所得比，然而目前只有全國的資料，並沒有一級省市自治區的資料。

社會抗爭的影響爲正。[54] 隨著中國大陸改革開放，城市和農村間發展差異越來越大。若農村、城鎮居民消費支出比差異越大，代表城鄉差距越大。農村居民消費支出的提升反映城鄉差距越低，統計上顯著地降低地區抗爭可能性。反之，城鎮居民消費支出的提升代表城鄉差距越大。這些結果和原來的模型是一致的。

（三）區域差距

在區域差距方面，中國大陸經濟發展長期以來東西部地區的差異性極大，西部地區相對於東部經濟發展較爲弱勢。爲了瞭解區域不均衡發展的影響，本章除了根據中國傳統地理區的劃分，探討以西北和西南所組成的西部地區是否會因爲區域不均衡的發展，而對社會抗爭有所影響外，也考慮所在地區爲直轄市或自治區，對社會抗爭的影響。

實證結果顯示在西部地區社會抗爭的可能性較高（雖然統計上不是很顯著，但接近 90% 的信心水準），反映東西部地區發展的不均衡在西部地區引起更多的社會抗爭，或者說增加了西部地區發生社會抗爭的機會。[55] 反之，所在地區爲直轄市或自治區，其影響雖然爲正，但統計上均不顯著。可能的解釋是區域不均衡發展，應該受到城鄉發展不均衡的兩個變數的影響，因爲如前所述：城鎮化率最高的地區的前三名均爲直轄市，而排名墊後的大部分在西部地區，西部地區中三個自治區的城鎮化率也相對是低的。同樣的，城鄉消費支出的差異也顯示直轄市的消費支出較高，而消費支出較低的前三省份（貴州、西藏和甘肅）都在西部地區。我們曾試著將城鎮化率從迴歸模型中移除，則以上控制區域發展的變數，西部地區、直轄市、自治區均對社會抗爭有顯著的影響。這個結果也間接印證了，城鎮化率在經濟發展不均衡的影響上有較好的解釋能力。其原因在於相較於區域變數，各省市自治區的城鎮化更能細緻地突顯出個別地區經濟發展的差異。

---

[54] 係數估計值爲 0.325，標準誤爲 0.084，結果爲顯著的正向影響。

[55] 在底下的零膨脹波瓦松迴歸（Zero-Inflated Poisson Regression）的修正模型中，西部地區對社會抗爭的影響顯著爲正。

表8.5　迴歸模型二：Zero-inflated Poisson Regression

被解釋變數：抗爭次數	係數估計值	標準誤	t值	P值
常數項	-0.859	0.377	-2.280	0.023
平均薪資（千元）	-0.268	0.039	-6.930	0.000
人均產出（千元）	-0.032	0.011	-3.000	0.003
社會福利支出（10億元）	0.020	0.015	1.380	0.167
登記失業人數（百萬人）	2.820	0.498	5.660	0.000
商品房平均售價（千元）	0.320	0.037	8.710	0.000
道路長度（千公里）	0.006	0.001	5.110	0.000
農村人均消費支出（千元）	-0.186	0.051	-3.620	0.000
城鎮人均消費支出（千元）	0.089	0.025	3.570	0.000
城鎮化率（%）	0.044	0.007	5.820	0.000
直轄市	0.277	0.204	1.350	0.176
自治區	0.186	0.194	0.960	0.337
西部地區	0.721	0.162	4.460	0.000
Log likelihood:	-357.771			

資料來源：作者自製

　　最後，由於實證資料上被解釋變數抗爭次數爲零的部分，與一般的計數資料相較比例稍高，且大部分位於較偏遠地區，如青海、西藏、新疆、貴州等地，可能的主要原因是其位居內陸，抗爭的訊息不易被媒體公開證實。Lambert（1992）指出，若計數資料中存有過多某特定值事件發生的問題（如次數爲零的樣本過多），會造成過度分散（over-dispersion）的情形。爲解決此問題，Lambert（1992）提出零膨脹波瓦松迴歸（Zero-Inflated Poisson Regression）來修正此一資料特性，本研究也以相同的方法估計各解釋變數對社會抗爭的影響。

　　與前述建構波瓦松迴歸模型類似，假定社會抗爭次數 Y_i, i=1, 2, …, n

爲非負值且服從零膨脹波瓦松分配 ZIPoi(u_i, w_i) 的隨機變數，其值並受其他解釋變數 $x_i = (x_1, x_2, \cdots, x_{k-1})$ 的影響。機率密度函數定義如下：

$$\Pr(\lambda_i, w_i; Y_i = y_i) = \begin{cases} w_i + (1 - w_i)\exp(-u_i)\,, & y_i = 0 \\ (1 - w_i)\dfrac{u^{y_i}\exp(-u_i)}{y_i!}\,, & y_i > 0 \end{cases}, u_i > 0$$

與波瓦松迴歸不同在於，零膨脹波瓦松迴歸多考慮到計數爲零時的樣本型態。定義零膨脹波瓦松迴歸如下：

$$\log(u_i) = \log(t_i) + \beta^t x_i, \ i = 1, 2, \cdots, n$$

改寫後可得　　$\log(w_i) = \log(1 - w_i) + \delta^t x_i, \ i = 1, 2, \cdots, n$ 　　　(2)

以式（2）零膨脹波瓦松迴歸結果列於表 8.5。比較表 8.5 零膨脹波瓦松迴歸的修正模型和表 8.4 波瓦松迴歸模型的結果，各變數估計結果對社會抗爭次數影響方向一致。但修正後的模型在配適度上增進了些許（概似值的對數從 -361.379 上升到 -357.771），而且各個變數對抗爭的影響更爲顯著。其中值得一提的有二，一爲人均產出的負向影響在模型修正後，其顯著性超過 99% 的信心水準。再者，區域變數中的西部地區，在修正的模型中對社會抗爭有正的顯著影響，這代表新的模型確實改進了一些原本偏遠地區中社會抗爭被低估的情形。

伍、結論

就中共建政後的歷史看來，社會運動的發生似乎不是新鮮事，但不同於毛澤東透過由上而下的政治動員，發動諸如大躍進、文化大革命等一波又一波的社會運動，以建設社會主義國家或維持社會主義的純潔性，當前中國大陸的社會運動是一種由下而上的抗議行動，且各種社會抗議幾乎都有一共同特徵，即抗議群體的「生存危機」以及代表國家的「管理者」腐敗，在抗爭方式方面，也遠不是不滿與疏離感，用敷衍了事、曠工與消極

怠工等「弱者的武器」來宣洩，[56] 而是上街頭遊行抗議、罷工、製造騷動、攻擊代表壓迫來源的政府機關建築物等。

　　綜觀目前關於中國社會抗爭的研究，囿於資料的敏感與稀缺，甚少出現系統性地歸納與分析，為彌補此種研究上的缺陷，作者長期蒐集各種公開資料，試圖將中國社會抗爭的面貌建構一初步的圖像：目前抗爭主體多是社會弱勢、抗爭因素多屬生存權、多採非暴力抗爭、抗爭對象多針對政府與缺少組織性反對等，若將國家與國際因素加入，則可發現國家權力依舊強大，且外國勢力難以介入大陸內部的社會抗爭等。此外，本研究將重心放在各種總體經濟變數對各地區社會抗爭次數的影響，亦即本章想要了解各種總體經濟與區域不均衡發展是如何造成社會抗爭次數的變化。在現階段的實證分析中，本章採用波瓦松迴歸模型和零膨脹波瓦松迴歸修正模型，估計 2007 年到 2010 年中國各總體變數對社會抗爭的影響，並且獲致不少重要的結論，茲摘要如下：

　　首先，本研究發現若地方經濟持續穩定發展、人均產出增加、勞動所得水準提升，民眾較不會進行抗爭。反之，失業人口越多及房價越高，升高社會大眾對經濟發展狀態不滿意度，從而增加了社會抗爭的可能性。而各地區交通越發達，群眾聚集程度越方便，社會抗爭的可能性也越高。

　　其次，城鎮居民的消費支出對社會抗爭有正向的影響，但農村居民消費支出的影響正好相反。可能的理由為農村居民仍處於「物質主義」的階段，農村消費低居民仍舊為溫飽奔波，消費增加對地方抗爭有緩和的效果。另一方面，城鎮居民已進入所謂「後物質主義」的階段，當有更多的可支配所得可以用於消費，他們也開始關心公平正義等其他理念型的議題，所以對社會抗爭造成正向的影響。

　　最後，就區域不均衡發展的面向來看，中國經濟長期東西部地區的不均衡發展，在西部地區引發更多的社會抗爭，或者增加了西部地區發生社

---

[56] James Scott, *Weapons of the Weak: Everyday Forms of Peasant Resistance* (NH: Yale University Press, 1985).

會抗爭的機會。而衡量城鄉不均衡發展的城鎮化率與城鎮對農村人均消費支出比，皆對抗爭次數造成正面的影響。實證模型顯示，城鎮化之後生活水平提高，居民可能有更多動機去體驗「後物質主義」的生活型態。同時，隨著中國大陸改革開放，城市和農村間發展差異越來越大，城鄉居民消費支出比差異拉大，這樣不均衡發展已加大了地區抗爭可能性。區域不均衡發展的實證分析也說明，各省市自治區的城鎮化更能細緻地突顯出個別地區經濟發展的差異。

以上的實證結果呈現了中國經濟與區域不均衡發展如何對社會抗爭造成影響。然而除了探討抗爭發生的地區、時間和次數之外，就目前本研究蒐集的抗爭資料而言，可以進一步討論抗爭的事由、規模、抗議對象、抗爭手段、動員方式、解決方式 …… 等不同類別和總體經濟變數的交互影響。例如：國家機器以鎮壓方式解決的抗爭是否會因抗爭對象、抗爭方式、動員方式、規模、有無國外勢力介入及總體經濟環境而有所不同；或者，採取暴力手段從事抗爭，會不會受到抗爭對象、動員方式、解決方式和總體經濟環境的影響。

參考文獻

一、中文部分

「中國學者：2010年18萬起抗議事件，中國社會動盪加劇」，**多維新聞網**，http://china.dwnews.com/big5/news/2011-09-26/58160315.html。

于建嶸，「利益博奕與抗爭性政治：當代中國社會衝突的政治社會學理解」，**中國農業大學學報**（社會科學版）（北京）， 2009 年第 1 期，頁 16~21。

_____，「集體行動的原動力機制研究：基於 H 縣農民維權抗爭的考察」，**學海**（南京），2006 年第 2 期，頁 26~32。

_____，**抗爭性政治：中國政治社會學基本問題**（北京：人民出版社，2010 年）。

_____，**底層立場**（上海：上海三聯書店，2011 年）。

王信賢，「傾斜的三角：當代中國社會問題與政策困境」，**中國大陸研究**，第 51 卷第 3 期（2008 年 9 月），頁 37~58。

台灣民主基金會編，2006 年中國人權觀察報告（台北：台灣民主基金會，2007 年）。

江時學，金融全球化與發展中國家的經濟安全：拉美國家的經驗教訓（北京：社會科學文獻出版社，2004 年）。

何明修，**社會運動概論**（台北：三民書局，2005 年），頁 115~148。

何清漣，「中國經濟模式與社會抗爭之間的關係」，BBC 中文網，http://news.bbc.co.uk/chinese/trad/hi/newsid_7990000/newsid_7996600/7996670.stm。

_____，**中國的陷阱**（台北：台灣英文新聞出版社，2003 年）。

吳忠民，「中國社會公正的現狀與趨勢」，**江海學刊**（江蘇），2005 年第 2 期，頁 82~88。

吳敬璉，「當前中國改革最緊要的問題」，**中國改革**，http://magazine.caixin.com/2011-11-30/100332903.html。

李連江，「中國農民的國家觀與依法抗爭」，張茂桂、鄭永年主編，**兩岸**

社會運動分析（台北：新自然主義，2003 年），頁 281~298。

李路路，「社會變遷：風險與社會控制」，**中國人民大學學報**（北京），2004 年第 2 期，頁 10~16。

周志家，「環境保護、群體壓力還是利益波及廈門居民 PX 環境運動參與行為的動機分析」，**社會**（上海），第31卷第1期（2011 年 1 月），頁 1~34。

周黎安，「中國地方官員的晉升錦標賽模式研究」，**經濟研究**（北京），2007 年第 7 期，頁 36~50。

_____，**轉型中的地方政府：官員激勵與治理**（上海：格致出版社，2008 年）。

俞志元，「集體性抗爭行動結果的影響因素：一項基於三個集體性抗爭行動的比較研究」，**社會學研究**（北京），2012 年第 3 期，頁 90~112。

孫立平，**轉型與斷裂**（北京：清華大學出版社，2004 年）。

張平，「未來五年中國宏觀經濟政策的基本導向」，**新華網**，http://big5.xinhuanet.com/gate/big5/news.xinhuanet.com/theory/2011-04/22/c_121335782.htm。

張軍、周黎安編，**為增長而競爭：中國增長的政治經濟學**（上海：上海人民出版社，2007 年）。

張學斌，**改革危險期**（北京：中華工商聯合出版社，1998 年）。

馮仕政，「『大力支持，積極參與』：組織內部集體抗爭中的高風險人群」，**學海**（南京），2007 年第 5 期，頁 40~50。

_____，「西方社會運動研究：現狀與範式」，**國外社會科學**（北京），2003 年第 5 期，頁 66~70。

_____，「沈默的大多數：差序格局與環境抗爭」，**中國人民大學學報**（北京），2007 年第 1 期，頁 122~132。

_____，「單位分割與集體抗爭」，中國社會科學院社會學所主編，**中國社會學**（第 6 卷）（上海：上海人民出版社，2008 年），頁 231~268。

黃冬婭，「國家如何塑造抗爭政治：關於社會抗爭中國家角色的研究評述」，**社會學研究**（北京），2011 年第 2 期，頁 217~242。

黃榮貴，「互聯網與抗爭行動：理論模型、中國經驗及研究進展」，社會（上海），第 30 卷第 2 期（2010 年 3 月），頁 179~197。

黃榮貴、桂勇，「互聯網與業主集體抗爭：一項基於定性比較分析方法的研究」，**社會學研究**（北京），2009 年第 5 期，頁 29~56。

趙鼎新，「西方社會運動與革命理論發展之述評：站在中國的角度思考」，**社會學研究**（北京），2005 年第 1 期，頁 168~209。

＿＿＿＿，**社會運動與革命：理論更新與中國經驗**（台北：巨流圖書公司，2007 年）。

＿＿＿＿，**社會與政治運動講義**（北京：社會科學文獻出版社，2006 年）。

蕭唐標，「當代中國群體性事件的後果：國內研究的考察與評論」，**經濟社會體制比較**（北京），2011 年第 2 期，頁 190~198。

應星，「『氣』與中國鄉村集體行動的再生產，**開放時代**（台北），2007 年第 6 期，頁 106~120。

＿＿＿，「草根動員與農民群體利益的表達機制：四個個案的比較研究」，**社會學研究**（北京），2007 年第 2 期，頁 1~23。

＿＿＿，**大河移民上訪的故事**（北京：三聯書店，2001 年）。

謝岳，「集體行動理論化系譜」，**上海交通大學學報**（哲學社會科學版）（上海），2009 年第 3 期，頁 13~20。

＿＿＿，**社會抗爭與民主轉型：20 世紀 70 年代以來的威權主義政治**（上海：上海人民出版社，2009 年）。

二、英文部分

Andersen, Kurt, "The 2011 Person of the Year: The Protester," *TIME*, http://www.time.com/time/specials/packages/article/0,28804,2101745_2102132 2102373,00.html.

Gilboy, George and Eric Heginbotham, "The Latin Americanization of China," *Current History*, Vol. 103, No. 674 (Sep. 2004), pp. 256~261.

Goldstone, Jake, "Theories of Revolution: The Third Generation," *World Politics*, Vol. 32, No. 3 (Apr. 1980), pp. 425~453.

Goodwin, Jeff and James M. Jasper, "Caught in a Winding, Snarling Vine: The Structural Bias of Political Process Theory," *Sociological Forum*, Vol. 14, No. 1(Mar. 1999), pp. 27~54.

Gurr, Ted Robert, *Why Men Rebel* (NJ: Princeton University Press, 1970).

Huntington, Samuel, *Political Order in Changing Societies* (NH: Yale University Press, 1968).

Inglehart, Ronald, *The Silent Revolution: Changing Values and Political Styles among Western Publics* (Princeton, NJ: Princeton University Press, 1997).

Johnson, Chalmers, *Revolutionary Change* (Boston: Little, Brown, 1966).

Li, Lianjiang and Kevin O'Brien, "Protest Leadership in Rural China," *The China Quarterly*, No. 193 (Mar. 2008), pp. 1~23.

Lipset, Seymour, "Some Social Requisites of Democracy: Economic Development and Political Legitimacy," *American Political Science Review*, Vol. 53, No. 1 (Mar. 1959), pp. 69~105.

Mancur, Olson, *The Logic of Collective Action: Public Goods and the Theory of Groups* (Cambridge: Harvard University Press, 1971).

Mann, Michael, "Infrastructural Power Revisited," *Studies in Comparative International Development (SCID)*, Vol. 43, No. 3~4 (2008), pp. 355~365.

Mann, Michael, *The Sources of Social Power: The Rise of Classes and Nation-states, 1760-1914* (NY: Cambridge University Press, 1993).

Marx, Gary and Douglas McAdam, *Collective Behavior and Social Movement: Process and Structure* (Englewood Cliffs, NJ: Printice Hall, 1994).

McAdam, Doug, Sidney Tarrow and Charles Tilly, *Dynamics of Contention* (Cambridge: Cambridge University Press, 2001).

Meyer, David, "Protest and Political Opportunities," *Annual Review of Sociology*, Vol. 30 (2004), pp. 125~145.

Moore, Barrington, *Social Origins of Dictatorship and Democracy* (Boston: Beason,1966).

O'Brien, Kevin and Lianjiang Li, "Popular Contention and its Impact in Rural China," *Comparative Political Studies*, Vol. 38, No. 3 (Apr. 2005), pp. 235~259.

O'Brien, Kevin and Lianjiang Li, *Rightful Resistance in Rural China* (NY: Cambridge University Press, 2006).

Perry, Elezabeth and Mark Selden, *Chinese Society: Change, Conflict, and Resistance* (NY: Routledge, 2000).

Perry, Elezabeth, *Challenging the Mandate of Heaven: Social Protest and State Power in China* (Armonk, NY: M.E. Sharpe, 2002).

Rueschemeyer, Dietrich, Evelyne Huber Stephens and John D. Stephens, *Capitalist Development and Democracy* (Chicago: University of Chicago Press, 1992).

Scott, James, *Weapons of the Weak: Everyday Forms of Peasant Resistance* (NH: Yale University Press, 1985).

Skocpol, Theda, *States and Social Revolutions: A Comparative Analysis of France, Russia, and China* (Cambridge, NY: Cambridge University Press, 1979).

Soifer, Hillel, "State Infrastructural Power: Approaches to Conceptualization and Measurement," *Studies in Comparative International Development (SCID),*Vol. 43, No. 3~4 (Dec. 2008), pp. 231~251.

Taylor, Stan, *Social Science and Revolutions* (NY: St. Martin's Press, 1984).

Tilly, Charles and Sidney Tarrow, *Contentious Politics* (Boulder, CO: Paradigm Publishers, 2007).

Tilly, Charles, *From Mobilization to Revolution* (Reading, MA: Addison-Wesley, 1978).

Walder, Andrew, "Political Sociology and Social Movements," *Annual Review of Sociology*, Vol. 35 (2009), pp. 393~412.

第九章

資訊通信科技、群體性事件與
中國後極權主義之影響[*]

王佳煌

壹、導論

　　本章的研究動機與目的可以從三方面來說。首先，資訊通信科技的普及與應用，包括電腦（包括桌機、筆記型電腦）、行動電話、平板電腦等終端裝置，以及各種網路平台（入口網站、社群網站、電子布告欄等）共同構成的賽博空間（cyberspace），賽博空間中的言論與資訊，引發的在線與離線運動（online and offline activism），是否足以對中共的後極權主義（post-totalitarianism）統治構成重大的挑戰，並促成公民社會的發展？中共如何因應賽博空間的發展與衝擊，以鞏固政權，維持黨國機器對賽博空間與實體空間的控制力？這些都是研究中國政治與社會發展的學者深感興趣的問題，理論建構與經驗性分析的相關著作也與日俱增。[1]

[*] 本文原載於 2013 年東亞研究第 44 卷第 1 期（頁 35~83），經該刊同意後轉載，特此致謝。

[1] 由於相關著作頗多，篇幅有限，這裡僅略為介紹幾位經常發表或長期研究相關議題的中西學者，其他相關著作則視論文脈絡需要，再行引介。英文著作的代表性學者有楊國斌，如 Guobing Yang, "The Co-evolution of the Internet and Civil Society in China," *Asian Survey*, Vol. 43, No. 3 (May/Jun. 2003), pp. 405~422; Guobing Yang, "How Do Chinese Civic Associations Respond to the Internet? Findings from a Survey," *The China Quarterly*, No. 189 (2007), pp. 122~143; Guobing Yang, *The Power of the Internet in China* (NY: Columbia University Press, 2009); 鄭永年的代表性著作為 Yongnian Zheng, *Technological Empowerment: The Internet, State, and Society in*

　　其次，統計資料顯示，中國大陸的群體性事件已從 1994 年的一萬多起暴增至 2004 年的七萬四千多起，也就是增加六倍多。參與人數則從 73 萬人次增加到 376 萬人次。群體性事件的數量與規模已引起官方的警覺，2006 年的「十六屆六中全會」決議要妥善處理群體性事件，2007 年的「十七大」亦提醒要維持社會穩定，2008 北京奧運時更加強防範，但各地群體性事件仍此起彼落。[2] 群體性事件的數量急增，已引起中國與西方學者的注意。中國大陸許多學者研究群體性事件的定義、類型與運動模式。研究中國群體性事件的英文論著與研究，所在多有，正體中文學界雖有少量學術研究，亦多以大陸學者居多，台灣學者的研究似不多見。[3]

China (CA: Stanford University Press, 2008); 台灣的相關研究以洪敬富等為主，如：Chin-Fu Hung, "Public Discourse and 'Virtual' Political Participation in the PRC: The Impact of the Internet," *Issues & Studies*, Vol. 39, No. 4 (Dec. 2003), pp.1~38; Chin-Fu Hung, "The Interactions between Internet Entrepreneurs and the Chinese Authorities: Possible Implications for Civil Society," *Issues & Studies*, Vol. 41, No. 3 (Sep. 2005), pp. 145~180; Chin-Fu Hung, "The Politics of Cyber Participation in the PRC: The Implications of Contingency for the Awareness of Citizens' Rights," *Issues & Studies*, Vol. 42, No. 4 (Dec. 2006), pp.137~173；洪敬富、陳柏奇，「全球化網路時代的中國治理：從 SARS 到毒牛奶事件」，戰略，第 2 期（2009 年 1 月），頁 161~174；Chin-Fu Hung, "China's Propaganda in the Information Age: Internet Commentators and the Weng'an Incident," *Issues & Studies*, Vol. 46, No. 4 (Dec. 2010), pp. 149~180；洪敬富、陳柏奇，「網路通訊時代下的中國公眾參與：以『廈門 PX 廠』為例」，中國大陸研究，第 53 卷第 2 期（2010 年 6 月），頁 1~38；陳柏奇、洪敬富，「茉莉花革命浪潮下對當前中國國家社會關係的再檢視：網路政治中的公民維權與黨國維權雙重分析視角」，臺灣民主季刊，第 9 卷第 1 期（2012 年 3 月），頁 195~244。

2　中共年報編輯委員會，「中共年來群體性事件要況綜析」，中共年報編輯委員會主編，2009 中共年報（台北：中共研究雜誌社，2008 年），頁 1~184。

3　大陸或華人學者的研究包括：徐賁，「『群體性事件』和暴力問題」，二十一世紀，2007 年第 102 期，頁 86~94；張立濤，「當前社會的分化傾向與宣傳的病理分析」，當代中國研究，第 14 卷第 4 期（2007 年 12 月），頁 147~154；吳亮，「對少數民族群體性事件的政治社會學分析」，當代中國研究，第 16 卷第 4 期（2009 年 12 月），頁 34~48；朱曉陽，「一場權力與資本的歡宴」，二十一世紀，2010 年第 118 期，頁 115~118；高恩新，「中國農村的社會網絡與集體維權」，二十一世紀，2010 年第 118 期，頁 61~69；高旺，「『群體性事件』：抗爭政治學的視角」，二十一世紀，2011 年第 125 期，頁 115~123。台灣研究此一議題的學者則有喬健、姜穎，「中國大陸市場化進程中的勞資衝突及其治理」，政大勞動學報，2006 年第 19 期，頁 41~74；張凱銘，「和諧社會的挑戰：中共社會中的群體性事件問題探析」，弘光學報，2012 年

　　再者，國內外研究賽博空間與群體性事件之間關係的論著，尤其是群體性事件如何運用資通科技與裝置傳布訊息、號召群眾、建構議程、引發討論、集結動員與協調運動的論著，並不多見。大陸著作較多，但偏向一般論述。[4]國內可以找到的相關論著，似乎只有洪敬富與陳柏奇的廈門PX廠事件研究，[5]香港與大陸學者對四個環保抗爭的比較研究，[6]國外或英文的研究則包括中產階級階級市民社會的比較研究（上海反磁懸浮、廈門反PX項目、新疆、西藏）[7]，以及農民失地的網路傳播與動員等。[8]

　　綜上所述，本章希望從台灣的角度出發，論述中共的後極權主義體制如何處理因應層出不窮的群體性事件，描述群體性事件的參與者如何運用資通科技，與黨國體系在賽博空間與實體空間中鬥爭對抗，並探索其影響與理論意涵，以期拋磚引玉，與學界先進共同開發更多研究議題，建構研究議程。

　　準此，本章擬提出下列問題意識：何謂後極權主義？何謂群體性事件？群體性事件的定義、類型與發展狀況為何？資訊通信科技在中國發展的概況為何？中共制定哪些政策、法規，發展什麼技術，企圖控制賽博空間的言論與訊息？群體性事件的參與者如何運用資通科技，在賽博空間中

第 66 期，頁 62~77。

4　孫珠峰，「互聯網時代妥善處理群體性事件研究」，**遼寧行政學報**，第 12 卷第 3 期（2009 年），頁 12~14；王建平、徐偉，「群體性事件的類型與社會原因探析」，**惠州學院學報**，第 30 卷第 5 期（2010 年 10 月），頁 56~59；方付建、王國華，「現實群體性事件與網絡群體性事件比較」，嶺南季刊，2010 年第 2 期，頁 15~19。

5　洪敬富、陳柏奇，「網路通訊時代下的中國公眾參與：以『廈門 PX 廠』為例」，頁 1~38。

6　黃煜、曾繁 2011 年旭，「從以鄰為壑到政策倡導：中國媒體與社會抗爭的互激模式」，**新聞學研究**，2011 年第 109 期，頁 167~200。

7　Ian Weber, "Mobile, Online and Angry: The Rise of China's Middle-Class Civil Society," *Critical Arts: South-North Cultural and Media Studies*, Vol. 25, No. 1 (2011), pp. 25~45.

8　Qiongyou Pu and Stephen J. Scanlan, "Communicating Injustice? Framing and Online Protest against Chinese Government Land Expropriation," *Information, Communication and Society*, Vol. 15, No. 4 (May 2012), pp. 572~590.

發表言論、提出批評、傳布訊息，並在實體空間中集結行動，或是在賽博空間、實體空間之中與之間穿梭，提出社會抗議，參與社會運動？中共採取什麼措施與策略，因應並反制群體性事件對資通科技的運用？國家機器與群體性事件的參與者之間在賽博空間與實體空間中的攻防，對中國的後極權主義統治與公民社會有什麼意義？源自西方或歐美的社會運動理論是否能完全套用於中國的政治經濟與政治社會脈絡？如果理論用武之地有限，那麼修正、調整與擴充，是否有助於學者描述、解釋，甚至預測（報）中國群體性事件的發展？或者，研究中國大陸的群體性事件，應該由下而上，參照西方的理論內涵與理論典範興起的社會背景與過程，檢視資通科技與群體性事件之間的關係，建構「具有中國特色」的群體性事件理論、觀點或分析架構？

以下各節即針對這些研究問題，一一論述。第二節介紹後極權主義的概念，討論群體性事件的定義與隨之而來的統計資料問題。第三節依據中國網絡信息中心的統計報告，略述中國資通科技軟硬體（包括網際網路與手機等）、平台與各種應用的發展。第四節提出中國群體性事件、賽博空間與後極權主義的概念架構。第五節整理歸納近年來中國大陸重大群體性事件運用資通科技，動員群眾的方式、過程與策略，以及中共因應處理的行動模式。第六節簡述歐美社會運動理論，探討它們是否能適切地描述、解釋中國群體性事件。第七節是結論，綜述本章重點，說明研究限制與未來的研究議程。

貳、後極權主義與中國的群體性事件

一、後極權主義

後極權主義是某些比較政治研究學者針對蘇聯、前東歐、中國、北韓與古巴等極權主義國家，提出的概念，以比較這些國家政治轉變（型）的

過程、現象、面向與機制。[9]

　　從時間的向度來看，後極權主義概念可以避免極權主義→威權主義→民主化的直線進化論，並從縱向的角度切入，依據各個後極權主義國家的政治、社會與經濟條件及環境，刻劃不同的發展路徑與軌跡。從空間的角度來看，後極權主義的概念有助於橫向的比較研究，建構後極權主義國家的類型論，找出其異同與原因，推動或參與後極權主義國家的比較研究。

　　歸納學者的概念與主張，後極權主義的概念架構包括四個面向：領導菁英的培訓甄補與政治繼承（political succession）、黨國體系（party-state）的結構與運作機制、意識型態與話語權（discourse power）的爭奪、集體動員（collective mobilization）與市（公）民社會（civil society or civic society）。群體性事件、資通科技的普及發展，以及群體性事件參與者應用資通科技，對中國後極權主義構成的挑戰，可以從這四方面來看。首先，群體性事件對政治菁英的甄補與政治繼承尚無太明顯而直接的影響或威脅，但間接的影響卻已逐漸顯現。例如，政治菁英在各地方政府或單位的政績與表現，包括官員處理群體性事件的策略與方法是否得宜，群體性事件的頻率與結果，都會影響到其任期、職務調動與仕途。其次，群體性事件直接挑戰黨國體系控制社會的力量、威信與統治基礎，考驗黨國體系的反應機制、效率，當然也讓黨國體系學習如何處理各種群體性事件，累積危機處理的經驗，研擬並執行各種因應的策略。再者，群體性事件應用資通科技，散布訊息與言論，發動社會運動，也會影響到中共或統治者建構的意識型態及其效用，削弱中共壟斷話語權的能力與效果。最後，集體動員本是極權主義國家普遍的屬性之一，但在後極權主義國家，各國的集體動員

9　Juan J. Linz and Alfred Stepan, *Problems of Democratic Transition and Consolidation: South Europe, South America, and Post-Communist Europe* (Baltimore, MD: The John Hopkins University Press, 1996); Mark R. Thompson, "To Shoot or Not to Shoot: Posttotalitarianism in China and Eastern Europe," *Comparative Politics*, Vol. 34, No. 1 (Oct. 2001), pp. 63~83; Mark R. Thompson, "Totalitarian and Post-Totalitarian Regimes in Transitions and Non-Transitions from Communism," *Totalitarian Movements and Political Religions*, Vol. 3, No. 1 (Summer 2002), pp. 79~106.

能力各有強弱，群體性事件與資通科技可能進一步削弱後極權主義國家集體動員的能力，也可能象徵或促進雛型市民社會（或公民社會）的發展，可供我們探討社會群體、社會力量與國家機器的相互關係（包括對抗與相互穿透）。[10]

二、群體性事件的定義與統計資料問題

群體性事件急遽增加，引起中共的注意，中央辦公廳於 2004 年提出「關於積極預防和妥善處置群體性事件的工作意見」，此後群體性事件即成為中共、學界與媒體報導描述、評論與研究特定社會成員集體行動慣用的詞彙。[11] 該工作意見提出六個指導原則：預防為主與防患未然、屬地管理與分級負責、依法律與政策辦事、教育疏導與防止激化、慎用警力與強制措施、及時與果斷處置。[12]

根據官方的定義，群體性事件是人民內部矛盾造成的非法集體行動事件。[13] 胡聯合等大陸學者將社會矛盾區分為合法的與非法的，合法的社會矛盾包括信訪、勞資糾紛等五大類，非法的社會矛盾則包括（非法）群體性事件、犯罪與危害國家安全等三類。[14] 這些定義顯然過於簡化，往往忽略一個現象：國家機器經常是中國大陸群體性事件的原因與對象。相對而言，高旺的定義比較客觀：「權益或情感受到傷害的、資源稀缺的、分

---

[10] 西方學界所用的 civil society 是否可直接譯為公民社會，筆者一向持保留的態度。在不同的脈絡與理論架構之中，civil society 可譯為市民社會，亦可譯為公民社會或民間社會。中文的公民社會若要譯為或採用英譯，竊以為 civic society 比 civil society 更適當或準確。不過，這個概念的爭論太多，筆者在此擬先跳過此一議題，暫時聚焦於市民社會對中共國家機器或黨國體系的壓力與影響。

[11] 高旺，「『群體性事件』：抗爭政治的視角」，頁 115。

[12] 該工作意見全文，請瀏覽下列網址：http://www.ttzyw.com/Article/Experience/info2/200601/2084.html。

[13] 瀏覽人民網，「黨史百科」，http://dangshi.people.com.cn/GB/165617/166499/9981400.html。

[14] 胡聯合、胡鞍剛、王磊，「影響社會穩定的社會矛盾變化態勢的實證分析」，**社會科學戰線**，2006 年第 4 期，頁 175。奇怪的是，既然群體性事件是非法的社會矛盾，為什麼前面還要加上「非法的」，寫為「非法的群體性事件」？

散的大眾，在特定的機會結構中，在作爲挑戰者的民間精英的某種反映其
訴求的話語的動員下，基於某種人際關係網絡結成群體，以某種共同的身
份通過一系列刺激性的策略，在同與其利益相關的強勢性體制內精英（往
往牽涉到政府成員）所進行的互動過程中，所發生的集體越軌行爲。」[15] 儘
管如此，高旺的定義還是有點偏向官方的角度，也忽略群體性事件的複雜
性，以及群體性事件在集體行爲與社會運動研究中的理論與經驗意涵。從
社會學與政治社會學的觀點來看，群體性事件是集體行爲的一種，不只是
暴動（riots）與騷亂（disturbances），也包括有特定訴求與理想的社會運
動（如環境保護、人權運動與民主化）。騷亂與社會抗議可能是激情的、
歇斯底里的、衝動的、官逼民反的，也可能轉變爲長期活動與有組織的社
會運動，或是轉型成立非政府組織（如鄰避訴求轉變爲環保運動）與非營
利組織。不同類型、不同性質的群體性事件，既影響到官方與學者的統計
依據，也牽涉到集體行爲與社會運動理論的套用、修正、建構，以及描述、
解釋、預測。

中國大陸上的群體性事件很難有明確與一致的定義，加上中央與地方
政府的統計分類與淡化或隱瞞，以致相關統計資料並不完整，互有出入，
也不易取得最新資料。例如，根據行政院陸委會蒐集的資料，群體性事件
在 1993 年有 8700 起，1999 年即超過 3 萬 2000 起，2005 年有 8 萬 7000
起，亦即 13 年內增加 10 倍。[16] 但從定義與前後文來看，妨礙公務與聚眾
鬥毆等，究竟是一般社會紛爭與社會治安問題，還是像上述有特定目的與
訴求的群體性事件或社會運動，恐怕還有許多爭議。胡聯合等人指出，從
1994 年到 2004 年，非法的社會矛盾數量占整體社會矛盾的比例逐年增加，
合法的社會矛盾所占比例相對漸減。非法的群體性事件自 1994 年起逐年
增加，1996 年後的增長尤其快速。1994 年全國有 1 萬起，2004 年增加到
7 萬 4000 起，年均增長達 22.2%；參與人數從 73 萬人次增加到 376 萬人次，

15　同註 11，頁 116。
16　行政院大陸事務委員會，「中國大陸群體性事件頻繁，步入『風險社會』參考資料」，
　　請瀏覽該網頁：http://www.mac.gov.tw/fp.asp?fpage=cp&xItem=42922&ctNode=5652
　　&mp=1&xq_xCat=2007。

年均增長 17.8%。[17]

　　但是，根據 Tong and Lei 的研究，如果把 500 人以上參加的集體行動與社會運動視爲大規模群體性事件（large-scale mass incidents），那麼大陸群體性事件的主要類型包括勞資糾紛（工資問題、工作條件惡化與改善、裁員與惡性倒閉等）、土地徵收與拆遷（公共建設、土地開發與採礦等）、環境保護與鄰避反應（電廠與工廠污染等）、社會抗議（反貪腐）與突發性暴動（如城管欺壓、毆打小販等）等爲主，其次是種族與族群衝突、青年與學生、民族主義與愛國主義（反日、反美等）等。其中勞資糾紛等事件，屬於胡聯合等人所說的合法的社會矛盾，統計的依據與資料就會有相當大的出入。依其定義，從 2003 年到 2009 年，大陸共發生 248 起大規模（500 人以上）群體性事件。2006 年只有 25 起，2007 年即暴增至 63 起，2008 年 76 起，至 2009 年才降到 46 起。從省市來看（2003-2009 年），廣東省最多（54 起），其次是湖北省（17）、湖南省（16）、山東省（13）、雲南省（10）。[18] 從事件議題來看，最多的是國企與非國企的勞資糾紛（64 與 44 件），共 108 件，占總數 248 件近半數。其次是暴動騷亂（39 件）、土地糾紛（26 件）、抗議貪腐（6 件）與族群衝突（6 件）。[19]

　　儘管如此，從相關的新聞報導與本章蒐集的群體性事件報導來看，我們可以確定的是：在未來中國的社會經濟發展中，群體性事件恐怕是中共必須持續、認眞、謹愼處理的問題。雖然絕大多數的事件是局部的、分立的，各有其成因、議題與訴求，但大規模群體性事件的主要因素、類別與次數，在在反映出中國大陸快速工業化、現代化引發的社會不平等問題，包括城鄉發展失衡、貧富差距擴大、地方官員貪污腐化、治理不佳與高官子女仗勢欺人等。[20] 這些都是結構性的問題，並非偶發事件或少數團體的陰謀策劃與煽動，短期內不會消失，也很難完全防患於未然。

---

[17]　同註 14，頁 181、184。

[18]　Yanqi Tong and Shaohua Lei, "Large-scale Mass Incidents in China," *East Asian Policy,* Vol. 2, No. 2 (Apr./Jun. 2010), pp. 24~25.

[19]　同註 18，頁 24~30。

[20]　同註 18，頁 31~33。

參、中國賽博空間的成長

根據中國互聯網絡信息中心（China Internet Network Information Center, CNNIC）第三十次的調查統計（2012 年 7 月），中國網民總數已從 2008 年 12 月的 2.98 億逐年增加到 2012 年 7 月的 5.38 億，普及率從 22.6% 增加到 39.9%。手機網民數量從 2007 年 12 月的 0.5 億人增加到 2012 年 6 月的 3.88 億人，手機網民占整體網民比例從 24.0% 增加到 72.2%。相對地，以桌上型與筆記型電腦為上網終端設備的比例，也逐漸微幅下降，用手機上網的網民人數於 2012 年 6 月超越桌上型電腦上網的網民人數，筆電上網人數則始終遠遠落後（2009 年 12 月到 2012 年 6 月）。[21]

在社會經濟地位方面，網民年齡結構在 40~49 歲、50~59 歲，以及 60 歲及以上的比例均有微幅增加。初中與小學以下學歷的上網比例亦微幅增加。職業結構仍以學生最多（28.6%），其次是個體戶與自由職業者（17.2%）與無業／下崗／失業者（11.1%）。網民收入結構以高（2001-3000 元、3001-5000 元）、低（500 元以下與 501-1000 元）為主。[22] 高所得者應是以中產階級為主，低所得者應以學生居多。

整體互聯網的應用狀況方面，即時通訊使用率於 2011 年底超過八成，仍為上網首要應用。微博的成長平穩持續，手機網絡視頻用戶明顯成長。從 2011 年 12 月到 2012 年 6 月，即時通訊用戶數從 4.15 億增加到 4.45 億，網民使用率從 80.9% 增加到 82.8%。博客或個人空間從 3.18 億增加到 3.53 億，網民使用率從 362.1% 增加到 65.7%。微博用戶數從 2.50 億增加到 2.74 億，網民使用率從 48.7% 增加到 50.9%。社交網站用戶數從 2.44 億增加到 2.51 億，網民使用率從 47.6% 降到 46.6%。網絡視頻用戶數從 3.25 億增加到 3.50 億，網民使用率從 63.4% 增加到 65.1%，手機即時通訊用戶數從 2.95 億增加到 3.22 億，網民使用率維持在 83% 左右。手機微博用戶

---

[21] 中國互聯網絡信息中心，**中國互聯網絡發展狀況統計報告**，（2012 年 7 月），頁 10~13。
[22] 同註 21，頁 16~18。

數從 1.37 億增加到 1.7 億，網民使用率從 38.5% 增加到 43.8%。手機網絡視頻從 0.8 億增加到 1.07 億，網民使用率從 22.5% 增加到 27.7%。[23]

這些數字有三點值得玩味。首先，手機上網大幅降低農民與城市民眾上網的金錢成本與技能門檻，提高他們上網的便利性，也有助於拉抬整體上網人數與比例。手機通訊、手機簡訊、手機照相功能，以及手機上網，為農村與城市民眾鋪建廉價而方便的渠道，不但滿足他們日常生活通訊的需求，也有助於集體行動與社會運動的組織與動員。中國許多群體性事件源自農民土地徵收買賣的問題、官商勾結欺壓農民，以及城市爭端（如城管毆人造成死傷、地域或族群衝突）。農民與城市居民較易用手機上網（微博與社交網站等）或手機簡訊（短訊），發布訊息與言論、突顯議題、聚眾抗議，挑戰中央或地方政府的意識型態或社會控制力量。

其次，低所得、職業狀況不穩定或個體戶網民的比例並不低，再加上高比例的學生網民，有助於賽博空間與實體空間中的集體連絡與行動。一方面，他們在網路上的言論、批評與意見，反映出實體社會生活中的現象與問題。另一方面，他們也可以透過賽博空間，號召、動員、集結與協調實體空間中的行動。學生的理想傾向與正義感、新興中產階級對自身權益的關切，以及農民網民比例的增加，為社會運動與群體性事件帶來大量的潛在動員人口。

再者，即時通訊、微博、博客、社交網站、手機視頻與視頻網站，有助於提升網民隨時隨地上網、連繫、協調與傳播。他們上網張貼訊息與言論，傳送、收視影像，形成巨大的賽博空間，產生海量資料（big data）。網路上的資訊海量擴增，對中共的過濾、監視與封鎖構成的挑戰值得注意，畢竟要維持網路長城，需要耗費極多人力與物力。多數也許可以事先封鎖、篩選、過濾，或是促成網民的自我言論檢查，但漏網之魚仍舊不少。這是網路輿論與群體性事件仍舊層出不窮的主因，也是中共仍然戒慎恐懼，全力防範的主因。如果不強力防堵壓制，星星之火即可能蔓延開來，

23　中國互聯網絡信息中心，**中國互聯網絡發展狀況統計報告**，頁 24~40。

動搖中共的統治基礎與社會控制力。問題是後極權主義國家若要推動某種程度的經濟改革與開放，就不能不推動網路建設，鼓勵網路應用（包括電子化政府、電子治理、電子商務、行動商務、手機與網路的商業加值應用）。中央與地方政府的領導人，在形式上與實質上也必須運用資通科技，與民眾溝通交流，傾聽民意、說明政策、解決問題。面對資通科技、網路、手機與平板電腦等，中共這種後極權主義國家及其政治菁英既要維持嚴密的政治控制，又要推動經濟改革、開放與市場經濟，很難走回頭路或倒退鎖國，還要鞏固一黨專政的黨國體系、壟斷意識型態與話語權、壓制各種社會抗議與社會運動，再加上幅員廣大、人口迅速膨脹，難度只會愈來愈高。

肆、資通科技與中國大陸群體性事件研究的概念架構

一、學者觀點

研究資通科技對中國政治轉型與社經發展的研究日益增多，各種理論觀點彼此爭奇鬥妍，但這些研究與論辯是否能建構、討論出一個普遍適用或說服力較強的理論觀點？

在這些理論觀點當中，最簡化與最直接的就是強技術決定論（strong technological determinism），但這種觀點或論述也是最沒有說服力的，因為它完全忽略社會脈絡與行動者或施為者（agency）的因素。弱技術決定論（weak technological determinism）避開強技術決定論過度簡化的毛病，承認文化、脈絡、環境、制度，以及人的意志、行動力的影響與作用，但還是把重點放在技術或科技的決定性作用，忽略人與科技（術）之間的交互作用，以及各種因素之間的辯證關係。

正因技術決定論有相當的局限，各家學者試圖依據其研究與視野，提出他們的理論與架構。例如，鄭永年認為，既有的研究不是認為資訊科技

或互聯網會削弱國家機器監控網路的力量與效果，就是認爲威權國家會利用互聯網與資訊科技，強化其威權統治與監控社會的能力。這些觀點與隨之而來的經驗性研究，往往忽略中國的國家機器與社會已因或正因網際網路的發展而相互增權（empowerment）與相互轉變。國家機器透過網路，改變社會的結構與發展。社會也透過網路，影響到國家機器的運作。國家機器與社會之間的關係經歷相互對應的重大改變。[24]

楊國斌針對中國的網絡運動（online activism），提出多向度（multidimensional）與多層互動論（multi-interactionism）的概念架構，聚焦於國家權力、文化、市場、市民社會、跨國主義（transnationalism），尤其是各元素之間複雜的互動關係。此一架構既質疑簡化天眞的技術決定論，也避開純粹的脈絡決定論（contextualism）。[25]部分學者亦有類似的觀點，但研究主軸集中於網際網路與手機的虛擬、實際與在地（local）交叉互動。[26]

張曉玲則採用葛蘭西的霸權（hegemony）概念，主張超越黨國體系壓制（市民）社會的傳統與二分法思維，深入探討黨國體系如何推動經濟發展，如何自我調整（吸收企業家入黨、基層民主實驗），雙管齊下，以維持一黨專政與統治的合法性。再者，霸權概念也必須考量地方與民間對霸權的抵抗與反對，注意霸權與反霸權的互動關係。也就是說，研究中國極權或後極權體制的轉變，不宜只看其壓迫的力量，也要探討中共如何透過說服與壓迫，營造共識，調整霸權的論述，鞏固其持續統治與一黨專政的合法性，同時分析反霸權的力量如何運作。在這種霸權維持與反霸權的過程之中，媒體（包含平面、電子媒體與網際網路）成爲黨國機器與反霸權力量相互鬥爭的場域。即使黨國機器想要操控媒體，維持其主導意識型態的力量與統治的合法性，也必須與時俱進，調整策略與操作模式。[27]

---

[24] Yongnian Zheng, *Technological Empowerment: The Internet, State, and Society in China*, pp. 8~11.

[25] Guobing Yang, *The Power of the Internet in China*, pp. 7~13.

[26] Pui-Lam Law, *New Connectivities in China: Virtual, Actual and Local Interactions* (HK: Springer, 2012).

[27] Xiaoling Zhang, *The Transformation of Political Communication in China: From*

Ian Weber 則是援引布迪厄（Pierre Bourdieu）的資本積累理論（經濟、社會與文化資本），從新興的中產階級市民社會與社會分殊化（social differentiation）切入，比較廈門反翔鷺、上海反磁浮列車路線規劃、新疆維吾爾與漢人的衝突，以及西藏拉薩事件在賽博空間與實體空間交叉傳播與集結動員的差異，包括傳播模式、動員策略與事件結果。[28]

中文著作方面，黃煜與曾繁旭比較大陸四個環保或鄰避抗爭的個案，依媒體市民社會環境的高中低程度，論述這四個個案的成敗原因，探討媒體與社會抗爭的互激模式。[29] 陳柏奇與洪敬富則是聚焦於中國的茉莉花革命浪潮，從網路政治公民維權（利）與黨國維權（力）的雙重視角切入，檢視國家與社會之間關係的轉變。[30]

上述學者所提理論觀點各有其核心概念與理論觀點（如霸權與社會資本的積累），但可以歸納出他們的所見略同之處：多元互動與非（技術）決定論。筆者在此擬依據其所見略同之處，提出一個觀察賽博空間與群體性事件的概念架構。此一概念架構不是社會學或政治學嚴格意義的理論。理論的重點是提出假設與命題，等待測試與驗證，建構因果關係與法則、定律，預測其他群體性事件會如何運用資訊通信科技，結合動員，協調群眾在賽博空間與實體空間中從事虛擬與實體運動。然而，中國大陸的線上與線下群體性事件有各種原因、議題、脈絡與過程，恐怕很難用單一的理論含括解釋。因此，本章參考上述學者多元因素互動的觀點，針對中國大陸的賽博空間與群體性事件交互作用的主要事件、成分、過程與結果，提出一個分析性的參考架構，以便比較、分析各個個案。

Propaganda to Hegemony (London: World Scientific, 2010), pp. 18~28.

28　同註 7。

29　同註 6。

30　陳柏奇、洪敬富，「茉莉花革命浪潮下對當前中國國家社會關係的再檢視：網路政治中的公民維權與黨國維權雙重分析視角」，頁 195~244。

二、概念架構

　　此一概念架構（參見圖 9.1）分成三部分。第一部分是制度面，包括國家機器控制賽博空間、實體空間與群體性事件的政策、法規、策略。第二部分是空間與行動者，聚焦於網民與群體性事件的參與者如何在賽博空間與實體空間中活動，挑戰國家機器。第三部分則是結構面，是指當代社會發展的潮流與趨勢，包括全球化、資訊化、經濟成長與社會經濟發展失衡。由於篇幅、時間與資源有限，本章難以在結構面上多有著墨，因此以下論述倒過來，先帶過結構面，再論述空間與行動面，以及制度面。

（一）結構面

　　賽博空間的形構發展與實體空間中群體性事件此起彼落，並非單一或孤立無關的社會發展趨勢，而是特定社會、經濟與科技背景之下的產物與結果。資訊化與全球化是賽博空間發展壯大的原因與結果。資訊通信科技的進步與應用，既是全球化的主軸之一，也隨著全球化而持續發展普及，形成一個全球化的賽博空間。這種賽博空間的發展並不均衡，如國際、城鄉、國家、社會經濟地位、年齡與性別等層面的數位落差，更可能因為政府的資訊通信科技政策與各國民主化程度、政治制度與政治文化，產生不同的發展過程。無論如何，在許多先進國家與新興工業化國家或開發中國家，賽博空間已經與實體空間纏繞交叉，成為日常生活當中的一部分。

　　另一方面，中國的群體性事件，乃至於許多民主與非民主國家的社會運動與集體行動，都有其結構性的社會根源與社會過程。以中國而言，改革開放促成社會主義的市場經濟，帶動快速的工業化與經濟成長，但經濟轉軌過程中的發展失衡（城鄉、階級與環境等）、社會不平等與社會矛盾（城鄉、階級與種族／族群、地域、官民、後極權或威權統治），也成為群體性事件爆發的溫床與遠因。市民社會的形成，象徵或預示社會自主力量的崛起，進一步削弱中共黨國體系集體動員的能力，也挑戰中共對意識型態與話語權的壟斷。瞭解這些結構性與背景因素，對於中國的群體性事件與資通科技之間的關係，以及政治轉型、民主化、自由化等議題，才能

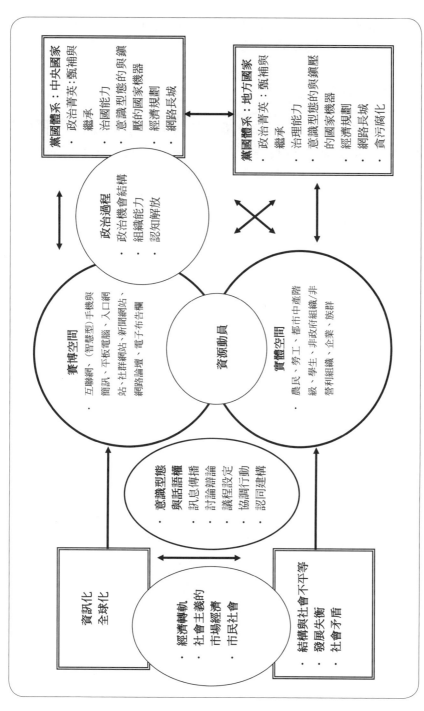

圖9.1　賽博空間、實體空間與群體性事件的多元互動概念架構

資料來源：作者繪製。

有比較整全的認識與理解，不會把群體性事件簡化或污名化爲純粹的社會
騷亂，或是視爲有心團體鼓動的違法事件。

（二）空間面與行動者

　　空間包括賽博空間與實體空間，賽博空間是指由網際網路、個人電
腦、（超輕薄）筆記型電腦、（智慧型）手機、平板電腦，以及入口網站、
社群網站（部落格或博客、網誌或微網誌、臉書、微博、推特、電子布告
欄、網路論壇等）與新聞網站構成的流動空間（space of flows）。實體空
間則是地方空間（space of place），是日常生活中各種社會行動者的社會
互動空間，與賽博空間相互穿透。[31] 社會行動者包括個人與群體、集體、
團體，如網民、農民、勞工（國企與非國企勞工）、（都市）中產階級、
學生、非政府組織與非營利組織、國企與非國企（外資與合資企業）、族
群等。海量的訊息在賽博空間大量產生與流通散播。賽博空間在某種程度
上克服傳統媒體（平面與電子媒體）的守門制約，大幅降低一般人近用
（access）資通科技的成本（包括金錢、學習）與技術門檻，擴大個人與
組織傳播信息的能力與效果，實體空間中的行動者比較容易在賽博空間中
傳播訊息、發表言論、討論或辯論議題、設定議程、（虛擬）集結動員，
或是動員、協調實體空間中的集體行動。賽博空間與實體空間彼此交疊互
動，成爲日常生活當中不可或缺的一部分。中共或其他政府可以設法過濾
各種資訊，封鎖「不當」與「危險的」網站，刪除張貼在（新聞、社群與
入口）網站與電子布告欄與的言論與訊息，但也不得不透過賽博空間，建
構電子政府，實行電子治理，促進電子商務與行動商務，推動資通與電信
產業的發展。國家機器與（市民）社會不僅在實體空間中交疊互動，也在
賽博空間中交疊互動。群體性事件就是在這種空間的交叉互動之中，運用
資通科技，辨識政治機會的結構，累積、培養組織或資源動員能力，並嘗
試解放認知（包括信息傳遞、設立議程、共識形成、認同建構等論述或運

---

[31] Manuel Castells, *The Rise of the Network Society* (Malden, Massachusetts and Oxford, UK: Blackwell Publishers, 1998), p. 423.

用所謂的話語權），以達成群眾或團體行動的目的。比較具有代表性或重要的個案，請參閱本章第五節。

（三）制度面

制度面包括中央與地方黨國機器因應資通科技發展與賽博空間、實體空間群體性事件的政策、法規、手段與武力。面對賽博空間的發展，中央黨國機器採取亦放亦收的態度，一方面推動國家資訊基礎建設，鼓勵電子商務與行動商務，建置電子政府與電子治理系統，同時推動資訊通信產業的發展，提高國家科技發展的水準，增加就業機會。另一方面，賽博空間上的言論、批評、訊息，以及賽博空間對實體空間社會行動的影響，實體空間的事件訊息在賽博空間上的傳播，也會影響到或挑戰、質疑中共的統治與各種政策，威脅中共統治的穩定性與合法性，因此中共透過法規與政策制定、技術研發，以及專責機構與人員，建構網路長城，企圖全面過濾訊息、檢查言論內容、封鎖網站，發布官方訊息與假性網民言論（五毛黨），沖淡批評與質疑中共的意見與言論，促成網民與網路業者自我言論檢查（self-censorship），層層削弱賽博空間的言論與訊息可能在實體空間中帶動集結的力道。

中央黨國機器的防堵、封鎖、篩選、監控、檢查與導引，係由法規政策、機構人力與資訊技術三管齊下。

1.法規與政策

自 1990 年代初、中期起，中共即建構各種信息保護與防阻的法律架構與體系。1994 年 2 月 18 日，國務院發布「中華人民共和國計算機信息系統安全保護條例」。第六條規定公安部主管全國計算機系統的安全保護工作，國家安全部、國家保密局與其他國務院有關部門，各依其職權負責信息系統的安全保護工作。第七條規定的防護目標包括危害國家利益、集

體利益與公民合法利益的活動。[32] 此一條例的重要性與意義在於它是中共控制賽博空間的法律架構。

　　1997 年 12 月 11 日，國務院批准「計算機信息網絡國際互聯網安全保護管理辦法」。公安部計算機管理監察機構為主要權責單位（第三條），第四條與第五條的規定包山包海，只要國家機器想要封鎖、防堵、逮捕、審判，都可以找到法源依據與理由。[33]

　　2000 年 1 月 1 日公布施行的「計算機信息網絡國際聯網保密管理規定」旨在保護國家秘密，如第十條規定：凡是在網上開設電子布告欄、聊天室與網絡新聞組的單位與用戶，均應由相對的保密工作機構審批，明確要求承擔保密責任。這些網路平台亦不得發布、討論、傳播國家秘密信息。[34] 同年 9 月 20 日，國務院第 31 次常務會議通過「互聯網信息服務管理辦法」，限制中共禁止或限制的訊息與內容。[35]「中國互聯網行業自律公約」第九條規定：不得製作、傳播、發布任何危害國家安全、社會穩定的信息，亦不得鏈結含有有害信息的網站，並檢查、監督境內外網站。[36] 這

---

[32] 該法全文可瀏覽中國網，http://www.china.com.cn/chinese/zhuanti/198455.htm。

[33] 公安部於 12 月 30 日發布（公安部令第 33 號）。該法第四條規定：「任何單位和個人不得利用國際聯網危害國家安全、洩露國家秘密，不得侵犯國家的、社會的、集體的利益和公民的合法權益，不得從事違法犯罪活動。」第五條規定任何單位和個人不得利用國際聯網製作、複製、查閱和傳播下列信息：煽動抗拒；煽動顛覆國家政權；推翻社會主義制度；煽動分裂國家、破壞國家統一；煽動民族仇恨、民族歧視，破壞民族團結；捏造或者歪曲事實，散布謠言，擾亂社會秩序；宣揚封建迷信、淫穢、色情、賭博、暴力、兇殺、恐怖，教唆犯罪的；公然侮辱他人或者捏造事實誹謗他人的；損害國家機關信譽；以及其他違反憲法和法律、行政法規的信息。詳細條文請瀏覽公安部網頁：http://www.mps.gov.cn/n16/n1282/n3493/n3823/n442104/452202.html。

[34] 第十五條規定：互聯網信息服務提供者不得發布、散播各種危害國家安全、洩露國家機密、顛覆國家政權、破壞國家統一、散布謠言、擾亂社會秩序與色情淫穢信息，以及其他法規禁止的內容。該法全文請瀏覽中國網，http://www.china.com.cn/chinese/zhuanti/198479.htm。

[35] 公約全文請瀏覽百度百科網站：http://baike.baidu.com/view/9491.htm#2。

[36] 該法全文請瀏覽中國教育和科研計算機網，http://www.edu.cn/20031111/3094187.shtml。

些法規與公約的意義在於透過網路服務業者與積極活動的網民，間接調控網路信息的流通，減少國家機器控制網路信息的負擔，強化控制網路信息的力量。

2004 年 10 月 11 日，國家廣播電影電視總局發布「互聯網等信息網絡傳播視聽節目管理辦法」，作為控制網路影音內容的法制架構。第十九條禁止散播的內容與前述各種條例、辦法與規定大同小異，如危害國家安全、洩露國家機密、擾亂社會秩序等。[37]

2005 年 9 月 25 日，國務院新聞辦公室與信息產業部聯合發布「互聯網新聞信息服務管理規定」，以規範互聯網上的新聞信息服務與傳播狀況。[38] 任何個人或組織（含入口網站）若要在網路上發布新聞信息，必須先取得國務院新聞辦公室的核可，大陸主要入口網站只能刊登官方的新聞信息。第十九條旨在控制新聞與言論，其中第十項是要防阻賽博空間的傳播引起或動員的群體性事件與組織活動，更回頭強化對新聞的控制。[39]

2006 年底，北京官方計畫推行博客實名註冊制，遭到強烈批評與反對，官方改採鼓勵方式。[40] 但在 2007 年 8 月 21 日，中國互聯網協會仍公佈「博客服務自律公約」，鼓勵用戶實名註冊，業者「博聯社」率先實施。[41] 2007 年，國家廣播電影電視總局與信息產業部審議通過「互聯網視

---

[37] 該法全文請瀏覽該局網站，http://www.sarft.gov.cn/articl es/2004/10/11/20070924103429960289.html。

[38] 該法全文請瀏覽新華網，http://news.xinhuanet.com/politics/2005~09/25/content_3538899.htm。

[39] 該法第十九條限制傳播的訊息包括：危害國家安全，洩露國家秘密，顛覆國家政權，破壞國家統一的；損害國家榮譽和利益的；煽動民族仇恨、民族歧視，破壞民族團結的；破壞國家宗教政策，宣揚邪教和封建迷信的；散布謠言，擾亂社會秩序，破壞社會穩定的；煽動非法集會、結社、遊行、示威、聚眾擾亂社會秩序的；以非法民間組織名義活動的；含有法律、行政法規禁止的其他內容的。參閱 Jongpil Chung, "Comparing Online Activities in China and South Korea," *Asian Survey*, Vol. 48, No. 5 (Sep./Oct. 2008), pp. 736~738.

[40] 大陸新聞中心，「網民都反對，博客暫緩實名制」，**聯合報**，2007 年 5 月 24 日，A18 版。

[41] 華英惠，「部落格用真名，博聯社先實施」，**聯合報**，2007 年 9 月 9 日，A14 版。

聽節目服務管理規定」，自 2008 年 1 月 31 日起施行。[42] 該法透過許可證制度，在兩年內關閉 530 多家 BT 視頻下載網站，宣稱要杜絕低俗色情與侵犯智慧財產權的問題，但也有人質疑此法意在禁止政治敏感的視頻內容。[43]2009 年 3 月 30 日，廣電總局發布「關於加強互聯網視聽節目內容管理通知」，第一點即重申「互聯網視聽節目服務管理規定」第十六條禁止傳播內容的規定。[44] 同年 8 月，廣電總局發布「互聯網視聽節目服務管理有關問題的通知」，加強對網路影音的監管。[45] 連同前述 2004 年發布的相關法規，這些規定與通知在在顯示：國家機器控制網路信息的範疇從文字擴大到影音，畢竟影音傳播不需要相當的書寫與閱讀能力，其煽動力與影響力往往比文字強大得多。

2.機構人力面

　　中央黨國機器對傳播媒體的控制因應互聯網的發展，重構其意識型態國家機器。原本黨政治局的宣傳部主導指揮國務院之下的相關部委，如文化部、國家廣播電影電視總局，以及國務院直屬機構（國家新聞出版總署、新華社）。重組之後，政治局宣傳部仍可指揮國務院相關部委，但國務院直屬機構新設國家信息化領導小組、國務院新聞辦公室，部委則包括信息產業部（1998 年合併郵電部、電子工業部、廣播電影電視部、太空工業總公司、航空工業總公司而成，2008 年與國務院信息化工作辦公室合併

該公約第八條規定：「博客服務提供者應當與博客用戶簽訂服務協議，要求博客用戶自覺履行服務協議」。第九條規定博客用戶不得傳播下列信息：色情淫穢信息以及其他違法和不良信息、侮辱或貶損其他民族、種族、不同宗教信仰和文化傳統的信息、造謠、誹謗信息以及其他虛假信息，並「保證對跟貼內容進行有效監督和管理，及時刪除違法和不良跟貼信息」。公約全文請瀏覽新華網：http://news.xinhuanet.com/newmedia/2007~08/21/content_6576746.htm。

[42] 該規定全文請瀏覽新浪網，http://tech.sina.com.cn/i/2007~12/29/1419538033.shtml。

[43] 朱小明，「陸查禁 BT，網友憂免費午餐時代告終」，**聯合晚報**，2009 年 12 月 14 日，A2 版。

[44] 該通知內容請瀏覽騰訊網，http://ent.qq.com/a/20090331/000108.htm。

[45] 瀏覽搜狐網，http://tv.sohu.com/20090824/n266189826.shtml。

為工業和信息化部、商務部、國家工商行政管理總局等）。[46]

　　1990 年代末期，公安部即設置網路警察，招訓駭客（hackers），前者負責網路犯罪偵查與政治監控，後者則是研究駭客技術，防範國家機關電腦網路遭到駭客襲擊，同時也追蹤海內外異議人士的上網連繫狀況，監控敵對網站。[47] 截至 2005 年為止，中國有 3 萬名網路警察，專責阻擋、封鎖互聯網「不當」信息，甚至可以直接關閉網站，如「一塌糊塗」電子布告欄於 2009 年 9 月 13 日遭北京市通信管理局直接關站。[48] 最新報導則指出，網路警察至今已有 4 萬名，網路線民達 3 億 8000 萬人。[49]2005 年起，中共也開始嘗試以網路評論員（俗稱五毛黨）偵測網路言論，發表支持黨政的言論，為中共辯護，以建立網路言論議程，引導輿情。學者認為，這不僅是戰術問題，更顯示中共重組其宣傳機器的企圖，一方面維持直接的洗腦宣傳機制與措施，另一方面也採取間接的民意形塑與引導策略。[50]

　　除了封鎖、監控與過濾之外，中共高層領導人也藉由網路，與網民對話，營造親民與傾聽民意的形象，掌握主流民意。例如， 2008 年 6 月 20 日，胡錦濤在人民網強國論壇上與 3 位網民對話 20 分鐘。2009 年 2 月 28 日，溫家寶和網民在中國政府網訪談室互動，時間長達 2 小時。胡、溫二人亦有專屬的臉書網站（Facebook），溫家寶也宣稱將每年撥出時間，透過視訊，固定與網民交流。[51] 再者，人民網設立「網絡留言板」，供民眾發表意見與建議，截至 2009 年 11 月上旬，已有多位書記、省長與地市主要領導公開回應。有的省市規定明確的留言程序，處理不當者，則要問

---

[46] 同註 24，頁 55~58。

[47] 曾慧燕，「中共雇用駭客，監控敵對網站」，**聯合報**，1998 年 9 月 3 日，13 版；石開明，「駭客入侵大陸網路」，**聯合報**，1998 年 11 月 19 日，13 版。

[48] 同註 39，頁 735~736。

[49] 彭淮棟，「防火長城，中國的驕傲」，**聯合晚報**， 2011 年 2 月 20 日，A3 版。3 億 8000 萬數字是否準確，無處可考。

[50] Chin-Fu Hung, "China's Propaganda in the Information Age: Internet Commentators and the Weng'an Incident," pp. 154~159, 167~169.

[51] 夏幼文，「《人物側寫》：擁有專屬 Facebook 掌握民情，溫家寶愛上網」，**工商時報**，2009 年 12 月 28 日，A2 版。

責處罰。2009 年年中，已有 5 位正省部級以上領導人在「人民網」社區與網民在線訪談。此外，中央與地方各部委也建立網路輿情快速應急機制。[52]2010 年 4 月接任新疆區委書記的張春賢，除實地走訪新疆各地，也透過微博，聽取民意，回應網民留言。[53]

3.資訊技術面

　　中共不斷資助研發各種軟硬體與資訊建設，如金盾工程、綠壩—花季護航軟體（2008-2009）、藍盾軟體（2009）。金盾工程是綜合性與多面向的資訊通信建設工程，是電子政府與電子治理的基礎，也是監控網路信息流動與內容的系統。1998 年底，中共國務院國家保密局自美國採購電子郵件檢查系統，可攔檢從大陸發到海外的電子郵件，只要電子郵件內容有官方設定的關鍵字詞，即可自動攔截篩檢。[54]2002 年中，公安部門以網咖縱火案調查為由，要求所有網吧安裝「過濾王」、「美萍」等軟體，過濾網路訊息，以便封鎖 50 萬個海外網站黑名單（依「反動」級別，分為五類）。未裝者不准營業。網吧每天送報告給公安部門信息安全管理中心，官方可掌握哪些使用者企圖連結黑名單網站，決定如何追蹤監控這些使用者。[55]

　　綠壩—花季護航於 2008 年提出，要求安裝在使用者的電腦上，宣稱是為了防堵色情網站與信息，實際上仍被懷疑是藉此過濾、監控對中共統治不利的信息。後來因反彈過大，政策調整為個人電腦用戶可自行選擇是否要安裝。2009 年 9 月，官方再度要求網路業者在伺服器上安裝藍盾軟體，而且必須在 9 月 13 日之前完成，否則開罰。此舉不但延續監控網路

---

[52] 祝華新、單學剛、胡江春，「2009 年中國互聯網輿情分析報告」，汝信、陸學藝、李培林主編，2010 年中國社會形勢分析與預測（北京：社會科學文獻出版社），頁 258~259。

[53] 陳東旭，「恐怖、分裂、極端，三勢力考驗治疆」，聯合報，2011 年 7 月 19 日，A13 版。

[54] 聯合報記者，「防止機密外洩，中共一網打盡」，聯合報，1998 年 12 月 5 日，13 版。

[55] 大陸新聞中心，「海外 50 萬個網站，被列黑名單」，聯合報，2002 年 6 月 30 日，13 版。

信息的政策，據說也是爲了因應「十一國慶」，穩定國內情勢。[56]

2011 年 7 月，北京公安局發出通知，凡是提供免費 WiFi 網路服務的咖啡店、酒吧與書店等，均須安裝「互聯網公共上網服務場所安全管理系統」，方可提供無線上網服務。顧客須先出示身分證明，方可上網。系統會記錄並留存用戶上網資料 60 天。業者若不安裝，將遭罰款處分。[57]此一系統顯然是要限制網民匿名發送信息的渠道，強化黨國機器控制言論的力量。

爲因應巨量產生與流動的微博信息，以及網路輿論、微網誌（微博，microblogs）與群體性事件結合產生的衝擊，中共早在 2010 年中即嚴厲管制微博。2012 年 7 月 12 日，大陸主要微博服務商突然改版，並貼上「測試版」字眼，許多微博無法正常登入，許多作家、律師與學者的微博內容遭到刪除或直接關閉。[58]

2012 年初春節時期，中共中央宣傳部門依據「十七屆六中全會」的決定（加強網路法治建設，加強行政監管、行業自律、技術保障與公眾監督），在大陸各主要微博網站（新浪、騰訊、搜狐、網易等）成立共產黨組織，管理微博後台，監控並審查微博信息，設定「字串」，直接刪除「不良訊息」與「敏感訊息」，嚴重時可直接斷網。[59]同年 7 月下旬，北京暴雨造成嚴重災情，多人喪生。新浪微博有關訊息，包括傷亡人數、雨災原因與悼念訊息等，全部遭到刪除。連廣東省委宣傳部之下的《南方都市報》與《南方周末報》等平面媒體的相關報導，亦全遭撤除，代以公益廣告。[60]

電腦系統的安全保護當然是政府或國家機關的職責，但國家利益與集體利益如何界定，如何執行保護工作，就要看政府如何解釋與執行。上述

---

56 蘋果資料室，「監控網路中國又逼裝『藍盾』」，2009 年 9 月 13 日，瀏覽該網頁：http://www.appledaily.com.tw/appledaily/article/international/20090913/31938140。
57 陳思豪，「監控免費 WiFi，北京網民罵翻」，**聯合報**，2011 年 7 月 29 日，A30 版。
58 賴錦宏，「網路『大屠殺』，陸關閉名人網誌」，**聯合報**，2010 年 7 月 18 日，A12 版。
59 賴錦宏，「中共將設黨組織，直接監管微博」，**聯合報**，2012 年 2 月 6 日，A13 版。
60 賴錦宏，「南都北京水災版遭撤換，剩廣告」，**聯合報**，2012 年 7 月 27 日，A21 版。

許多條文禁止傳播的內容可謂無所不包，端看政府與主管機關如何詮釋與裁量。更重要的是，這些法規、人員與部署構成嚴密的監控體系與法網，透過事前防範、中途因應與秋後算帳（逮捕與嚴苛刑期），促使網民與網路業者自我言論檢查，防阻網路言論引發或促成線下的抗議與示威。[61]

　　手機的普及應用，以及手機上網與通訊可能造成的政治影響力，也引起中共的注意與防範。據傳在烏魯木齊，政府已啓用「手機定位系統」，北京亦考慮跟進，但北京市政府宣稱僅在研擬，技術尚在發展當中，其目的是瞭解人口流動狀況，解決交通壅塞問題。[62]但是否眞的採用，系統如何運作，目前仍不得而知。

4.實體空間的控制：信訪與突發事件因應之法規與政策

　　面對實體空間的群體性事件，除了既有的法規、政策與機構、人員之外，2005年1月5日國務院第76次常務會議通過，5月1日頒布的「信訪條例」（國務院令第431號）；2007年8月29日通過，2007年11月1日起施行的「中華人民共和國突發事件應對法」（中華人民共和國主席令第六十九號），以及2009年7月施行的「關於實行黨政領導幹部問責的暫行規定」，特別值得注意。

　　「信訪條例」第一條開宗明義，說明該法係爲維持政府與人民之間的密切關係，保護信訪人的合法權益，維護信訪秩序。第二條則規定：「公民、法人或者其他組織採用書信、電子郵件、傳眞、電話、走訪等形式，向各級人民政府、縣級以上人民政府工作部門反映情況，提出建議、意見或者投訴請求，依法由有關行政機關處理的活動。」此一條例的目的不只在於維護人民的權益，更重要的是促進社會穩定，疏導民怨，建構「和諧社會」。除了電話、傳眞、書信與走訪之外，也包括電子郵件（第二條與第九條），讓實體空間與賽博空間接軌，也可以說是透過兩個空間的結合，預防群體性事件的法規架構主軸。行政信訪與行政訴訟的搭配、分工與結

---

[61] 同註39，頁737。

[62] 陳東旭，「手機定位監控民眾，北京將跟進」，**聯合報**，2011年3月7日，A13版。

合，有助於下情上達，以救濟補監督之不足，改善解決社會糾紛的機制，促進社會和諧。[63]

「中華人民共和國突發事件應對法」（中華人民共和國主席令第六十九號），將突發事件分爲自然災害、事故災難、公共衛生事件和社會安全四類，每類依嚴重程度分爲四級，各類事件的處理過程包括事前預防與準備、監測與預警、應急處置與救援、事後恢復與重建。其中與社會安全事件相關的重要法條包括第二十二條（預防與監測）、第四十六條（發生前與發生時之上報與越級上報），以及第五十至五十七條各種應變處置規定。[64]2009 年頒布「關於實行黨政領導幹部問責的暫行規定」，其中第五條係針對黨政領導幹部，規定其處理事件失當的責任歸屬與懲罰機制。[65]此外，自 2012 年 6 月 26 日起，中共公安部分三期訓練各市縣新任公安局長，學習如何因應群體性事件，設法維穩，處理維權問題，處理網路輿情。[66]這些法規與措施旨在因應處理賽博空間引發及實體空間中爆發的群體性事件，與前述各種控制賽博空間的法規分進合擊，抑制或防堵兩個空間交叉互動的效應對中共統治的挑戰與影響。

伍、黨國體系vs.群體性事件

面對實體空間的集體行動與市民社會（非政府組織、非營利組織），中央黨國體系主要是訂定相關法規、意見與決定，建構各種制度，管理非營利組織與非政府組織，並透過調查與情搜，監控群體性事件的發生與過程。地方黨國體系則負責防範群體性事件的發生，或是在發生時調動軍警，壓制群眾，逮捕爲首者與「滋事分子」，並透過網路與手機簡訊喊話，

---

[63] 汪厚多，「現代中國大陸行政信訪與行政訴訟的和諧關係論」，法學新論，2011 年第 31 期，頁 135~160。

[64] 該法全文請瀏覽下列網址：http://www.gov.cn/flfg/2007~08/30/content_732593.htm。

[65] 該規定全文請瀏覽人民網：http://politics.people.com.cn/GB/101380/9640147.html。

[66] 汪莉絹，「逾千基層公安局長，進京學維穩」，聯合報，2012 年 7 月 10 日，A12 版。

勸阻群眾上街或集體行動（「散步」、聚會或打、砸、燒）。萬一真的無法事先消弭或中途遏制，則會暫時讓步，中止特定工程與開發項目，或是減少被囚者的刑期。換句話說，無論是賽博空間，還是實體空間，中共的最高戰略目標都是在胡錦濤「和諧社會」的指導方針之下，力行「維穩」與「維權（力）」，鞏固中共的一黨專政。

　　地方黨國體系是壓制賽博空間言論與實體空間集體行動的地方執行單位，也常是群體性事件的主要抗爭與攻擊對象，通常是因為地方黨國機器的治理乏善可陳、貪污腐化與官商勾結，導致農民因土地徵收與拆遷不當不公，或是工程與開發項目不盡周延，缺乏完善的環境影響評估，喪失民眾對地方府的信任與信心。一旦導火線點燃，或是有人在賽博空間上登高一呼，號召群眾上街聚會、散步、抗議、示威，那麼這些結構性矛盾就會因議題而爆發為群體性事件。

　　表 9.1 整理近年來中國大陸廣受報導與評論的群體性事件，尤其是賽博空間與實體空間交叉互動的群體性事件，包括日期與時間、地點、事件議題、事件類別、官民運用資訊通信科技裝置的模式與策略，以及事件的結果與後續發展。

　　表 9.1 顯示，不論議題與訴求為何，這些群體性事件均利用網站（入口網站、社群網站與聊天室等）與手機（簡訊）發布訊息，或是討論與辯論，號召群眾或支持者以「散步」或較為激烈的示威方式，發起抗議活動，表達反對意見。在事件的過程中，群眾利用數位相機、小型錄影機、照相手機與智慧型手機，拍下照片與影片，以行動或無線上網，傳至網路散播，或是在網路上描述、報導過程，批評政府對付群體性事件的方式與手段。

　　中央與地方黨國體系的壓制與因應模式則是過濾相關字串，封鎖相關網站與手機簡訊，干擾手機通訊，並透過官方喉舌媒體與五毛黨，宣揚官方說法，沖淡批評意見，並以事先約喝茶、逮捕異議人士，出動公安與武警封鎖街道，驅散或逮捕群眾，部分被捕者則經審判程序，送入監獄，以收殺雞儆猴之效。中共從根本的信息建設與保護條例出發，制定、執行各種辦法與規定，逐漸延伸控制各種網站與內容，網民則是利用「翻牆」

軟體等技術，取得與散播他們關心的信息，或是發明各種諧音字詞，避過官方的字串搜尋。也就是說，網友、群眾與中央、地方黨國機器在賽博空間與實體空間中相互鬥法，彼此都在互相學習如何運用資通科技與實體行動，與對方周旋。

表9.1　賽博空間與實體空間交叉互動的群體性事件

日期與持續時間	縣市／地點	事件議題	估計參與人數	類別	資通科技裝置及官民之運用模式	結果與後續發展
1999 年 4 月 25 日 [67]	北京中南海	法輪功靜坐抗議。	上萬或 2 萬學員	宗教自由	網站、手機、電子郵件。	中共中央大為震怒，要求公安部與國家安全部門檢討改進。公安人員四處逮捕法輪功學員，學員以網路與電話向外傳播訊息，號召學員挺身而出捍衛大法。
2004 年 10 月底至 11 月初 [68]	四川漢源縣	興建大壩，強制農民搬遷，補償費過低。	數萬至 15 萬	農民與學生抗議	官方控制網路言論，地方電視台報導指稱為少數犯罪份子帶頭煽動。	省委書記張學忠協調未果遭挾持，數萬武警包圍，並企圖搶救省委書記。警民衝突嚴重，多人死亡，數人重傷。

---

[67] 中央社，「法輪功網站，台灣也有一個」，**聯合報**，1999 年 4 月 27 日，第 4 版；大陸新聞中心，「法輪功事件：江澤民說深感內疚，斥責政治工作失職」，**聯合報**，1999 年 5 月 5 日，第 13 版；汪莉絹，「信徒比中共黨員還多，現代科技讓訊息傳遞飛快」，**聯合報**，1999 年 7 月 23 日，第 4 版。

[68] 賴錦宏，「十萬農民暴動，傳多人死傷」，**聯合報**，A13 版，2004 年 11 月 1 日；王涼月，「四川暴動，挾持省委書記，傳 4 死」，**聯合晚報**，2011 年 11 月 6 日，第 2 版。

日期與持續時間	縣市／地點	事件議題	估計參與人數	類別	資通科技裝置及官民之運用模式	結果與後續發展
2005 年 4 月 16 日[69]	各主要城市	反日本右翼示威與抗議。	上海 10 萬人	民族國家、愛國主義	網路與手機簡訊連署號召千萬人至日本使館抗議。官方發簡訊勸阻，封鎖網路，審查網路言論，重點區域干擾手機訊號，定點與小型攝影機搜證。	中共與官方喉舌呼籲理性面對，企圖降低反日氣氛。一名鼓動示威者被判刑 5 年。
2005 年 12 月 6 日[70]	廣東省汕尾東州村	土地徵收補償不足，政府官員侵吞補償金。	數千人	土地徵收	手機通訊通知外界事件狀況。當局封鎖消息。	戰車與武警鎮壓，20 多人被警察射殺，50 多人下落不明。
2007 年 5 月 20 日 -6 月 3 日[71]	廈門市	反廈門翔鷺集團PX廠。	2 萬人。	鄰避與環保	網路串聯與手機簡訊動員於 6 月 1 日示威抗議，群眾湧進市中心。博客擔任公民新聞記者，報導事件過程（文字與影音）。	市政府要求公務員、教職員與學生不得上街「散步」。廈門官方宣佈緩建，擴大環評範圍。
2008 年 1 月 12 日 - 13 日[72]	上海市	反對磁浮列車噪音與輻射。	近千與數百	鄰避與反噪音、輻射	網路串聯散步舉牌抗議。	警察封閉道路，十多民眾與警察衝突被捕。市府同意調整「滬杭磁浮上海機場聯絡線」規劃。

---

[69] 汪莉絹，「反日動員，網路、手機爆發威力」，**聯合報**，2005 年 4 月 18 日，A13 版；大陸新聞中心，「反日降溫，李肇星：中日人民感情友好」，**聯合報**，2005 年 4 月 20 日，A13 版；大陸新聞中心，「鼓動反日示威，網友判五年」，**聯合報**，2005 年 5 月 9 日，A13 版。

[70] 朱小明，「汕尾暴動，傳20多人遭警射殺」，**聯合晚報**，2005 年 12 月 10 日，第 6 版。

[71] 陳慧敏，「反翔鷺石化，廈門發動萬人遊行」，**經濟日報**，2007 年 5 月 26 日，A6 版；陳慧敏、王茂臻，「廈門政策轉彎，翔鷺PX廠緩建」，**經濟日報**，2007 年 5 月 31 日，A2 版；洪敬富、陳柏奇，「網路通訊時代下的中國公眾參與：以『廈門PX廠』為例」，頁 18~19。

[72] 陳東旭，「反磁浮延線上海警民衝突」，**聯合報**，2008 年 1 月 14 日，A14 版；胡明揚，「回應民意要求，滬杭磁浮修改路線」，**聯合報**，2008 年 1 月 15 日，A14 版。

日期與持續時間	縣市／地點	事件議題	估計參與人數	類別	資通科技裝置及官民之運用模式	結果與後續發展
2008年3月-3月8日[73]	福建東山島	反對翔鷺集團PX廠設於廈門。	東山5000人「散步」	鄰避與環保	網民報導與聲援，但很快遭到政府刪除。	官方擬將PX廠遷至古雷半島。東山島民眾反對該廠遷至古雷半島，連續三天爆發流血示威，警民均有人受傷。
2008年6月28日[74]	貴州省甕安縣	官方掩飾一名中學女生遭性侵殺害之死因。	數萬	社會抗議	網路報導，文章轉貼。學生拉布條申冤抗議，群眾打砸縣政府、公安局、民政局辦公室，焚燒辦公室與車輛。貴州省政府切斷網路連繫，封鎖道路，禁止媒體採訪。	公安廳副廳長率1500名武警鎮壓，朝天開槍，1死、150傷，逮捕200人。
2009年6月25日、7月5日-7月7日[75]	廣東省韶關與新疆烏魯木齊	維漢衝突。	上千	族群衝突	韶關港資玩具廠維吾爾與漢人勞工數百人相互鬥毆，起因為漢人女工疑似被維族人強暴案（網路謠言）。政府封鎖新疆網路信息與手機簡訊流通，但暴動資訊已透過Twitter、YouTube等網路社群與論壇散播。	公安調查韶關強暴案，無明確事證與結果。軍警強力鎮壓暴動，將事件定位為維吾爾分裂分子煽動。烏魯木齊140人死亡，828人受傷，數百人被捕。撤換烏魯木齊市委書記。

[73] 李春、汪莉絹，「閩官方證實：PX廠擬遷古雷半島」，聯合報，2008年3月8日；「古雷PX廠，東山反建，爆流血示威」，聯合報，2008年3月4日，A14版。

[74] 大陸新聞中心，「女生沉冤，貴州萬人火攻縣府」，聯合報，2008年6月30日，A5版。

[75] 藍孝威，「韶關事件，網路煽火」，聯合報，2009年7月7日，A3版；藍孝威，「烏魯木齊暴動，140死828傷」，Upaper，2009年7月7日，1版；王麗娟，「Twitter突破封鎖」，聯合報，2009年7月7日，A3版；李春，「新疆政壇人事大地震，烏魯木齊市委書記栗智免職」，聯合報，2009年9月6日，A13版；林琮盛，「新疆網禁解除，但限定瀏覽」，聯合報，2009年12月30日，A13版。

日期與持續時間	縣市／地點	事件議題	估計參與人數	類別	資通科技裝置及官民之運用模式	結果與後續發展
					政府管制新疆網路信息與手機簡訊流通，烏魯木齊、新疆、維吾爾等關鍵字詞無法搜尋。12月底逐步開放網路信息流通。	
2010年5月17日-8月[76]	廣東省佛山市南海區、大連市	勞資糾紛、抗議工資過低。	兩千多人	勞工運動	手機簡訊號召罷工，微博等社群網站、QQ即時通訊與網路論壇，報導、討論罷工事件，手機拍攝罷工影片。大陸媒體避不報導，以免引發連鎖反應。	本田廠同意調升工資，部分員工復工。帶動珠江三角洲與大連市工廠勞工罷工，至7月底有20次汽車廠罷工。
2011年7月28日[77]	貴州安順市	城管人員毆打傷殘小販致死。		城管問題	網路出現公安催淚瓦斯造成民眾傷害的血腥畫面與死者小販死狀相片。	公安、武警、特警出動維持秩序。
2011年9月21日-2012年3月4日[78]	廣東省烏坎村	官商勾結變賣土地。	三、四千人	土地問題	包圍村委會，相片與影像透過網路下載與傳播。官方一度封鎖「烏坎」、「薛錦波」、「陸豐」等相關字詞。	武警包圍烏坎村。烏坎村代表與廣東省委副書記朱明國會面談判，得到滿意的答覆與處理方式，取消原定遊行，停止封村抗爭行動。朱明國要求官方加強監控網路輿情，組建萬名「網路輿情指導員」（「五毛黨」或「網路水軍」）。

[76] Jean-Philippe Béja, "The New Working Class Renews the Repertoire of Social Conflict," *China Perspective*, Vol. 2011, Issue 2 (2011), p. 5；國際新聞組，「本田佛山廠加薪，部分復工」，**聯合晚報**，2010年6月1日，A6版；林琮盛，「罷工此起彼落，陸媒銷音」，**聯合報**，2010年6月10日，A17版。

[77] 陳思豪，「貴州民警暴動，又是城管惹禍」，**聯合報**，2011年7月28日，A2版。

[78] 賴錦宏，「官民對話取代鎮壓，廣東烏坎抗爭和平落幕」，**聯合報**，2011年12月22日，A1版；賴錦宏，「廣東公民意識強，烏坎事件難複製」，**聯合報**，2011年12月22日，A7版；羅印沖，「監控網路輿情，廣東要組建萬人網路大軍」，**聯合報**，2012年2月24日，A23版。

日期與持續時間	縣市／地點	事件議題	估計參與人數	類別	資通科技裝置及官民之運用模式	結果與後續發展
2011 年 12 月 20 日 - 23 日 [79]	廣東省汕頭市海門鎮	反對政府強制興建發電廠。	三萬	鄰避與環保	網路張貼群眾抗議流血照片。	汕頭市政府與市委宣佈暫停此一項目。群眾不信，持續聚集，官方出動鎮暴警察，發射催淚彈，公安逮人。
2011 年 2 月 21 日 - 27 日 [80]	上海市	茉莉花集會。	數百	民主自由	民眾網路號召集會。政府刪除微博留言與相關討論文章，封鎖帳號與「茉莉花」等相關字眼。	事先約談異議人士。人民廣場部署警力防範群眾聚集。灑水車與警察驅散。四川作家冉雲飛因「煽動顛覆國家政權」罪名被捕。
2011 年 2 月 21 日 [81] 與 27 日 [82]	北京市	第二波茉莉花集會。	不明	民主自由	民眾網路號召集會。	2 月 21 日，公安與武警驅離可疑群眾與人士，事先即帶走數名維權律師。2 月 27 日，武警與安保人員封鎖王府井大街，驅離記者。兩會開幕前清理外地上訪民眾。

79 陳思豪，「海門建電廠急喊停，處置明快」，聯合報，2011 年 12 月 13 日，A13 版；羅印沖、賴錦宏，「海門抗爭延燒，警追打群眾」，聯合報，2011 年 12 月 23 日，A17 版。

80 胡明揚，「公安事先約『喝茶』，上海抗議群眾不多」，聯合報，2011 年 2 月 21 日，A4 版；大陸新聞中心，「上海，灑水車驅散人群」，聯合報，2011 年 2 月 28 日，A13 版。

81 陳東旭，「大批公安湧北京，見人潮就驅離」，聯合報，2011 年 2 月 21 日，A4 版。

82 陳東旭，「防茉莉，北京王府井封街」，聯合報，2011 年 2 月 28 日，A13 版。

日期與持續時間	縣市／地點	事件議題	估計參與人數	類別	資通科技裝置及官民之運用模式	結果與後續發展
2011 年 6 月 13 日[83]	廣州市新塘鎮	治安隊驅趕、推倒四川籍孕婦攤販，引發四川民工抗議示威。	數萬人	民工抗議	四川民工在網路上號召參與抗議，潮州、東莞、惠州、汕頭等地四川民工前往聲援，群眾逾萬人。官方封閉資訊，扣押記者攝影器材。	群眾攻擊公安，砸毀警車，放火燒村委會與治安隊、交警隊辦公室，軍警鎮壓，出動裝甲車，實行宵禁，懸賞逮捕示威者。逮捕 150 人或千人。至少 5 人死亡，逾百人受傷。
2011 年 8 月 15 日[84]	遼寧省大連市	要求福佳大化 PX 廠遷廠（颱風影響造成毒物外洩）。	萬人	鄰閉與環保	網路號召 10 萬人反對與新聞報導。大連、PX 等字詞與相關網路新聞報導均遭刪除。	群眾聚集於大連市政府廣場。大連市政府宣佈此一項目立即停產。2011 年 12 月底，傳出工廠可能於整頓後復工。
2012 年 7 月 2 日 -4 日[85]	四川什邡市	反對鉬銅金屬開發項目動工。	2 萬人上街抗議。	鄰避與環保	微博描述抗議過程與官方鎮暴手段，張貼衝突現場照片。什邡公安局嚴禁民眾用網路、手機簡訊或其他方式煽動、組織非法集會與遊行，刪除群眾在微博上所貼群眾受傷照片。	群眾衝進市委機關，數名群眾受傷。特警鎮暴，發射催淚瓦斯。宣佈鉬銅開發案暫停開工。什邡市政府宣布不再建設鉬銅項目。

[83] 國際新聞組，「廣州暴動擴大，川人湧入，武警馳援」，**聯合晚報**，2011 年 6 月 13 日，A6 版；國際新聞組，「新塘民工要罷工一個月，癱瘓牛仔褲之城」，**聯合晚報**，2011 年 6 月 14 日，A6 版；陳思豪，「廣州新塘醞釀罷工，要拖垮牛仔褲之城」，**聯合報**，2011 年 6 月 15 日，A13 版。

[84] 陳思豪，「大連人上街頭抗議，趕走化工廠」，**聯合報**，2011 年 8 月 15 日，A11 版；陳思豪，「大連 PX 毒工廠不搬遷了」，**聯合報**，2011 年 12 月 30 日，A18 版。

[85] 藍孝威，「反鉬銅開發案，什邡萬人示威」，**中國時報**，2012 年 7 月 4 日，A13 版。

日期與持續時間	縣市/地點	事件議題	估計參與人數	類別	資通科技裝置及官民之運用模式	結果與後續發展
2012 年 7 月 27 日 - 29 日 [86]	江蘇省南通市啓東	反對日資王子製紙公司南通廠修建污水排海管道。	數萬人上街抗議。	鄰閉與環保	微博號召市民上街抗議。啓東市政府發手機簡訊勸阻。微博訊息遭刪除。	群眾占領市府大樓,掀翻警車,市委書記孫建華衣服遭剝光,市長張建新被打逃跑。江蘇省政府出動鎮暴部隊,武警、特警部隊與群眾對峙。據傳三死。南通市政府撤銷日本王子紙業污水管工程之核准許可。
2012 年 8 月 19 日 -9 月 18 日 [87]	北京、上海、廣州、深圳、武漢、杭州、溫州、青島、濟南、成都、鄭州、太原、大連	日本右翼分子登釣魚台與日本政府宣稱釣魚台為其領土,引發反日示威運動。	數萬人	民族主義、愛國主義	透過微博與論壇發出反日言論,號召群眾遊行抗議。政府未封鎖或刪除反日號召言論與信息。網路號召促成五十多個城市群眾於 9 月 15 日激烈反日示威。網友互傳微博信息與照片(「九一八事變」81 週年前夕增至 80 多個城市)。	部分民眾打砸日資商店與日系汽車,發動抵制日貨,搶掠日資、日企商品。政府全面戒備,出動公安、武警、城管、維穩志工、民兵、鎮暴警察,維護秩序,保護日本使館,鎮壓日益強硬。

86　藍孝威,「南通啓東萬人示威,紙廠排污工程喊卡」,中國時報,2012 年 7 月 29 日,A11 版;賴錦宏,「江蘇暴動,數萬人散步抗議衝進市府」,聯合報, 2012 年 7 月 29 日,A13 版;賴錦宏,「江蘇啓東暴動,扒光市委書記」,聯合報,2012 年 7 月 29 日,A1 版。

87　藍孝威,「陸政府默許,十餘城爆反日示威」,中國時報,2012 年 8 月 20 日,A3 版;連雋偉,「陸港出現反日抗議遊行,官方嚴控」,中國時報,9 月 12 日,A3 版;藍孝威,「北京萬人抗議,怒攻日本使館」,中國時報,9 月 16 日,A1 版;楊甜兒,「民間祭『經濟制裁』,全面抵制日貨」,中國時報,9 月 16 日,A3 版;藍孝威、蔡孟妤,「砸店燒車,大陸反日變暴民洗劫」,中國時報,9 月 16 日,A3 版。

日期與持續時間	縣市／地點	事件議題	估計參與人數	類別	資通科技裝置及官民之運用模式	結果與後續發展
2012 年 10 月 17 日至 18 日 [88]	四川瀘州市	交警毆打貨車司機致死	萬人	社會抗議	網友於微博上批露。網友於網路上報導暴動狀況，瀘州市新聞辦在官方微博上發表聲明與解釋。	示威者向警方丟擲石塊，警方發射催淚彈，拘捕多人。18 日凌晨 4 時驅離所有民眾。

　　從表 9.1 的整理來看，如果群體性事件的焦點是鄰避或環保類，地方黨國體系讓步或妥協的可能性比較高，如廈門 PX 廠、上海反磁浮列車、南通市啓東反污水排放管工程等。如果牽涉到民主自由的訴求與族群衝突，國家機器的鎮壓相對比較強烈，如茉莉花集會。如果是民族主義與愛國主義，特別是反日，政府的反應模式似乎是觀望與維持秩序，有意無意讓群眾發洩情緒，再試圖控管損害（damage control），如日本政府購買釣魚台引發的反日運動。

　　或許有人會說，中共不只是壓制網路言論，過濾或網路訊息的散播，還可能利用網路與手機，操控事件，以達成其政治目的，如保釣運動與反日事件。這種可能性不是沒有，但在筆者或學者找到更確實的證據與資料之前，這種說法只能算是一種假設或推論，此處無法遽下定論。

陸、中國大陸群體性事件研究的理論意涵

　　從前述的概念架構與群體性事件的分類整理來看，顯然歐美的社會運動理論無法完全套用在中國大陸群體性事件的研究之中。我們可以從這些理論抽取若干概念與靈感，納入概念架構或分析思維，但完全套用是不太可能的，也太簡化。依據 Edelman 勾勒的理論典範，盛行至 1970 年代初

---

[88] 林庭瑤，「四川萬人騷亂，警車被燒」，聯合報，2012 年 10 月 19 日，A26 版。陳柏廷，「川警打死人？萬人暴動焚毀警車」，中國時報，2012 年 10 月 19 日，A19 版。

期的功能論認為，集體行為與社會運動是社會失衡的症狀表現，理性選擇論（rational choice theory）與心理分析（如極權主義與權威性人格）亦有其地位與追隨者，歐洲馬克思主義的階級衝突論雖能指出社會運動的政治經濟結構問題，卻難以解釋歐美 1960 年代風起雲湧的各種社會運動，於是歐洲學界發展出新社會運動（new social movement）理論，聚焦於認同建構、文化與符號性鬥爭、各種新興權利訴求，與美國式的資源動員理論（resource mobilization theory）分庭抗禮。這兩種理論典範各有其政治、社會與經濟背景。新社會運動理論的背景包括社會民主、福利國家、統合主義，以及現代性與後工業社會的危機等，資源動員理論則是立基於美國的政治制度，著重利益團體政治、社會運動產業、社運企業家，以及政策目標與工具手段（可用資源與偏好結構）的搭配。這兩種理論亦各有長短，如新社會運動理論傾向忽略各種與各個社會運動的策略、資源有何異同。資源動員理論，以及與之相關的政治機會結構（political opportunities structures, POS）觀點，偏重策略分析，相對淡化社會文化過程的影響、缺乏資源促成的另類抵抗與社運活動。因此，部分主張政治機會結構觀點的學者提出政治過程（political processes）的概念架構，並呼應歐美理論典範融合互通的主張，聚焦於政治機會、動員結構（mobilizing structures）與框架（framing，包括集體認同的形塑、詮釋與論述等）。[89]

　　功能論認為集體行為與社會運動是社會失衡的症狀，但用來解釋中國的群體性事件，卻嫌過於抽象。功能論預設社會本來就是完全平衡的運作機制，忽略不同社會的政治經濟過程與社會衝突長期存在的歷史事實，其分析也不像歷史結構途徑（historical structural approach）那麼深入。不過，功能論的缺失，也顯示中國大陸的群體性事件需要歷史結構性的分析與研究。從本章的主題與問題意識來看，資通科技可以說是群體性事件背後的結構性因素之一。資訊化既是全球化的主要推力之一，對威權或後極權統治也構成極為重大的挑戰。過去的極權與威權統治，只要控制意識型態的

---

[89] Marc Edelman, "Social Movements: Changing Paradigms and Forms of Politics," *Annual Review of Sociology*, Vol. 30 (Jan. 2010), pp. 287~291.

國家機器與大眾傳播媒體，即幾乎可以壟斷話語權，持續宣傳與洗腦，但這種政權或國家若要發展經濟或推動經濟改革，就不能不推動資通科技的基礎建設、平台應用與資訊產業。要推動資訊產業與資通基礎建設，就不能不推行某種程度的開放與自由化。既要開放與改革，又要維持一黨專政、黨國體系的穩定與合法性，壓制民間社會的質疑與挑戰，就不能不透過封鎖、過濾、檢查，防範或調節資訊的自由流通。結果就是開放與限制的自我矛盾與相互對抗。

另一方面，中國大陸從計畫經濟與計畫意識型態（plan ideological）的政治經濟體制轉向經濟計（規）畫與計畫理性（plan rational），從社會主義經濟轉向市場社會主義經濟，在三十年內經歷迅速的再工業化與經濟轉軌，產生許多重大的社會經濟變化與衝擊，包括貧富差距急遽擴大、城鄉與區域發展失衡、環境資源遭到大幅破壞等，加上各政府層級的貪污腐化與官商勾結，都成為中國大陸群體性事件增生的溫床與背景。這些（短期與長期）因素、政經層面與歷史文化過程，都應該列入未來分析中國大陸群體性事件的研究議程，參照運動參與者的日常生活體驗，考察資通科技與社經發展失衡的關係（造成失衡與解決失衡），透過參與觀察、歷史研究與民族誌等質性研究方法，與政治過程理論、新社會運動理論對話，建構根植於在地脈絡的群體性事件理論或概念架構。[90]

新社會運動理論源自歐洲資本主義、民主國家與後工業社會的脈絡，其多樣性似乎與中國的鄰避與環保、民族主義與族群衝突（認同議題）、貧富差距與土地徵收等議題類似，但表 9.1 所列群體性事件背後的脈絡與政治、社會、經濟過程，卻與西歐福利國家、統合主義與勞工組織強大的環境迥然不同。資源動員理論源自美國的利益團體政治與較為自由開放的環境，在中共的威權或後極權主義統治之下，亦難有用武之地，畢竟社會運動或群體性事件的參與者，缺乏足夠的資源可與中共的黨國機器抗衡。除了環保等政治敏感度較低的議題之外，社會運動的領導者與參與者，很難透過立法與司法體系，從事遊說活動，推動立法。街頭路線亦難以完全

---

[90] 同註 89，頁 309~311。

逼迫黨國機器讓步，只有少數特殊個案與事件能夠達到目的。牽涉到政治改革、敏感議題（六四事件與法輪功）與族群衝突的群體性事件，中共在賽博空間的封鎖與實體空間的鎮壓，更不會手軟。如果中國大陸的群體性事件可以視爲中國版的新社會運動，那麼我們可以探討的是資通科技如何促成社會運動理念的傳播與辯論？如何或是否形塑更新的（renewing and renewed）與多樣化的集體認同與社會網絡？如何或是否促成同性質群體性事件的策略結盟？

　　至於政治機會與政治過程的分析，現有的文獻似乎以環保類非政府組織爲主要研究對象。例如，Xie 等人研究中國的環保運動，結論是正式制度的結構相對封閉，環保運動只能從政治產出結構（國家的環境治理能力、集權與分權）、政治領導人的態度（是否支持環保運動與環保非政府組織）與權力組態（政治菁英的團結與分歧）切入，推進其政策訴求與主張。[91]Ru and Ortolano 則結合政治過程（含政治機會結構）與世界社會觀點（world society perspectives），解釋中國公民組織（citizen-organized）的環保非政府組織急速成長的原因，包括相對開放的政治制度化體系、部委之間的歧見、高層領導的支持，以及環保非政府組織以自我言論檢查換取國家機器的容忍。[92]Smith and Pagnucco 採用政治過程模型，研究 1989 年的學生運動，是少數的例外，但他們也承認，若以政治過程模型做比較研究，也需要某種程度的修正，畢竟此一模型立基於美國民權運動的脈絡與經驗，是否適合完全套用在威權或非民主國家，還有討論的空間。[93]也就是說，政治過程與政治機會結構的理論觀點否足以充分解釋中國的其他群體性事件，尤其是具有高政治敏感度的事件（如法輪功、漢人與少數民族的衝突、民主化與政治改革等）？從既有研究與本章整理的事件來看，

[91] Lei Xie and Hein-Anton van der Heijden, "Environmental Movements and Political Opportunities: The Case of China," *Social Movement Studies*, Vol. 9, No. 1 (Jan. 2010), pp. 64~65.

[92] Jiang Ru and Leonard Ortolano, "Development of Citizen-Organized Environmental NGOs in China," *Voluntas*, Vol. 20 (Jun. 2009), pp. 145~148, 165~166.

[93] Jackie Smith and Ronald Pagnucco, "Political Process and the 989 Chinese Student Movement," *Studies in Conflict and Terrorism*, Vol. 15 (1992), pp. 169~184.

政治過程與政治機會結構理論提出的面向固然有其見地，但只能納為分析架構的一部分，也需要修正，搭配其他理論觀點（如世界社會）與向度（如文化對集體行為的形塑作用，包括解決問題的工具組、劇本與理所當然的處理程序），[94] 如此才能強化其描述力、解釋力，甚至預測力。

柒、結論

　　本章第一節說明研究動機與研究目的，提出研究問題。第二節簡略介紹後極權主義的概念，探討群體性事件的定義與隨之而來的統計資料問題。第三節摘述中國賽博空間的成長，指出其對中國後極權主義的挑戰與影響。第四節提出群體性事件與資通科技的概念架構，論述其結構面、空間與行動面、制度面。第五節整理歸納中國近年來運用資通科技的群體性事件，描述群體性事件的參與者與中共黨國體系如何在實體空間與賽博空間中相互對抗。第六節探討歐美的社會運動理論是否能應用於中國群體性事件的研究。

　　從前面各節的論述來看，中國大陸的群體性事件大幅增加，網民與群體性事件的參與者也能運用資通科技，在賽博空間中傳遞訊息、建構議程、協調集結，並在實體空間中動員參與社會抗議，提出特定訴求，甚至在某些個案中還能達到其目的，似乎對中共的後極權主義統治構成某種壓力與挑戰。政治菁英必須審慎面對因應，學習處理層出不窮的突發事件與危機，以免影響官位與仕途，他們也要學習透過網路，與民眾溝通，傾聽民意，建立親民形象。黨國體系既要推動資通科技的應用與產業化、商業化，又要防阻網民的「不當」言論與集結行動，推拉收放之間，產生許多矛盾。中共從極權主義轉向初期後極權主義，集體動員的力量本就有弱化的傾向與趨勢，新興的市民社會、農民與城市網民的增加與海量的網路訊

---

[94] 參閱 Dingxin Zhao, "Theorizing the Role of Culture in Social Movements: Illustrated by Protests and Contention s in Modern China," *Social Movement Studies*, Vol. 9, No. 1 (Jan. 2010), pp. 33~50.

息，更進一步削弱中共集體動員的力量，以及對各種社會階層與團體的控制力量。

　　儘管如此，仔細檢視這些運用資通科技與賽博空間的群體性事件，即可發現：這些事件並不代表（市民）社會能夠完全脫離黨國機器的控制。群體性事件急增與資通科技的普及應用，的確讓中共備感困擾，也必須投入大量人力與物力，以駕馭賽博空間的言論。網民能夠透過「翻牆」軟體與諧音字詞等策略，突破網路長城的封鎖，但中共也不斷學習控制、馴化賽博空間，因應賽博空間與實體空間交叉互動對一黨專政與黨國體系的挑戰。黨國體系與社會成員或網民都在互相學習與適應變遷。由此觀之，中共的後極權主義統治仍有相當的力量，直線式的民主化推論與「蘇東波」式急遽崩潰的想像（或期望），似乎過於簡化。

　　因篇幅、時間與資源有限，且焦點在於群體性事件如何運用資通科技，對抗、挑戰中共黨國體系的鎮壓，本章當然有研究限制。首先，後極權主義的各種研究文獻與相關論辯頗為豐富多樣，本章無法詳細討論，請容另文介紹論述。

　　其次，本章整理的群體性事件案例，並非全面的普查統計，而是從現有的新聞報導與學者研究中抽取重要的或具有代表性的案例，目的是勾勒中國大陸近年群體性事件的議題、模式，尤其是資通科技的發展與應用，對中共後極權主義統治的影響。由於群體性事件常遭封鎖，加上還要看群體性事件如何運用資通科技，以及官方如何因應，筆者無法全面統計中國大陸各地的群體性事件，掛一漏萬的問題在所難免。如果學界方家能夠協助增補，當可有助於建立更完善的群體性事件資料庫，有助於研究與分析。

　　再者，表 9.1 的整理倚賴新聞報導，無法探究每個群體性事件案例背後的複雜過程，包括地方黨國機器的決策、中央與地方國家機器之間如何互動，以及群體性事件現場的在地脈絡。這些研究限制，要靠許多學者專家與相關的研究計畫，才有可能克服。

　　此外，每個群體性事件都有其獨特的在地脈絡，一般新聞報導不太容

易看得出來。中央與地方國家機器因應、處理各種群體性事件的決策過程
與模式細節，包括中央與地方之間、各部委或單位之間的協調與衝突，亦
非新聞報導或一般訪問可以得知。

　　最後，筆者希望藉由此文，拋磚引玉，共同研究資通科技、群體性事
件對中共後極權主義統治的影響，這些研究對西方社會運動的理論（包括
功能論、馬克思主義式的社會衝突論或階級衝突分析、新社會運動理論、
資源動員論與相關的政治機會結構論等）有什麼意涵？如何跳脫純粹套用
西方理論的路徑，依據中國的政治經濟脈絡（包括第五代領導人是否、如
何推動結構性的與民主化的政治改革）與社會文化的發展，建構特定的理
論架構，描述、分析中國後極權主義的政治轉型。

參考文獻

一、中文部分

中共年報編輯委員會，「中共年來群體性事件要況綜析」，中共年報編輯委員會主編，2009 中共年報（台北：中共研究雜誌社，2008 年）。

中國互聯網絡信息中心，**中國互聯網絡發展狀況統計報告**，http://www.cnnic.cn/hlwfzyj/hlwxzbg/hlwtjbg/201207/P020120723477451202474.pdf。

方付建、王國華，「現實群體性事件與網絡群體性事件比較」，**嶺南季刊**，2010 年第 2 期，頁 15~19。

王建平、徐偉，「群體性事件的類型與社會原因探析」，**惠州學院學報**，第 30 卷第 5 期（2010 年 10 月），頁 56~59。

朱曉陽，「一場權力與資本的歡宴」，二十一世紀，2010 年第 118 期，頁 115~118。

吳亮，「對少數民族群體性事件的政治社會學分析」，**當代中國研究**，第 16 卷第 4 期（2009 年 12 月），頁 34~48。

汪厚冬，「現代中國大陸行政信訪與行政訴訟的和諧關係論」，**法學新論**，2011 年第 31 期，頁 135~160。

洪敬富、陳柏奇，「全球化網路時代的中國治理：從SARS到毒牛奶事件」，**戰略**，2009 年第 2 期，頁 161~174。

＿＿＿＿＿＿＿，「網路通訊時代下的中國公眾參與：以『廈門 PX 廠』為例」，**中國大陸研究**，第 53 卷第 2 期（2010 年 6 月），頁 1~38。

胡聯合、胡鞍剛、王磊，「影響社會穩定的社會矛盾變化態勢的實證分析」，**社會科學戰線**，2006 年第 4 期，頁 175~185。

孫珠峰，「互聯網時代妥善處理群體性事件研究」，**遼寧行政學報**，第 12 卷第 3 期（2010 年 3 月），頁 12~14。

徐賁，「『群體性事件』和暴力問題」，二十一世紀，2007 年第 102 期，頁 86~94。

祝華新、單學剛、胡江春，「2009 年中國互聯網輿情分析報告」，汝信、陸學藝、李培林主編，2010 年中國社會形勢分析與預測（北京：社會

科學文獻出版社，2009 年）。

高旺，「『群體性事件』」：抗爭政治學的視角」，二十一世紀，2011 年第
　　125 期，頁 115~123。

高恩新，「中國農村的社會網絡與集體維權」，二十一世紀，2010 年第
　　118 期，頁 61~69。

張立濤，「當前社會的分化傾向與宣傳的病理分析」，當代中國研究，第
　　14 卷第 4 期（2007 年 12 月），頁 147~154。

張凱銘，「和諧社會的挑戰：中共社會中的群體性事件問題探析」，弘光
　　學報，2012 年第 66 期，頁 62~77。

陳柏奇、洪敬富，「茉莉花革命浪潮下對當前中國國家社會關係的再檢視：
　　網路政治中的公民維權與黨國維權雙重分析視角」，臺灣民主季刊，第
　　9 卷第 1 期（2012 年 3 月），頁 195~244。

喬健、姜穎，「中國大陸市場化進程中的勞資衝突及其治理」，政大勞動
　　學報，2006 年第 19 期，頁 41~74。

黃煜、曾繁旭，「從以鄰為壑到政策倡導：中國媒體與社會抗爭的互激模
　　式」，新聞學研究，2011 年 109 期，頁 167~200。

二、英文部分

Béja, Jean-Philippe, "The New Working Class Renews the Repertoire of Social
　　Conflict," *China Perspective*, Vol. 2011, Issue 2 (2011), pp. 3~7.

Castells, Manuel, *The Rise of the Network Society* (Malden, Massachusetts and
　　Oxford, UK: Blackwell Publishers, 1998).

Chung, Jongpil, "Comparing Online Activities in China and South Korea,"
　　Asian Survey, Vol. 48, No. 5 (Sep./Oct.2008), pp. 727~751.

Edelman, Marc, "Social Movements: Changing Paradigms and Forms of Poli-
　　tics," *Annual Review of Sociology*, Vol. 30 (Oct. 2001), pp. 285~317.

Hung, Chin-Fu, "Public Discourse and 'Virtual' Political Participation in the
　　PRC: The Impact of the Internet," *Issues & Studies*, Vol. 39, No. 4 (Dec.
　　2003), pp. 1~38.

＿＿＿＿＿＿＿＿, "The Interactions between Internet Entrepreneurs and the Chinese Authorities: Possible Implications for Civil Society," *Issues & Studies*, Vol. 41, No. 3 (Sep. 2005), pp. 145~180.

_____, "The Politics of Cyber Participation in the PRC: The Implications of Contingency for the Awareness of Citizens' Rights," *Issues & Studies*, Vol. 42, No. 4 (Oct. 2006), pp. 137~173.

_____, "China's Propaganda in the Information Age: Internet Commentators and the Weng'an Incident," *Issues & Studies*, Vol. 46, No. 4 (Dec. 2010), pp. 149~180.

Law, Pui-Lam ed., *New Connectivities in China: Virtual, Actual and Local Interactions*. (HK: The Hong Kong Polytechnic University, 2012).

Linz, Juan J. and Stepan, Alfred, *Problems of Democratic Transition and Consolidation: South Europe, South America, and Post-Communist Europe* (Baltimore, MD: The John Hopkins University Press, 1996).

Pu, Qiongyou and Scanlan, Stephen J., "Communicating Injustice? Framing and Online Protest against Chinese Government Land Expropriation," *Information, Communication and Society*, Vol. 15, No. 4 (May 2012), pp. 572~590.

Ru, Jiang and Ortolano, Leonard, "Development of Citizen-Organized Environmental NGOs in China," *Voluntas*, Vol. 20 (Mar. 2009), pp. 141~168.

Smith, Jackie and Pagnucco, Ronald, "Political Process and the 989 Chinese Student Movement," *Studies in Conflict and Terrorism*, Vol. 15 (Feb. 1992), pp. 169~184.

Thompson, Mark R., "To Shoot or Not to Shoot: Posttotalitarianism in China and Eastern Europe," *Comparative Politics* Vol. 34, No. 1 (Oct. 2001), pp. 63~83.

_____, "Totalitarian and Post-Totalitarian Regimes in Transitions and Non-Transitions from Communism," *Totalitarian Movements and Political Religions,* Vol. 3, No. 1 (2002), pp. 79~106.

Tong, Yanqi and Lei, Shaohua, "Large-scale Mass Incidents in China." *East Asian Policy,* Vol. 2, No. 2 (Apr./Jun. 2010), pp. 24~25.

Weber, Ian, "Mobile, Online and Angry: The Rise of China's Middle-Class Civil Society," *Critical Arts: South-North Cultural and Media Studies*, Vol. 25, No. 1 (Mar. 2011), pp. 25~45.

Xie, Lei and van der Heijden, Hein-Anton, "Environmental Movements and Political Opportunities: The Case of China," *Social Movement Studies*, Vol. 9, No. 1 (Jan. 2010), pp. 51~65.

Yang, Guobing, "The Co-evolution of the Internet and Civil Society in China," *Asian Survey*, Vol. 43, No. 3 (May/Jun. 2003), pp. 405~422.

_____, "How Do Chinese Civic Associations Respond to the Internet? Findings from a Survey," *The China Quarterly*, No. 189 (Mar. 2007), pp. 122~143.

_____, *The Power of the Internet in China* (NY: Columbia University Press, 2009).

Zhang, Xiaoling, *The Transformation of Political Communication in China: From Propaganda to Hegemony* (London: World Scientific, 2011).

Zhao, Dingxin, "Theorizing the Role of Culture in Social Movements: Illustrated by Protests and Contention s in Modern China," *Social Movement Studies*, Vol. 9, No. 1 (Jan. 2010), pp. 33~50.

Zheng, Yongnian, *Technological Empowerment: The Internet, State, and Society in China*. (CA: Stanford University Press, 2008).

第十章

茉莉花革命浪潮下對當前中國國家—社會關係的再檢視：網路政治中的公民維權與黨國維權雙重分析視角[*]

陳柏奇、洪敬富

壹、前言：新媒體時代下的茉莉花革命與中國政治危機？

一、茉莉花革命：從北非、中東到中國的革命浪潮

　　2010 年底突尼西亞（Tunisia）率先作爲新媒體時代下威權國家政治革命的先鋒，已於北非響起第一聲號角。此一事件是當地青年透過社群網站和手機串連上街示威，突破政府對新興媒體的箝制，讓鄰近的北非及中東阿拉伯專制政權受到動搖，堪稱是近代阿拉伯世界的第一場人民革命，稱爲「茉莉花（國花）革命」，也可稱作「Wikileaks 革命」[1]或「Twitter 革命」。[2] 還原眞相的結果，不過是發生於 2010 年 12 月底至 2011 年 1 月初，

---

[*] 本文原載於 2012 年台灣民主季刊第 9 卷第 1 期（頁 195~244），經該刊同意後轉載，特此致謝。

[1] Elizabeth Dickinson, "The First WikiLeaks Revolution?" *Foreign Policy*, Jan. 13, 2011, http://wikileaks.foreignpolicy.com/posts/2011/01/13/wikileaks_and_the_tunisia_protests. (accessed Jan. 19, 2012)

[2] Marc Lynch, "Tunisia and the New Arab Media Space," *Foreign Policy*, Jan. 15, 2011, http://lynch.foreignpolicy.com/posts/2011/01/15/tunisia_and_the_new_arab_media_space. (accessed Jan. 19, 2012)

位於突尼西亞一個青年小販的水果攤遭警方取締沒收並自焚於西迪布吉德宰（Sidi Bouzid）政府前的事件，卻意外引發該國總統班阿里（Zine el Abidine Ben Ali）倉皇流亡海外，結束長達 23 年的威權專制。

隨後，2011 年 1 月 25 日起，一個名為「4 月 6 日青年運動」（April 6 Youth Movement）[3]的組織選定該日作為示威活動開始的日子，埃及多個城市數以千計民眾走上街頭，要求總統穆巴拉克（Mohammed Hosni Mubarak）結束其長達 30 年的統治。這次是一群年輕菁英長年參加反政府活動，利用網路串連民眾形成革命推翻領袖的另一事件。此次大規模示威活動成為了自 1977 年埃及發生「麵包暴動」（Bread Riots）[4]以來近 30 年內發生的規模最大的民主化的示威運動，可視為突尼西亞茉莉花革命後阿拉伯世界反政府示威的一部分，其代表人物為 Google 北非及中東區行銷經理戈寧（Wael Ghonim）。[5]

鑑於突尼西亞與埃及革命成功改變政權的鼓舞，這股茉莉花革命浪潮持續吹向周邊鄰近國家，利比亞（Lybia）革命同樣使用社群網站（social media）串連，亟欲推翻執政逾 40 年的政治鐵人格達費（Moammar Gadhafi），惟因政府緊盯監控，使得該活動轉向其他網站以情詩作為暗號持續抗爭中[6]。此外，伊朗（Iran）、阿爾及利亞（Algeria）、沙烏地阿拉伯（Saudi Arabia）、約旦（Jordan）、巴林（Bahrain）、葉門（Yemen）、摩洛哥（Morocco）等中東國家亦同時發起以人民力量反政府的改革運動。

---

[3] 「4 月 6 日青年運動」是埃及網民於 2008 年於 Facebook 上成立的社群，目的是支援當時埃及大邁哈萊市（Mehalla Kubra）的工人罷工行動，卻意外成為領導 2011 年埃及反政府示威的組織。

[4] Agence France-Presse, "30 Years After Bread Riots, Egypt Reform Move Forward," *Agence France-Presse (AFP)*, Jan. 21, 2007, http://www.dailystaregypt.com/article.aspx?ArticleID=5112. (accessed Jan. 19, 2012)

[5] Global Voices, "Egypt: Our Hero, Wael Ghonim," *Global Voices*, Feb. 7, 2011, http://globalvoicesonline. org/2011/02/07/egypt-our-hero-wael-ghonim/. (accessed Jan. 19, 2012)

[6] Global Voices, "Middle East: Revolutionary Breeze Blowing from Cairo to Benghazi," *Global Voices*, Mar. 5, 2011, http://globalvoicesonline.org/2011/03/05/middle-east-revolutionary-breeze-blowing-from-cairo-to-benghazi/. (accessed Jan. 19, 2012)

而身處於亞洲的中國網民此時亦同聲高呼：「今晚，我們都是埃及人！」
中國的意見領袖冉雲飛、徐賁、陳平、北風、何清漣等皆認為，網路革命
是公民的革命，中國不能置身事外。在埃及進行現場報導的《紐約時報》
（New York Times）記者紀思道更在部落格中提問：「這個時候，中國的
胡錦濤在想什麼？」（So what is Hu Jintao thinking now?）。[7]

　　一如紀思道所指，緊接著突尼西亞茉莉花革命、埃及革命與利比亞之
後，中國茉莉花革命運動同樣以網際網路為工具進行號召，於 2011 年 2
月 20 日下午 2 時許首次在中國幾個重要城市的鬧市或廣場同時舉行，之
後並有多次後續相關活動，參見表 10.1。系列活動過程中，大量媒體記

表10.1　2011年中國茉莉花革命運動始末

時間	地點	活動狀況
2 月 20 日	北京王府井 上海人民廣場 天津、成都、廣州、香港 等地	百位群眾於北京王府井麥當勞前廣場抗議，而遭到公安帶走。
2 月 27 日	北京、上海、香港 等地	集會地點出現數百位公安，對其認為可能是參與集會者進行盤問，並以「洗地」為由，封閉主要廣場，而部分外國記者遭到拘禁。
3 月 6 日	北京、上海、香港 等地	並沒有出現明顯抗議人潮，部分外國記者事前遭到拘禁。
3 月 13 日	北京王府井	公安於麥當勞、大學四周巡視，並對其認為可能是參與集會者進行盤問。
3 月 20 日	北京王府井	公安四處巡視，並對其認為可能是參與集會者進行盤問。

資料來源：作者自行彙整

---

[7]　最早見於美國**紐約時報**駐北京特派記者紀思道（Nicholas Kristof）在 2004 年 5 月
　　自己部落格上的報導，http://kristof.blogs.nytimes.com/author/nicholas-kristof/。

者與圍觀民眾及軍隊警察聚集於現場，但少有明確表示參與的集會者。另一方面，中國官方於活動中，均調派大批公安以疏導人潮與交通及防止發生衝突爲由，驅趕遣散現場圍觀民眾，並多次帶走示威民眾及個別手持茉莉花的人士，境內外媒體記者多次遭到毆打拘禁，集會前在集會地點均派出大量警察和便衣嚴密布防監控防止民眾聚集，使得規模不如預期。[8]即便如此，這次被稱爲「中國的茉莉花革命」在規模、深度和組織安排方面雖遠不能與中東北非目前發生的事件相比，但這並不表示同爲威權政體統治下的中國民間沒有與其相似的政治與社會問題。

二、開放的網路，威權的政體

20 世紀以來，與人們生活息息相關的媒體主要是以印刷、廣播和影視等形式存在的紙本出版物、電視或電台。1990 年代迄今，網際網路（中國稱「互聯網」）（Internet）的應用與創新，將傳統媒體形式轉而以「數位化」（digitalization）的方式呈現，特別是以電腦、手機和多媒體等以網路通訊科技（information and communications technology, ICT）爲介面的虛擬空間（cyberspace）在相當程度上已豐富、甚至改變了傳統媒體的傳播模式與內容，並逐步成爲全球化時代人們生活所廣泛倚重的媒體平台。相較於早期的傳統媒體，數位技術（digital technologies）的特性突出了當代媒體發展的特色，其中又以 ICT 爲核心，被廣泛稱呼爲「新媒體」（new media）。學者研究普遍認爲此類新興傳播工具具有「即時性」（real time）、「互動性」（interactivity）、「非同步性」（asynchronous）、「非線性」（non-linear）和「打破時空限制」（anytime, anywhere and anyone）、「低成本」（low-cost）與「匿名性」（anonymous）等特質，可協助現代公民迅速地進行資訊交換，以達成或彌補其他傳播行爲不足的需求，提供網路作爲中介傳播的重要表徵。[9]

---

[8] 「網民倡定期茉莉花集會，京滬數百人聚集，圍觀者眾」，明報，2011 年 2 月 21 日。

[9] 使用者（user）透過電腦、網際網路、基地台等通訊系統的建置與連結，可以在第一時間取得相關資訊，並且在不受的外力干擾下完成資訊的交換或取得，具有其

　　新媒體時代下的傳播方式與途徑，只要持有網路通訊科技等相關設備，便有其直接參與的平等性及雙向或多方互動的可能，對於未持有設備之使用者亦得以透過持有者訊息的中介傳遞，間接涉入參與。Carusol 指出：「在大眾傳播史上第一次，你將體驗不必是有大資本的個人就能接觸廣大的視聽群。網路把所有人都變成了出版發行人。這是革命性的轉變」。[10] 當民眾僅需要一部可連結上網的設備，支付必要的通訊費用，就能實現大範圍的訊息傳遞或具體行為（如消費）時，類似沿用「非線性的」或「同步／非同步的」概念，以「即時的」訊息傳遞進行單方或多方的「互動」，在一定程度上說明了新興媒體及網路力量崛起的原因。是故，在此全球化新媒體時代背景之下，傳播媒介在政治科學領域上的應用更為重要，必須理解網路如何成為訊息與目標群眾的中介者，進而探討其效用與影響。誠如 McNair 的觀察，現今的政治已經進入媒介時代，如果不了解媒介在政治過程的角色，更不能認知政治活動的眞實面貌。[11]

　　以美國政府為例，歐巴馬（Barack Obama）在當選第 44 任總統後，白宮網站在其入主後增設一個「新媒體主管職」（Director of New Media for the White House），其並在白宮官網上發表題為「白宮網站已經改變」（Change has come to WhiteHouse.gov）的部落格文章，正式宣告白宮正在實踐歐巴馬所謂因應新媒體輿情的理念。[12] 該網站同時可連結 Face-

<hr />

「即時性」。再者，各方不需要在同一時間、地點進行資料接收或發送，透過科技系統的儲存，增加了使用者在使用上的彈性與參與的程度，有其「非同步性」及「打破時空限制」的特色。而「非線性」的資訊處理，使得使用者在持有或具備網路通訊科技系統下，既是接收者也可為傳播者，在資訊傳遞的過程中，有選擇參與的權利，突破單向線性傳播的可能，進而增加傳播的連結程度，擴大而為一巨型網絡。有關電腦中介傳播系統之分類屬性，可進一步參閱 Ronald E. Rice, "Computer-Mediated Communication and Organizational Innovation," *Journal of Communication*, Vol. 37, No. 4 (1987), pp. 65~94; Donna L. Hoffman and Thomas P. Novak, "Marketing in Hypermedia Computer-Mediated Environments: Conceptual Foundations," *Journal of Marketing*, Vol. 60, No. 3(1996), pp. 50~68.

[10] John Brockman, *Digerati: Encounters with the Cyber Elite* (San Francisco: Hardwired Books, 1996).

[11] Brian McNair, *An Introduction to Political Communication* (London: Routledge, 1995).

[12] Macon Phillips, "Change Has Come to WhiteHouse.gov," *The White House Washington,*

book、Twitter、YouTube 等全球重大社群網站，並且發布訊息與回應。易言之，人民可以透過新媒體與政府進行最直接的溝通與即時互動，此類兼具主動（active）和軟性（soft；或稱柔性）訴求以回應民意的新治理模式，在相當程度上賦予網路科技重要且至為關鍵的角色，同時也引領當代政治發展由菁英走向草根，顯現出新媒體時代下另類的政治發展動能與新圖像。

與此同時，在改革開放和日益經濟全球化的威權中國社會裡，新媒體也不斷為中國政府與民間社會廣泛所用。中國政府網（http://www.gov.cn/）的設置，突破了以往政府單方面由上而下的政令宣導作為，採取更願與民眾互動溝通的相對開放態度。這其中包括了每隔三日就會有一則對民眾之政策宣導影片、網上直播、在線訪談與執法監督等項目。數位時代（digital age）的來臨，新媒體更將剛性而「硬」的枯燥文字轉換成「軟」性的影音傳播，從單向、垂直的宣教作為轉變成雙向、或多方的互動，試圖強化中國電子政務的建設，消解外界普遍對中國共產威權政體資訊閉鎖的刻板印象，提振其國家對內與對外的開明公關形象。

儘管當前中國網際網路及其電子政務發展已越來越跟西方民主國家接軌，也引起學者普遍的關注和研究。顯而易見的是，近來中國社會各階層對官員濫用權力、法治不公等方面長期積累的不滿，已出現諸多以新媒體為媒介平台的突發或群體性事件。近期 2009 年新疆暴動、 2010 年中國富士康連續跳樓等事件，不少該等事件的媒體報導和網民討論受到箝制，相關資訊亦遭到刪除與封鎖，在為了穩定社會和經濟秩序下，黨國政府仍不斷對「開放的」網路世界進行「有效的」管制。

2010 年 10 月，知名作家葛拉威爾（Malcom Gladwell）在《紐約客》（The New Yorker）雜誌裡發出一篇題為「小變革 — 為何革命不會從推特開始」（Small Change: Why the Revolution Will Not Be Tweeted?）的文章。[13]

Jan. 20,2009, http://www.whitehouse.gov/blog/change_has_come_to_whitehouse-gov/. (accessed Jan. 19, 2012)

[13] Malcom Gladwell, "Small Change-Why the Revolution Will Not Be Tweeted," *The New Yorker*, Oct. 4, 2010, http://www.newyorker.com/reporting/2010/10/04/101004fa_fact_gladwell. (accessed Jan. 19, 2012)

他質疑那些宣稱推特及臉書等社交媒體可以「推」動當代政治革命或社會
運動的論斷。此文曾引起學術、媒體和決策圈廣泛的注意與討論。正當這
場論辯不斷延燒時，2010 年末到 2011 年初爆發的突尼西亞茉莉花革命事
件，更引起新一波關於網路通訊科技對於推進威權政體民主化議題的學理
爭辯。

然而自北非、中東吹起的茉莉花革命浪潮並未具體發生於中國（僅
零星表現在部分大城市的聚集活動，如表 10.1），故本章並不直接處理中
國茉莉花事件本身。而是藉由北非茉莉花革命中「威權體制下的國家—社
會關係」、「網路監管」與「新媒體傳播」等近似的主、客觀形勢作為研
究背景，探究由網路科技推動的政治革命浪潮對當前中國政治發展，特別
是對中國國家—社會關係的政治意涵。易言之，本章即在此脈絡下開展論
述，以網路政治研究中的「維權」視角，探析新媒體「如何」（how）且
在「多大程度」（to what extent）上衝擊並影響當前中國威權政治的發展，
並據以檢視黨國威權政體下中國國家—社會關係的變遷。

貳、網路通訊科技與中國政治改革

一、網路政治與民主化

1995 年 Mark Slouka 首次提出所謂虛擬政治（virtual political）概念，
用來指稱那些可能會永久模糊真實與虛幻界線的科學技術，將對政治產生
影響，畢竟這種「數位革命」（digital revolution）的深層核心是與權力相
關的。[14] 此後，類似的研究如 Barrett 和 Rosecrance 探討虛擬國家的型態及
其崛起，[15]Holmes、Chadwick、Holmes 和 Chadwick 相繼出版「虛擬政治

---

[14] Mark Slouka, *War of the Worlds: Cyberspace and the High-Tech Assault on Reality* (NY: Basic Books, 1995).

[15] Neil Barrett, *The State of the Cybernation: Cultural, Political and Economic*

學」（virtual politics）與「網路政治學」（Internet politics），[16]Hague 和 Loader 提出「數位民主」（digital democracy）的解釋，[17]Jordan 更指出網路空間裡的權力之爭不僅表現在技術菁英和個人之間，還表現在政治家和技術專家之間。[18]而在中國國內首見研究網路政治的專書爲 2002 年劉文富著作《網絡政治：網絡社會與國家治理》，其他例如李斌；[19]袁峰、顧錚錚、孫玨。[20]易言之，關於「網路政治」的理解有幾個近似的概念，如 cyber politics、virtual politics、Internet politics、digital politics、online politics 等，以廣義的「網路政治」學領域而言，本章認爲主要有三個層面的概念意義：（一）是一種「虛擬政治」的意涵，存在於虛擬空間的政治現象；（二）探討新媒體對現實政治生活的衝擊或影響；（三）現實政治主體對於資訊社會所產生的作用。

網路政治所代表新媒體與政治的聯繫是否重塑了傳統政府治理的模式？Gelbstein 和 Kurbalija 提出有關網路治理議題的討論，其中包括治理過程中所衍生的基礎設施（infrastructure）與標準化（standardization）問題、法律問題、經濟問題、發展問題及社會文化等問題。[21]Sunstein 便提出透過歷史事實和法律個案引證認爲所謂網路「無政府地帶」（anarchy），

Implications of the Internet (London: Kogan Page, 1996); Richard Rosecrance, *The Rise of the Virtual State: Wealth and Power in the Coming Century* (NY: Basic Books, 1999).

[16] David Holmes, *Virtual Politics: Identity and Community in Cyberspace* (London: Sage, 1998); Andrew Chadwick, *Internet Politics: States, Citizens, and New Communication Technologies* (Oxford, NY: Oxford University Press, 2006); Andrew Chadwick and Philip N. Howard eds, *Routledge Handbook of Internet Politics* (London, NY: Routledge, 2009).

[17] Barry N. Hague and Brian D. Loader, *Digital Democracy: Discourse and Decision Making in the Information Age* (London: Routledge, 1999).

[18] Tim Jordan, *Cyber Power: The Culture and Politics of Cyberspace and the Internet* (London: Rutledge, 1999).

[19] 李斌，**網絡政治學導論**（北京：中國社會科學出版社，1999 年）。

[20] 袁峰、顧錚錚、孫玨，**網絡社會的政府與政治：網絡技術在現代社會中的政治效應分析**（北京：北京大學出版社，2006 年）。

[21] Eduardo Gelbstein and Jovan Kurbalija, *Internet Governance: Issues, Actors and Divides* (Msida: DiploFoundation, 2005).

不僅不是私人創造的產物，反而恰恰歸功於政府一手締造。[22] 另外又提出在一個訊息超載的時代裡，人們易於退回到自我的偏見之中，人群可能迅速地成為暴徒。例如，伊拉克戰爭的合法理由、安隆（Enron）破產等，所有這些都源自埋於「訊息繭房」（information cocoon）的領導和組織做出的決定，以他們的先入之見躲避意見不一的訊息。這種「訊息繭房」源於人們普遍傾向關注原本就偏好的事物，也會傾向與其志趣相投的人往來，從而在其人際網絡中的小世界作繭自縛，同時亦易於落入群眾盲思（groupthink）之中。[23] 因而對於網路所能產生的政治效用，學者持有異議觀點。

　　樂觀主義論者普遍認為網路能促進、甚至強化一般群眾的公共或政治參與（public or political participation），並可能推動威權政體的民主變革或民主化。這些影響主要包括了：網路科技可以弱化威權國家的統治，並藉由使用（進入）網路成本較少而增進民眾的公共參與，提高動員能力；網路能促使政黨間相互競爭與宣傳擴大，並使得新政黨或是反對團體易於進入政治領域而削弱威權國家或政治菁英對於政治威權的壟斷。[24] 例如，Kellner 的研究便指出網路為「公共領域」的形成與深化提供了良好的機會，公民的知情權在這個虛擬空間裡得到確保，且網路世界並沒有高低貴賤之分，網民能夠平等地參與社會公眾事物的討論。[25] 其後的修正學派論

---

[22] Cass Sunstein, *Republic. Com 2.0* (NY: Princeton University Press, 2007).

[23] 所謂「訊息繭房」，依照 Sunstein 的定義是指網路的廣泛使用，讓每一個網民都只獲得自己所喜歡的訊息。因為志趣相投的人往往只喜歡和他們圈子的人交談。他認為人們應該置身於任何訊息下，而不應事先被篩選，這樣才能防止社會分裂。例如，微博作為一種社交網絡，正是通過 "follow" 來自我定製想聽到的訊息，這等於自製了一間訊息繭房（參閱 Cass Sunstein, *Infotopia: How Many Minds Produce Knowledge* (NY: Oxford University Press, 2006), p. 212.）。

[24] Anthony G.Wilhelm, *Democracy in the Digital Age: Challenges to Political Life in Cyberspace* (London, NY: Routledge, 2000).

[25] Richard Kahn and Douglas Kellner, "Oppositional Politics and the Internet: A Critical/ Reconstructive Approach," *Cultural Politics*, Vol. 1, No. 1 (2005), pp. 75~100; Douglas Keller, *Media Culture: Cultural Studies, Identity and Politics between the Modern and the Postmodern* (London: Routledge, 1995).

者，特別是懷疑論或悲觀論者開始對先驗的「科技決定論」[26]（technological determinism）、「網路民主」（cyber-democracy）論感到懷疑，並且提出批判。他們大都認為網路民主論的想法過於一廂情願，其立論基礎也顯得薄弱而帶有樂觀的預測。Kalathil 及 Boas 及 Hachigian 便認為像中國這樣的威權國家，網路對其黨國政治的影響不過是民主運動者（activists）的浪漫想像。[27]Hughes 和 Wacker 也提出因網路普及所帶來可能的政治轉變和民主化並不必然有正向關係。[28]悲觀論者如 Wu 和 Weaver、Galston 和 Putnam 等人甚至認為，網路是造成巨大危害的潛在因素，它可能侵蝕「社會資本」（social capital）及社群聯繫（engagement）的可能性，對民主體制造成危險的能力。[29]此種正反兩極的見解，在相當程度上顯現出新媒體本身雙面刃的作用。

　　另一方面，網路通訊科技被認為是強化既存利益者優勢地位的工具，而無法促進社會階層的流動。懷疑論者認為新媒體的崛起並非光榮革命的

---

[26] 「科技決定論」，旨在描述科技的發展是完全依循其內在的邏輯，而不會受到諸如社會力等外在因素的影響而改變其發展的方向或模式，易言之這些技術特性是人類無法干預的。而「社會決定論」（social determinism）所指涉的是科技本身是一種中性的工具，權力鬥爭與有影響力的團體、階層、個人和制度，都具備啟動技術變遷的可能，而非來自科技本身的外部力量。

[27] Shanthi Kalathil and Taylor C. Boas, *Open Networks, Close Regimes: The Impact of the Internet on Authoritarian Rule* (Washington DC: Carnegie Endowment for International Peace, 2003); Nina Hachigian, "The Internet and Power in One-Party East Asian States," *The Washington Quarterly*, Vol. 25, No. 3 (2002), pp. 41~58.

[28] Christopher R. Hughes and Gudrun Wacker, "Introduction: China's Digital Leap Forward," in Christopher R.Hughes and Gudrun Wacker eds., *China and the Internet: Politics of the Digital Leap Forward* (London and New York: Routledge/Curzon, 2003), pp. 1~7.

[29] Wei Wu and David Weaver, "On-Line Democracy or On-Line Demagoguery? Public Opinion 'Polls' on the Internet," *Harvard International Journal of Press/Politics*, Vol. 4, No. 2 (1997), pp. 71~86; William Galston, "The Impact of the Internet on Civic Life: An Early Assessment," In E. C. Kamarck and J. S. Nye eds., *Governance.com: Democracy in the Information Age* (Washington, DC: Brookings Institution Press, 2002), pp. 40~58; Robert D. Putnam, *Bowling Alone: The Collapse and Revival of American Community* (NY: Simon and Schuster, 2000).

動力，亦非一種宗教的啓示，而是現狀的強化者。易言之，網路可能會被威權國家用來強化對已經很微弱的公民社會的一種政治統治工具，藉此來確保其政權以及領導的權威性與穩定性。[30]Herman 和 McChesney 便認爲傳播方式轉向新媒體的趨勢，將使那些巨型的跨國傳播巨擘控制著全球公民的資訊汲取、以及觀念和意識的形塑。[31]Shapiro 更提出數位科技的興起預示著一種潛在根本性轉變的概念，意即究竟是誰在控制訊息，經驗和資源？[32]另有一些學者認爲網路通訊科技很可能因爲國家內部安全或社會穩定等理由，或者利益團體透過其廣大經濟政治資源而操控的民意，造成最後網路通訊科技只是用來服務於當前統治階層或者是少數菁英利益團體。[33]此外，尚有其他研究也極爲關注全球資訊社會下的「數位落差」（digital divide）問題，對於那些「資訊充足者」（technological haves）與「資訊匱乏者」（technological have-nots）在個別國家社會中所可能帶來的經濟和政治社會間的階級對立或緊張關係。[34]

　　新媒體的發展之於民主國家和威權國家之政治社會衝擊，在突尼西亞和埃及等中東、北非的茉莉花革命人民力量下，是否有可能在威權中國政體下，看到人民力量藉由網路科技來產生民主政治變革，或是對其國家 — 社會關係造成衝擊，這有賴更多、更進一步的（比較）實證研究。[35]

---

[30] Garry Rodan, "Embracing Electronic Media But Suppressing Civil Society: Authoritarian Consolidation in Singapore," *The Pacific Review*, Vol.16, No. 4 (2003), pp. 503~524.

[31] Edward Herman and Robert McChesney, *The Global Media: the New Missionaries of Corporate Capitalism* (London and Washington: Cassell, 1997).

[32] David R. Croteau and William Hoynes, *Media Society: Industries, Images and Audiences* (Thousand Oaks: Pine Forge Press, 2003).

[33] Linda Main, "The Global Information Infrastructure: Empowerment or Imperialism," *Third World Quarterly*, Vol. 22, No. 1 (2001), pp. 83~97.

[34] Pippa Norris, *Digital Divide: Civic Engagement, Information Poverty, and the Internet Worldwide* (Cambridge and New York: Cambridge University Press, 2001).

[35] 近來已有一些學者開啓了這方面的研究。例如有關網路通訊科技與政治革命可參見：邱林川、陳韜文主編，**新媒體事件研究**（北京：中國人民大學出版社，2011年），頁 291~310。

二、中國政治改革的關鍵問題

新媒體時代下中國威權體制的性質、變遷或是可持續性問題仍是學術界普遍關注的重要課題。不容否認的是，中國社會也隨著其經濟改革不斷地深化而產生變化；而在各種不同性質的社會變遷中，公民（社會）力量在組織化的能力與模式上的變化是當前中國國家社會關係影響最深刻的面向之一。尤其是 1990 年代後大量的民間組織和民辦非企業單位產生，即便黨的力量仍附屬在這樣的組織之中，但一個相對獨立的公民社會正逐步形成中。同時，由於新媒體的發展帶動了線上（online）網路社群的活絡，由下而上的草根力量擴大了中國公共參與的機會，漸趨形成了在威權體制下特殊的庶民政治。[36]此外，國際部門涉入國家社會關係的方式日趨多元，新媒體影響的程度也日漸提升，已經使其成為新興且重要的能動者。

回顧中國大陸在 1990 年代以來的相關文獻，早期對於政治改革的提出主要是回應在「合法性」的問題上。改革開放後的 20 年間，中共以經濟成長、有序改革，以及對體制外參與的「壓制」，基本上維持了政權的合法性。但 1990 年代後期以來，經濟成長開始趨緩、漸進改革也存在其侷限（民主選舉的侷限、權大於法、執法不力等），以及西方人權政治的壓力，社會底層急遽變遷，使得中共政權的合法性受到挑戰。[37]然而，Burns 以為這並非政治合法性的問題，至多是一種治理危機，其體現在社會與經濟問題上。[38]如果現行政體能夠有效解決社會和經濟問題，則政治本身不會有問題。而除了「合法性」以外，尚有「軟政權、分利集團與貪

---

[36] 根據世界經濟論壇報告顯示，就網民每天或每週在網路上發言頻率來說，最「勤奮」的當屬中國網民。並指出對於「是否每天或每週都會在網路上發言」的問題，45% 的大陸受訪網民都選擇肯定的答覆，見 World Economic Forum, "The Global Information Technology Report 2010-2011," *World Economic Forum* (2011), http://www.weforum.org/reports/global-information-technology-report-2010-2011-0?fo=1. (accessed Jan. 19, 2012)

[37] 徐湘林，「以政治穩定為基礎的中國漸進式改革」，**戰略與管理**，2000 年第 42 期，頁 23。

[38] John Burns, "The People's Republic of China at 50: National Political Reform," *The China Quarterly*, No. 159 (1999), pp. 580~594.

污腐敗」此類「現代化的斷裂」，[39] 以及社會結構失衡如「三農危機」[40] 等問題衝擊著中國的政治改革。

在這樣的政治改革背景中，開展了不少關於基層民主發展的討論。中國在村委會、鄉鎮長、黨與人大的選舉與村民自治上，基本上體現了「有中國特色」的社會主義民主建設與發展。[41] 部分學者甚至指出，比起鄧小平時代，1990 年代後期，在江澤民時代的知識份子已更具有獨立性，並且能與其他社會團體聯合行動的可能，[42] 從而有中國「公民社會」隱然成形的主張。[43] 隨著中國市場經濟在全球化下不斷的擴張與發展，民主樂觀論者認為，個人自由需求已經被開發，在這樣的動力下，公民社會的發展是無法阻擋的，[44] 儘管部分中國學者認為這種公民社會不是西方意義下以個人為主的「小共同體」所組成，而是因為傳統「偽個人主義」為主的「大共同體」之亢進的表現。[45] 相對地，民主懷疑論者則認為，西方公民社會重要的意義是社會至上的理念。許多後發現代化國家至少應經歷三個過程 ─ 國家干預、社會自治及政府重新尋找自己的合法性基礎。[46] 中國自 1990 年代以來，大家最多只是為了逃避政治權威而躲在個人的私領域中，卻沒有真正發揮 Habermas 所謂的「公共領域」（public sphere），[47] 至多只

---

[39] 蕭功秦，「改革中期的社會矛盾與政治穩定」，**戰略與管理**，1995 年第 1 期，頁 3。

[40] 于建嶸，「中國農村的政治危機：表現、根源與對策」，**中國農村研究網**，2002 年 10 月 18 日，http://www.china-labour.org.hk/chi/node/4293。（檢索日期：2012/1/19）

[41] Melanie Manion, "Chinese Democratization in Perspective: Electorates and Selectorates at the Township Level," *The China Quarterly*, No. 163 (2000), pp. 781~782.

[42] Merle Goldman, "Politically-Engaged Intellectuals in the Deng-Jiang Era: A Changing Relationship with the Party State," *The China Quarterly*, No. 145 (1996), pp. 51~52.

[43] Yijiang Ding, "Pre and Post-Tiananmen Conceptual Evolution of Democracy in Intellectual Circles," *Journal of Contemporary China*, Vol. 7, No. 18 (1998), pp. 253~256.

[44] 李凡，**靜悄悄的革命─中國當代市民社會**（香港：明鏡出版社，1998 年）。

[45] 秦暉，**問題與主義**（長春：長春出版社，1999 年）。

[46] 方朝暉，「對 90 年代市民社會研究的一個反思」，天津社會科學，1999 年第 5 期，頁 19~24。

[47] Jügen Habermas, *The Structural Transformation of the Public Sphere: An Inquiry into a Category of Bourgeois Society* (Cambridge: The MIT Press, 1989).

是「半調子的公民社會」。[48] 蕭功秦認爲，中國是一種「後全能型的威權政體」，其與拉美或東亞威權政治相比，由於一黨專政仍然繼承了全能體制下的組織資源，公民社會自我組織程度不高，在低政治參與及高政治控制的條件下，難以透過公民社會及社會自主性來緩解社會問題。[49]

　　而由西方以「民主化」對中國國家與政權變遷所做出的描述和解釋，基本上，大致可分爲四大類：例如，Ogden 和 Gilley 認爲中國現在雖然仍是一個威權政體，但其未來必然走向民主，或者對其民主前景十分樂觀。[50] 與其相對的有另外兩類，這兩類對於中國民主轉型的前景都不樂觀：其一，Nathan 和 Yang 認爲目前中國是一種威權政體，且此威權政體因爲具有一定的回應性與彈性，正在走向鞏固和穩定；[51] 其二，Pei 認爲目前中國的威權政體因爲不願意進行有意義的政治改革，正在陷入一種陷阱式變遷（trapped transition）中，如繼續拒絕採取具有民主化性質的政治改革，將會面臨愈來愈大的問題。[52] 而鄭永年所提出的「漸進主義」（incrementalism）則認爲中國民主政治還面臨很大問題，固然中國民主發展模式已然基本成型，但相當程度上，中國的「民主理論」遠遠落後於民主實踐，落入一種「中國模式」的困境當中。[53]

　　據此，目前中國社會所存在的環境生態、種族矛盾、城鄉差距和貧富懸殊等諸多社會問題，關鍵不僅是政府治理能力、危機（應變）處理能

---

[48] 朱學勤，書齋裡的革命（長春：長春出版社，1999 年）。

[49] 蕭功秦，中國的大轉型：從發展政治學看中國變革（北京：新星出版社，2009 年），頁 115~117。

[50] Suzanne Ogden, *Inklings of Democracy in China* (Cambridge and London: Harvard University Press, 2002); Bruce Gilley, *China's Democratic Future: How It Will Happen and Where It Will Lead* (NY: Columbia University Press, 2004).

[51] Andrew Nathan, "Authoritarian Resilience," *Journal of Democracy*, Vol. 14, No. 1(2003), pp. 6~17; Dali Yang, "Economic Transformation and Its Political Discontents in China: Authoritarianism, Unequal Growth, and the Dilemmas of Political Development," *Annual Review of Political Science*, No. 9 (2006), pp. 143~164.

[52] Minxin Pei, *China's Trapped Transition: The Limits of Developmental Autocracy* (MA: Harvard University Press, 2006).

[53] 鄭永年，中國模式：經驗與困局（杭州：浙江人民出版社，2010 年）。

力，也是國家與社會間的傳播、對話、甚至是協商能力。國家所接觸的對象不只是傳統上的政治菁英和知識菁英，也包括了廣大草根民眾和網民的聲音。而網路通訊科技正成為新型態中國政治發展中，提供了國家與民間社會互動、交流與對話的中介平台，同時也成為黨國政府在新媒體時代的重要治理補充機制。

三、網路通訊科技與中國政治發展

在專制威權政體的封閉系統中，官方的「宣教體系」（propaganda）通常被視為是一種正向且有效的社會控制機制。在缺乏新聞獨立與自由，官方並嚴格審查出版和監控言論的政媒環境下，試圖透過官方傳媒來表達異議觀點的言論或主張是要冒著高度政治風險的。事實上，基於許多政治和技術因素，中國媒體向來就不是民意匯聚討論公眾事物的一種公開空間。特別是宣教體系成為承載官方意識形態（official ideology）的思想輸送帶（transmission belt），透過對傳統媒體分級管理機制，中國政府得以將訊息接收者分類，並使其接受到合乎權限的資訊，藉以實行訊息控制系統和責難。[54] 在黨國體系的監控下，使其在具有縱向垂直的聯繫關係的同時，阻斷了水平資訊流通、動員與組織能力。這種「喉舌」（mouthpiece）式的黨政媒體，被視為是為黨國政府服務的，是要進行新聞的議程設置，並能夠正確引導輿論（public opinion channeling），並促進政治社會與經濟穩定的重要治理輔具。[55] 尤其在所謂「政治正確」（political correctness）的媒體環境氛圍中，使得一般大眾普遍缺乏、或是不敢發表自主性的言論和主張。

隨著中國網路通訊科技的普及與廣泛運用，強化了普通公民的「媒體近用權」（public access to the media）。特別是網民間可以相對自由地在虛擬空間中進行互動、對話與交流，這也誘發了新型態政治／公眾參與的可

---

54 Tony Saich, *Governance and politics of China* (NY: Palgrave, 2001), pp. 306~307.
55 Yuezhi Zhao, *Media, Market, and Democracy in China: Between the Party Line and the Bottom Line* (Urbana: University of Illinois Press, 1998).

能性。因應這股新媒體崛起下的變革浪潮，作爲擁有所有傳媒的最終所有
權 — 中國政府，及其傳媒最高管理機構 — 中共中央宣傳部（中宣部），
對黨政媒體的政治社會作用亦在功能上有所更弦。2002 年胡錦濤甫擔任
黨的總書記時，在全國宣傳部長會議上就明白指出：「要尊重輿論宣傳的
規律，講究輿論宣傳的藝術，不斷提高輿論引導的水平和效果」。[56] 其中論
及「尊重輿論」的概念便是一種由傳統上對下（top-down）推力的政府「宣
傳」，改弦爲進行下對上（bottom up）拉力的人民「輿論導向」。在運用
傳統黨政媒體的同時，並且採用新傳播工具與手段進行與群眾互動。這顯
示出中國政府領導人及其「宣教體制」（propaganda regime）[57] 在新媒體時
代下，高度重視新聞宣傳和輿論導向的新態度、新視野、與新作爲。

　　反映在新媒體治理上是中國政府爲維護政府公關形象及鞏固政權權
威與正當性的網路監管體制。其中一種創新作爲便是宣教體制下的「網絡
評論員」建置。網路評論員（或謂「五毛黨」）表面上是具有獨立人格、
秉筆直書在網路世界提出看法或建言，事實上卻是在虛擬世界裡爲政府政
策或立場辯護、發聲的「支酬網民」，這是一種新型態宣教體制在線上世
界的化身或替身。[58]「五毛黨」受官方或學校宣傳部門僱傭，專門爲黨國政
府或學校服務，藉以操控或扭轉網路輿論。通常他們以普通網民的身份，
發表擁護中共（或各級行政機關）的內容，或採取其他網路傳播策略，來
試圖達到影響、引導和製造網路輿論的目的。事實上，在虛擬世界中，
「灌水」（adding water）是網際網路常見的現象，對於中國政府利用網路
特性建置「五毛黨」與其所形成的「網路僞輿情」或「僞民意」的研究，
值得更進一步探討。[59] 此外，中國正積極推動並建置完善的「國家防火牆」

---

[56] 「2002 年全國宣傳部長會議上的重要講話」，中國中央電視台，2002 年 9 月 16 日。

[57] Daniel C. Lynch, *After the Propaganda State: Media, Politics, and "Thought Work" in Reformed China* (Stanford, CA: Stanford University Press, 1999).

[58] 南方周末，「網絡發言人出山，網絡評論員退隱？」，南方周末，2009 年 10 月 21 日，http://www.infzm.com/content/36279。（檢索日期：2012 年 1 月 19 日）

[59] 有關對中國「五毛黨」的研究，例如參見 Chin-fu Hung, "The Politics of China's Wei-Quan Movement in the Internet Age," *International Journal of China Studies*, Vol. 1, No. 2 (2010), pp. 149~180.

（Great Firewall of China, GFC）則用以進行網路審查，此乃另一種主動
（proactive）出擊的「網路治理」作為。其目的在對許多網路世界「失序」
（disorderly）、「不健康」（unhealthy）的資訊，予以屏蔽、刪除或封鎖，
並要求網站負責人與網路使用者進行「自我審查」（self-censorship）與「自
我監管」（self-regulation）。[60] 而一些違反相關「網際網路法律」[61] 的網民或
網路企業主，如網路服務供應商（internet service providers, ISPs）與網路
內容供應商（internet content providers, ICPs）予以刑事監禁或民事罰款
等。[62] 換言之，新興網路媒體在中國政府領導人眼中，不僅是要為服務經
濟（如「電子商務」或「財政再集權」），也是要為政治（黨國政體的權
威性和正當性）和社會（消解社會矛盾與確保社會穩定）服務的。於是對
於網路負面，或有損黨國政府形象（image）或權威（authority）的重大
新聞或資訊的產製、討論、傳播、散布、與轉載便成為現行各級媒體主管
機關和宣傳人員大力監管的內容要項，這也是中國政府宣稱為了確保改革
開放所必要之媒體與和諧社會環境。至於 2010 年 Google 拒絕配合中國法
令要求進行網路審查與監控，並退出在中國市場的搜尋業務，[63] 突顯出中

---

[60] Eric Harwit and Duncan Clark, "Shaping the Internet in China: Evolution of Political Control over Network Infrastructure and Content," *Asian Survey*, Vol. 41, No. 3 (2001), pp. 377~408; 李永剛，我們的防火牆：網絡時代的表達與監管（桂林：廣西師範大學出版社，2009 年）。

[61] 有關中國官方規範網際網路有關重要的法規或條例，可參閱《中國公用電腦互聯網國際聯網管理辦法》（1996 年）；《中華人民共和國電腦資訊網路國際聯網管理暫行規定》（1997 年）；《全國人大常委會關於維護互聯網安全的決定》（2000 年）；《計算機資訊網絡國際聯網保密管理規定》（2000 年）；《中國互聯網行業自律公約》（2002 年）；《互聯網著作權行政保護辦法》（2005 年）；《信息網絡傳播權保護條例》（2006 年）。

[62] Greg Walton, "China's Golden Shield: Corporations and the Development of Surveillance Technology in the People's Republic of China," *International Centre for Human Rights and Democratic Development*, 2001, http://www.scribd.com/doc/11561836/Chinas-Golden-Shield-Surveillance-Technology. (accessed Jan. 19, 2012); Michael Chase and James Mulvenon, *You've Got Dissent!: Chinese Dissident Use of the Internet and Beijing's Counter-Strategies* (Santa Monica, California: Rand, 2002).

[63] 「谷歌稱網絡搜索受阻與中國防火牆有關」，BBC 中文網，2010 年 3 月 31 日，http://www.bbc.co.uk/zhongwen/trad/china/2010/03/100331_google_techerror_china.shtml。（檢索日期：2012 年 1 月 19 日）

國宣教體系政府為維護其網路世界「健康有序」的發展，不惜與跨國媒體公司脫鉤、對立的政治決心。

總結中國宣傳體系在網路治理上的作為，根本上是為了防止網路世界造成對黨國政府無法控制的直接挑戰。其治理性質上是兼具消極防範（reactive）和積極利用（proactive），二者互為施行。前者是最為普遍也最易被觀察到，其中包含限制上網（只讓有限的人員和電腦與網際網路連通）、過濾訊息、封鎖網站、監視上網或者甚至完全禁止使用網路；後者則是將網路引導到符合體制利益的軌道上，例如輿論導向與國家正面公關形象與權威的形塑和（再）傳播。

準此，在現行中國網路治理下，網民（或網路使用者）雖無法直接或立即推動威權中國的民主政治變革，但卻可能形成潛在的網路「反動」（reactionary）力量來挑戰宣傳體系所設定的官式議程設置（agenda-setting），充任廣大網民或群眾參與公眾事務的重要介面（medium）或平台（platform），催化中國公民（網民）更大、更多的覺醒，推進更大程度的政治社會自由與民意的解放，進一步成為政治、社會、和經濟重大危機時的可能「強化劑」（intensifier）[64]。畢竟像中國這樣的威權一黨專制國家，人們長期所獲取的資訊來源受到一定程度上的管制、甚至是一種扭曲式的片面傳播。[65] 新媒體的發展與運用儼然已經對中國威權政體的社會政治發展帶來衝擊，這更意謂著「權力將更為分散、傳統官僚所獨占的網絡體系更為容易侵蝕」。[66] 這可從中國政府近來開始推動「地方領導留言版」（http://leaders.people.com.cn/GB/70158/200464/index.html）、「全國公安民警大走訪」（http://www.mps.gov.cn/n16/n983040/ n1759773/index.html）等積極網路治理作為可見一般。

---

[64] Maxwell McCombs, *Setting the Agenda: The Mass Media and Public Opinion* (Cambridge: Polity Press, 2004).

[65] 何清漣，**霧鎖中國：中國大陸控制媒體策略大揭密**（台北：黎明出版，2006 年）。

[66] Joseph S. Nye Jr., "Information Technology and Democratic Governance." In Joseph S. Nye Jr. ed., *Governance.com: Democracy in the Information Age* (Washington, DC: Brookings Institution Press, 2002), p. 11.

　　可以說，中國「網路政治」的日漸興起並且受到多方的關注與重視。
這同時揭示著傳統中國的「廣場政治」不再是群眾參與政治或公眾事務的
唯一或重要選項。自1919年五四運動以降，及至1989年六四天安門事件，
中國知識界反思中國傳統文化聲音猶存，以青年學生為主的學生運動，以
示威遊行、請願、罷課等多種形式對抗威權政府，且大多以激進方式收場，
政府與人民兩敗俱傷。換言之，在沒有「議會政治」的當代政治場域中，
來自民間維權的訴求，至多僅能匯聚到「廣場」一層，除此之外，別無他
途。現階段，虛擬網路與實體廣場的交互鑲嵌與應用，形成中國人民維護
公民權利（維權）的新型態，進而規避了廣場政治中，最終僅能以激烈對
抗收場的政治／社會宿命。其關鍵在於，網路面前人人平等，每位網民都
可以透過網路學習、互動，進而達成訊息交換或社會串連、動員效果。[67]
網際通訊科技對中國未來民主政治發展究竟是威脅還是機會？[68] 部分學者
已展開於此命題的理論與實務論證，[69] 本章將另從雙重「維權」的分析視
角，重新檢視新媒體對於中國威權政治發展的衝擊與影響，與其如何並在
多大程度上改變當前中國國家─社會關係。

---

[67] 李永峰，「全球華人十大網絡事件」，亞洲週刊，2010年1月3日，http://www.
yzzk.com/cfm/Content_Archive.cfm?Channel=nt&Path=4944700471/01nt.cfm。（檢索
日期：2012年1月19日）

[68] Gary Rawnsley, *Political Communications and Democracy* (Basingstoke: Palgrave,
2006).

[69] Marina Yue Zhang and Bruce W. Stening, *China 2.0: The Transformation of an
Emerging Superpower and the New Opportunities* (Singapore: John Wiley & Sons,
2010); Hualing Fu and Richard Cullen, "Weiquan (Rights Protection) Lawyering in
an Authoritarian State: Building a Culture of Public-interest Lawyering," *The China
Journal*, No. 59 (2008), pp. 111~127.

參、新媒體時代下的中國政治發展：
公民維權與政黨維權的雙重分析視角

> 當共產極權體制在整體上崩潰之後，人類歷史的發展方向已經
> 明確：個人的自由權利成為最受尊重的價值，憲政民主也就必
> 然成為最受尊重的制度。

——劉曉波（2010）

維「權」在本章中的界定為「權力」與「權利」兩個層次：其一為中國政府維繫、鞏固政黨威權與統治力；另為中國人民維護憲法所賦予公民的基本權利。本章視網路通訊科技為中介變項，進行對新媒體時代下中國維權的政治性分析。

一、中國信息化與網際網路的發展現況

中國政府推動信息化（informatization，或稱「資訊化」）的目的在於加速接軌全球、透過信息化工具實現國家戰略目標。中國信息化建設起始於 1980 年代初期，是一個以國家總體資源大力推動電子資訊技術應用的發展策略。而究竟何謂「國家信息化」（state informatization）？根據 1997年 4 月中國政府所召開的「全國信息化工作會議」，將網際網路納入中國國家信息基礎設施建設，在國家統一規劃和組織下，在農業、工業、科學技術、國防及社會生活各個方面應用現代信息技術，深入開發、廣泛利用信息資源，加速實現國家現代的進程（通信信息報，2004）。換言之，中國國家信息化至少包含了四層含義：「一是實現『四個現代化』[70] 離不開信

---

[70] 1964 年 12 月第三屆全國人民代表大會第一次會議上，周恩來根據毛澤東建議，在《政府工作報告》中首次提出，在 20 世紀內，把中國建設成為一個具有「現代農業」、「現代工業」、「現代國防」和「現代科學技術」的社會主義強國，並宣布了實現四個現代化目標的「兩步走」設想。第一步，用 15 年時間，建立一個獨立的、比較完整的工業體系和國民經濟體系，使中國工業大體接近世界先進水平；第二步，力爭在 20 世紀末，使中國工業走在世界前列，全面實現農業、工業、國防和

息化，信息化也要服務於四個現代化；二是國家要統一規劃、統一組織信
息化建設；三是各個領域要廣泛應用現代信息技術，深入開發利用信息資
源；四是信息化是一個不斷發展的過程。」[71]

　　爲加速電子資訊技術的廣泛應用，中國自「七五」期間起，便陸續推
動各項計畫。[72]「十一五」期間，承繼先前政府建設成果與宗旨，爲了保障
規劃目標的實現和主要任務的完成，中國政府提出了十二項重大工程和八
項具體措施。[73] 其中較爲特殊的是提出「三網融合」工程的理念，意即整
合電視網、廣播電視網與網際網路，推進資源分享，大力發展寬頻通信，
加快發展下一代網際網路的各項硬體能力，並於「十二五」期間實現成
果。[74] 此外，爲提升資訊普及率，持續實施電話、廣播、電視和網路等「村
村通」工程，進一步加強農村和偏遠地區之資訊網路建設，以落實「信息
下鄉」政策。[75] 再者，亦強調加強網際網路管理，提出要堅持「一手抓發展，
一手抓管理」，建立法治規範與行政監管結合之管理體制等。[76] 有關中國信
息化歷程概述，請參見表 10.2。

科學技術的現代化。見柳禮泉，「實現四個現代化的兩步走戰略」，**毛澤東思想概**
論（2004 年），http://202.204.208.83/mzdsx/jxkj/5/5-3%EF%BC%8D2.htm。（檢索日
期：2012 年 2 月 28 日）

[71] 呂新奎，**中國信息化**（北京：電子工業出版社，2002 年），頁 42。

[72] 周宏仁，**中國信息化進程**（北京：人民出版社，2009 年）。

[73] 「發展改革委有關負責人就《國民經濟和社會發展資訊化「十一五」規劃》答記者
問」，中國中央政府門戶網站，2008 年 4 月 17 日，http://www.gov.cn/zwhd/2008-
04/17/content_947090.htm。（檢索日期：2012 年 2 月 28 日）

[74] 「中國 2015 實現三網融合」，亞洲時報，2010 年 1 月 14 日，http://www.atchinese.
com/index.php?option=com_content&view=article&id=63674&Itemid=1。（檢索日期：
2012 年 1 月 19 日）

[75] 「村村通電話工程」，中華人民共和國工業和信息化部（2012 年），http://www.miit.
gov.cn/n11293472/n11293877/n11302021/index.html。（檢索日期：2012 年 2 月 21 日）

[76] 中國對互聯網的管理，主要依據是《中華人民共和國憲法》、《中華人民共和國未
成年人保護法》、《全國人大常委會關於維護互聯網安全的決定》、《中華人民共和
國電信條例》、《互聯網資訊服務管理辦法》等法律法規。按照上述法律法規，中
國依法保護網上言論自由，保護網上知識產權，保護未成年人健康成長，禁止利
用互聯網顛覆國家政權、破壞國家統一，煽動民族仇恨和民族分裂、宣揚邪教以
及散布淫穢、色情、暴力和恐怖等資訊。

表10.2　中國信息化歷程簡表

期間	時間（年）	信息化政策重點內容
「七五」	1986-1990	重點進行了 12 項電腦相關的應用系統工程建設，並推動「863」計畫。
「八五」	1991-1995	1993 年中國信息化正式起步，啟動了金卡、金橋、金關等重大信息化工程；國家經濟信息化聯席會議成立，確立並推動以信息化帶動產業發展的指導思想。
「九五」	1996-2000	《國家信息化「九五」規劃和 2010 年遠景目標綱要》。1997 年《人民日報》主辦的人民網進入國際網際網路、中國互聯網絡信息中心（CNNIC）發布了「第一次」《中國互聯網絡發展狀況統計報告》。
「十五」	2001-2005	《中共中央關於制定國民經濟和社會發展第十個五年計劃的建議》
「十一五」	2006-2010	「三網融合」工程與「村村通」實現；加強網際網路管理，規劃提出要堅持一手抓發展，一手抓管理，建立法治規範與行政監管結合之管理體制。

資料來源：作者自行彙整。

　　除此之外，縮小與已開發國家之間的數位落差亦相對重要。在中國大力推動信息化發展的背景之下，其建設成果與表現大致符合政府期待。例如，在資訊基礎設施上，1994 年 4 月中國正式加入民用網路世界。1997年由中國互聯網絡信息中心（CNNIC）聯合四大網路單位共同實施網路發展統計工作，並於同年 11 月發布了《第 1 次中國互聯網絡發展狀況統計報告》，[77] 當時網民人數僅 62 萬人，用戶大多還是透過撥接的方式上網。[78] 時至 2008 年底，網民規模躍升至 2.98 億人，正式超越美國成為世界最大網路市場，其普及率躍升為 22.6%，超過全球平均水平 21.9%；同年

---

[77] 「第 1 次中國互聯網絡發展狀況調查統計報告」，**中國互聯網絡信息中心**，1997 年 12 月 1 日，http://research.cnnic.cn/html/1263531336d1752.html。（檢索日期：2012 年 2 月 21 日）

[78] CNNIC 將中國網民定義為：平均每週使用互聯網 1 小時（含）以上的中國公民。

中國的網路新聞使用率突破 80%，使得網路空間被中國媒體與宣傳部門
視爲「不可忽視的輿論宣傳陣地」。[79] 截至 2011 年 12 月底爲止，中國網民
規模雖已達到 5.13 億人，相較先前高速成長的速率雖已有所趨緩，但在
網民數量上仍保持年均約略20%以上的成長。[80] 另根據2009 年第一季度中
國網際網路受眾接觸媒介統計，網際網路以高達 83.2% 的比例爲受眾使
用接觸次數最多的媒體管道，竟較傳統官方中央電視台高出三成以上（僅
達 49.2%，尚次於「親戚、朋友和同事的口碑、推薦訊息」的 66.7%），
可想見網際網路在中國已逐漸獲得高度地應用與重視，並具有其一定程度
的影響力，參見表 10.3。

二、新媒體時代下中國公共參與的崛起：公民維權的視角

　　網路科技最根本的作用之一，是它打破了現行的基本結構，使得每個

表10.3　中國網路通訊科技發展的現況

項目	2007年	2008年	2009年	2010年	2011年
網民人數	2.1 億	2.98 億	3.84 億	4.57 億	5.13 億
手機網民人數	0.50 億	1.17 億	2.33 億	3.03 億	3.56 億
手機網民人數占總網民人數比例	23.8%	39.2%	60.8%	66.2%	69.3%
網路普及率	16%	22.6%	28.9%	34.3%	38.3%

資料來源：作者歸納第20-29次中國互聯網絡發展狀況統計報告。[81]

---

[79] 舒斌、王重浪，「重點新聞網站 — 向上生長的力量」，**網絡傳播**，第 1 期（2004 年），
http://media.people.com.cn/BIG5/22114/46419/46420/3302778.html。（檢索日期：
2012 年 2 月 21 日）

[80] 根據 CNNIC 於 2012 年 1 月 16 日公布之「第 29 次中國互聯網絡發展狀況統計報
告」，迄 2011 年 12 月底爲止，中國網民人數已達 5.13 億，微博用戶數量在 2010
至 2011 年間以高達 296% 的增幅，成爲用戶增長最快的互聯網應用模式。

[81] 「第 20-29 次中國互聯網絡發展狀況調查統計報告」，**中國互聯網絡信息中心**，
2012 年 1 月 16 日，http://www.cnnic.cn/research/。（檢索日期：2012 年 2 月 21 日）

人都能夠透過網路向全世界出版他的東西，也就是傳播成本大爲降低。[82]
而「匿名」的特性使得網路傳播中的核心成員「意見領袖」[83]及其他使用者，
在這種表達和傳播的機制在相當程度上突破了國家安全體制下對於個別人
民的審查，改變了傳統政治運動中必須近身集結的模式，把網路通訊科技
變成了公共生活的「中介」平台，使人們在私人空間就可以公開發表、傳
播言論甚至進行社會動員，並以互動方式直接進行公共議題的參與，模糊
了公共與私密空間的感知和界線。在這裡，學者 Castells 提出所謂「流動
空間」（space of flow）取代了「地點空間」（space of place）的說法，[84]網
上的虛擬空間便成爲了民眾意見表達的聚集地。

在當前威權體制下的中國，「流動空間」（網路政治）已在一定程度上
取代了「地點空間」（廣場政治）。由於政府針對網路言論進行管制，透過
國家防火牆對各大論壇、新聞來源以及部落格進行嚴格管控，以及民間個
人網站遭查封與網路作家遭逮捕頻傳，政府侵犯人民言論權、知情權形成
常態，使得民間網路維權在 2003 年毅然崛起，稱之爲「民間網路維權年」。
爲破解中國政府的資訊封鎖，民間利用境內外電子傳媒進行訊息交換和言
論表達，法輪功組織更提供「翻牆」[85]軟體予民眾連結海外遭中國封鎖的
中英文網站，如大紀元、觀察、美國之音、自由亞洲電台與 BBC 中文網等。
著名的電子刊物代表爲李洪寬先生在美國創辦的《大參考》等，成爲中國
人民瞭解敏感時政訊息的重要來源。這一波網路維權的特色，劉曉波歸納
爲法治、持續、廣泛和勇氣。[86]本章將近年中國許多重大網路新聞事件概
分爲自然、事故災害與公共、社會安全等四類，參見表 10.4。[87]

---

[82] 同註 10。

[83] 如中國知名網路意見領袖：冉雲飛、北風、連岳等人。

[84] Manuel Castells, "Space of Flows," *Space of Flows* (2006), pp. 8~9, http://socgeo.
ruhosting.nl/html/files/geoapp/Werkstukken/CastellsFlows.pdf. (accessed Jan. 19, 2012)

[85] 「翻牆」意指透過特定網路軟體可以突破一些遭致政府有關當局封鎖、屏障的海內
外網路連結的。著名的一些「翻牆」軟體如自由門（Freegate）。除典型實施網路
管制的中國大陸外，中東國家如伊朗、阿拉伯聯合大公國以及敘利亞等國政府亦
進行類似且不同程度地網路封鎖之管制作爲。

[86] 劉曉波，未來的自由中國在民間（華盛頓：勞改基金會，2010 年）。

[87] 事實上，許多中國群體性事件的背後均以網路科技作爲主要觸媒，並扮演行動傳

表10.4　近年重大中國網路事件分類整理

事件類型	時間	個案
自然災害	2005 年	黑龍江沙蘭鎮小學洪災事件
	2008 年	四川汶川大地震、中國南方雪災
事故災害	2005 年	松花江水體污染事件
	2008 年	廈門 PX 項目危機（建廠）、山西襄汾潰壩
	2010 年	山西王家嶺礦難
公共安全	2003 年	SARS 危機、孫志剛事件
	2008 年	中國輸日毒水餃事件、三鹿毒奶粉
	2009 年	躲貓貓事件
	2010 年	騰訊與 360 危機、山西問題疫苗、李剛門事件
社會安全	2004 年	李新德事件
	2007 年	山西黑磚窯、陝西華南虎、重慶釘子戶
	2008 年	西藏騷亂、北京奧運、抵制家樂福、甕安騷亂
	2009 年	新疆斷網、鄧玉嬌與冤民
	2010 年	富士康員工跳樓、上海世博會

資料來源：作者自行彙整

　　早在 2003 年 3 月 17 日，孫志剛因沒有攜帶證件無端被非法收容，爲了維護其個人權利，在收容所內對惡法酷吏進行反抗，短短三天便冤死於其中。同年 4 月 15 日，中國《南方都市報》突破重重困難披露此一消息，立即引發網路與媒體的報導與民間輿論崛起，在不到兩個月的時間內，中國政府廢止了《城市流浪乞討人員收容遣送辦法》，並通過了新的《城市生活無著的流浪乞討人員救助管理辦法》。[88]「孫志剛事件」中，民眾利用網路傳遞消息形成輿論力量「自下而上」表現對政府的監督與不滿，使政

播的關鍵性角色。惟囿於篇幅限制，在此並不一一列出。
[88] 劉曉波，「點評：民間維權運動的勝利」，BBC 中文網，2003 年 7 月 16 日。

府必須「自上而下」回應並落實修法，是中國公民利用網路維權的最為典型的例證之一。[89] 在傳統中國政治的實踐與邏輯上，政府接受公眾參與意識與意願皆顯得較為淡薄，對於人民知情權、表達權、參與權、監督權等相關合法性權利的輕忽，驅使民眾轉而開始運用線上（online）虛擬空間和手機簡訊等新興媒體進行公眾議題的爭辯。另外在 2008 年「廈門 PX 案」中，民眾反對台商陳由豪興建化學對二甲苯（para-xylene，PX）廠房，認為該化學物質將影響周遭環境，於是利用網路空間表達、傳播意見；以手機簡訊聯繫上街抗爭，進而影響政府遷廠漳州。[90]

　　上述列舉之兩個案可進一步由表 10.5 得到概要性的分析。事實上，層出不窮的群體性事件，正突顯出在中國大陸，隨著網路通訊科技的深化運用，其威權體制正遭逢漸次強大的政治衝擊與影響。這種衝擊與影響至少表現出兩種政治意涵：其一，網路作為一個知識份子與一般公眾的輿論媒介與平台，其所產生的作用不僅是「下情上達」與「民情普達」，更是形塑當前中國既有制度規範下的新形式「公共參與」與「公民維權」行動。其二，由各式各樣網路事件所產生的「量變」作用，正不斷對中國國家社會關係產生深遠變遷之「質變」影響。我們可以藉由觀察「公民維權」與「政黨維權」雙重力量，在虛擬社會與實體生活中的交互行動與作用。這是一種從線上到線下、從虛擬到實際的國家 ─ 社會交鋒，也是中國網路政治研究的重要內涵。

---

[89] Yongnian Zheng, *Technological Empowerment: The Internet, State, and Society in China* (Stanford: Stanford University Press, 2008), pp. 147~51.

[90] 洪敬富、陳柏奇，「網路通訊時代下的中國公共參與─以廈門 PX 廠為例」，**中國大陸研究**，第 53 卷，第 2 期（2010 年），頁 1~38。

表10.5　中國網路事件之政治意涵：「孫志剛」與「廈門PX」事件

網路事件	時間（年）	政治意涵	
		個別意涵	相同處
孫志剛案	2003	開啓民間維權運動的勝利。 中國政府迅速回應：廢舊法，制新法，以回應網路輿情與民意。 民間義憤所推動的網路簽名抗議運動（孫志剛案的網上點擊率之高，僅次於 SARS 危機），突出經濟發展下的社會公義問題。	公共參與：媒體、民眾利用網路通訊科技進行串連與動員，突破國家管制，成功地改變政府法制作爲。 網路維權：突顯中國在威權體制下的法治缺失與不足，並成功地捍衛公民（生存與居住）權利。
廈門 PX 案	2007 | 2009	中國利用手機簡訊進行社會動員遊行「散步」之首例。 弱化地方政府在政策制訂與執行上的專攬獨斷，並最終促使 PX 廠移遷漳州。	

資料來源：作者自行彙整分析

　　此外，以 2004 年中國輿論監督網站創辦人李新德爲例，他以網際網路下資訊透明的環境發布消息，形成輿論對政府及官員的壓力。李新德在網上發布「下跪副市長」向員警求饒的照片，又揭露農村婦女被計劃生育官員綁架、囚禁與強制安裝避孕器的情節，以 46 天的速度，導致一名貪汙的副市長被逮捕，以及相關官員被判刑一年。[91] 此後，2007 年底又一樁網路輿論逼迫政府官員認錯甚至受罰的轟動性事件。網民質疑陝西省林業廳拍到「野生華南虎」照片的眞實性，在網路上發起「人肉搜索」，[92] 結果

---

[91] 最早見於美國紐約時報駐北京特派記者紀思道（Nicholas Kristof）在 2004 年 5 月自己部落格上的報導，見 Nicholas Kristof, "Death by a Thousands Blogs," *The New York Times*, May 24, 2005, http://www.nytimes.com/2005/05/24/opinion/24kristoff.html. (accessed Feb. 28, 2012)

[92] 「人肉搜索引擎」是指利用網友人工參與來提供搜索引擎資訊的一種機制。在 2007

發現虎照「眞身」竟是老虎畫像，爲破獲眞相立下大功。而與李新德事件不同的是，2007 年「陝西華南虎」事件迫使官員下台，[93] 除了是個人揭發社會貪污、不公事件的勇氣，更表現出利用新媒體所集結而成的社會及輿論力量。[94] 其關鍵在於「人肉搜索」的政治作用得到釋放，並在某種程度上顯示出公民話語非僅爲人民言論表達自由的權利，更是一種由下而上的輿論監督力量。

前述個案均在一定程度上顯示出人民爭取言論自由的話語權、知情權、監督權等權利意識已經逐步透過網路崛起於社會底層，此類草根力量在流動空間的匯聚與傳播，已然挑戰並侵蝕了傳統官僚所獨占的政黨威權，在民間進一分而官方縮一點的進退拉扯中分散了集中在黨政高層的菁英權力，開啓了新一波的中國民主進程與政治變革。[95]

三、新媒體時代下中國威權政體的調適：黨國維權的視角

（一）網路治理的建置與效能

面對來自民間社會底層透過網路集結並不斷高漲的公民維權意識抬頭，這種中國人民對威權政府的不信任造成國家─社會之間緊張的對立關

年的網路事件中，例如：海藝門、糖果兒博客漫晰丈夫前妻、90 後炫富女等，人肉搜索的作用卻表現到了一個極端，憤怒的網友通過各種途徑查詢到事件當事人的姓名、家庭住址、工作單位和電話公布在網路上，並發出網路通緝令。網友有聲討的、有咒罵的，也有暴力恐嚇威脅的，使得當事人不得安寧的一種網路介入生活隱私的型態。

[93] 「華南虎事件調查結果公布：遲到的眞相」，人民網，2008 年 7 月 1 日，http://society.people.com.cn/BIG5/7450857.html。（檢索日期：2012 年 1 月 19 日）

[94] 韓詠紅，「網前網後的參政前景」，南風窗，2009 年 10 月 24 日，http://www.nfcmag.com/articles/1726。（檢索日期：2012 年 1 月 19 日）

[95] 有關公民維權運動的討論例如參見 Chin-fu Hung, "The Politics of China's Wei-Quan Movement in the Internet Age," *International Journal of China Studies*, Vol. 1, No. 2 (2010), pp. 331~349; Hualing Fu and Richard Cullen, "Weiquan (Rights Protection) Lawyering in an Authoritarian State: Building a Culture of Public-Interest Lawyering," *The China Journal*, No. 59 (2008), pp. 111~127.

係，在深層結構上而言正是與中國共產黨的「治理能力」[96]（governability）
或是「國家能力」[97]（state capacity）等問題息息相關。因此，如何降低治
理成本、提高治理收益之「良治」（good governance），[98]便是處在全球化
下中國所面臨的重大治理課題。

2003 年 SARS 事件後，中國中央有關宣傳部門便已經深刻地理解必
須將網路與手機簡訊等新媒體視爲一種資訊時代下治理的重要輔助工具。
透過此一中介工具與平台，國家已逐步將部分資訊公開化、透明化，進行
中國政府的網路治理，例如電子政務的推動。而所謂網路治理（Internet
Governance，又稱電子治理、網際網路治理），即各國政府、企業界和民
間團體以他們各自的角度出發，對於公認的那些塑造網際網路的演變及應
用的原則、規範、規則、決策模式和程序所做的發展和應用。[99]從廣義上
理解，國家網路治理是指維持國家在政治、經濟、軍事、文化等方面不受

---

[96] 學者 Kjaer 就認爲「治理」的概念涵蓋甚廣，至少在公共行政與政策、國際政治上
的全球治理、歐盟治理、比較政治層面的治理研究，如國家與經濟發展治理或是
民主 / 民主化治理比較。但這些層面上的治理課題在不同程度上皆源自於制度與制
度的變遷。參閱 Anne Mette Kjaer, *Governance* (Cambridge: Polity Press, 2004); Jon
Pierre and B. Guy Peters, *Governance, Politics, and the State* (Basingstoke: Macmillan,
2000); Rod Rhodes, *Understanding Governance: Policy Networks, Governance,
Reflexivity, and Accountability* (Buckingham: The Open University Press, 1997).

[97] 胡鞍鋼和王紹光指出，「國家能力」簡言之就是中央政府的能力，亦即「國家將自
己的意志、目標轉化爲現實的能力。」這種能力是反應其中央政府以國家意志對社
會、經濟等活動直接或間接進行「干預」的全面能力。具體呈現在四個方面：（一）
汲取能力（extractive capacity）：國家動員社會經濟資源的能力，特別是國家財政
能力上；（二）調控能力（steering capacity）：國家指導社會經濟發展的能力；（三）
合法性能力（legitimation capacity）：國家運用其政治符號在其統治人民中創造共
識並鞏固其統治地位的能力；（四）強制能力（coercive capacity）：國家運用暴力
手段、機構、威脅等方式維護其統治地位。爲了要提高當前中國政府的執政能力，
胡鞍鋼進一步指出：「就是要將自改革開放以來，以開創『經濟建設』時代爲核心
的第一次轉型過渡到以開創『制度建設』時代爲核心的第二次轉型。」，參見：王
紹光、胡鞍鋼，中國國家能力報告（香港：牛津大學出版社，1994 年）。

[98] 俞可平，治理與善治（北京：中國社會科學出版社，2000 年）。

[99] Working Group on Internet Governance, "Report from the Working Group on Internet
Governance," *Working Group on Internet Governance* (2005), p. 3, http://www.wgig.
org/docs/WGIGREPORT.pdf. (accessed Jan. 19, 2012)

內外環境威嚇、干擾、破壞而正常運行的狀態。而在政治領域的網路治理，就是關注在如何使國家政局穩定、建立政府形象等議題之上。

中國政府的「良治」，事實上就是一種「健全的治理」、「有效的治理」或「善治」等同義的概念。[100] 概括學者不同的觀點，我們可以將「良治」的概念分為幾個概念，分別為：合法性（legitimacy）、透明性（transparency）、課責性（accountability）、法治（rule of law）、回應性（responsiveness）與有效性（effectiveness）等六個方面。[101] 事實上，中國政府在「十五」、「十一五」這十年間（2001-2010）政務信息化的主要任務就是建設政府專用的訊息平台、建設政府內部業務訊息系統、建立和完善政府為公眾和社會提供的訊息服務功能、建設政府網上招標、採購等系統。整體表現是指政府機關可以運用網路與通訊科技形成資訊網路，並透過不同資訊服務設備，為顧客（企業、民眾及公務員）在其方便的時間、地點及方式，提供合宜的便利服務。電子化政府設立的意義並非只是新興科技的引進，而是要讓各機關連結成為一個可以立即傳達訊息、溝通意見、分享經驗及知識的數位神經系統，使政府組織轉型、升級成為更精巧、靈活、機動、彈性、效率、透明化的組織運作體系，進而與企業、社會及民眾連網，以快速回應民眾的需求，有效處理瞬息萬變的新事務，強化各種危機處理能力。[102]

然而，2003 年有六成中國政府網站遭批形同虛設，更新不即時、服務功能不健全、甚至連網站都打不開的離譜現象。[103] 這在建設初期的當時或許仍可以被適度地理解。根據中國社科院「中國地方政府地方透明度年

---

[100] 劉宇飛、王從虎，**多維視角下的行政信息公開研究**（北京：中國人民大學出版社，2005 年），頁 32~34。

[101] 同註 97，頁 46。

[102] Janet Caldow, "The Quest for Electronic Government: A Defining Vision," Institute for Electronic Government (1999), p. 2, http://www-01.ibm.com/industries/government/ieg/pdf/egovvision.pdf (accessed Feb. 28, 2012)

[103] 張成福、唐鈞，「中國電子政務的十大困境」，**天津行政學院學報**，第 5 卷，第 3 期（2003 年），頁 22~27。

度報告（2009年）：以政府網站信息公開爲視角」資料顯示，[104] 中國 43 個
省會城市和較大市的政府門戶網站當中，仍有半數以上不合格、不少政府
網站資訊不集中、網站資訊獲取不方便，個別政府網站只重形式不重內
容，導致公眾獲取資訊如入「迷宮」。其中，96.8% 的網友認爲，不少官
方網站回應不及時、遭遇推諉塞責，溝通管道形同虛設。面對一方是高達
100% 的政府網站普及率，一方是 96.8% 網友認爲政府社情民意通道不暢
通。這兩種看似矛盾的現象說明包括中國政府網站在內的社情民意管道，
在一定程度上還存在著流於形式的問題，背離了「良治」與構建電子政務
的本意。自然對中國政府的工作效能、統治力與政黨威權提出了挑戰。[105]

（二）新媒體時代下的政黨（政府）維權：胡溫體制的回應與變革

　　爲了在新媒體時代下持續強化中國政府良治的理念與施政，並回應民
間底層維護公民權利的訴求，2008 年 6 月 20 日，中國國家主席胡錦濤首
次在人民網與網民線上對談，並表示：「通過互聯網來了解民情、匯聚民
智，是一個重要的渠道。」[106] 這是中國最高領導人首次與網民進行線上交
流。胡錦濤與網民交流時表明自己平時看網路，可謂是現代版的「微服私
訪」，網路成爲他接近民意的途徑之一，隱然呈現「下情上達」的作用。
同時，此舉亦在某種程度上顯現出網民作爲公共政策參與群體的地位，並
爲一個改革的起點，網路必將改變中國，這是無法否認的事實。

　　此外，中國年度最重要的政治兩會（即「中國人民政治協商會議」
與「全國人民代表大會」）也有網民的參與，稱之爲「E 兩會」，萌芽

---

[104] 中國社會科學院法學研究所法治國情調研組，「中國地方政府地方透明度年度報告
　　（2009 年）：以政府網站信息公開爲視角」，李林主編，**中國法治發展報告 No.8**
　　（2010）（北京：社會科學文獻出版社，2010 年），頁 322~349。

[105] 有關中國互聯網治理的討論參見：唐守廉，**互聯網及其治理**（北京：北京郵電大
　　學出版社，2008 年）；鐘忠，**中國互聯網治理問題研究**（北京：金城出版社，2010
　　年）。

[106] 「胡錦濤總書記是咱強國論壇網友」，人民網，2008 年 6 月 20 日，http://www.
　　people.com.cn/BIG5/32306/81152/7409486.html。（檢索日期：2012 年 1 月 19 日）

於 2002 年新華網發展論壇在兩會期間推出向人大代表和政協委員建言的活動。2005 年，中國總理溫家寶的一句話：「昨天我瀏覽了一下新華網……」，將網路議政引入「大雅之堂」。2009 年 3 月中國兩會前夕，中國總理溫家寶特意作客人民網，與網友在線交流。涉及話題不僅包括金融海嘯、防止腐敗、就業住房，也包括「劍橋扔鞋事件」、「吃菜做飯」、「打球鍛鍊」等議題，將 E 兩會推向高潮。[107] 隨後 E 兩會中，網民討論重點又以「我有問題問總理」等專區最受歡迎，「反貪腐」議題持續高居熱點榜首，2009 年統計共有 4380 萬的獨立用戶訪問網易、新浪、搜狐等 7 家網站的「兩會專題」，共帶來 1.9 億的頁面瀏覽量。2010 年國務院總理溫家寶在人大開幕會上作政府工作報告，共有超過 1.5 億網友透過網際網路直播室了解大會盛況，這一數字創下歷年兩會網友參與度的新高。[108] 中國當前最重要的兩位政治人物前後上網與民眾交流並形成常態，2011 年中國兩會官方網站更增添了「網民議事廳」與「微博報兩會」專區，[109] 而在共產黨的幹部教育上加強「學會運用和引導網絡，自覺接受媒體監督」[110] 及「網絡宣傳」，[111] 足見中國政府深刻地理解到新媒體時代下應適時啟動民意洩壓閥才得以緩解公民維權意識的高漲，強化並鞏固政府執政權力的合法性和正當性。

據此同時，中國政府並不在網路審查上有所退縮。更確切的是，黨國政府對虛擬社會的治理作為正是兼具了「軟硬兼施」和「與時俱進」的特點。中國公安部長孟建柱曾於 2009 年 12 月 1 日表示：「網際網路已經成

---

[107]「兩會外的『兩會』」，BBC 中文網，2009 年 2 月 28 日，http://news.bbc.co.uk/chinese/trad/hi/newsid_7910000/newsid_7916500/7916579.stm。2012/1/19。

[108]「統計顯示：兩會期間網民『觸網』數字創新高」，人民網，2010 年 3 月 21 日，http://media.people.com.cn/BIG5/40606/11185641.html。（檢索日期：2012 年 1 月 19日）

[109]「2011 全國兩會」，人民網，2011 年 3 月 14 日，http://2011lianghui.people.com.cn/GB/index.html。（檢索日期：2012 年 2 月 21 日）

[110] 洪向華，媒體領導力：領導幹部如何與媒體打交道（北京：中共黨史出版社，2009 年），頁 197~235。

[111] 范虹軼，最新黨的宣傳工作：規程方法與案例啟示（北京：人民出版社，2010 年），頁 147~158。

爲反華勢力進行滲透破壞、破壞放大能量的重要手段。」[112] 而根據中國社
科院《中國新媒體發展報告（2011）》藍皮書內容指出，2010 年年底中國
共有 191 萬個網站，比 2009 年底的 323 萬少了 41%。社科院的報告表明：
固然一些網站的消失不是因爲受到 2008 年金融危機的衝擊而關閉，就是
因爲傳播淫穢色情內容被遭致封鎖，但不否認的是中國政府正嚴格加強網
路內容管理，使其從屬於黨國政體的根本利益。體現這種黨國利益的網路
治理具體作爲就是一方面加大對國內網站進行審查、監管與控制，另一方
面亦加強對國外網站內容或訊息的封鎖與刪除。這使得被屏障的敏感詞或
關鍵字列表不斷加長。而許多海外知名新聞和社交網站，包括英國國家廣
播公司（BBC）、美國之音（Voice of America）、Facebook、YouTube 等
網站也都被封鎖。[113]

　　換言之，固然網路輿論已躍升爲當前中國民意不可或缺的重要組成部
分，但北京政府的網路治理作爲，仍在積極佈建國家國家防火牆、網路警
察等硬性網路治理措施外，佐以網絡評論員、五毛黨、或網路水軍等軟性
網路治理作爲，[114] 旨在引導、疏通甚或扭曲網路民意以爲推進有效之「黨
國維權」作爲。這種「黨國維權」仍持續不斷地「積極利用」網路治理作
爲與民間社會進行宣傳、互動和教化，進行負面輿論的疏通與正向民意的
引導，甚至與時俱進地引入「網路議政」、「網路反腐」和「深化政務公
開與加強政務服務」等創新式治理新作爲。意即，黨國政府對虛擬社會的

---

[112] 「孟建柱：互聯網成反華勢力放大破壞能量重要手段」，**南方報業網**，2009 年 12 月
　　1 日。

[113] 「分析：中共敏感年與互聯網困境」，BBC 中文網，2011 年 7 月 13 日，http://www.
　　bbc.co.uk/zhongwen/trad/chinese_analysis/2011/07/110713_analysis_china_internet.
　　shtml。（檢索日期：2012 年 1 月 19 日）

[114] 在軟性網路治理作爲上，由於網路力量迅速崛起，近來更發現一些中國中大型企業
　　因面臨網路民意對公司產品或企業社會責任等原因施以輿論壓力，進而驅使企業僱
　　用「網路公關公司」，承包網上刪文生意業務，儼然成爲另類的「民間防火牆」、「企
　　業防火牆」。這些「網路公關公司」宣稱所有對特定企業或公司的「負面帖」，只
　　要雇主願意給錢都能刪帖，見「刪帖公司稱：除政府處理帖，所有負面帖都能刪」，
　　人民網，2010 年 5 月 5 日，http://wz.people.com.cn/GB/139014/146259/11128718.
　　html。（檢索日期：2012 年 1 月 19 日）

積極治理作為其實正折射出新媒體促進了網民（和公民）力量的崛起，更放大了群體性衝突事件所帶來的（高昂）政治與社會代價，這對威權社會的政治權威或黨國形象造成莫大的衝擊與挑戰。從而表現出中國領導人從「舊」媒體時代不斷地呼籲「穩定壓倒一切」到「新」媒體時代建構和諧社會對「維穩」的高度重視。

肆、新媒體時代下中國國家─社會關係的再檢視：公民與政黨維權的雙重視角

一、新媒體時代下的中國政治發展：公民與政黨維權之比較分析

在威權國家的政治發展上，公眾在網路上的（政治）言論往往受到各種不同程度的箝制，但網民對公共事務的參與意願、態度、以及其所帶來如「網絡議政」、「網絡問政」對政治民主變革的催化與效用，將會對威權國家政府的角色與任務、官僚體制結構與市民社會發展、以及國家─社會關係產生全面而深遠的影響。

由「公民維權」的視角觀之，本章認為「新」媒體時代提供了威權國家民眾在官式媒體中，一個重要的補充、甚至是替代的媒介平台，用以作為公民間水平式（horizontal）的資訊交換及聯繫，進而提升線下（offline）實體生活中所謂社會串連、動員與獲致集體目標實現的可能性。相對於「舊」媒體時代，新媒體的普及與廣泛應用如同網路民主樂觀主義論者所爭辯，在很大程度上已為崛起中的中國「公民維權」行動提供了技術性條件與相對寬鬆的社會氛圍，並體現出以網路為重要的溝通介面與平台，推進和強化公眾議政和論政，乃至於公共事務參與的可行性。

隨著經濟全球化的日益加深與中國改革開放的不斷推進，平均國民所得與教育水準隨之顯著提升，促使一批批中產階級在沿海與都會區的大量

崛起，長期以來存在於中國社會的種種不公義事件已無法再以過去傳統威權體制下的封鎖與壓制作爲解決的「硬」途徑。在政府無法「有效」且依法「適當」地處理此等社會衝突與矛盾的壓力下，中國人民利用網路通訊科技進行資訊傳播作爲集結社會力量的中介平台，對黨國政府提出行使憲法所賦予公民權利的要求，是一種由下而上的公民維權行動觸動並挑戰了北京威權政府的敏感神經。此等草根群眾和網民的虛擬與實際作爲，催化出更大、更強的公民維權意識抬頭，作爲公民維權行動強化的重要思想準備。隨著「公民維權」行動的強化，公眾和網民不僅更爲迫使中央或各級地方政府在人民「知情權」（right to know）的普遍要求下，對境內外所發生的政治、經濟以及社會事件作出比起以往更多、更爲透明，且更加迅速地回應或解釋；公眾和網民也越來越與黨國政府爭奪虛擬與現實生活的話語權，藉以強化其在公共事務上的「議題設定」的能力，這將有利於促進中國公民社會的健康發展。

而由「黨國維權」的視角觀之，崛起中的草根網民力量正不斷地挑戰、修正、抑或替換過去中國威權政府有效而完整統治的議題設定與執行能力。換言之，公民維權力量的展現機制透過限縮或挑戰中國政府在各種公共事務「議題設定」上的主導權力，進而衝擊傳統政治菁英或科技官僚等威權體制下既得利益者的優勢地位和政治權威。

由於當前中國社會普遍存在著擴大中的貧富差距、城鄉差距、區域發展失衡，以及下崗失業工人與剩餘廣大農村勞動力被拋到社會結構之外的「現代化斷裂」等問題，諸多問題來自於社會結構失衡與社會矛盾持續擴大所衍生之政經壓力。這迫使黨國政府在治理手段的議程設置上，更弦易策。其一，在權衡採行硬性「維穩」之軍警鎮壓所可能衍生的深層社會衝突與政經風險成本之下，北京政府盡可能技巧性地採用軟性的「維穩」手段，包含在虛擬世界的網路治理上，將新媒體納入全球化網路時代下的中國政務與宣教體系，與時俱進地推進政治宣傳和（網路）輿論引導工作來形塑、強化黨國統治的正當性與合理性，並且在「新」媒體環境下鞏固黨國正面而良好的公關形象。其二，爲確保經濟發展所依賴之社會穩定，且防杜網路民主悲觀論者所普遍論斷網路易於引發大規模社會運動與政治革

命之可能，在必要的時候，中國政府實施彈性網路監管措施作為適應建構和諧社會之所需，以「維穩」作為黨國治理的重要目標，作為未來經濟持續發展的根本基礎。從而在持續的經濟成長（GDP）中積累黨國執政的「正當性」，作為確保共黨政權權威性與穩定性的重要物質支撐。歸根究柢即是當前「黨國維權」之軟治理作為之重要內涵。

總結而言，為突顯中國網路政治中在國家（政府機關、政黨）與社會（組織、公民）之間所形成各自維「權」的現象，本章將「黨國維權」與「公民維權」視為一種「權力」與「權利」的對話與抗衡，整理分析如表10.6。

表10.6 黨國維權與公民維權的比較

行為者		國家／政府或政黨	社會／組織或公民
途徑		由上而下	由下而上
維權 動機		維繫政黨威權 鞏固政府有效而完整的統治力 言論自由／知情權／監督權／參與權	維護公民權利
功用	正面	治理正當性：政策資訊公布／執行 社會控制：穩定社會秩序（網路水軍）	公共參與新形式：直接／間接表現 涉入公共決策，推進民主轉型
	負面	強制性：網路監管 社會控制：輿論引導（五毛黨） 抑制公民社會與民主發展	目的性地擾亂社會視聽： 五毛黨、網路水軍、外部侵入者
轉型 意涵		建立國家形象／重塑政黨威權	推動政治發展、健全公民社會
基礎		黨的意識型態	公民權利意識
平台		網路社群、部落格、手機簡訊等新媒體	

資料來源：作者自行整理分析

二、新媒體時代下中國國家—社會關係的再檢視：從網民到公民，從統治到良治

新媒體時代下的網路傳播重構傳統中國政治統治的型態，並豐富其治理內容與面貌。無論是主動或被動，中國威權政體正不斷地與網路虛擬世界鑲嵌，並反饋到現實的政治和社會生活中。網路通訊工具不僅成為當前中國政府所倚重的治理工具，也成為民間社會組織與一般民眾（和網民）的話語工具和傳播平台。它不僅改變了傳統中國的宣教模式，成為一種新興且至關重要的傳播途徑，更解構和模糊了既有的公／私領域和線上／線下疆域與界線。新媒體作為國家與社會間的一種介面，相當程度上突顯了一種崛起中、由下而上的草根力量正加速且不斷衝擊黨國政體這種由上而下的傳統治理模式，要求中國政府對公眾關心的事物／政策／事件不斷地予以回應（responsive），並進行課責（accountable）；這彰顯出一種由「網民到公民」、「統治到良治」的中國政治發展新圖像，推進中國公民社會的健全，催化中國民主政治的改革。

從比較政治的觀點而言，除流血革命或軍事政變外，一個國家的民主政治發展與民主化進程，通常伴隨著一種漫長而漸進的自由化、去管制化、和制度化的過程。在中國的發展經驗中，隨著其私營經濟的發展不斷地擴大，民間社會迅速而蓬勃的成長，其所帶來人民參與公共事務的需求及課責力道均相對增強，這種崛起中的「公民維權」意識與行動持續衝擊著當前黨國政府的治理能力及其國家權威。從而一些學者進一步論斷，中國政權下一步的改革方向需對「社會力」進行解放，進一步施行國家—社會的分權，就如同先前中國在思想大解放、對市場經濟開放般，使得黨國政府在深化經濟改革的同時，賦予更多社會底層的社會發展動能，才得以將在困境中發展的「中國模式」予以解套，推進政治改革，並確保民主化實現的可能。[115]

由於政治菁英壟斷了公共權力，並與經濟和知識菁英形成結盟關係，

---

[115] 鄭永年，中國模式：經驗與困局（杭州：浙江人民出版社，2010 年）。

致使中國社會自1990年代以來形成了相對脆弱的「菁英／大眾」的二元結構。整個社會因此出現為數眾多的盲流、民工和下崗等「游離態」社會群體被拋離在國家經濟發展計畫（或規劃）之外，致使許多地方官僚在大眾低度參與情況下，不斷出現腐敗、剝削、任意、以及專斷的權力型態。此種地方政權的「蘇丹化」及中國政府的軟危機油然而生，並埋下當前社會矛盾與衝突的重要因子。[116] 固然北京政府當前的「黨國維權」治理作為試圖要建構一個以「維穩」為基礎的「和諧社會」，推進一系列自上而下、有政治意識、且兼具與時俱進、軟硬雙重的網路治理手段來深化官方媒體論述，卻在控制並監管虛擬世界的同時，進行輿論導向與對重大公眾事務的議程設定等政治思想工作。然而，此等「黨國維權」治理作為卻無法有效化解社會矛盾並真正解決威權社會既存的問題，這可由不斷攀升、數以萬計、大大小小的社會衝突或群體性事件中得到明證。[117]

在面對司法不彰、政治不清明的社會氛圍下，群眾或網民直接或間接進行「公民維權」行動主義。這是在既有司法救濟機制（如司法訴訟、上訪或信訪）不完善，或是制度性政治與公眾參與渠道不足的情況下，對「黨國維權」的正面交鋒與對抗。在這個以網路為中介的平台上，公民（網民）藉由線下和線上的訊息交換、傳播、討論和交流的互動過程中，體現出一種虛擬與實際的（民主）公眾事務參與、網上空間的虛擬集會與結社，以及實體生活中的公民維權行動。這種行動並非是一次到位的，而是在持續不斷地與黨國政府爭辯、議價或協商過程中，擴大並強化中國公民（網民）參與公眾事務的意願與能力，用以搶奪話語權（議題設定權），逐步形成

---

[116] 蕭功秦，「改革中期的社會矛盾與政治穩定」，**戰略與管理**，1995年第1期，頁1-9。

[117] 據中國國家統計局2007年12月公布的「2006年中國社會統計數據」顯示，2006年公安機關受理「擾亂單位秩序」、「擾亂公共場所秩序」、「滋事」、「阻礙執行職務」等4類案件有59萬9,392起，查處的亦達58萬3,180起。這顯示出群體性事件發生的頻率在黨國威權體制下呈現爆炸性的成長（國家統計局，2007）。此外，中國社會科學院農村發展研究所社會問題研究中心主任于建嶸2007年10月發表「中國的騷亂事件和管治危機」一文指出，截至2005年的統計，中國大陸群體事件中，農民維權占35%、工人維權占36%、市民維權占15%、社會糾紛占10%、社會騷亂占5%，見于建嶸，「中國的騷亂事件與管治危機」，中國勞工通訊，2007年11月7日，http://www.clb.org.hk/chi/node/140745。（檢索日期：2012年1月19日）

了在威權體制下特殊的中國網路政治。易言之，崛起中的新媒體力量正迫使共黨一黨專政對中國社會控制的「全能性質」不斷降低，而公共參與的提升卻賦予了健全並落實「社會協商機制」的可能，使得中國國家─社會關係產生了深刻地變化，這種變化便不能再以一些早期對中國市民社會發展持懷疑論者所倡言之「半調子的公民社會」予以理解，而是一種崛起中的中國公民社會。

事實上，威權政體就其本質而言是一種相對高度政治控制，低度政治或公眾參與的「強國家，弱社會」關係模式。[118] 這也使得中國社會的民主建設與發展有所限制。面臨高度經濟成長所伴隨而來的社會問題與新媒體崛起，早期依附在黨國體制下發展的民間社會，已經開始形成一個相對獨立於傳統威權政府之外覺醒中的公民社會意識與行動。而當前的經濟社會環境和科技技術正為「新」媒體時代下的中國國家─社會關係提供變遷的可能，這種可能來自於新媒體其獨特且關鍵的作用。

其一，草根公民力量正利用新媒體崛起作為侵蝕並分享黨國在公共事務中獨攬「議題設定」的權力。在經濟轉軌或權力市場化等因素導致社會嚴重不公及貪污氾濫所產生積累已久的社會矛盾衝突之下，當新媒體涉入中國社會與政治的生活領域之中，由於其本身低成本、高互動性且易於傳播的特性，催生出一種有別於純粹為傳統政府與知識菁英階層的「公民」力量；利用微博（新浪或騰訊）、部落格（博客）、網路論壇、網路社群等以新媒體為主的「流動空間」，作為水平式傳播、溝通、聯繫、參與、串連、與行動中介的平台，藉由網路形成輿論氛圍，喚醒並強化公民維權意識與動員，進而對黨國政府進行縱向的互動或挑戰。[119] 例如在中國民眾

---

[118] 關於對國家社會關係的論述，可進一步參見 Joel S. Migdal, *Strong Societies and Weak States: State Society Relations and State Capabilities in the Third World* (NJ: Princeton Press, 1988); Teresa Wright, *Accepting Authoritarianism: State-State Relations in China's Reform Era* (Stanford: Stanford University Press, 2010); Joseph Fewsmith ed., *China Today, China Tomorrow: Domestic Politics, Economy, and Societ* (Lanham: Rowman & Littlefield, 2010).

[119] 根據 2008 年 1 月「第 21 次中國互聯網絡發展狀況統計報告」指出，有 23.4% 的中國網民在網路論壇 /BBS 上發文，42.3% 的網民擁有自己的部落格或個人

抵制家樂福、廈門 PX 廠建案、西藏騷亂等事件之中可見一斑。而自 2004 年李新德事件起，中國網路反貪腐的力道年年增大，網民利用新媒體進行如「黑磚窯」、「躲貓貓」事件中，以「人肉搜索」進而逼迫、挑戰黨國權威成功的案例更具其獨特的代表性。

　　其二，新媒體隱然成為在現行黨國體制下，推進廉政、勤政，與公民（網路）監督的另一項利器，[120] 驅使著黨國喉舌與宣傳機器的轉變。特別值得注意的是「黨媒中的『新聲音』」。2011 年 5 月 25 日，《人民日報》發表署名「中紀聞」，題為「堅決維護黨的政治紀律」的評論文章。文中指出「黨紀不允許黨員在重大政治問題上說三道四」等傳統不見容於黨媒的異議言論。[121] 次日，該報卻又發出署名「人民日報評論部」的文稿，指出「執政者要在眾聲喧嘩中傾聽那些『沉沒的聲音』」[122] 這異於常態地出現「一篇報導，兩種聲音」對一向被譽為黨政權威的《人民日報》實在值得關注，甚至可以解讀是一種官方立場上的微妙轉變。人民網甚至發出評論文章提出「不要把『意見領袖』逼成『異見領袖』」，「給不同網民群體，包括『意見領袖』言說與辯論的空間，就是給社會壓力多一條出口，給解決問題多一種可能。」[123] 此等由黨媒發布應對「訊息繭房」與「群體盲思」可能之效應予以重視和呼籲的聲音，揭示著政府的治理作為不再全然以躲避、封鎖或壓制等方式來「硬」對付異議言論或民意，而轉以「軟」治

空間。參閱中國互聯網絡信息中心，「第 21 次中國互聯網絡發展狀況調查統計報告」，中國互聯網絡信息中心，2008 年 1 月 24 日，http://research.cnnic.cn/html/1245053429d632.html。（檢索日期：2012 年 2 月 29 日）

[120] 雖然在國際透明組織（Transparency International）（2010）的評比下，中國貪腐指數仍未有顯著的進步，但在中國人民論壇雜誌的調查中卻顯示，七成受訪者認為官員「恐懼」網路，近九成受調查者認為官員的「網路恐懼」現象是一種「社會進步」，見「多少官員患有「網絡恐懼」症〉，人民論壇，2010 年 5 月 6 日，http://www.rmlt.com.cn/qikan/2010-05-05/4436.html。（檢索日期：2012 年 2 月 21 日）

[121] 「中紀聞：堅決維護黨的政治紀律」，人民網，2011 年 5 月 25 日，http://opinion.people.com.cn/GB/14727703.html。（檢索日期：2012 年 1 月 19 日）

[122] 「人民日報評論部：請聽那些沉默的聲音」，人民網，2011 年 5 月 26 日。http://opinion.people.com.cn/GB/14741551.html。（檢索日期：2012 年 1 月 19 日）

[123] 「人民網評：對話「意見領袖」—善待網民和網路輿論」，人民網，2011 年 7 月 13 日，http://opinion.people.com.cn/BIG5/15143969.html。（檢索日期：2012 年 1 月 19 日）

理作爲來推進「黨國維權」，藉以因應新媒體時代對當前社會新形勢下的嬗變與調適。這種在官方媒體出現異於固有黨國思維的轉變，預期也將爲「公民維權」的推進挹注一股新動能，爲中國公民社會健康發展孕育一種新力量。

　　總結而言，本章以爲，在當前「公民維權」意識漸次高漲的中國社會中，「黨國維權」，已無法以硬性統治作爲，和軟性的輿論導向與電子政務，有效且全面地解決來自由下而上之「公民維權」對「黨國維權」治理上的不斷挑戰。這具體地表現在前述透過黨媒發表的「沈沒的聲音」、中國「微博與群體性事件」的高度成長，以及網路議政、論政和監督之上。相較於「舊」媒體時代，公民在虛擬和實際生活中的話語權將更爲提升，其「議題設定」能力也將更趨強化，中國威權「統治」的型態將逐步往「良治」的目標前進。這是一種從線上到線下、網民到公民的發展進程。它重塑了「新」媒體時代下的中國國家—社會關係，亦爲中國公民社會發展和未來可能之民主轉型建構一個重大且必要的基礎。

伍、結論

　　新媒體時代下，網路通訊科技作爲新型態的政治行銷、街頭社會運動、宣傳、抗議、與動員的事件層出不窮。當普通公民、政黨（團）、或政府也逐漸使用（管制）這種新媒體來遂行活動與目的時，這種網路與行動通訊科技所帶來政治領域的影響或衝擊，也激發了學術界的廣泛討論與研究。特別是在北非、中東茉莉花革命浪潮下突顯新媒體之於政治社會革命的啓示，促使本章在此一動機背景下，探究中國國家—社會變遷關係的政治意涵。同時，本章以網路政治研究中的「公民維權」與「黨國維權」雙重視角，在新媒體時代下，以議題設定能力爲分析途徑，分別探析當前公民及黨國在各自「維權」下對中國國家 — 社會關係的衝擊與影響，並據此提出新媒體時代下，中國網路政治發展的一種解釋性和分析的框架（表10.6）。

　　中國自 1994 年加入網際網路以來，新媒體對中國經濟發展的助益，乃至於對政治與社會發展的推進呈現顯著性的影響。網路通訊科技在中國的使用，逐漸成為中國公民社會萌芽和成長的重要養分。在經濟轉軌或權力市場化等因素導致嚴重社會不公及貪污氾濫所產生積累已久的社會矛盾衝突之下，早期依附在黨國體制下發展的民間社會，已經開始形成一個相對獨立於傳統威權政府之外覺醒中的公民社會意識與行動。而當前的經濟社會環境和科技技術正為「新」媒體時代下的中國國家—社會關係提供變遷的可能，這種可能來自於新媒體其獨特且關鍵的作用。這種作用在於新媒體使得草根公民力量得以藉此侵蝕並分享黨國在公共事務中獨攬「議題設定」的權力，隱然成為在現行黨國體制下，推進廉政、勤政，與公民（網路）監督的另一項利器，驅使著黨國喉舌與宣傳機器的轉變。

　　總言之，新媒體的特性及其中介平台的傳播角色，使得舊有國家—社會間的「強國家，弱社會」關係模式正快速地受到衝擊。在當前「公民維權」意識漸次高漲的中國社會中，「黨國維權」，已無法以硬性統治作為，和軟性的輿論導向與電子政務，有效且全面地解決來自由下而上之「公民維權」對「黨國維權」治理上的不斷挑戰。相較於「舊」媒體時代，公民在虛擬和實際生活中的話語權將更為提升，其「議題設定」能力也將更趨強化，中國威權「統治」的型態將逐步往「良治」的目標前進。這是一種從線上到線下、網民到公民的發展進程。它重塑了「新」媒體時代下的中國國家—社會關係，亦為中國公民社會健康發展和推進民主轉型提供了根本而重大的基礎。

參考文獻

一、中文部分

「2002 年全國宣傳部長會議上的重要講話」，中國中央電視台，2002 年 9
月 16 日。

「2011 全國兩會」，人民網，2011 年 3 月 14 日，http://2011lianghui.peo-
ple.com.cn/GB/index.html。（檢索日期：2012 年 2 月 21 日）

「人民日報評論部：請聽那些沉默的聲音」，人民網，2011 年 5 月 26 日。
http://opinion.people.com.cn/GB/14741551.html。（檢索日期：2012 年 1
月 19 日）

「人民網評：對話「意見領袖」—善待網民和網路輿論」，人民網，2011
年 7 月 13 日，http://opinion.people.com.cn/BIG5/15143969.html。（檢索
日期：2012 年 1 月 19 日）

「中紀聞：堅決維護黨的政治紀律」，人民網，2011 年 5 月 25 日，http://
opinion.people.com.cn/GB/14727703.html。（檢索日期：2012 年 1 月 19 日）

「中國 2015 實現三網融合」，亞洲時報，2010 年 1 月 14 日，http://www.
atchinese.com/index.php?option=com_content&view=article&id=63674&It
emid=1。（檢索日期：2012 年 1 月 19 日）

「分析：中共敏感年與互聯網困境」，BBC 中文網，2011 年 7
月 13 日，http://www.bbc.co.uk/zhongwen/trad/chinese_analy-
sis/2011/07/110713_analysis_china_internet.shtml。（檢索日期：2012 年 1
月 19 日）

「多少官員患有「網絡恐懼」症〉，人民論壇，2010 年 5 月 6 日，http://
www.rmlt.com.cn/qikan/2010-05-05/4436.html。（檢索日期：2012 年 2 月
21 日）

「刪帖公司稱：除政府處理帖，所有負面帖都能刪」，人民網，2010 年 5
月 5 日，http://wz.people.com.cn/GB/139014/146259/11128718.html。（檢
索日期：2012 年 1 月 19 日）

「村村通電話工程」，中華人民共和國工業和信息化部（2012 年），http://

www.miit.gov.cn/n11293472/n11293877/n11302021/index.html。（檢索日期：2012 年 2 月 21 日）

「谷歌稱網絡搜索受阻與中國防火牆有關」，ＢＢＣ中文網，2010 年 3 月 31 日，http://www.bbc.co.uk/zhongwen/trad/china/2010/03/100331_google_techerror_china.shtml。（檢索日期：2012 年 1 月 19 日）

「兩會外的『兩會』」，BBC 中文網，2009 年 2 月 28 日，http://news.bbc.co.uk/chinese/trad/hi/newsid_7910000/newsid_7916500/7916579.stm。2012/1/19。

「孟建柱：互聯網成反華勢力放大破壞能量重要手段」，南方報業網，2009 年 12 月 1 日。

「胡錦濤總書記是咱強國論壇網友」，人民網，2008 年 6 月 20 日，http://www.people.com.cn/BIG5/32306/81152/7409486.html。（檢索日期：2012 年 1 月 19 日）

「第 1 次中國互聯網絡發展狀況調查統計報告」，中國互聯網絡信息中心，1997 年 12 月 1 日，http://research.cnnic.cn/html/1263531336d1752.html。（檢索日期：2012 年 2 月 21 日）

「第 20-29 次中國互聯網絡發展狀況調查統計報告」，中國互聯網絡信息中心，2012 年 1 月 16 日，http://www.cnnic.cn/research/。（檢索日期：2012 年 2 月 21 日）

「統計顯示：兩會期間網民『觸網』數字創新高」，人民網，2010 年 3 月 21 日，http://media.people.com.cn/BIG5/40606/11185641.html。（檢索日期：2012 年 1 月 19 日）

「發展改革委有關負責人就《國民經濟和社會發展資訊化「十一五」規劃》答記者問」，中國中央政府門戶網站，2008 年 4 月 17 日，http://www.gov.cn/zwhd/2008-04/17/content_947090.htm。（檢索日期：2012 年 2 月 28 日）

「華南虎事件調查結果公布：遲到的真相」，人民網，2008 年 7 月 1 日，http://society.people.com.cn/BIG5/7450857.html。（檢索日期：2012 年 1 月 19 日）

「網民倡定期茉莉花集會，京滬數百人聚集，圍觀者眾」，**明報**，2011 年
　2 月 21 日。

于建嶸，「中國的騷亂事件與管治危機」，**中國勞工通訊**，2007 年 11 月 7
　日，http://www.clb.org.hk/chi/node/140745。（檢索日期：2012 年 1 月 19
　日）

＿＿＿＿，「中國農村的政治危機：表現、根源與對策」，**中國農村研究網**，
　2002 年 10 月 18 日，http://www.china-labour.org.hk/chi/node/4293。（檢
　索日期：2012/1/19）

中國互聯網絡信息中心，「第 21 次中國互聯網絡發展狀況調查統計報告」，
　中國互聯網絡信息中心，2008 年 1 月 24 日，http://research.cnnic.cn/
　html/1245053429d632.html。（檢索日期：2012 年 2 月 29 日）

中國社會科學院法學研究所法治國情調研組，「中國地方政府地方透明度
　年度報告（2009 年）：以政府網站信息公開爲視角」，李林主編，**中國
　法治發展報告** No.8（2010）（北京：社會科學文獻出版社，2010 年）。

方朝暉，「對 90 年代市民社會研究的一個反思」，**天津社會科學**，1999 年
　第 5 期，頁 19~24。

王紹光、胡鞍鋼，**中國國家能力報告**（香港：牛津大學出版社，1994 年）。

朱學勤，**書齋裡的革命**（長春：長春出版社，1999 年）。

何清漣，**霧鎖中國：中國大陸控制媒體策略大揭密**（台北：黎明出版，
　2006 年）。

呂新奎，**中國信息化**（北京：電子工業出版社，2002 年）。

李凡，**靜悄悄的革命—中國當代市民社會**（香港：明鏡出版社，1998 年）。

李永剛，**我們的防火牆：網絡時代的表達與監管**（桂林：廣西師範大學出
　版社，2009 年）。

李永峰，「全球華人十大網絡事件」，**亞洲週刊**，2010 年 1 月 3 日，http://
　www.yzzk.com/cfm/Content_Archive.cfm?Channel=nt&Path=4944700471/
　01nt.cfm。（檢索日期：2012 年 1 月 19 日）

李斌，**網絡政治學導論**（北京：中國社會科學出版社，1999 年）。

周宏仁，**中國信息化進程**（北京：人民出版社，2009 年）。

邱林川、陳韜文主編，**新媒體事件研究**（北京：中國人民大學出版社，

2011 年）。

俞可平，治理與善治（北京：中國社會科學出版社，2000 年）。

南方周末，「網絡發言人出山，網絡評論員退隱？」，南方周末，2009 年
　　10 月 21 日，http://www.infzm.com/content/36279。（檢索日期：2012 年
　　1 月 19 日）

柳禮泉，「實現四個現代化的兩步走戰略」，毛澤東思想概論（2004 年），
　　http://202.204.208.83/mzdsx/jxkj/5/5-3%EF%BC%8D2.htm。（檢索日期：
　　2012 年 2 月 28 日）

洪向華，媒體領導力：領導幹部如何與媒體打交道（北京：中共黨史出版
　　社，2009 年）。

洪敬富、陳柏奇，「網路通訊時代下的中國公共參與—以廈門 PX 廠為例」，
　　中國大陸研究，第 53 卷，第 2 期（2010 年），頁 1~38。

范虹軼，最新黨的宣傳工作：規程方法與案例啟示（北京：人民出版社，
　　2010 年）。

唐守廉，互聯網及其治理（北京：北京郵電大學出版社，2008 年）。

徐湘林，「以政治穩定為基礎的中國漸進式改革」，戰略與管理，2000 年
　　第 42 期，頁 23。

秦暉，問題與主義（長春：長春出版社，1999 年）。

袁峰、顧錚錚、孫珏，網絡社會的政府與政治：網絡技術在現代社會中的
　　政治效應分析（北京：北京大學出版社，2006 年。）

張成福、唐鈞，「中國電子政務的十大困境」，天津行政學院學報，第 5 卷，
　　第 3 期（2003 年），頁 22~27。

舒斌、王重浪，「重點新聞網站 — 向上生長的力量」，網
　　絡傳播，第 1 期（2004 年），http://media.people.com.cn/
　　BIG5/22114/46419/46420/3302778.html。（檢索日期：2012 年 2 月 21 日）

劉宇飛、王從虎，多維視角下的行政信息公開研究（北京：中國人民大學
　　出版社，2005 年）。

劉曉波，「點評：民間維權運動的勝利」，BBC 中文網，2003 年 7 月 16 日。

＿＿＿＿，未來的自由中國在民間（華盛頓：勞改基金會，2010 年）。

鄭永年，中國模式：經驗與困局（杭州：浙江人民出版社，2010

年）。

蕭功秦，「改革中期的社會矛盾與政治穩定」，**戰略與管理**，1995 年第 1
期，頁 1-9。

_____，**中國的大轉型：從發展政治學看中國變革**（北京：新星出版社，
2009 年），頁 115~117。

韓詠紅，「網前網後的參政前景」，**南風窗**，2009 年 10 月 24 日，http://
www.nfcmag.com/articles/1726。（檢索日期：2012 年 1 月 19 日）

鐘忠，**中國互聯網治理問題研究**（北京：金城出版社，2010 年）。

二、英文部分

Agence France-Presse, "30 Years After Bread Riots, Egypt Reform Move For-
ward," *Agence France-Presse (AFP)*, Jan. 21, 2007, http://www.dailystare-
gypt.com/article.aspx?ArticleID=5112. (accessed Jan. 19, 2012)

Barrett, Neil, *The State of the Cybernation: Cultural, Political and Economic
Implications of the Internet* (London: Kogan Page, 1996).

Brockman, John, *Digerati: Encounters with the Cyber Elite* (San Francisco:
Hardwired Books, 1996).

Burns, John, "The People's Republic of China at 50: National Political Re-
form," *The China Quarterly*, No. 159 (1999), pp. 580~594.

Caldow, Janet, "The Quest for Electronic Government: A Defining Vision,"
Institute for Electronic Government (1999), p. 2, http://www-01.ibm.com/
industries/government/ieg/pdf/egovvision.pdf (accessed Feb. 28, 2012)

Castells, Manuel, "Space of Flows," *Space of Flows* (2006), pp. 8~9, http://
socgeo.ruhosting.nl/html/files/geoapp/Werkstukken/CastellsFlows.pdf. (ac-
cessed Jan. 19, 2012)

Chadwick, Andrew and Philip N. Howard eds, *Routledge Handbook of Internet
Politics* (London, NY: Routledge, 2009).

Chadwick, Andrew, *Internet Politics: States, Citizens, and New Communica-
tion Technologies* (Oxford, NY: Oxford University Press, 2006).

Chase, Michael and James Mulvenon, *You've Got Dissent!: Chinese Dissident*

Use of the Internet and Beijing's Counter-Strategies (Santa Monica, California: Rand, 2002).

Croteau, David R. and William Hoynes, *Media Society: Industries, Images and Audiences* (Thousand Oaks: Pine Forge Press, 2003).

Dickinson, Elizabeth, "The First WikiLeaks Revolution?" *Foreign Policy*, Jan. 13, 2011, http://wikileaks.foreignpolicy.com/posts/2011/01/13/wikileaks_ and_the_tunisia_protests. (accessed Jan. 19, 2012)

Ding, Yijiang, "Pre and Post-Tiananmen Conceptual Evolution of Democracy in Intellectual Circles," *Journal of Contemporary China*, Vol. 7, No. 18 (1998), pp. 253~56.

Fewsmith, Joseph ed., *China Today, China Tomorrow: Domestic Politics, Economy, and Societ* (Lanham: Rowman & Littlefield, 2010).

Fu, Hualing and Richard Cullen, "Weiquan (Rights Protection) Lawyering in an Authoritarian State: Building a Culture of Public-Interest Lawyering," *The China Journal*, No. 59 (2008), pp. 111~127.

Galston, William, "The Impact of the Internet on Civic Life: An Early Assessment," in E. C. Kamarck and J. S. Nye eds., *Governance.com: Democracy in the Information Age* (Washington, DC: Brookings Institution Press, 2002), pp. 40~58.

Gelbstein, Eduardo and Jovan Kurbalija, *Internet Governance: Issues, Actors and Divides* (Msida: DiploFoundation, 2005).

Gilley, Bruce, *China's Democratic Future: How It Will Happen and Where It Will Lead* (NY: Columbia University Press, 2004).

Gladwell, Malcom, "Small Change-Why the Revolution Will Not Be Tweeted," *The New Yorker*, Oct. 4, 2010, http://www.newyorker.com/ reporting/2010/10/04/101004fa_fact_gladwell. (accessed Jan. 19, 2012)

Global Voices, "Egypt: Our Hero, Wael Ghonim," *Global Voices*, Feb. 7, 2011, http://globalvoicesonline. org/2011/02/07/egypt-our-hero-wael-ghonim/. (accessed Jan. 19, 2012)

_____, "Middle East: Revolutionary Breeze Blowing from Cairo

to Benghazi," *Global Voices*, Mar. 5, 2011, http://globalvoicesonline.
org/2011/03/05/middle-east-revolutionary-breeze-blowing-from-cairo-to-
benghazi/. (accessed Jan. 19, 2012)

Goldman, Merle, "Politically-Engaged Intellectuals in the Deng-Jiang Era: A
Changing Relationship with the Party State," *The China Quarterly*, No. 145
(1996), pp. 51~52.

Habermas, Jügen, *The Structural Transformation of the Public Sphere: An
Inquiry into a Category of Bourgeois Society* (Cambridge: The MIT Press,
1989).

Hachigian, Nina, "The Internet and Power in One-Party East Asian States,"
The Washington Quarterly, Vol. 25, No. 3 (2002), pp. 41~58.

Hague, Barry N. and Brian D. Loader, *Digital Democracy: Discourse and De-
cision Making in the Information Age* (London: Routledge, 1999).

Harwit, Eric and Duncan Clark, "Shaping the Internet in China: Evolution of
Political Control over Network Infrastructure and Content," *Asian Survey*,
Vol. 41, No. 3 (2001), pp. 377~408.

Herman, Edward and Robert McChesney, *The Global Media: the New Mis-
sionaries of Corporate Capitalism* (London and Washington: Cassell, 1997).

Hoffman, Donna L. and Thomas P. Novak, "Marketing in Hypermedia Com-
puter-Mediated Environments: Conceptual Foundations," *Journal of Market-
ing*, Vol. 60, No. 3(1996), pp. 50~68.

Holmes, David, *Virtual Politics: Identity and Community in Cyberspace* (Lon-
don: Sage, 1998).

Hughes, Christopher R. and Gudrun Wacker, "Introduction: China's Digital
Leap Forward," in Christopher R. and Gudrun Wacker eds., *China and the
Internet: Politics of the Digital Leap Forward* (London and New York:
Routledge/Curzon, 2003).

Hung, Chin-fu, "The Politics of China's Wei-Quan Movement in the Inter-
net Age," *International Journal of China Studies*, Vol. 1, No. 2 (2010), pp.
331~349.

Jordan, Tim, *Cyber Power: The Culture and Politics of Cyberspace and the Internet* (London: Rutledge, 1999).

Kahn, Richard and Douglas Kellner, "Oppositional Politics and the Internet: A Critical/ Reconstructive Approach," *Cultural Politics*, Vol. 1, No. 1 (2005), pp. 75~100.

Kalathil, Shanthi and Taylor C. Boas, *Open Networks, Close Regimes: The Impact of the Internet on Authoritarian Rule* (Washington DC: Carnegie Endowment for International Peace, 2003).

Keller, Douglas, *Media Culture: Cultural Studies, Identity and Politics between the Modern and the Postmodern* (London: Routledge, 1995).

Kjaer, Anne Mette, *Governance* (Cambridge: Polity Press, 2004).

Kristof, Nicholas, "Death by a Thousands Blogs," *The New York Times*, May 24, 2005, http://www.nytimes.com/2005/05/24/opinion/24kristoff.html (accessed Feb. 28, 2012)

Lynch, Daniel C., *After the Propaganda State: Media, Politics, and "Thought Work" in Reformed China*, (Stanford, CA: Stanford University Press, 1999).

Lynch, Marc, "Tunisia and the New Arab Media Space," *Foreign Policy*, Jan. 15, 2011, http://lynch.foreignpolicy.com/posts/2011/01/15/tunisia_and_the_new_arab_media_space. (accessed Jan. 19, 2012)

Main, Linda, "The Global Information Infrastructure: Empowerment or Imperialism," *Third World Quarterly*, Vol. 22, No. 1 (2001), pp. 83~97.

Manion, Melanie, "Chinese Democratization in Perspective: Electorates and Selectorates at the Township Level," *The China Quarterly*, No. 163 (2000), pp. 781~782.

McNair, Brian, *An Introduction to Political Communication* (London: Routledge, 1995).

Migdal, Joel S., *Strong Societies and Weak States: State Society Relations and State Capabilities in the Third World* (NJ: Princeton Press, 1988).

Nathan, Andrew, "Authoritarian Resilience," *Journal of Democracy*, Vol. 14,

No. 1 (2003), pp. 6~17.

Norris, Pippa, *Digital Divide: Civic Engagement, Information Poverty, and the Internet Worldwide* (Cambridge and New York: Cambridge University Press, 2001).

Nye Jr.,Joseph S. ed., *Governance.com: Democracy in the Information Age* (Washington, DC: Brookings Institution Press, 2002).

Ogden, Suzanne, *Inklings of Democracy in China* (Cambridge and London: Harvard University Press, 2002).

Pei, Minxin, *China's Trapped Transition: The Limits of Developmental Autocracy* (MA: Harvard University Press, 2006).

Phillips, Macon, "Change Has Come to WhiteHouse.gov," *The White House Washington*, Jan. 20,2009, http://www.whitehouse.gov/blog/change_has_come_to_whitehouse-gov/. (accessed Jan. 19, 2012)

Pierre, Jon and B. Guy Peters, *Governance, Politics, and the State* (Basingstoke: Macmillan, 2000).

Putnam, Robert D., *Bowling Alone: The Collapse and Revival of American Community* (NY: Simon and Schuster, 2000).

Rawnsley, Gary, *Political Communications and Democracy* (Basingstoke: Palgrave, 2006).

Rhodes, Rod, *Understanding Governance: Policy Networks, Governance, Reflexivity, and Accountability* (Buckingham: The Open University Press, 1997).

Rice, Ronald E., "Computer-Mediated Communication and Organizational Innovation," *Journal of Communication*, Vol. 37, No. 4 (1987), pp. 65~94.

Rodan, Garry, "Embracing Electronic Media But Suppressing Civil Society: Authoritarian Consolidation in Singapore," *The Pacific Review*, Vol.16, No. 4 (2003), pp. 503~524.

Rosecrance, Richard, *The Rise of the Virtual State: Wealth and Power in the Coming Century* (NY: Basic Books, 1999).

Saich, Tony, *Governance and politics of China* (NY: Palgrave, 2001).

Slouka, Mark, *War of the Worlds: Cyberspace and the High-Tech Assault on Reality* (NY: Basic Books, 1995).

Sunstein, Cass, *Infotopia: How Many Minds Produce Knowledge* (NY: Oxford University Press, 2006).

_____, *Republic. Com 2.0* (NY: Princeton University Press, 2007).

Walton, Greg, "China's Golden Shield: Corporations and the Development of Surveillance Technology in the People's Republic of China," *International Centre for Human Rights and Democratic Development*, 2001, http://www. scribd.com/doc/11561836/Chinas-Golden-Shield-Surveillance-Technology. (accessed Jan. 19, 2012).

Wilhelm, Anthony G., *Democracy in the Digital Age: Challenges to Political Life in Cyberspace* (London, NY: Routledge, 2000).

Working Group on Internet Governance, "Report from the Working Group on Internet Governance," *Working Group on Internet Governance* (2005), p. 3, http://www.wgig.org/docs/WGIGREPORT.pdf. (accessed Jan. 19, 2012)

World Economic Forum, "The Global Information Technology Report 2010-2011," *World Economic Forum* (2011), http://www.weforum.org/reports/global-information-technology-report-2010-2011-0?fo=1. (accessed Jan. 19, 2012)

Wright, Teresa, *Accepting Authoritarianism: State-Society Relations in China's Reform Era* (Stanford: Stanford University Press, 2010).

Wu, Wei and David Weaver, "On-Line Democracy or On-Line Demagoguery? Public Opinion 'Polls' on the Internet," *Harvard International Journal of Press/Politics*, Vol. 4, No. 2 (1997), pp. 71~86.

Yang, Dali, "Economic Transformation and Its Political Discontents in China: Authoritarianism, Unequal Growth, and the Dilemmas of Political Development," *Annual Review of Political Science*, No. 9 (2006), pp. 143~164.

Zhang, Marina Yue and Bruce W. Stening, *China 2.0: The Transformation of an Emerging Superpower and the New Opportunities* (Singapore: John Wiley & Sons, 2010).

Zhao, Yuezhi, *Media, Market, and Democracy in China: Between the Party Line and the Bottom Line* (Urbana: University of Illinois Press, 1998).

Zheng, Yongnian, *Technological Empowerment: The Internet, State, and Society in China* (Stanford: Stanford University Press, 2008).

第十一章

結語：社會力量與黨國回應

王信賢、寇健文

近年來中國隨著經濟快速發展而來的社會問題不斷湧現，包括社會不公、各類拆遷與「圈地」問題、「三農問題」、農民工問題、教育問題、就業問題、環境污染、衛生醫療問題、食品安全問題以及各種人為災變等。如同本書所示，緊接著猛爆社會問題而來的就是社會抗爭的頻仍、各類草根組織的出現，再加上網際網路的催化，使得中共將「社會穩定」拉到施政的前沿。除了中國社會力量的展現，我們認為，政權的自我調適（adaptation）與對社會的回饋機制，亦是觀察一個國家政治、社會轉型的關鍵。[1]

從此出發我們也發現，近十餘年來不論是中共黨的《政治報告》或每年的《政府工作報告》，「社會建設」受重視的程度不斷攀升，甚至可說是各報告中內容與篇幅增加較多的，而近兩年不斷強調「社會管理」或「社會治理」創新，正可說明中共政權對於社會議題的回應。本章將從政權特質出發，說明當前中共如何具體回應社會問題，並以「公民社會與政權轉型」作為總結。

---

[1] Bruce Dickson, "Leninist Adaptability in China and Taiwan," in Edwin A. Winckler ed., *Transition from Communism in China: Institutional and Comparative Analysis* (Boulder: Lynne Rienner Publishers, 1999), pp. 49~77; Bruce Gilley, "Comparing and Rethinking Political Change in China and Taiwan" in Bruce Gilley and Larry Diamond eds., *Political Change in China: Comparisons with Taiwan* (Boulder, CO: Lynne Rienner Publishers, 2008), pp. 1~23; Axel Hadenius and Jan Teorell, "Pathways from Authoritarianism," *Journal of Democracy*, Vol. 18, No.1 (Jan. 2007), pp. 143~157.

壹、中共政權特性

政權特性是由「政權目標」和「組織運作原則」構成。「政權目標」設定統治菁英主觀想要維持或發展的方向，涉及國家對市場和社會互動關係的期望。「組織運作原則」則與一個政權落實政權目標的能力有關。從政治的角度來看，政權在市場發展與社會變遷的過程中，可能造成國家被市場和社會擄獲（state capture），也可能維持國家支配市場和社會（state domination）的局面，或是介於兩者之間。其中原因一方面可能受到「政權目標」的影響，如威權國家領導人決定推動民主化，自然會降低「國家支配」的程度；另一方面也和政權有無能力貫徹政權目標，控制市場和社會變遷方向有關。

中共建政初期，冷戰方殷、兩大集團間的對抗，中共採取「一邊倒」的外交政策，全面倒向蘇聯為首的共產集團，政治制度與計畫經濟體制的移植使其被貼上「蘇聯式」的標籤，再加上資料蒐集的困難，西方研究中的「克里姆林宮學」自然而然地被移植到中國研究上，用以觀察法西斯與蘇聯的極權主義（totalitarianism）也被運用在中國研究上。[2] 多數研究者認為中共領導人信仰馬列主義，緊密地團結在一起，以集體領導的方式制定政策。他們利用強大的控制機制滲透整個社會，動員民眾支援新政權的政策。同時，利用計畫經濟掌握資源分配，把一個老舊的傳統社會改造為新社會。[3] 然而，經過三十餘年的改革開放，縱使仍有部分學者主張中共仍具

---

[2]　極權主義政體具有以下特徵：（1）有一官定意識型態；（2）由一魅力型領袖所領導的群眾性政黨；（3）恐怖的秘密警察控制；（4）國家壟斷所有的大眾媒體；（5）黨國對軍隊的掌控；（6）中央指令性經濟。Carl Friedrich and Zbigniew Brzezinski, *Totalitarian Dictatorship and Autocracy* (Cambridge, MA: Harvard University Press, 1956).

[3]　以上觀點見 Michel Oksenberg, "Politics Takes Command: An Essay on the Study of Post-1949 China," in Roderick MacFarquhar and John K. Fairbank eds., *Cambridge History of China*, Vol. 14 (Cambridge: Cambridge University Press, 1987), pp. 578~579; Jing Huang, *Factionalism in Chinese Communist Politics* (NY: Cambridge University Press, 2000), p. 26. 極權主義的代表性作品包括 Richard L. Walker, *China under Communism: The First Five Years* (New Haven, CT: Yale University Press, 1955); A.

極權主義特徵，[4]但一般多認其早已遠離典型的極權主義。既然其已遠離極權主義，其政權性質究竟爲何？一般可歸納成兩方面：

一、後極權主義

探討後極權主義最深入的學者莫過於林茲（Juan Linz）。林茲認爲那些經過極權統治的威權政權，具有許多不同於典型威權政權的特徵，因此「有必要視之爲一種獨特的威權型態」，並稱爲後極權威權主義（post-totalitarian authoritarianism）。[5]1990 年代中期，林茲和史迪潘（Alfred Stepan）把後極權主義視改爲一種介於極權主義和威權主義的政權型態，並比較這三種政權之的差異。[6]他們從四個面向進行概念釐清：一、多元化：後極權主義存在政權內部的制度性多元化。既不同於極權主義下的一元統治，也不同於威權主義的有限多元。二、領導階層：後極權主義重視集體領導與技術官僚，同時強調政治憑證，上層菁英皆來自黨組織與政府。既缺少極權統治下權力不受限制的魅力型領袖，也不像威權主義下的統治者多半從統治集團內部挑選菁英。三、意識形態：官方意識型態仍存在後極權主義下的一般生活中，不容許公開挑戰。但不像極權主義下具備高度烏

Doak Barnett, *Communist China and Asia: Challenge to American Policy* (NY: Harper & Brothers, 1960); John W. Lewis, *Leadership in Communist China* (Ithaca, NY: Cornell University Press, 1963); Franz Schurmann, *Ideology and Organization in Communist China* (Berkeley, CA: University of California Press, 1966).

4　如郭蘇建認爲，中共仍保有哲學上的絕對主義（philosophical absolutism）與終極目標（inevitable goals）、排他性的官方意識形態、一黨領導的權力結構等政權特性的硬核心（hard core），只有在爲了維持上述三個核心特性而採取的行動方法（action means and methods）出現明顯變化，如國家對社會的滲透、群眾政治動員與政治恐怖、計畫經濟都已經弱化或消失。Sujian Guo, *Post-Mao China: From Totalitarianism to Authoritarianism?* (Westport, CT: Praeger, 2000), pp. 12~28.

5　Juan J. Linz, "Totalitarian and Authoritarian Regimes," in Fred I. Greenstein and Nelson W. Polsby eds., *Handbook of Political Science (3): Micropolitical Theory* (Reading, MA: Addison-Wesley, 1975), pp.175~412.

6　Juan J. Linz and Alfred Stepan, *Problems of Democratic Transition and Consolidation: Southern Europe, South America, Post-Communist Europe* (Baltimore, MD: John Hopkins University Press, 1996), pp. 38~54.

托邦色彩，也不像威權主義只存在鬆散的心態（mentality）。[7] 四、動員：
後極權主義下的動員頻率與幅度雖然高於威權主義，但遠低於極權主義。

　　許多學者都曾從類似角度討論列寧式政權在後革命時期出現的轉變。
他們認為共黨政權執政初期重視意識型態與革命傳統，之後隨著政權穩
定而逐漸淡化烏托邦色彩，越來越重視經濟發展，社會甚至出現有限的
多元化。[8] 自從 1990 年代起，陸續有學者認為中共具有後極權主義的特
性。[9] 主要原因在於中共繼續壟斷政治權力，宣傳官方意識形態，但國家

---

[7] 在意識形態上，極權主義和後極權主義之間的差異很大。前者具有迫使民眾信
服、參與其改造社會理念的政治狂熱。後者則只是確保民眾順從默認官方提出的
政治口號，形成一種語言上的儀式，以便維護執政者的統治地位。至於民眾是否
真正信服，已不再重要。換言之，後極權主義下的意識型態已經喪失維持政權以
外的內容或目的。哈維爾（Vaclav Harvel）因此提出「活在真實中」（living within
the truth）的反抗策略，讓民眾呈現真實生活與官方謊言之間差距，進而讓統治者
喪失合法性。相關討論見 Delia Alexandru, "Post-totalitarianism and the Promise of
Living in Truth," Annual Meeting of the Midwest Political Science Association, Chicago
(March 16-21, 2004), pp. 1~31; Christopher Brooks, "The Art of the Political: Harvel's
Dramatic Literature as Political Theory," East European Quarterly, Vol. 34, No. 4 (Jan.
2006), pp. 491~522; Lauri Paltemaa and Juha A. Vuori, "Regime Transition and the
Chinese Politics of Technology: From Mass Science to the Controlled Internet," Asian
Journal of Political Science, Vol. 17, No. 1 (Apr. 2009), pp. 1~23.

[8] Richard Lowenthal, "Development vs. Utopia in Communist Policy," in Chalmers
Johnson ed., Change in Communist System (Stanford, CA: Stanford University Press,
1970), pp. 33~116; Samuel Huntington, "Social and Institutional Dynamics of One-
Party System," in Samuel Huntington and Clement Moore eds., Authoritarian Politics in
Modern Society (NY: Basic Books, 1970), pp. 3~47.

[9] 趙建民，威權政治（台北：幼獅文化事業公司，1994 年），頁 197~213。林茲本人
在 Totalitarian and Authoritarian Regimes 改版新增的前言中，也指出中共政權是後
極權主義。Juan J. Linz, Totalitarian and Authoritarian Regimes (Boulder, CO: Lynne
Rienner, 2000), p. 35; Hongyi Harry Lai, "Religious Policies in Post-totalitarian China:
Maintaining Political Monopoly over a Reviving Society," Journal of Chinese Political
Science, Vol. 11, No. 1 (Spring 2006), pp. 56~77; Chongyi Feng, "Democrats within the
Chinese Communist Party since 1989," Journal of Contemporary China, Vol. 17, No.
57 (Nov. 2008), pp. 673~688; Lauri Paltemaa and Juha A. Vuori, "Regime Transition
and the Chinese Politics of Technology: From Mass Science to the Controlled Internet,"
Asian Journal of Political Science, Vol. 17, No. 1 (Apr. 2009), pp. 1~23.

對經濟活動與社會活動的控制程度已經降低。儘管他們使用的名詞可能有所不同，但多以林茲的觀點爲基礎，如退化的極權主義（degenerative totalitarianism）、[10] 後全能主義、[11] 新極權主義。[12]

　　還有一些學者把後極權主義的特性與其他的特性結合起來，共同描繪中共政權的型態。如吳玉山認爲「後極權」只是中國政經轉型的一個面向，另外一個面向則完全超出了過去蘇聯與東歐的經驗，即東亞資本主義發展國家（capitalist developmental state）的特性，由於眼見鄰近的日本和亞洲四小龍舉世稱羨的經濟發展奇蹟，和透過經濟表現鞏固政權合法性的經驗，中共很自然地會試圖建立一套資本主義發展國家制度，前述兩個面向的結合則形成了「後極權的資本主義發展國家」（post-totalitarian capitalist developmental state）。[13] 此外，徐斯勤在剖析中國發展模式時指出，中共一方面成功地促進經濟發展，另一方面也在掠奪經濟發展的成果，出現官員腐敗和權貴資本主義的現象；一方面出現技術官僚與消費主義的後極權主義趨勢，另一方面又在社會多元化的情況下，調整治理社會的手段，適應新的環境，以便確保權力壟斷。因此，中國發展模式具有「雙面的國家主導下的經濟成長」（the Janus-faced state-led growth）、「調適的後極權主義」（adaptive post-totalitarianism）。[14]

---

[10]　林佳龍、徐斯儉，「退化的極權主義與中國未來發展」，林佳龍主編，**未來中國：退化的極權主義**（台北：時報文化出版公司，2003 年），頁 11~30。

[11]　蕭功秦，「後全能主義時代的來臨：世紀之交中國社會各階層政治態勢和前景展望」，**當代中國研究**，1999 年總第 64 期，蕭功秦，「後全能體制與 21 世紀中國的政治發展」，**戰略與管理**，2000 年第 6 期（2000 年 12 月），頁 1~8。

[12]　徐賁，「中國的『新極權主義』及其末世景象」，**當代中國研究**，第 12 卷第 4 期（2005年 12 月），頁 4~26。

[13]　吳玉山，「宏觀中國：後極權資本主義發展國家──蘇東與東亞模式的揉合」，收錄於徐斯儉、吳玉山主編，**黨國蛻變：中共政權的菁英與政策**（台北：五南圖書公司，2007 年），頁 309~335。

[14]　Philip Hsu, "In Search of China's Development Model," in S. Philip Hus, Yu-Shan Wu and Suisheng Zhao eds., *In Search of China's Development Model: Beyond the Beijing Consensus* (NY: Routledge, 2011), pp. 1~24.

二、威權主義

　　除「後極權主義」外，目前有不少的學者把中共政權定位為威權主義。有些學者認為改革開放三十餘年之後，中共政權已經從極權主義轉變為威權主義政權。這些轉變包括鎮壓頻率下降、政治繼承制度化、菁英功績任命制、制度的多元化（如人大權力緩慢上升、民眾參與和請願管道增加、社會力量提升、法律改革與基層民主發展）等。黎安友（Andrew Nathan）認為，中共政權「已由極權主義轉型到典型的威權主義」，並認為它具有生存的韌性，可以修補自身的制度缺陷。[15] 裴敏欣（Minxin Pei）則認為當今中共政權與當年台灣、韓國的軟威權主義（soft authoritarianism）很相似，因此民主化是可能發生的。[16] 儘管兩人對中共政權未來的看法不同，但他們都認為中共政權已經符合威權主義的定義。

　　還有一些學者則提出「帶有形容詞的威權主義」（authoritarianism with adjectives）來描繪中共政權。李侃如（Kenneth Lieberthal）認為中共內部在政策制定過程中，不同層級和不同部門之間都出現複雜的官僚議價過程，因此可稱為「分裂式威權主義」（fragmented authoritarianism）。[17] 毛學峰（Andrew Mertha）則認為隨著社會多元化發展，中國已出現一些如媒體、非政府組織（NGO）等政策企業家（policy entrepreneurs），其已具

---

[15]　Andrew Nathan, "Totalitarianism, Authoritarianism, Democracy: The Case of China," in Myron L. Cohen ed., *Case Studies in the Social Sciences* (Armonk, NY: M. E. Sharpe, 1992), pp. 235~256; Andrew Nathan, "China's Changing of the Guard: Authoritarian Resilience," *Journal of Democracy,* Vol. 14, No. 1 (Jan. 2003), pp. 6~17.

[16]　Minxin Pei, "China's Evolution Toward Soft Authoritarianism," in Edward Friedman and Barrett McCormick eds., *What If China Doesn't Democratize? Implication for War and Peace* (Armonk, NY: M. E. Sharpe, 2000), pp. 74~98. 何漢理（Harry Harding）也抱持類似的看法。見 Harry Harding, "Political Development in Post-Mao China," in A. Doak Barnett and Ralph N. Clough eds., *Modernizing China* (Boulder, CO: Westview Press, 1986), pp. 13~37.

[17]　Kenneth Lieberthal, "Introduction: The Fragmented Authoritarianism Model and Its Limitation," in Kenneth Lieberthal and David Lampton eds., *Bureaucracy, Politics, and Decision-Making in Post-Mao China* (Berkeley, CA: University of California Press, 1992), pp. 1~30.

有議題形塑（issue frames）的能力，使得各政府部門得以和其進行結盟以推動政策，其將此稱爲「分裂式威權主義 2.0」（fragmented authoritarianism 2.0）。[18]

此外，裴宜理（Elizabeth Perry）則提出「革命式威權主義」（revolutionary authoritarianism）的概念，強調改革開放後政權的延續性，她認爲中國大陸的國家社會關係並未出現本質性變化，國家與社會的行爲者仍會沿用革命時期的慣用手段行事。[19]李磊（Pierre Landry）提出「分權式威權主義」（decentralized authoritarianism），解釋在地方擁有極大預算與政治權力之際，中央如何透過組織與人事任命控制地方官員、保障組織完整和減少政治風險。[20]萊特（Teresa Wright）則從國家主導發展的政策、市場力量與社會主義遺產三種因素的交錯作用，解釋中共政權如何在經濟開放但政治封閉的情況下，讓社會各階層民眾容忍，甚至接受一黨領導，並稱之爲「可接受的威權主義」（accepting authoritarianism）。[21]Jessica Teets 考察過去二十年公民社會在北京的發展，其認爲在中國基層社區已出現民間組織協助地方治理的模式，其稱之爲「協商式威權主義」（consultative authoritarianism）。[22]

從上述可知，歷經改革開放三十餘年，中國國家確實不再像極權主義所描述的，無遠弗屆地對社會、市場進行掌控。國家不再獨斷所有生產資料，農業的非集體化、地方政府企業的興起，以及相應的私營和外資企業的發展有效地瓦解了國家獨斷的根基，新的所有制形式興起意味著國

---

[18] Andrew C. Mertha, "'Fragmented Authoritarianism 2.0': Political Pluralization in the Chinese Policy Process," *The China Quarterly*, No. 200 (Dec. 2009), pp. 995~1012.

[19] Elizabeth Perry, "Studying Chinese Politics: Farewell to Revolution?" *The China Journal*, No. 57 (Jan. 2007), pp. 1~22.

[20] Pierre Landry, *Decentralized Authoritarianism in China: The Communist Party's Control of Local Elites in the Post-Mao Era* (NY: Cambridge University Press, 2008).

[21] Teresa Wright, *Accepting Authoritarianism: State-Society Relations in China's Reform Era* (Stanford, CA: Stanford University Press, 2010).

[22] Jessica Teets, "Let Many Civil Societies Bloom: The Rise of Consultative Authoritarianism in China," *The China Quarterly*, No. 212 (Feb. 2013), pp. 1~20.

家對就業機會的控制被削弱；侍從主義[23]、宗族力量[24]以及地方利益的複雜結構[25]均使國家向社會的滲透受到阻絕。Tony Saich 則主張，相對於社會部門，中國大陸的國家角色發生了巨大的變遷，已從自主型國家（autonomous state）轉變成協商型國家（negotiated state）。[26]

然而，這並非表示黨國體制完全毫無作為，面對社會快速變遷，層出不窮的社會問題，為強化執政合法性，中共也積極自我「調適」與「回應」。本章並無意加入中共政權究竟是後極權主義或威權主義的辯論，但在政策與組織層次上，可看出其確實不斷「回應」社會，此正是下節論述的重點。

貳、社會力量崛起與政權回應

過去三年來，國際媒體不斷報導中國「公共安全」預算超越「國防」經費，即可看出端倪，以 2013 年為例，在十二屆人大審議的《關於 2012 年中央和地方預算執行情況與 2013 年中央和地方預算草案的報告》中，

---

[23] Andrew Walder, *Communist Neo-Traditionalism: Work and Authority in Chinese Industry* (Berkeley: University of California Press, 1986); Jean Oi, *State and Peasant in Contemporary China: The Political Economy of Village Government* (CA: University of California Press, 1989), pp. 1~12.

[24] Lin Nan and Chih-jou Jay Chen, "Local Elites as Officials and Owners: Shareholding and Property Rights in Daqiuzhuang," in Jean Oi and Andrew Walder eds., *Property Rights and Economic Reform in China* (Stanford: Stanford University Press, 1999), pp. 301~354.

[25] Andrew Walder, "Local Governments as Industrial Firms: An Organizational Analysis of China's Transitional Economy," *The American Journal of Sociology*, Vol. 101, No. 2 (Sep. 1995), pp. 263~301; Andrew Walder ed., *Zouping in Transition: The Process of Reform in Rural North China* (Cambridge: Harvard University Press, 1998); Jean Oi, *Rural China Takes Off* (CA: University of California Press, 1999); David Wank, *Commodifying Communism: Business,Trust,and Politics in a Chinese City* (Cambridge: Cambridge University Press, 1999), pp. 23~40.

[26] Tony Saich, "Negotiating the State: The Development of Social Organizations in China," *The China Quarterly*, No. 161 (Mar. 2000), pp. 124~141; Tony Saich, *Governance and Politics of China* (NY: Palgrave Macmillan, 2004), pp. 213~232.

被外界稱爲「維穩經費」的公共安全預算編列了 7690 億人民幣，超越了國防預算的 7406 億人民幣，雖然大陸官方一再強調「中國向來預算根本沒有『維穩』這一項，且強調美、法等國也是公共安全支出高於軍費」，[27]但面對社會情勢的變化與政府的回應，仍可看出此議題的重要性。

在政策方面，我們看到從 2011 年以來不斷強調的「社會管理創新」，成爲 2012 年底「十八大」《政治報告》中的主軸，[28]在 2013 年底的「十八屆三中全會」中甚至提出「創新社會治理體制」。[29]而在組織層次上，2011年 9 月，中共中央將「中央社會治安綜合治理委員會」更名爲「中央社會管理綜合治理委員會」，由「治安」改爲「管理」，似乎預示社會治理由過去單一強力控制向社會綜合協調轉變。此外，在各省市常委換屆中，多數原政法委書記未進常委，政法委書記由非政法系統的官員轉任；在「十八大」的新任政治局常委中，原本「十六大」、「十七大」政法委書記「入常」的狀況也有所改變，由此可見中央有意識地弱化政法委的職能。因此，從地方到中央，代表強制力量的「政法」系統權力受到約束，可能隱含著「社會管理」的內涵出現「質」的變化。

如本書前言所述，近年來中國社會轉型過程中，社會組織、社會抗爭與網際網路的蓬勃發展應可說是代表社會力量崛起的主要特徵，以下將從這三方面觀察當前中國社會力量的崛起以及國家部門的回應。

一、社會組織發展與國家回應

如本書第一章所示，目前中國「合法」登記的社會組織多屬與政府

---

[27] 「大陸維穩預算連 3 年高出軍費」，聯合報，2013 年 3 月 6 日，http://udn.com/NEWS/MAINLAND/MAI1/7739426.shtml#ixzz2Mk4WA7oW；「解讀中國預算的『維穩費用』」，BBC 中文網，2013 年 3 月 6 日，http://www.bbc.co.uk/zhongwen/trad/china/2013/03/130306_budget_military_security.shtml。

[28] 「胡錦濤在中國共產黨第十八次全國代表大會上的報告」，新華網，2012 年 11 月 17 日，http://news.xinhuanet.com/18cpcnc/2012-11/17/c_113711665.htm。

[29] 「中共中央關於全面深化改革若干重大問題的決定」，新華網，2013 年 11 月 15 日，http://news.xinhuanet.com/politics/2013-11/15/c_118164235.htm。

關係密切的 GONGO，在結構和數量上並不能滿足社會的需求，而且多數政府組織僅是公部門的另一塊招牌，服務社會的能力遠遠不及。然而據估計，實際上社會組織遠比官方公布的多上十倍，[30] 許多是在政府的控制之外，此些組織包括環保、愛滋、扶貧、婦女、扶助農民工與慈善組織等，此些組織在地方（甚至某些領域的影響力已達全國）均極為活躍。

　　以當前最為活躍的環保草根組織為例，近年來諸多「綠色行動」，包括拯救藏羚羊、滇西金絲猴、披露淮河污染、北京動物園搬遷、抗議怒江建水壩、反對圓明園鋪設防滲膜事件等，都可看到民間環保組織所展現的活躍力量。但若就此論斷其已具有理論意義上之「公民社會」的政策影響力，可能就嚴重忽略中國政治體制與運作，其活動領域多為不觸及國家「底線」的「環保教育與倡議」，且對於越來越激化的環保抗爭不僅是謹慎小心更是保持距離。[31]

　　在國家回應方面，目前中共對社會組織的約束最主要是《社會團體登記管理條例》所明訂的「雙重管理體制」，指的是社會團體須接受行政部門的雙重約束，即同時要有兩個「婆婆」，一是「登記管理機關」，另一是「業務主管單位」（民政部門）。在此種「雙保險」下，社團的發展完全在國家掌控之中。除了登記制度外，也分別針對不同組織採取「分類控制」或「底線控制」；[32] 即以社團「對政權的威脅程度」以及「協助政府經濟社會服務」等為考量，將社會組織進行分類與管理，以統治利益為核心採取包括「納入體制」、「鼓勵成立並積極管理」、「有限放任」以及「嚴格禁止」等分而治之的策略。[33]

---

[30] 王名，「改革民間組織雙重管理體制的分析和建議」，北京市社會組織網上服務網，2012 年 5 月 25 日，http://210.73.89.225/cms/zxux/402.jhtml。

[31] 王信賢，「當代中國『國家—社會』關係的變與常：以環保組織的發展為例」，政治學報，2010 年第 49 期，頁 1~39。

[32] 康曉光、韓恒，「分類控制：當前中國大陸國家與社會關係研究」，社會學研究，2005 年第 6 期，頁 73~89。

[33] 王信賢、王占璽，「夾縫求生：中國大陸社會組織的發展與困境」，中國大陸研究，第 49 卷第 1 期（2006 年 3 月），頁 27~51。

在政策層次上，近來我們可以看到幾個明顯的趨勢：（一）放寬「雙重管理體制」：根據「國務院辦公廳關於實施《國務院機構改革和職能轉變方案》任務分工的通知」，其明確在社會組織發展上的優先順序和重點領域，實行有差別的發展政策，其指出將重點培育、優先發展行業協會商業類、科技類、公益慈善類、城鄉社區服務類社會組織。[34] 換言之，經過「審核」過的上述四類組織僅需向民政部門登記即可。（二）加速「政府購買服務」：主要是由政府提供資金與資源，吸引民間社團申請參與社會服務，2013 年中央財政預算總資金為 2 億元人民幣投入；在地方政府方面，包括北京、上海、廣東與西安等地亦已加速「政府購買服務」的政策推動。[35]（三）加快「樞紐型組織」的建構：即透過原本即已存在的人民團體等 GONGO 扮演「樞紐組織」，「分管」相關的草根組織，或進行資源分配，如廣東省即由工會、婦聯與共青團等扮演此種角色。就此看來，其吸納社會組織參加公共服務的意圖極為明顯。

二、社會抗爭發展與國家回應

如本書前言所示，近十餘年來中國大陸社會抗爭急遽增加，保守估計每年超過十萬件，這也成為我們觀察中國社會穩定最重要的指標。目前中國社會抗爭幾乎包括各種議題，如抗議徵地不公、幹部貪腐、勞資糾紛、環境保護、消費者、社區權益、種族議題、民族主義或是突發事件等，不一而足，也含括各類人群。近年來因土地徵用、房屋拆遷、環境污染等利益衝突引發的群體事件占 80% 以上，不僅無法享受改革所帶來的紅利還受害，由此引起社會和人民的不滿。且重要的是，在規模與頻率不斷增加。就此而言，中國儼然成為研究者筆下的「運動社會」（movement

---

[34] 「國務院辦公廳關於實施《國務院機構改革和職能轉變方案》任務分工的通知」，中央政府門戶網站，2013 年 3 月 28 日，http://www.gov.cn/zwgk/2013-03/28/content_2364821.htm。

[35] 「民政部關於印發《2013 年中央財政支持社會組織參與社會服務項目實施方案》的通知」，中國社會組織網，2012 年 12 月 13 日，http://www.chinanpo.gov.cn/2351/59052/index.html。

society）。[36]

　　近年來我們也發現，在部分抗爭事件中，群眾的抗爭方式遠非採取「不合作」運動（non-cooperation movement）或透過敷衍了事、曠工與消極怠工等「弱者的武器」（weapons of the weak）來宣洩，[37] 而是打砸燒抗議對象（政府機關或企業）、製造衝突、攻擊警察、癱瘓交通等暴力方式。而近一兩年的抗爭有兩個重要趨勢，一是透過網路手機做為動員工具，另一則是少數民族抗爭。前者的發展可看出爲何中共會突出網路輿論的管理，在後者的部分，少數民族議題對中共而言猶如芒刺在背，相對於大藏區的藏民以「自焚」爲抗爭手段，新疆的騷動更讓中共頭大，光 2013 年就在以南疆爲主的區域發生多件騷動與暴力事件。

　　面對社會抗爭的頻發，國家的回應則如本章一開始所提及的，中國「公共安全」預算不斷提升可看出端倪。且近年來中國大陸地方政府的工作重心似乎發生了質的變化，主因是「維穩」成爲一票否決指標的效應逐步擴大，各地也增加相關經費。在多數地區都超過教育與醫療經費，特別是在相對落後的區域，貧困地區投入在維穩方面的經費越多，用於發展經濟改善民生的錢就可能越少，蘊積的社會矛盾也就越多，維穩的緊迫性也就越強。

　　在政策回應方面即是「社會治理」的軟硬兼施，軟的部分是社會政策的「推進社會事業改革創新」，其中包括「深化教育領域綜合改革」、「健全促進就業創業體制機制」、「形成合理有序的收入分配格局」、「建立更加公平可持續的社會保障制度」、「深化醫藥衛生體制改革」等，在硬的部分則是包括「改進社會治理方式」（源頭治理，標本兼治、重在治本、

---

[36] David Meyer and Sidney Tarrow, *The Social Movement Society: Contentious Politics for the New Century* (Lanham, MD: Rowman and Littlefield, 1998); Sarah Soule and Jennifer Earl, "A Movement Society Evaluated Collective Protest in the United States, 1960-1986," *Mobilization: an International Journal*, Vol. 10, No. 3 (Oct. 2005), pp. 345~364.

[37] James Scott, *Weapons of the Weak: Everyday Forms of Peasant Resistance* (New Haven: Yale University Press, 1985).

網格化管理、社會化服務）、「激發社會組織活力」、「創新有效預防和化解社會矛盾體制」、「健全公共安全體系」等。[38]

三、網際網路發展與國家回應

隨著近年網際網路興起，新興公共領域於焉產生。根據中國互聯網絡信息中心（CNNIC）第 33 次「中國互聯網絡發展狀況統計報告」，截至 2013 年 12 月，中國總體網友規模達 6.18 億，網路普及度達 45.8%。手機網友有 5 億，手機上網於 2012 年 6 月底已經超過電腦上網成為中國第一大上網終端，目前手機網友占中國全體網友的 81%；[39]再加上手機與微博帳戶的接通、手機網路購物等數字的攀升，顯見手機上網將能因其迅速、便利傳遞訊息、所需成本低等優勢持續成長，進而對中國監控網路之能力造成挑戰。當前中國網路輿情環境特徵包括：「微博影響力呈爆發式增長」、「網路意見領袖的出現」以及「手機上網用戶大增」等，使得網路成為輿論反映的重要平台，呈現了網路民意對社會現實的強大影響力。

因此，近年大陸民眾透過網路「拷問」政府部門的頻率與深度日益增加，特別是微博的重大衝擊力所造成的「廣場效應」，使輿情的強度和社會政治壓力都大幅提高，網民透過微博所產生的「臨場感」使得相關事件的公共性、社會政治效果都被強化，並形成了所謂「圍觀改變中國」的輿情政治態勢。針對此，官方一方面透過增強「防火長城」，利用技術過濾危險關鍵字，抑或透過網路警察、五毛黨、斷網等手段；另一方面也要求各級政府、各系統發揮「政務微博」的作用以建立「服務型政府」。

雖然目前官方網管部門的技術能力不斷強化，但網民「翻牆」能力亦不斷提升。此外，我們也發現「十八大」後，中共加快了回應網路上的言論，如在習近平上台後所掀起的「微博反腐」風潮，遭「微博」舉報的各

---

[38] 「中共中央關於全面深化改革若干重大問題的決定」，前引文。

[39] 中國互聯網絡發展狀況統計報告，「中國互聯網絡發展狀況統計報告（2014 年 1 月）」，中國互聯網絡信息中心，2014 年 1 月 16 日，http://www.cnnic.net.cn/hlwfzyj/hlwxzbg/hlwtjbg/201401/P020140116395418429515.pdf。

地貪腐高官，都以超乎尋常的速度遭到查處落馬，被查處的官員中多數與
網路實名舉報有關，甚至包括副部級與正廳級的官員。此種「反腐要速度，
更要力度」的舉措不僅可爲黨中央的新領導立威，也可讓民怨找到宣洩口。

　　關於網路輿論的管理在「十八屆三中全會」的報告極爲突出，包括在
社會部分的「加大依法管理網路力度，加快完善互聯網管理領導體制，確
保國家網路和資訊安全」以及文化部分的「健全堅持正確輿論導向的體制
機制」（健全網路突發事件處置機制、整合新聞媒體資源、推動新聞發布
制度化）。習近平在 2013 年 8 月 19 日出席「全國宣傳思想工作會議」所
作「819 講話」後，各種關於網路管理的具體措施紛紛出籠。[40]2014 年 2 月，
甚至成立「中央網絡安全和資訊化領導小組」，由習近平親自擔任組長，
李克強、劉雲山任副組長，更加凸顯中共對於網路資訊的忌憚以及強力回
應。

　　中共在政策制訂與執行上向來所遭遇的最大困境就是條條塊塊等部門
利益的衝突，而在習近平所主導的「十八屆三中全會」則透過「集權」理
順改革障礙，其成立「全面深化改革領導小組」與「國家安全委員會」，
試圖從組織制度上解決政出多門與多龍治水的問題。

參、公民社會與政權轉型：以台灣作爲參照

　　中國三十餘年的市場化改革以及對外開放確實爲中國社會結構帶來巨
大的變遷，也爲公民社會的形成拓展出空間；然而，綜觀其他國家公民社

---

[40] 習近平在會議中提到：「意識形態工作是黨的一項極端重要的工作」、「宣傳思想部
門必須守土有責」、「在事關大是大非和政治原則問題上，必須增強主動性、掌握
主動權、打好主動仗，幫助幹部群眾劃清是非界限、澄清模糊認識」、「有一小撮
反動知識分子，利用國際網路，對黨的領導、社會主義制度、國家政權造謠、攻擊、
汙衊，一定要嚴肅打擊。」隨後包括劉雲山與各地宣傳部長又紛紛表態，要在意識
形態、輿論監管方面「敢於亮劍」，最高檢、最高法又發布了網路傳播謠言 500 條
即可入刑的司法解釋，隨後百餘名各地網民因爲「傳謠」被警方以各種罪名逮捕，
包括薛蠻子與王功權等自由派大 V。

會與文化的形成並非一蹴可幾，而是一個漫長的互動與培養過程。而雖然
學界關於「公民社會」的定義莫衷一是，但論者都會同意，公民社會最重
要的特徵是它相對於國家的獨立性和自主權，只有保持這種獨立性和自主
權，公民社會才得以維持。就此而言，本書才會主張必須觀察中共政權的
本質以及其對「社會力量」興起的態度與回應。

　　從比較研究的角度看來，在威權國家轉型中，往往是國家控制的鬆綁
在先，公民社會才得以在一定限度內獲得喘息，而非公民社會興起的壓力
進而弱化國家控制，且此種對社會控制的鬆綁多在統治集團內部的分裂、
衝突，溫和派取得上風後發生。[41] 同樣地，我們若觀察台灣公民社會的發
展，早期存在的社會組織多屬在威權政府較會同意的議題領域（如環保、
消費者權益、社會福利與婦女問題等）中展開活動，而此些組織之所以演
變成壓力團體也是在政治自由化與民主化之後。[42] 就此觀察中國大陸，在
黨國體制的約束下距離出現大規模真正具自主性的社會組織還有一段遙遠
的路途。

　　而在社會抗爭方面，台灣 1980 年代中後期開始，社會抗議運動幾乎
是「遍地烽火」，包括消費者運動、環境保護運動、勞工運動、婦女運動、
農民運動、學生運動、原住民運動、弱勢團體運動、教師運動以及宗教運
動等等，不一而足，使得台灣除了軍警與公務人員外，幾乎再也找不出一
個保守而安靜的社會類屬。[43] 而在社會抗議運動中，出現極強的政治化色
彩，其主要肇因於兩方面，一是國家對社會運動的排斥與壓制，另一則是
社會運動的組織初期，由於資源需要，也很容易政治化。[44] 換言之，由於

---

[41] Guillermo O'Donnell and Philippe Schmitter, *Transitions from Authoritarian Rule: Tentative Conclusions about Uncertain Democracies* (Baltimore Maryland: The Johns Hopkins University Press, 1986), pp. 3~5.

[42] 鄧正來、景躍進，「建構中國的市民社會」，**中國社會科學季刊**（香港），1992 年第 1 期（1992 年 11 月），頁 59；蕭新煌等，「台北、香港、廣州、廈門的民間社會組織：發展特色之比較」，第三部門學刊，2004 年第 1 期，頁 1~60。

[43] 張茂桂，**社會運動與政治轉化**（台北：國家政策資料研究中心，1989 年），頁 11~13。

[44] 王振寰，「邁向常態性政治：台灣民主化中統理機制的轉變」，收錄於林佳龍、邱

國家對各種政策、社會資源的壟斷，導致其往往成為各種社會抗議的對象，而此似乎這也是威權國家轉型的重要特徵。

台灣 1980 年代萌生的社會力量，不管表現在自力救濟、社會運動、政治運動或是民間社團等，離一個所謂的健全第三部門或公民社會仍有一段距離。此些力量並沒有真正凝固成濃密的民間社團，更別說公共領域的創造了。不過儘管如此，這股新萌生的社會力是相當珍貴的，至少它讓台灣社會在政經力量的獨、寡占下，提供創造第三部門的可能性，此乃因為 1980 年代的社會力量基本上處於一種浮動的狀態，除了少數的自主性社團和一個真正意義的反對黨外，這些社會力並沒有凝固成市民社會應有的組織與結構，但其提供了第三部門的骨架，具體的內容則有待後續的發展與填充。[45]

而不論就台灣或是南韓發展的例子看來，在公民社會興起的過程中，社會力的存在是基礎，政治結構的變遷則是關鍵，其得以讓各種社會議題進行聯結，也有機會讓社會團體與政治歷史進行結盟。台灣的民主化似乎又證明了，只有在政治機會不完全封閉與不完全開放的條件下，社會運動才能獲得持續發展的機會。

就當前中國發展看來，社會議題確實是其最為脆弱的部分，而其中社會組織、宗教團體快速成長、社會抗爭的規模擴大與頻率增高以及網際網路的推波助瀾等，都一再對政治統治與經濟治理造成影響，故有必要加強對此議題的關注與理解。目前中國社會發展所遭遇的困難在於，由於國家過度介入與防範，使得公民社會先天不足後天失調，一旦國家失靈、市場又為國家部門主導而失序，社會將無法發揮緩衝與穩定的作用，進而加速體制崩壞。因此，不論從「國家—社會」關係或是「國家」自身來看，當前中國「社會管理」改革與創新的關鍵不在社會，而是政治，包括官員貪腐以及政策執行受到以官僚部門為核心的分利集團，和條條塊塊間的競爭

澤奇編，**兩岸黨國體制與民主發展**（臺北：月旦出版社，1999 年），頁 151~188。
[45] 李丁讚、林文源，「社會力的文化根源：論環境權感受在台灣的形成（1970-86）」，**台灣社會研究季刊**，2000 年第 38 期，頁 133~206。

所阻礙，光從經濟與社會層面著手能否解決真正的問題，不無疑問。這也代表著其最終遭遇的將會是政治問題，而在「政治改革」進程緩慢，社會力量快速崛起且愈趨多元的狀況下，社會管理的難度將會越來越高。

參考文獻

一、中文部分

「大陸維穩預算連 3 年高出軍費」，聯合報，2013 年 3 月 6 日，http://udn. com/NEWS/MAINLAND/MAI1/7739426.shtml#ixzz2Mk4WA7oW。

「中共中央關於全面深化改革若干重大問題的決定」，新華網，2013 年 11 月 15 日，http://news.xinhuanet.com/politics/2013-11/15/c_118164235. htm。

「中國互聯網絡發展狀況統計報告（2014 年 1 月）」，中國互聯網絡信 息中心，2014 年 1 月 16 日，http://www.cnnic.net.cn/hlwfzyj/hlwxzbg/ hlwtjbg/201401/P020140116395418429515.pdf。

「民政部關於印發《2013 年中央財政支持社會組織參與社會服務項目實 施方案》的通知」，中國社會組織網，2012 年 12 月 13 日，http://www. chinanpo.gov.cn/2351/59052/index.html。

「胡錦濤在中國共產黨第十八次全國代表大會上的報告」，新華網， 2012 年 11 月 17 日，http://news.xinhuanet.com/18cpcnc/2012-11/17/ c_113711665.htm。

「國務院辦公廳關於實施《國務院機構改革和職能轉變方案》任務分工 的通知」，中央政府門戶網站，2013 年 3 月 28 日，http://www.gov.cn/ zwgk/2013-03/28/content_2364821.htm。

「解讀中國預算的『維穩費用』」，BBC 中文網，2013 年 3 月 6 日， http://www.bbc.co.uk/zhongwen/trad/china/2013/03/130306_budget_mili tary_security.shtml。

王名，「改革民間組織雙重管理體制的分析和建議」，北京市社會組織網 上服務網，2012 年 5 月 25 日，http://210.73.89.225/cms/zxux/402.jhtml。

王信賢，「當代中國『國家─社會』關係的變與常：以環保組織的發展為 例」，政治學報，2010 年第 49 期，頁 1~39。

王信賢、王占璽，「夾縫求生：中國大陸社會組織的發展與困境」，中國 大陸研究，第 49 卷第 1 期（2006 年 3 月），頁 27~51。

王振寰，「邁向常態性政治：台灣民主化中統理機制的轉變」，收錄於林佳龍、邱澤奇編，兩岸黨國體制與民主發展（臺北：月旦出版社，1999年）。

吳玉山，「宏觀中國：後極權資本主義發展國家——蘇東與東亞模式的揉合」，收錄於徐斯儉、吳玉山主編，黨國蛻變：中共政權的菁英與政策（台北：五南圖書公司，2007年）。

李丁讚、林文源，「社會力的文化根源：論環境權感受在台灣的形成（1970-86）」，台灣社會研究季刊，2000年第38期，頁133~206。

林佳龍、徐斯儉，「退化的極權主義與中國未來發展」，林佳龍主編，未來中國：退化的極權主義（台北：時報文化出版公司，2003年）。

徐賁，「中國的『新極權主義』及其末世景象」，當代中國研究，第12卷第4期（2005年12月），頁4~26。

康曉光、韓恒，「分類控制：當前中國大陸國家與社會關係研究」，社會學研究，2005年第6期，頁73~89。

張茂桂，社會運動與政治轉化（台北：國家政策資料研究中心，1989年）。

趙建民，威權政治（台北：幼獅文化事業公司，1994年）。

鄧正來、景躍進，「建構中國的市民社會」，中國社會科學季刊（香港），1992年第1期（1992年11月），頁59。

蕭功秦，「後全能主義時代的來臨：世紀之交中國社會各階層政治態勢和前景展望」，當代中國研究，1999年總第64期。

＿＿＿＿，「後全能體制與21世紀中國的政治發展」，戰略與管理，2000年第6期（2000年12月），頁1~8。

蕭新煌等，「台北、香港、廣州、廈門的民間社會組織：發展特色之比較」，第三部門學刊，2004年第1期，頁1~60。

二、英文部分

Alexandru, Delia, "Post-totalitarianism and the Promise of Living in Truth," Annual Meeting of the Midwest Political Science Association, Chicago (March 16-21, 2004).

Barnett, Doak A. and Ralph N. Clough eds., *Modernizing China* (Boulder, CO:

Westview Press, 1986).

Barnett, Doak A., *Communist China and Asia: Challenge to American Policy* (NY: Harper & Brothers, 1960).

Brooks, Christopher, "The Art of the Political: Harvel's Dramatic Literature as Political Theory," *East European Quarterly*, Vol. 34, No. 4 (Jan. 2006), pp. 491~522.

Cohen, Myron L. ed., *Case Studies in the Social Sciences* (Armonk, NY: M. E. Sharpe, 1992).

Feng, Chongyi, "Democrats within the Chinese Communist Party since 1989," *Journal of Contemporary China*, Vol. 17, No. 57 (Nov. 2008), pp. 673~688.

Friedman, Edward and Barrett McCormick eds., *What If China Doesn't Democratize? Implication for War and Peace* (Armonk, NY: M. E. Sharpe, 2000).

Friedrich, Carl and Zbigniew Brzezinski, *Totalitarian Dictatorship and Autocracy* (Cambridge, MA: Harvard University Press, 1956).

Gilley, Bruce and Larry Diamond eds., *Political Change in China: Comparisons with Taiwan* (Boulder, CO: Lynne Rienner Publishers, 2008).

Greenstein, Fred I. and Nelson W. Polsby eds., *Handbook of Political Science (3): M*icropolitical Theory (Reading, MA: Addison-Wesley, 1975).

Guo, Sujian, *Post-Mao China: From Totalitarianism to Authoritarianism?* (Westport, CT: Praeger, 2000).

Hadenius, Axel and Jan Teorell, "Pathways from Authoritarianism," *Journal of Democracy*, Vol. 18, No.1 (Jan. 2007), pp. 143~157.

Huang, Jing, *Factionalism in Chinese Communist Politics* (NY: Cambridge University Press, 2000).

Huntington, Samuel and Clement Moore eds., *Authoritarian Politics in Modern Society* (NY: Basic Books, 1970).

Hus, Philip S., Yu-Shan Wu and Suisheng Zhao eds., *In Search of China's Development Model: Beyond the Beijing Consensus* (NY: Routledge, 2011).

Johnson, Chalmers ed., *Change in Communist System* (Stanford, CA: Stanford

University Press, 1970).

Lai, Hongyi Harry, "Religious Policies in Post-totalitarian China: Maintaining Political Monopoly over a Reviving Society," *Journal of Chinese Political Science*, Vol. 11, No. 1 (Spring 2006), pp. 56~77.

Landry, Pierre, *Decentralized Authoritarianism in China: The Communist Party's Control of Local Elites in the Post-Mao Era* (NY: Cambridge University Press, 2008).

Lewis, John W., *Leadership in Communist China* (Ithaca, NY: Cornell University Press, 1963).

Lieberthal, Kenneth and David Lampton eds., *Bureaucracy, Politics, and Decision-Making in Post-Mao China* (Berkeley, CA: University of California Press, 1992).

Linz, Juan J. and Alfred Stepan, *Problems of Democratic Transition and Consolidation: Southern Europe, South America, Post-Communist Europe* (Baltimore, MD: John Hopkins University Press, 1996).

Linz, Juan J., *Totalitarian and Authoritarian Regimes* (Boulder, CO: Lynne Rienner, 2000).

MacFarquhar, Roderick and John K. Fairbank eds., *Cambridge History of China*, Vol. 14 (Cambridge, Cambridge University Press, 1987).

Mertha, Andrew C., "'Fragmented Authoritarianism 2.0': Political Pluralization in the Chinese Policy Process," *The China Quarterly*, No. 200 (Dec. 2009), pp. 995~1012.

Meyer, David and Sidney Tarrow, *The Social Movement Society: Contentious Politics for the New Century* (Lanham, MD: Rowman and Littlefield, 1998).

Nathan, Andrew, "China's Changing of the Guard: Authoritarian Resilience," *Journal of Democracy*, Vol. 14, No. 1 (Jan. 2003), pp. 6~17.

O'Donnell, Guillermo and Philippe Schmitter, *Transitions from Authoritarian Rule: Tentative Conclusions about Uncertain Democracies* (Baltimore Maryland: The Johns Hopkins University Press, 1986).

Oi, Jean and Andrew Walder eds., *Property Rights and Economic Reform in*

China (Stanford: Stanford University Press, 1999).

Oi, Jean, *Rural China Takes Off* (CA: University of California Press, 1999).

_____, *State and Peasant in Contemporary China: The Political Economy of Village Government* (CA: University of California Press, 1989).

Paltemaa, Lauri and Juha A. Vuori, "Regime Transition and the Chinese Politics of Technology: From Mass Science to the Controlled Internet," *Asian Journal of Political Science*, Vol. 17, No. 1 (Apr. 2009), pp. 1~23.

Perry, Elizabeth, "Studying Chinese Politics: Farewell to Revolution?" *The China Journal*, No. 57 (Jan. 2007), pp. 1~22.

Saich, Tony, "Negotiating the State: The Development of Social Organizations in China," *The China Quarterly*, No. 161 (Mar. 2000), pp. 124~141.

_____, *Governance and Politics of China* (NY: Palgrave Macmillan, 2004), pp. 213~232.

Schurmann, Franz, *Ideology and Organization in Communist China* (Berkeley, CA: University of California Press, 1966).

Scott, James, *Weapons of the Weak: Everyday Forms of Peasant Resistance* (New Haven: Yale University Press, 1985).

Soule, Sarah and Jennifer Earl, "A Movement Society Evaluated Collective Protest in the United States, 1960-1986," *Mobilization: an International Journal*, Vol. 10, No. 3 (Oct. 2005), pp. 345~364.

Teets, Jessica, "Let Many Civil Societies Bloom: The Rise of Consultative Authoritarianism in China," *The China Quarterly*, No. 212 (Feb. 2013), pp. 1~20.

Walder, Andrew ed., *Zouping in Transition: The Process of Reform in Rural North China* (Cambridge: Harvard University Press, 1998).

Walder, Andrew, "Local Governments as Industrial Firms: An Organizational Analysis of China's Transitional Economy," *The American Journal of Sociology*, Vol. 101, No. 2 (Sep. 1995), pp. 263~301.

_____, *Communist Neo-Traditionalism: Work and Authority in Chinese Industry* (Berkeley: University of California Press, 1986).

Walker, Richard L., *China under Communism: The First Five Years* (New Haven, CT: Yale University Press, 1955).

Wank, David, *Commodifying Communism: Business,Trust,and Politics in a Chinese City* (Cambridge: Cambridge University Press, 1999).

Winckler, Edwin A. ed., *Transition from Communism in China: Institutional and Comparative Analysis* (Boulder: Lynne Rienner Publishers, 1999).

Wright, Teresa, *Accepting Authoritarianism: State-Society Relations in China's Reform Era* (Stanford, CA: Stanford University Press, 2010).

國家圖書館出版品預行編目資料

邁向公民社會？當代中國「國家—社會」關係
分析／王信賢等作. －－初版.－－臺北市：
五南，2014.07
　　面；　公分
ISBN 978-957-11-7706-9（平裝）
1.公民社會　2.文集
541.07　　　　　　　　　　　103013091

1PS6

邁向公民社會？
當代中國「國家—社會」
關係分析

主　　　編 — 王信賢（5.9）寇健文（464）

作　　　者 — 王信賢、郁建興、周　俊、吳　強、王占璽
　　　　　　　高晨揚、李宗義、林宗弘、王信實、王佳煌
　　　　　　　陳柏奇、洪敬富、寇健文

發 行 人 — 楊榮川

總 編 輯 — 王翠華

執行主編 — 劉靜芬

封面設計 — P.Design視覺企劃

出 版 者 — 五南圖書出版股份有限公司

地　　　址：106台北市大安區和平東路二段339號4樓

電　　　話：(02)2705-5066　　傳　　　真：(02)2706-6100

網　　　址：http://www.wunan.com.tw

電子郵件：wunan@wunan.com.tw

劃撥帳號：01068953

戶　　　名：五南圖書出版股份有限公司

台中市駐區辦公室/台中市中區中山路6號

電　　　話：(04)2223-0891　　傳　　　真：(04)2223-3549

高雄市駐區辦公室/高雄市新興區中山一路290號

電　　　話：(07)2358-702　　傳　　　真：(07)2350-236

法律顧問　林勝安律師事務所　林勝安律師

出版日期　2014年7月初版一刷

定　　　價　新臺幣450元